KB216518

인간 불평등 기원론

Discours sur l'origine et les fondements de l'inégalité parmi les hommes

Jean-Jacques Rousseau

인간
불평등
기원론

Discours sur l'origine et
les fondements de
l'inégalité parmi
les hommes

장 자크 루소 지음
이재형 옮김

문예출판사

차 례

일러두기

1 이 책은 장 자크 루소의 《인간 불평등 기원론Discours sur l'origine et les fondements de l'inegalite parmi les hommes》(1755)을 완역한 것입니다.

2 독자의 이해를 돕기 위해 옮긴이가 추가한 주는 각주로 하고 1, 2, 3으로 표기했으며, 루소의 원주는 미주로 처리하고 1), 2), 3)으로 표기했습니다.

3 《인간 불평등 기원론》과 루소 사상의 이해를 돕기 위해 〈《인간 불평등 기원론》을 읽기 전에〉, 〈요약〉, 〈루소의 세계〉, 〈루소의 주요 개념〉과 같은 해설을 추가했습니다.

《인간 불평등 기원론》을 읽기 전에

• 출판 상황

1753년 루소는《학문예술론 Discours sur les sciences et les arts》을 출판한 뒤로 이미 유명작가가 되어 있었다. 디종 아카데미가 "인간 사이의 불평등의 기원은 무엇이며, 그것은 자연법에 의해 허용되는가?"라는 제목으로 다시 현상 공모를 했다는 사실을 알았을 때, 그는 디종 아카데미가 자기 자신의 관심사와 일치하는 이 질문을 감히 던졌다는 사실에 놀랐다. 그는 이 주제에 관해 성찰하기 위해 1753년 11월 생제르맹 Saint-Germain 숲을 여행했다.《인간 불평등 기원론》의 1부 전체는 숲속에서의 고독이라는 이미지가 주조를 이룬다. 루소에게 숲은 자연이 적의를 드러내는 장소가 아니라, 인간으로부터의 피난처이자 자신의 양심이 내는 목소리를 들을 수 있는 장소다. 그에게 숲은 자유와 미덕과 행복을 상징하는 것이다.

루소는 디종 아카데미가 자신의 주장에 귀 기울일 거라는 기대는 하지 않았다. 그는 이 성찰의 결과물이 보상을 받지 못할 것이라는 사실을 알면서도 그것을 디종 아카데미에 보냈다. 출판사를 운영하는 루소의 친구 레이Marc-Michel Rey는 1755년 4월 이 작품을 네덜란드 암스테르담에서 출판한다. 이 작품은 상을 받지는 못했지만, 같은 해 중반에 파리에서 출간되어 '인류'라는 더 많은 독자를 만나게 될 것이다.

루소는 풍속이 타락하고 인간 간의 불평등이 심화되었다는 사실로부터 철학적 성찰을 시작한다. 이 같은 상황에서 루소는 비관론에 빠지지 않고 인간을 개혁하고 사회를 쇄신하겠다는 이중의 계획을 세운다.

《학문예술론》은 "연구와 문예에 대한 취향이 이 세상 모든 인민 사이에 퍼져나가면서 그들의 풍속이 타락했다"는 사실을 증명했다(〈나르시스 혹은 그 자신의 연인Narcisse, ou l'amant de lui-meme〉 서문, OC, t. II, p. 965). 미덕이 사라지고, 이기심이 만연했으며, 존재와 외관이 분리되었다. 그러나 루소는 단순히 사실을 확인하는 데 머무르지 않았다.《인간 불평등 기원론》에서 그는 이 같은 상황 변화가 왜 일어났는지 그 이유를 발견했다고 주장하면서, 이 같은 악덕이 인간에게 나타나기보다는 잘못 통치되는 인간에게 더 많이 나타난다는 사실을 보여준다. 인간은 원래 선하게 태어났으나, 사회가 형성되면서 악이 출현했다는 것이다.

《인간 불평등 기원론》의 목적은 어떻게 해서 자연 상태에서 사회 상태로 이행하는지 그 방식을 밝혀내는 것이다. 무엇이 이 두 상태를 이어주는지를 발견하기 위해, 루소는 여러 가설을 제안한다. 이렇게 해서 그는 역사적 사회학이라고 볼 수 있는 첫 번째 예들을 제공한다.

따라서《인간 불평등 기원론》은《학문예술론》의 연장선상에 있으며,《사회계약론Du contrat Social ou Principes du droit politique》과《에밀Émile ou De l'éducation》을 준비하는 작품이라고 볼 수 있다. 먼저 나쁜 정치조직이 어떤 것인가를 보여준 루소는,《사회계약론》에서 좋은 정치조직이란 어떤 것이어야 하는지, 유일한 합법적 사회계약은 무엇인지를 소상하고 명확하게 서술할 것이다. 그리고 자연인을 상세히 묘사하면서, 그가《에밀》에서 보여주려 했던 인간 교육에 유용하게 쓰일 규범과 준거를 제공한다.

따라서《인간 불평등 기원론》이 중심적 위치를 차지하는 루소의 철학적 계획은 매우 긴밀한 일관성을 보여준다. 이 계획은 도덕적인 동시에 정치적이다. 왜냐하면 도덕과 정치를 분리시키려고 하는 사람은 도덕도 정치도 이해하지 못할 것이기 때문이다. 그리하여《인간 불평등 기원론》에서 사회와 그 산물인 사회적 인간에 대한 비판은 도덕적인 동시에 정치적이다.

베네치아 주재 프랑스 대사관에 머물던 1743년부터 루소는 정치철학 고전들을 읽기 시작했다. 그는 플라톤Plato, 아리스토텔레스Aristoteles, 마키아벨리Niccolò Machiavelli, 스피노자Baruch Spinoza, 몽테스키외Charles-Louis de Secondat Montesquieu 외에도, 왕권신수설 이론을 반박한 네덜란드 사람 그로티우스Hugo Grotius와 그의 독일인 계승자인 푸펜도르프Samuel vou Pufendorf 등 자연법 법학자들의 저서를 꼼꼼하게 읽었다. 또한 그는 절대주의를 정당화하기 위해 자연 상태라는 가설을 이용한 영국의 물질주의 철학자 홉스Thomas Hobbes의 저서를 읽으며 점점 더 큰 흥미를 느꼈다.《인간 불평등 기원론》에서 자주 인용되는 또 다른 저자는 영국 사람 로크John Locke다. 그가 쓴《통치론》이 백과전서파 철학자들이 전제군주제와 투쟁하는 데 영감을 불어넣었던 것이다.

루소는 또한 자신이 세운 가설들을 귀납적으로 확증하기 위해 박물학 자료에 의지하기도 했는데, 뷔퐁Georges-Louis Leclerc, Comte de Buffon

의《박물지 L'Histoire Naturelle》가 그의 주요한 출처였다. 그러나 뷔퐁이 동물에게 부여하는 특징을 루소는 미개인에게 부여한다는 중요한 차이가 있다. 여행기 역시《인간 불평등 기원론》에서 큰 역할을 한다. 물론 이 여행기들에서 기술된 야만인은 미개인이 아니지만, 미개인에 대해 더 잘 알도록 도와줄 수는 있다. 왜냐하면 야만인은 우리보다는 미개인에 가깝기 때문이다. 마지막으로 인류(루크레티우스 Lucretius)와 야만인(몽테뉴 Michel Eyquem de Montaigne)의 기원에 관한 고전적 묘사는 루소에게 영감을 제공하여 문제를 제기하도록 했다.

• 주요한 문제

루소는 자연 상태와 자연인을 묘사하기 위해, 또 자연 상태에서 사회 상태로의 이행을 설명하기 위해 어떤 방법을 사용하는가? 자연 상태는 더 이상 존재하지 않기 때문에, 루소는 추측에 의존할 수밖에 없다. 그러나 이 같은 가설은 상상적이거나 제멋대로가 아니라, "그것이 사물의 본질에서 끌어낼 수 있는 가장 그럴듯한 것이며 진리를 발견할 수 있는 유일한 수단일 때 논거"(본서 115쪽)가 된다. 즉 루소가 그로부터 추리해서 사회와 사회적 인간과 관련하여 내리는 결론은 확신의 영역에 속한다.

자연 상태에 대해 기술하기 위해 루소는 사회적 인간으로부터 시작할 수가 없었다. 그랬다가는 홉스처럼 회고적 착각에 빠져 오직 사회적 인간에게만 속하는 특징을 자연인에게 부여할 위험이 있었기 때문이다. 루소는 일체의 역진적 방법론을 거부한다. 자연인이 정확히 어떤 사람이었는지를 알아내기 위해서는 우리가 알고 있는 인간에서 몇 가지 자질을 제거하는 것으로는 충분하지가 않고, 단숨에 자연인과 직면해야 한다. 이런 식의 직면은 자기 자신에게 돌아감으로써 가능해지는데, 이 같은 명상을 통해서 루소는 자기 자신 속에 자연인의 어느 부분이 아직도 남아 있는지를 발견할 수 있게 된다.

그리하여 루소는 생제르맹 숲에 은거한다. 루소에게 그것은 상징적인 은거였다. 왜냐하면 숲은 토지가 경작되고 불평등이 심화되자, 미개인이 마지막으로 은신한 장소였던 것이다.

자연 상태에서 사회 상태로의 이행에 대해 기술하면서, 루소는 역사적 이야기로 만족하지 않고 법에 의해 사실을 검토하고자 한다. 그리하여 사회계약의 합법성을 검토한다. 그는 순서가 거꾸로 된 방법, 즉 현재의 것을 정당화하는 그로티우스의 방법을 거부한다. 왜냐하면 이 방법은 독재자들에게 가장 유리하기 때문이다. 루소는 기원과 토대를 혼동하지 않는다. 그래서《인간 불평등 기원론》의 마지막 부분에서 루소는 현존하는 실제 상황을 격렬하게 비판한다.

그렇다면 루소의 사회 비판에서 자연 상태가 하는 역할은 무엇인가? 자연 상태는 시민사회가 어떻게 형성되는지를 설명하지 못한다. 그것은 물리학자의 가설에 비교할 만하며, 그 가치가 그것의 결론과 사실의 일치에 의해 증명되는 단순한 가설이다. 이 자연 상태라는 가설은 사회 상태의 진정한 본질에 대해 알려준다. 자연 상태는 사회 상태에 대해 알도록 해주는 참조 사항과 비교 기준을 제공한다(뷔퐁의 경우에는 자연 상태가 아닌 동물이 인간 존재를 이해하도록 해주는 역할을 한다). 자연 상태는 또한 사회적 인간이 가설적 기원으로부터 얼마나 멀어졌는지 그 정도를 측정하기 위한 기준이기도 하다. 마지막으로 자연 상태는 도덕적 관점에서 사회적 인간이 얼마나 타락했는지 판단하도록 해주는 표준 역할을 해낼 수 있다. 루소는 뷔퐁과 여행기들을 참조함으로써 이 같은 추상적 성찰을 귀납적으로 확인한다.

마지막으로 《인간 불평등 기원론》에 기술된 그럴듯한 인류의 역사는 그의 머릿속에서 나온 순수한 창작품이 아니라는 사실을 지적해야 한다. 루소는 인류의 역사를 재구성하기 위해 그 어떤 사실도 배제하지 않았다. 그것은 우리가 현재 선사고고학을 통해 알고 있는 인류의 각 단계와 거의 일치한다. 루소가 사냥과 식물 채집으로 정의한 오두막의 시대는 구석기와 일치하고, 농업에 의해 도입된 혁명은 신석기와 일치한다.

• 자연 상태

《인간 불평등 기원론》 1부 전체는 자연 상태를 기술하는 데 할애되는데, 사회가 수립되기 이전의 인간은 이 상태에 있다. 홉스 이후로 정치철학은 사회의 기원과 토대를 설명하기 위해 흔히 이 가설을 동원했다. "사회의 토대를 검토한 철학자들은 모두가 자연 상태로 거슬러 올라가야 할 필요성을 느꼈"다(본서 54쪽). 그러나 루소와 그에 앞선 철학자들은 자연 상태에 대해 내리는 정의와 그 기능이 서로 다르다.

《리바이어던 Leviathan》에서 홉스는 자연 상태를 불안정하고 비참한 상태로 묘사한다. 인간은 본래 이성적이지도 사회적이지도 않다. 반대로 그는 자신의 본능에 복종하며 탐욕스럽고 오만하다. 인간에게는 자기 보존 본능이 있어서 결국 다른 사람들과 싸우게 된다. 이렇게 해서 각자의 만인에 대한 원시 상태의 전쟁이 발생하게 된다. 이 항구적인 전쟁 상태로 인하여 죽을까봐 두려워진 인간은 절대 권력을 부여받은 제3자에게 유리하도록 자기들끼리 일련의 계약을 맺는다. 그런데 이 계약은 제3자에게 아무 책임도 지우지 않으므로, 그는 이 계약의 이해

당사자가 아니다. 홉스에게 자연 상태는 이렇게 절대주의를 합법화하는 기능을 갖는다.

자연법 학자들, 특히 푸펜도르프(《자연과 인간의 법 De jure naturae et gentium》)에게 인간은 자연 상태에서 자유롭고 평등하다. 어떤 인간도 다른 인간에게 명령을 내릴 권력을 부여받지 못했다. 그러므로 정치적 권위는 자연적 기원을 가지는 것이 아니라 합의와 계약에서 유래하는데, 인간은 이 합의와 계약을 통해 자발적으로든 강제로든 자기들이 가진 주권의 일부를 제3자에게 양도하게 된다. 이렇게 해서 자연법 학파는 정치적 권위가 신으로부터 유래한다고 주장하는 왕권신수설("세상의 모든 권위는 다 하느님께서 세워주신 것이기 때문입니다", 〈로마서〉, 13장 1절, 《성서》)을 무너뜨린다. 루소는 이렇게 얻은 논거를 활용한다.

로크가 그랬던 것처럼(《통치론 Two Treatises of Government》), 푸펜도르프도 자연 상태의 인간이 이성의 규범과 동일시되는 자연법을 따른다고 주장한다. 그래서 이 두 사람은 자연 상태를 전쟁 상태로 규정하는 홉스의 이론을 논박할 수 있다. 로크는 또한 소유권 같은 몇 가지 권리는 이미 자연 상태에서 존재했다고 주장한다. 그리고 그에 따르면 인간은 이 권리들을 보장하기 위해 사회로 진입한다는 것이다.

루소는 이러한 자연 상태의 여러 개념을 거부한다. 그는 자연인이 이기주의에 이끌리지도 않았고, 사회성이 있거나 이성을 갖추지도 않았다고 주장한다. 홉스와 푸펜도르프와 로크는 오직 사회와 더불어 출현한 자질들(정념, 사회성, 이성)을 자연인에게 부여하는 잘못을 저질렀다는 것이다. 그들은 "그들이 사회에서 얻어낸 관념을 자연 상태에 옮겨놓은 것에 불과했다"(본서 55쪽).

반대로 《인간 불평등 기원론》의 1부 전체는 자연 상태와 사회 상태

사이의 거리와 단절을 강조한다. 자연인은 사회적 인간이 가지고 있는 자질을 단 하나도 갖추고 있지 않다. 그리고 자연인은 자신이 사는 자연 상태에서 벗어나야 할 아무 이유가 없다. 그것은 그 자체로 충분하며 안정적이고 아무런 문제가 없는 행복과 균형의 상태이기 때문이다. 이 상태에서는 불평등이 잘 느껴지지 않는다. 왜냐하면 인간이 다른 인간에게 종속되지 않기 때문이다. 각자는 자족하기 때문에 다른 사람들에게 별로 신경 쓰지 않는다. 인간은 다른 인간이 행사하는 일체의 권위로부터 자유롭기 때문에, 어떤 강력한 법도 필요가 없다.

게다가 자연 상태는 사회 상태를 예고할 수 없다. 왜냐하면 그것이 역사 그 자체와 무관하기 때문이다. 루소는 이런 상태가 역사적으로 존재하지 않는다고 주장한다. 즉 그것은 "더 이상 존재하지 않고 아마도 존재하지 않았으며 어쩌면 앞으로도 결코 존재하지 않을"(본서 43쪽) 상태다.

마지막으로 루소가 사회를 격렬하게 비판하기는 하지만, 그렇다고 해서 자연 상태로 돌아가자고 권유하지는 않는다는 사실을 지적해야 마땅하다. 다시 자연 상태로 돌아가는 건 불가능한 일이다. 인간의 본성은 뒤로 돌아갈 수 없기 때문이다. 인간이 자연 상태를 벗어나면서 그 본성도 바꾸었다. 그러므로 인간의 본성은 계속해서 달라지며, 인류의 시대가 바뀌면서 여러 종류의 인간이 존재했다. 그러나 일단 어느 한 상태가 다른 상태로 바뀌면 원래 상태로 다시 돌아가는 것은 불가능하다. 그러므로 문명의 악을 치유하기 위해서는 자연 상태가 아닌 더 훌륭한 문명을 찾아야 한다.

서문이 시작되자마자 루소는 "나는 인간의 모든 지식 중에서 가장 유용하지만 가장 뒤떨어진 것이 인간에 관한 지식이라고 생각"(본서 41쪽)

한다고 말한다. 디종 아카데미가 던진 질문에 대답하기 위해서는 이 사실이 매우 중요하기 때문에, 근세에 널리 확산된 자연 상태의 개념을 토대로 인류의 초기 시대가 과연 어떠했는지를 명확하게 밝혀야만 한다. 자연 상태는 사회에 의한 변화에 선행하는 전前 역사적 상태로 단번에 이해된다. 이 같은 관점에서 보면, 루소가 만들어낸 자연 상태는 현재의 사회 상태를 더 잘 이해하도록 해줄 가설과 동일시될 수 있다. 그렇지만 루소가 이 가설의 정확한 의미에 대해 여러 차례 모순적으로 기술하고 있기 때문에, 그의 자연 상태에 대한 가설이 어느 정도 문제를 야기한다는 사실도 강조해야 한다. 《인간 불평등 기원론》의 〈서문〉에서 루소는 같은 저서 1부에서 기술되는 자연 상태를 엄밀한 의미로 받아들이고 싶은 유혹에 빠지지 않도록 조심하라고 말한다. "우리는 역사적 진실을 얻으려는 것이 아니라, 단지 가설적이고 조건적인 추론을 위해 이 주제에 관해 연구해야 한다"(본서 56쪽). 루소는 이 가설적인 상태에 대해 그것은 "더 이상 존재하지 않고 아마도 존재하지 않았으며 어쩌면 앞으로도 결코 존재하지 않을 것"(본서 43쪽)이라고 말한다. 그런데 루소는 자연 상태를 파괴하는 건 불가능하기 때문에, 그것은 실재했던 것으로 여겨지는 사실이라고도 주장한다. 따라서 이 가설은 자연 상태 자체보다는 루소가 제안하는 분석의 과학적 특징과 관련된다. 실제로 이 분석은 모든 사실을 배제한 다음, 자기반성과 유사한 성찰을 통해 사회에 의해 왜곡되기 전에 인간이 지녔던 심오한 본질로 돌아갈 것을 첫 번째 요구로 내세운다. 루소가 주장하는 자연 상태의 진정한 위상이 어떤 것이든 간에(그것이 과학적 추측이든, 아니면 실제 사실이든 간에), 그는 자연 상태에 규범적인 기능을 확실하게 부여한다. 즉 인간 속에 존재하는 자연적인 것을 사전에 발견하지 않으면, 현재의 인간 혹은 사회적 인간을 이해할 수 없는 것이다. 매우 역설적인 자연 상태의 기능은 사회 상태의 본질이 무엇인지를 분명하게 해명해 준다. 따라서 자연 상태는 사회적 인간이 그의 기원에서 얼마나 멀리 떨어져 있는지를 산정할 수 있도록 해주는 기준으로 간주되어야 한다.

• 사회에 대한 비판

《인간 불평등 기원론》 2부는 인간의 타락을 묘사한다. 인간은 자연 상태에서 추락했다. 그런데 누구 때문에 그렇게 된 것일까? 인간은 자신의 불행에 대해 책임이 있는 것일까? 루소의 대답은 단호하다. 비난을 받아야 할 건 인간이라기보다는 잘못 통치된 인간이다. 즉 사회가 비난을 받아야 하는 것이다. 악은 인간이 만들어낸 작품이지만, 여기서 말하는 인간은 개인이 아니라 사회를 이룬 인간들이다. 인간은 원래 선하지만, 사회가 그를 타락시킨 것이다. 루소는 세 가지 주요 논점에 근거하여 사회를 격렬하게 비판한다. 한편으로 개인적 차원에서 사회는 인간의 영혼을 알아볼 수 없을 만큼 크게 변질시킨다. 그리고 또 한편으로 집단적 차원에서는 사회의 출현이 필연적으로 불평등의 심화라는 결과를 낳는다. 그리고 마지막으로 사회에 대한 비판은 문명의 발달에 대한 비판과 일치한다.

"그러나 인간은 본래 선하며, 나는 그 점을 증명했다고 믿는다. 그렇다면 인간을 이렇게까지 타락시킨 것은 그의 체질에 일어난 변화와 그가 이루어낸 진보, 그리고 그가 획득한 지식이 아니겠는가? 우리는 인간 사회를 원하는 대로 얼마든지 찬양할 수 있다. 하지만 그 사회가 필연적으로 인간으로 하여금 이해관계가 부딪치면서 서로 증오하고, 겉으로는 서로를 도와주는 척하지만 실제로는 상상할 수 있는 모든 나쁜 짓을 하게 만든다는 건 어쨌든 사실이다"(본서 191쪽).

자연 상태에서 인간은 두 가지 원칙, 즉 자기애와 연민에 의해 지배당한다. 자기애는 각 개인이 스스로를 보존하기 위해 자기 자신에게 바치는 자연적 사랑이다. 이것은 좋은 사랑이어서, 인간이 도덕적이고 이타적인 존재가 되는 것을 가로막지 않는다. 왜냐하면 자기애는 인간이 이기주의자가 되도록 부추기지 않기 때문이다. 그러나 자기애는 사회가 끼치는 해로운 영향을 받아 이기심으로 바뀐다. 이기심은 각 개인이 자기 자신에게 바치는 사랑이기는 하지만, 그것은 독점적이다. 인간은 자기 자신을 하나의 목적으로 간주하여, 자신과 비교되는 다른 인간에 대해 우위를 차지하려고 애쓴다. 그것은 상대적인 감정으로서, 결코 만족될 수 없고 다른 사람들의 생각에 의존한다. 이기심은 개인을 굴종시키지만, 인간 자신에게서 비롯되기 때문에 억제하기가 더욱 어렵다. 그것은 예속과 불행과 악의의 원칙인 것이다.

그런데 자기애를 이기심으로 바꾸는 건 사회다. 노래와 춤을 예로 들어보자. 원래는 순수했던 이 취미는 인간에게 비교의 정신을 발달시켰다. 인간이 모두 동등하게 완벽하다는 건 불가능한 일이기 때문에, 모두가 똑같이 노래를 잘할 수는 없다. 따라서 각자는 자신과 다른 사람을 비교할 것이고, 자기보다 노래를 잘하는 사람을 질투할 것이다. 이기심은 이렇게 해서 자연적 불평등에 현실성을 부여한다.

"불평등은 자연 상태에서는 거의 존재하지 않으므로, 우리가 가진 능력의 발달과 인간 정신의 진보에서 그 힘을 끌어내고 강화되며, 결국은 소유권과 법률의 제정에 의해 안정되고 합법화된다고 말할 수 있다"(본서 176쪽).

사회는 개인을 탈자연화시키는 것에 책임이 있지만, 또한 불평등이 심화되는 것에도 책임이 있다. 자연 상태에서는 물론 육체와 정신의 신체적 불평등이 존재하지만, 이 같은 불평등은 아무런 결과도 낳지 않기 때문에 중요하지 않다. 어떤 인간이 다른 인간보다 잘생길 수는 있지만, 그의 아름다움에 감탄하는 사람이 아무도 없기 때문에 그는 그것에 우월감을 느끼지 않는다. 반대로 사회는 신체적 불평등에 유효성을 부여할 뿐만 아니라, 정치적 불평등도 만들어낸다. 사회 상태에 의해 가능해진 일대 혁신은 노동 분업이며, 소유권의 출현은 이 노동 분업의 결과다. 그런데 이 같은 진보는 하나의 악이다. 왜냐하면 그들 간에 지배와 종속 관계로 연결되는 부유한 자와 가난한 자라는 두 인간 계급을 형성하기 때문이다. 일을 더 잘하거나 더 많이 하는 사람은 부자가 되어 일을 덜하는 사람들을 지배하고, 이렇게 해서 신체적 불평등은 사회적 불평등을 야기한다. 게다가 소유권은 자연법과 일치하는 재산과 토지의 향유에 대한 인간의 기본적 평등을 소멸시킨다. "과일은 모두의 것이고 땅은 그 누구의 소유도 아니"다(본서 118쪽). 자연적 합법성을 갖추지 못한 이 같은 경제적 불평등은 그것이 수많은 사람을 굴종시키기 때문에 더더욱 견디기 힘들다. 그리고 소유권의 수립에 의해 이 같은 불평등을 합법화하는 것은 다시 한 번 사회다.

사회에 대한 비판은 문명의 완성에 대한 보다 개괄적인 비판 속에 자리를 잡는다. 사회와 그것이 발생시키는 사치로부터 회화, 수공예, 상업, 문예가 탄생한다. 이 모든 무용한 것들은 산업을 꽃피우고, 국가를 부유하게 하거나 약하게 만든다. 백과전서파 철학자들(디드로, 달랑베르, 볼테르)과는 달리, 루소는 진보라는 것을 절대적으로 신뢰하지는 않는다. 왜냐하면 인간의 이성에 대한 그들의 믿음에 동조하지 않기 때문이다. 그리하여《인간 불평등 기원론》에서 서술된 부자들의 계약은 지금까지 인간의 정신 속으로 들어온 것 중에서 가장 심사숙고된 계획으로 간주된다. 그런데 이 계약은 부의 불평등을 정치적 불평등으로 변화시킴으로써, 부의 불평등을 제도화했다. 그리하여 이성의 발휘는 도덕적 진보라는 필요한 결과를 가져오지 못한다. 루소는 또한 야금술과 농업의 발명도 긍정적으로 판단하지 않았다. 그것은 노동 분업을 야기하고, 그럼으로써 개인들이 서로 간에 종속되도록 함으로써 인간을 불행하게 만든 원인이었다는 것이다. 루소는 과학과 기술의 발달은 인정하지만, 그에게 이 같은 진보는 긍정적으로 규정되지 않는다. 실제로 이 같은 진보와 도덕적·정치적 진보 사이에는 상관관계가 존재하지 않는 것이다. 그 관계는 오히려 전도될 것이다. 과학과 예술이 발달하면 할수록, 불평등은 증가하고 사치와 나태와 부패는 점차 더 심해질 테니 말이다.

그래서 루소가 사회에 대해 가하는 가장 큰 비판은 사회가 인간 간에 불평등을 심화시킨다는 것이며, 그에 따르면 이것은 가장 큰 악이다. 즉 그것은 인간을 노예로 바꿔버리는 것이다.《인간 불평등 기원론》의 마지막 부분에서 전제주의는 "불평등의 마지막 단계"(본서 165쪽)로 소개된다. 그런데 루소는 자유를 인간이 향유할 수는 있지만, 그 누구도 처분하거나 그에게서 빼앗을 권리는 없는 자연의 선물로 정의한다. 사회는 인간을 자존심, 타인들, 재산 등의 노예로 만듦으로써 큰 잘못을 저지른다.

• 불평등

디종 아카데미가 던지는 질문은 인간이 불평등해진 원인을 찾아보라고 권유한다. 이 같은 불평등이 존재한다는 사실은 의심의 여지가 없는 하나의 사실로 받아들이는 것이다. 그런데 이 불평등은 어떤 종류의 불평등인가? 자신이 하는 연구의 목적을 확실히 하기 위해, 루소는 자연적 불평등과 도덕적 불평등이라는 두 가지 유형의 불평등을 구분한다.

자연적 혹은 신체적 불평등은 자연에 의해 수립되며, 아름다움, 힘, 건강, 지능의 차이와 관련된다. 이 같은 불평등은 그 기원을 찾으려고 해봤자 아무 소용 없다. 그것이 자연에서, 즉 우연에서 비롯되었다는 건 분명한 사실이기 때문이다.

도덕적 혹은 정치적 불평등은 일종의 관습에 종속되어 있으며, 인간의 계약에 의해 수립되거나 허용된다. 그것은 부, 명예, 권력의 차이와 관련되며, 자연 상태에서는 존재하지 않는다.

루소는 이 두 가지 불평등 사이에 어떤 관계가 있는지를 탐구하려고 애쓰지 않는다. 실제로 "그것은 곧 명령을 내리는 사람이 복종하는 사람보다 반드시 더 뛰어난 능력을 갖고 있는지 …… 의문을 갖는다는 얘기가"(본서 54쪽) 될 것이다. 신체적 불평등은 자연에서 비롯된 것이며, 인간은 그 같은 불평등에 대해 책임도 없고 그것을 피할 수도 없다. 그러나 어떤 인간의 지적·신체적 우월성이 다른 사람들을 자신의 권위에 복종시킬 권리를 그에게 주지는 않는다. 각 개인은 자기가 알아서 인생을 살아갈 수 있는 능력을 가지고 있다. 따라서 도덕적 불평등을 만들어내는 것은 인간이다. 이 같은 불평등은 필요하지도 않고 불가피하지도 않다. 그러므로 인간은 이 불평등을 변화시킬 수 있다. 이 두 가지 유형의 불평등이 어떤 관계를 맺고 있는지를 찾는 것은 곧 몇몇 사람이 다른 사람들에게 명령하고, 그 다른 사람들은 도덕적 불평등을 받아들이는 것이 과연 자연적인가라고 자문하는 것에 다름 아니다.

그래서 루소는 오직 도덕적 불평등의 발전에만 관심을 갖는다. 이 같은 발전은 사회의 출현과 연관되어 있다.《인간 불평등 기원론》 2부에서 루소는 정부의 가설적 역사를 소개하는데, 이 역사는 불평등과 노예 상태의 필연적인 진전과 일치한다. 이것은 인간이 타고난 평등과 자유를 잃어버리는 탈자연화에 관한 역사다.

정부의 역사에는 세 단계가 존재하며, 이는 불평등의 세 단계와 일치한다.

첫 번째 단계는 소유에 관한 권리와 법을 정하는 부자의 계약이다. 네 것과 내 것의 구분은 사기다. 왜냐하면 토지는 원래 모든 사람의 소유이기 때문이다. 소유권 제도는 자연적 불평등에 현실성을 부여하고, 부자와 빈자의 구분이라는 인위적 불평등을 정착시킨다. 빈자는 자신의 생존을 위해 부자에게 의존하므로, 이 같은 경제적 불평등은 필연적으로 종속 상태를 불러온다.

두 번째 단계는 국가를 탄생시킨 행정관직의 제정이다. 행정부와 입법부가 설립된 것이다. 한편에는 통치자들이, 다른 한편에는 피통치자들이 있다. 강자와 약자가 구분되면서 생기는 정치적 불평등은 이 두 번째 단계와 일치한다. 이 같은 불평등은 사회적 불평등을 강화한다. "정치적 차별은 필연적으로 시민 간의 차별을 야기한다"(본서 166쪽). 이처럼 사회적 불평등이 확대되는 것은 개인의 야망과 이기심 때문이다. "그러나 불평등은 운명의 위험을 무릅쓰고 그것이 자신에게 유리해지느냐 불리해지느냐에 따라 거의 일률적으로 지배하거나 봉사할 준비가 항상 되어 있는 야심차고 비겁한 사람들 사이에서 쉽게 퍼져나간다"(본서 167쪽). 인간은 자기들도 지배할 수 있다면 지배당하는 것을 받아들인다. 이 같은 사회적 불평등은 개인의 부, 신분, 권력, 재능과 관련된다. 그러나 부는 물질적 충족을 누리는 데 필요하고 쉽게 물려줄 수 있으므로, 바로 이 부유함이 유명해지고 강해지고 높은 덕을 갖추었다는 명성을 누릴 수 있도록 해준다. 사회적 불평등은 사기다. 주로 각자가 가지고 있는 지갑의 두께에 좌우되기 때문이다.

마지막으로 정부 역사의 세 번째 단계는 전제군주제의 출현이다. 권력은 자의적인 것이 되어 주인과 노예 상태라는 불평등의 마지막 항목이 등장한다. 모든 사람이 단 한 사람의 의지에 복종하고, 그들의 재산과 생명은 전제군주에게 종속된다. 즉 인민은 완전한 노예 상태 속에 들어가게 되는 것이다.

이 논문이 끝나갈 때쯤, 우리는 왜 루소가 이것을 도덕적 불평등으로 명명하는지 자문해볼 수 있다. 이 같은 명명은 그것이 인간의 탈자연화라는 결과를 가져온다는 사실을 강조하려는 목적을 가진다고 추측된다. 도덕적 불평등은 인간을 불행한 상태에 빠트려 그의 안에 있는 자연적 연민을 억누르고, 그가 냉혹하고 시기하며 계산적인 사람이 되도록 부추기며, 그를 노예로 만든다.

루소가 사회를 도덕적 불평등의 기원으로서 최대의 악이라며 맹렬히 비난하기는 했지만, 그렇다고 해서 어떤 절대적 평등을 권장한 것은 아니다. 반대로 그는 만일 그것이 자연적 불평등에 상응한다면, 어느 정도의 도덕적 불평등은 인정한다. 그리하여《인간 불평등 기원론》헌사에서 그는 자연 상태를 지배하는 평등과 사회적 불평등을 조화시켰다며 제네바 공화국을 찬양한다. 그는 정의에 따른 분배 개념을 거부한다. 분배적 정의는 각 개인의 장점을 고려하지만, 결국은 법을 거의 자의적으로 적용할 수 있는 수단을 행정관에게 넘겨줌으로써 시민을 행정관에게 완전히 종속시킨다.

인간 불평등 기원론

—제네바 시민인
장-자크 루소가 쓃다.•

• 루소는 이 책을 쓰기 직전에 제네바 시민권을 재취득하기 위해 신교를 다시 믿기 시작했기 때문에, 더더욱 자랑스럽게 이 '시민'이라는 칭호를 내세운다. 그는 제네바에 머무르는 동안 공화주의적 신념을 열렬하게 표방한다(《고백록Les Confessions》, *Œuvres Complètes*〔이하 *OC*로 표기〕, t. 1, p. 392〔이용철 옮김, 《고백록: 최초 현대인의 초상》 1·2권, 나남, 2012〕).

• **주석에 관해 일러두기**

나는 두서없이 작업하는 나의 게으른 습관에 따라, 이 논문에 주석을 몇 개 덧붙였다. 이 주석들은 본문과 함께 읽기에는 적합하지 않을 만큼 주제에서 이따금 벗어난다. 그래서 나는 주석들은 논문 뒤쪽으로 빼고, 논문에서는 길을 똑바로 따라 가려고 애썼다. 다시 읽어볼 용기가 있는 사람들은 곳곳이 찾아다니며 재차 즐거워하고, 주석들을 훑어보려고 애쓸 수도 있을 것이다. 그렇지 않은 사람들은 그것들을 읽지 않아도 아무 문제 없을 것이다.

헌사

도덕적으로 퇴폐한 존재에게서가 아니라,
자연에 따라 행동하는 존재에게서 자연적인 것을 찾아야 한다.
Non in depravatis, sed in his quae bene secundum naturam se habent,
considerandum est quid sit naturale.
— 아리스토텔레스, 《정치학》, I, 5.

이 논문을 제네바 공화국에 바칩니다.[1]

진심으로 존경하옵는 의원님들.

저는 오직 덕을 갖춘 사람만이 조국이 인정할 수 있는 경의를 조국에 표할 수 있다고 확신해왔기 때문에, 지난 30년 동안 여러분께 공개적으로 감사 표시를 할 수 있는 자격을 갖춘 사람이 되려고 노력해왔습니다. 그런데 이번에 다행스럽게도 저의 노력만으로는 해낼 수 없었던 일을 부분적으로나마 보충할 수 있는 기회가 찾아왔으므로, 저는 제게 주어진 권리를 행사하기보다는 저를 부추기는 열의에 몸을 바치는 게 좋을 것 같다고 믿게 되었습니다. 운 좋게 여러분의 나라에서 태어난 제가 자연이 인간에게 베푼 평등과 인간이 스스로 만든 불평등에 대해 고찰하면서, 어떻게 자연법에 가장 가깝고 사회와 공공질서 유

---

1 루소는 실권을 장악하고 있던 소의회 혹은 그 구성원인 스물다섯 명의 위원들이 아니라, 제네바의 전체 '시민'과 '부르주아'에게 이 논문을 바친다. 그는 이것이 상당히 대담한 행동이라는 사실을 모르지 않았다. 루소가 보기에 제네바 공화국은 있을 수 있는 가장 훌륭한 정부의 실례였다.

지, 개인의 행복에 가장 유리하도록 이 두 가지를 적절히 결합시켜 잘 운용하고 있는 여러분을 생각하지 않을 수 있겠습니까?[2] 저는 양식良識이 허용하는 한에서 가장 훌륭한 정부 구성의 원칙들을 찾다가, 그것들이 하나도 빠짐없이 여러분의 정부에서 실천된다는 것을 알고 깜짝 놀랐습니다. 그렇기 때문에 비록 제가 이 성벽 안에서 태어나지는 않았다 하더라도, 인간 사회를 묘사한 이 글을 모든 인민들 가운데 가장 큰 장점을 지니고 있으며 그 폐해를 가장 잘 방지해왔다고 생각되는 인민에게 바치지 않을 수 없다고 믿었던 것입니다.

만일 제가 저 자신이 태어날 곳을 선택해야 했다면[3] 저는 인간이 가진 능력의 범위 내에 있는, 즉 제대로 다스릴 수 있을 정도의 규모를 가진 사회를 골랐을 것입니다. 이런 사회에서는 각자가 자신이 감당할 수 있는 임무를 맡기 때문에, 굳이 자기 일을 다른 사람에게 넘기지 않아도 될 테니까요. 그런 나라에서는 모든 개인이 서로 알고 있어서 악덕의 음험한 술책이나 덕성의 겸손함이 공중의 시선이나 판단에서 벗어날 수 없고, 서로 만나서 알고 지내는 미풍양속이 있어서 조국에 대한 사랑은 영토에 대한 사랑보다는 시민에 대한 사랑으로 나타나게 될 것입니다.

저는 국가기관의 모든 활동이 오로지 공동의 행복만을 목표로 삼도록 하기 위해, 주권자와 인민이 같은 이해관계를 가지고 있는 나라에서 태어나기를 바랐습니다. 그러나 그런 일은 인민과 주권자가 같은

---

2 루소는 헌사에서 제네바에서 살도록 허용된 외국인 '거주자'와 그 후손인 '출신자' 들이 정사政事에 관여하는 것을 금지시킨 차별을 문제 삼지 않는다. 그런데 그들은 제네바 인구의 4분의 3을 차지하고 있었다.

3 루소는 여기서 이상적인 국가를 묘사한다.

사람이 아닌 이상 있을 수가 없었으므로, 저는 적절하게 조절된 민주적 정부에서 태어나기를 원했지요.[4]

저는 저뿐만 아니라 그 누구도 벗어날 수 없는 법이라는 명예로운 속박에 복종하며 자유롭게 살다 죽기를 원했습니다. 아무리 자존심이 센 사람이라도 이 이롭고 가벼운 속박 말고 다른 속박은 받지 않으므로, 더더욱 고분고분하게 이 속박을 견뎌내게 됩니다.

그리하여 저는 국가 안에 있는 사람은 그 누구도 자기가 법 위에 있다고 말할 수 없게 되기를, 그리고 국가 밖에 있는 사람이 국가에 법을 강요하여 인정하도록 하는 일 역시 일어나지 않기를 바랐습니다. 정부가 어떤 식으로 구성되든지 간에, 법을 준수하지 않는 사람이 단 한 명이라도 있으면 다른 사람들은 반드시 그를 따라하게 되어 있으니까요.[1)] 그리고 만일 우두머리가 나라 안에 한 명 있고 나라 밖에도 한 명 있으면, 그들이 어떤 식으로 권력을 나눠 가지든 인민이 그 두 사람 모두에게 복종하거나 나라가 제대로 통치되는 건 불가능해집니다.

저는 새로 생긴 공화국에는 아무리 좋은 법이 있더라도 살고 싶지 않았습니다. 당면한 필요에 따라 구성되지 않은 정부가 새로운 시민에게 적합하지 않거나 시민이 새로운 정부에 적합하지 않아, 국가가 생기자마자 흔들려 망해버리지 않을까 두려워서입니다. 자유란 꼭 딱딱하고 맛 좋은 음식이나 질 좋은 포도주 같아서, 그것에 익숙해진 튼튼한 체질의 소유자가 섭취하면 몸이 튼튼해지지만, 그게 맞지 않는 허약하고 민감한 체질의 소유자가 섭취하면 오히려 갑갑해 하고 건강

4 루소는 그가 품고 있는 민주주의의 이상을 단숨에 표명하고, 프랑스 절대주의를 은연중에 비판한다.

을 해치고 취해서 정신을 못 차리거든요. 한번 지배당하는 데 익숙해진 인민은 지배자 없이 지낼 수 없게 됩니다.[5] 속박에서 벗어나려고 애쓰면 애쓸수록, 그들은 오히려 자유에서 점점 더 멀어지게 됩니다. 자유와 반대되는 고삐 풀린 방종을 자유라고 착각하기 때문에, 설사 혁명을 일으킨다 해도 자기를 얽매고 있는 사슬을 더욱더 무겁게 만들 뿐인 선동가들에게 거의 언제나 스스로를 내맡겨 버리거든요. 심지어 모든 자유로운 인민의 모델이라 할 수 있는 로마인도 타르퀴니우스Tarquinius 왕조의 억압에서 벗어날 당시에는 스스로를 다스릴 능력을 전혀 갖고 있지 못했습니다.[6] 로마인은 이 가문이 강요한 노예 상태와 치욕적인 노동 때문에 천박해질 대로 천박해져, 처음에는 유익한 자유의 공기를 마시는 것에 조금씩 익숙해지도록 최대한 지혜를 발휘하여 배려하고 통치해야 하는 어리석은 집단에 불과했습니다. 그러나 폭정하에서 무기력해진, 혹은 보다 정확히 말하자면 우둔해진 이 사람들은 차츰차츰 엄격한 도덕관념과 자랑스러운 용기를 획득하여, 결국 모든 인민 가운데 가장 존경받을 만한 민족이 되었지요. 그래서 저는 그 기원이 태곳적까지 거슬러 올라가고, 그 주민에게 용기와 조국애를 불러일으켜 한층 굳건히 해줄 정도의 공격만을 받았으며, 시민이 현명한 독립에 익숙해져 자유로울 뿐만 아니라 그 자유를 누려 마땅한, 행복하고 평온한 공화국을 제 조국의 모델로 삼을 것입니다.

저는 다행히도 힘이 없어서 강포한 정복욕에 사로잡히지 않고, 그보

---

5 이것은 정치적으로나 도덕적으로 한번 타락하게 되면 다시는 돌이킬 수 없다는 뜻으로서, 루소 사상에서 매우 중요한 생각이다.

6 공화국 이전에 로마를 지배했던 에트루리아Etruria 왕국의 타르퀴니우스 왕조는 기원전 616~509년에 로마를 다스렸다.

다 더 다행스럽게도 지리적 위치가 좋아서 다른 나라에게 정복당할 위험이 없는 나라를 조국으로 택하고 싶었습니다. 여러 나라 사이에 위치해 있어서 어떤 나라든 이 도시를 침략해봤자 이득 될 게 전혀 없고, 다른 나라가 이 도시를 침략하지 못하도록 막는 것이 각 나라에 좋은 자유도시를, 한마디로 말하자면 이웃들의 야심을 조금도 자극하지 않으며, 필요한 경우에는 그들의 도움도 충분히 기대할 수 있는 그런 공화국을 말입니다. 그 결과 이처럼 만족스러운 위치에 있는 공화국은 오직 자기 자신 말고는 아무도 두려워할 필요가 없으며, 그 시민이 군사훈련을 하는 것은 그들 자신을 방어하기 위해서라기보다는 자유와 매우 잘 어울리고 자유에 대한 안목을 키워주는 군인으로서의 열의와 자랑스러운 용기를 유지하기 위해서였을 것입니다.

저는 모든 시민이 입법권을 가지고 있는 나라를 찾았을 것입니다. 한 사회에서 함께 살아가려면 어떤 조건을 갖추어야 하는지를 그들만큼 잘 아는 사람은 없을 테니까요. 그러나 로마인이 실시했던 평민투표 같은 건 인정하지 않았을 것입니다. 왜냐하면 흔히 나라의 운명이 걸려 있는 문제를 결정할 때, 나라의 우두머리와 나라의 보전에 가장 깊이 관련되어 있는 사람들이 제외되었을 뿐만 아니라, 터무니없게도 일반 시민은 누리는 권리를 행정관에게서는 박탈했기 때문입니다.

반대로 저는 사리사욕을 챙길 목적으로 잘못 세운 계획들과 결국은 아테네인을 파멸시킨 위험한 개혁 조치들을 중단시키려면, 아무나 자기 멋대로 새로운 법을 제안할 수 있도록 허용해서는 안 된다고 생각합니다. 오직 행정관들만 매우 용의주도하게 이 같은 권리를 행사해야 하고, 인민도 이 법에 찬성할 때 극도로 신중을 기해야 하며, 법의 공포

公布는 엄숙하게 절차를 거쳐 이루어져야 합니다.[7] 국가조직이 흔들리기 전에, 법이 신성하고 존중할 만하다고 여겨지는 것은 그 법이 매우 오래 되었기 때문이고, 인민은 법이 매일 바뀌면 머지않아 그것을 우습게 알며, 개선한다는 핑계로 옛 관습을 무시하는 데 익숙해지다 보면 흔히 작은 해악을 고치려다 더 큰 해악을 받아들이는 결과를 초래한다는 사실을 확신할 시간을 가져야 하는 것입니다.

저는 특히 인민이 행정관이라는 자리가 아예 필요 없다고 믿거나 행정관에게 일시적인 권력만을 부여해도 된다고 믿어, 경솔하게도 민사 업무나 그 법률의 집행을 직접 맡아서 하려고 하는 공화국은 제대로 통치될 리가 없다고 생각하여 피했을 것입니다. 자연 상태에서 벗어난 직후에 처음으로 등장한 정부는 이런 식으로 대충 구성되었고, 바로 이것이 아테네 공화국을 멸망시킨 폐단 중의 하나였지요.

그러나 저는 개인들이 법을 비준하고, 우두머리들의 제안에 따라 함께 공적인 일을 결정하는 것에 만족하며, 존중받는 법정을 설치하고, 그것의 여러 관할을 세심하게 구분하며, 시민 중에서 재판을 관리하고 나라를 다스리는 일을 가장 공정하게 잘 해낼 수 있는 사람들을 매년 선출하고, 행정관들의 덕성이 시민의 지혜를 입증해주면서 양자가 서로를 존경하는, 그런 공화국이라면 주저 없이 선택했을 겁니다. 그러면 설사 불행을 초래하는 오해로 인해 인민 화합이 깨지는 무분별과 오류의 시대에도, 사람들은 절제하고 서로 존중하며 법을 준수할 것입니다. 그것이야말로 진지하고 영구적인 화해의 전조이자 보장입니다.

---

7 제네바 공화국에서는 1738년에 중재령이 제정된 이후로, 오직 25인 소의회에서만 법을 발의할 수 있고, 이 법은 그 뒤 200인 소의회를 거쳐, '시민과 부르주아'로 이루어진 총의회에 회부되었다.

존경하옵는 의원님들, 바로 이것이 제가 선택할 수도 있었을 조국에서 찾으려고 했던 장점들입니다. 만일 신의 섭리가 이 조국에 유리한 입지, 온화한 기후, 비옥한 땅, 그리고 하늘 아래 가장 아름다운 풍경까지 덤으로 주셨다면, 저는 더 큰 행복을 맛보기 위해 복을 받아 행복한 조국의 품에 안겨 이 모든 혜택을 누리려 했을 것입니다. 그리고 즐거운 분위기의 사회에서 다른 시민과 함께 평화롭게 살면서, 그들에게 그들의 본보기에 따라 자비와 우의와 모든 덕성을 베풀고, 정직하고 자비로우며 고결한 애국자로서의 명성을 후세에 남기기를 바랐을 것입니다.

혹시 제가 별로 행복하지 않거나 너무 늦게 철이 들어, 젊었을 때 경솔하게 안식과 평화를 누리지 못한 걸 후회하면서 다른 나라에서 허약한 몸으로 무기력한 삶을 마감하는 신세가 된다 할지라도, 저는 조국에서는 실천에 옮길 수 없었던 이런 생각들을 마음속에 간직하고, 멀리 떨어진 동포들에게 사심 없는 깊은 애정을 느끼면서 진심으로 이렇게 말했을 것입니다.

"친애하는 동포 여러분, 아니 형제 여러분, 혈연과 법이 우리 대부분을 결합시켜주기 때문에, 제가 여러분을 생각하자마자 바로 여러분이 누리고 있는 모든 혜택이 생각나는 건 저로서는 기쁜 일입니다. 아마 여러분 중 누구도 그 혜택을 잃어버린 저만큼 그것의 가치를 더 잘 느끼지는 못할 겁니다. 저는 여러분이 처한 정치적·사회적 상황에 대해 생각하면 할수록, 과연 인간사의 본질이 이보다 더 좋은 상황을 허용할 수 있을지 상상이 가지 않습니다. 다른 모든 정부에서는 국가의 가장 큰 이익을 보장해야 할 때, 모든 것이 언제나 관념상의 계획으로, 기껏해야 단순한 가능성으로 그치고 맙니다. 여러분은 이미 행복해져 있으므로 그것을 누리기만 하면 됩니다. 그 행복에 만족하는 법만 알면 완전하게 행복해질 수 있는 것입니다.[8] 무력을 써서 획득하거나 되찾아 200년 동안 용기와 지혜를 발휘하여 간직해온 여러분의 주권은 드디어 완전하고 보편적으로 인정받게 되었습니다. 명예로운 계약이 여러분의 한계를 정하고, 여러분의 권리를 보장하고, 여러분의 안전을 강화해줍니다. 가장 숭고한 이성에 의해 정해지고 존경할 만한 열강들에 의해 보장되는 여러분의 국가조직 형태는 최상이라 할 수 있습니다. 여러분의 나라는 평온하고, 여러분은 전쟁이나 정복자를 두려워할 필요가 없습니다. 여러분에게는 자신이 만들었고, 자신이 선택한 공정한 행정관들이 시행하는 현명한 법 말고는 주인이 없습니다. 여러분은 나태함으로 인해 무기력해지거나 헛된 열락으로 인해 참된 행복과 건실한 덕성에 대한 애정을 잃을 만큼 부유하지도 않고, 여러분의 산업이 제공해주는 것으로는 충분하지 않아서 외국의 원조를 받아야 할 만큼 가난하지도 않습니다. 그리고 이 소중한 자유를 큰 나라에서 유지하려면 어마어마한 세금이 필요하지만, 여러분은 그것을 유지하려고 희생할 필요가 전혀 없습니다.

저는 이처럼 현명하고 적절하게 구성된 공화국이 영원히 지속되어, 인민의 모범이 되고 시민을 행복하게 만들기를 바랍니다![9] 바로 이것이 여러분이 실현시켜야 할 유일한 바람이고, 떠맡아야 할 유일한 책무입니다. 여러분의 조상이 갖은 애를 다 써가며 여러분을 행복하게 만들어주었으니, 앞으로 여러분은 그 행복이 오래오래 지속되도록 지

---

8 루소에게 제네바 헌법은 "있을 수 있는" 가장 훌륭한 헌법이며, 그 헌법이 퇴보하는 일은 피해야만 한다.

9 루소는 다른 시민들에게 그들의 공화국을 보존하고 정치적 덕성을 발전시키라고 권유한다.

혜를 발휘해야 합니다. 여러분의 존속은 여러분이 단결하고, 법에 복종하고, 법의 집행자들을 존중하느냐 안 하느냐에 달려 있습니다. 만일 여러분 사이에 원망이나 불신의 씨앗이 조금이라도 남아 있으면, 그 때문에 조만간 여러분이 불행해지고 나라가 멸망할지 모르니 지금 당장 그것을 없애버려야 합니다. 저는 여러분이 마음속 깊은 곳으로 들어가 양심의 은밀한 목소리에 귀 기울일 것을 간절히 원합니다. 여러분의 행정관들보다 더 공정하고 더 지혜롭고 더 존경받을 만한 집단이 이 세상에 있습니까? 모든 행정관들은 여러분에게 절제와 소박한 풍습, 법의 존중, 가장 진지한 화해의 모범을 보여주고 있지 않습니까? 그러니 이성이 덕성에 바쳐야 하는 유익한 신뢰를 이 지혜로운 책임자들에게 아낌없이 바치십시오. 그들은 여러분이 뽑은 사람들로서, 여러분이 그들을 잘 뽑았다는 걸 증명해주고 있으며, 여러분이 요직에 앉힌 사람들이 인정받아야 할 명예는 반드시 여러분 자신에게 되돌아온다는 것을 생각하십시오. 법의 효력과 법을 수호하는 자들의 권위가 통하지 않는 곳에서는 안전과 자유가 보장될 수 없다는 사실을 모를 만큼 무식한 사람은 여러분 중에 없을 거라 믿습니다. 그러니 진정한 이익과 의무, 도리 때문에 여러분이 항상 해야만 하는 일을 올바른 신뢰를 가지고 진심으로 해내는 게 무슨 문제가 되겠습니까? 법의 유지에 관심이 없다는 이유로, 비난받아 마땅하며 결국 불행한 결과를 낳는 이런 이유로 여러분 중에서 가장 식견 있고 헌신적인 사람들의 현명한 의견을 무시해서는 절대 안 됩니다. 그보다는 공정함과 절제, 존경할 만한 확고부동함이 계속해서 여러분의 행동을 통제하게 하고, 자존심 강하면서도 겸손하며 자신의 영광과 자유를 소중히 여기는 인민의 본보기를 온 세상에 보여주어야 합니다. 자, 여러분께 마지막으로 충고하겠습니다. 악의에 찬 해석이나 가시 돋친 이야기는 흔히 그 목적인 행위보다 감춰진 동기가 더 위험한 법이니, 절대 귀 기울여서는 안 됩니다. 도둑이 접근하지 않는 한 절대 짖지 않는 착하고 충성스런 개가 일단 한번 짖기 시작하면 바로 온 집안사람이 깨어나지요. 그러나 이 동물이 평소에 많은 사람들의 휴식을 끊임없이 방해하면서 성가시게 굴면, 사람들로부터 미움을 받아 막상 필요할 때는 아무리 짖어대도 사람들이 귀를 기울이지 않는 법입니다."[10]

존경하옵는 의원님들, 그리고 자유로운 인민의 품위 있고 존경스러운 행정관님들, 제가 특별히 여러분께 경의를 바치고 의무를 다하도록 허락해주십시오. 만일 이 세상에 그것을 차지하고 있는 사람의 이름을 빛나게 해주는 직위가 있다면, 그건 틀림없이 재능과 덕이 있어서 부여받는 직위이며, 여러분에게 어울릴 뿐만 아니라 여러분의 동료 시민들이 여러분께 부여한 직위입니다. 시민들 자신의 가치가 여러분의 가치를 더욱더 새롭게 빛내줍니다. 여러분은 다른 사람들을 다스릴 능력이 있는 사람들이 자신을 다스려달라고 선택한 사람들이기 때문에, 다른 행정관들보다 더 뛰어납니다. 특히 여러분이 인도하는 자유로운 인민은 뛰어난 지혜와 이성을 갖추고 있어서 다른 나라의 천민보다 더 훌륭하지요.

---

10 1738년 제네바에서 외국인 거주자와 그 후손인 출신자 들이 무기를 들고 격렬한 사회적 소요를 일으켰다. 소수가 지배하는 제네바 정부는 질서를 회복하기 위해 프랑스, 베른, 취리히 등 외국 강대국의 개입을 요청했다. 그 결과 맺어진 것이 '1738년 중재령'이며, 이 조약은 25년 동안 제네바에 사회적 평화를 가져다줬다. 루소는 여기서 이 1738년 중재령을 거부했던 시민들의 변론에 대해 비판하고 있다. 중재령은 소위원회의 권한을 공고히 하는 한편 '시민'과 '부르주아'에게는 '대표'의 권리만을 부여했는데, 이 대표권은 공개적으로 요구하고 불평할 수 있는 권리다. 그러나 소위원회는 이 대표권을 거부할 권리가 자신들에게 있다고 주장했다.

저에게 가장 좋은 기억으로 남게 될 것이며, 저의 마음속에서 영원히 떠나지 않을 한 가지 예를 인용하도록 허락해주십시오. 저는 저를 낳아주고, 저의 어린 시절 내내 여러분을 존경하라고 가르쳐준 한 덕망 있는 시민을 기억할 때마다, 진한 감동에 사로잡히곤 합니다. 그가 자기 손으로 일해서 살아가고, 자신의 영혼을 가장 숭고한 진리로 길러내던 모습이 저의 눈앞에 생생하게 떠오릅니다. 그의 앞에는 일을 하는 데 필요한 연장들과 타키투스,[11] 플루타르코스,[12] 그로티우스[13]의 저서가 뒤섞여 놓여 있었지요. 그의 옆에는 이 세상에서 가장 훌륭한 아버지로부터 애정 어린 교육을 받는데도 별다른 성과를 얻지 못하는 귀여운 아들이 있습니다.[14] 제가 젊었을 때는 정신을 못 차리고 방황하느라 잠시 그 현명한 가르침을 잊은 적도 있지만, 다행스럽게도 인간이 아무리 해악에 쉽게 빠진다 해도 진심이 담긴 교육은 영원히 헛되지 않다는 사실을 깨닫고 있습니다.

존경하옵는 의원님들, 바로 이것이 여러분이 다스리는 나라에서 태어난 시민이며, 심지어 신분이 낮은 주민이기도 합니다. 이들은 다른 나라에서는 직공이나 서민이라고 이름으로 불리며 천대받지만,[15] 이곳

---

11 '타키투스 Publius Cornelius Tacitus'(56?~120?)는 로마의 역사가이며, 저서로 《연대기 Annales》(박광순 옮김, 《타키투스의 연대기》, 종합출판범우, 2005)가 있다.

12 '플루타르코스 Plutarchos'(46?~120?)는 그리스의 역사가이자 모럴리스트이다. 저서로 《플루타르코스 영웅전 Bioi Parallēloi》(이성규 옮김, 《플루타르코스 영웅전 전집》 1·2권, 현대지성, 2016)이 있다.

13 '그로티우스 Hugo Grotius'(1583~1645)는 네덜란드의 법학자이자 철학자로, 자연법 학파를 만들었다. 저서로 《전쟁과 평화의 법 De Jure Belli ac Pacis》(1625)이 있다.

14 이는 루소가 받은 교육에 대한 불완전하고 이상화된 묘사다. 루소와 그의 아버지는 앞에서 인용한 작가들의 작품 이전에 어머니가 남겨둔 소설을 읽었다(《고백록》, *OC*, t. 1, p. 8).

15 구체제의 프랑스에서 인민이 멸시받는 것에 대한 반발이다. 장인과 노동자 들이 교육을

에서는 제대로 교육받고 양식을 갖춘 사람들로 받아들여집니다. 기꺼이 고백하건대, 제 아버지는 시민들 사이에서 눈에 띌 만큼 탁월한 사람이 아니었습니다. 그는 다른 시민들과 다를 바 없는 사람이었습니다. 그리고 어디를 가든 그가 속한 사회에서 있는 그대로의 모습을 유지하면서, 높은 수준의 교양을 갖춘 사람들로부터 관심을 받고 교제 요청을 받았으며 좋은 결과를 얻기도 했습니다. 이런 역량을 가진 사람들이 여러분에게서 존경의 표시를 받고 싶어 할 수도 있습니다. 하지만 이런 얘기는 제가 해야 하는 것도 아니고, 또 다행히 그럴 필요도 없습니다. 이들은 교육뿐만 아니라 자연의 권리에 의해서도 여러분과 동등하며, 자신의 뜻에 따라 여러분의 가치를 인정하고 여러분보다 직위가 낮은 사람이 되었으니, 여러분은 이들에 대해 일종의 감사 표시를 해야 합니다. 저는 여러분이 흔히 법의 집행자들이 취하는 근엄한 태도를 완화시키려고 얼마나 온화하고 친절한 자세로 애쓰는지를, 그리고 그들이 여러분에게 분명히 보여줄 복종이나 존경에 대해 여러분이 얼마나 높이 평가하고 주의를 기울이는지를 잘 알기에 크게 만족하고 있습니다. 그 행동은 정의와 지혜로 충만해 있으며, 다시는 되풀이되지 않도록 잊어버려야 하는 불행한 사건들을 서서히 기억 속에서 떨쳐버리는 것을 돕습니다. 공정하고 관대한 이 인민은 자신에게 주어진 의무를 즐겁게 수행하고 격의 없이 여러분을 존경하며, 자신의 권리를 가장 적극적으로 옹호하는 사람들이 여러분의 권리도 가장 적극적으로 옹호하는 경향이 있기 때문에, 이것은 더더욱 정당한 행동입니다.

어떤 시민사회의 우두머리들이 그 사회의 영광과 행복을 바라는 것

받고 '공화파' 서적을 읽는 제네바에서는 상황이 많이 달랐다.

은 놀랄 일이 아닙니다. 그러나 자신을 보다 신성하고 숭고한 조국의 행정관으로, 아니 지배자로 생각하는 사람들이 자기를 먹여 살리는 지상의 조국에 대해 약간의 애정을 표하는 것은, 사람들의 평안함이라는 관점에서 보면 매우 놀라운 일입니다.[16] 우리를 위해 매우 드문 예외를 한 가지 만들고 법이 허용하는 신성한 교리들을 알고 있는 이 열정적인 사람들을, 존경할 만한 이 영혼의 목자들을, 언제나 솔선수범하기 때문에 힘차고 부드러운 웅변을 통해 사람들의 마음속에 복음서의 규범들을 더 잘 새겨 넣을 수 있는 이 사람들을 우리의 가장 훌륭한 시민의 대열에 올려놓을 수 있다는 것은, 저로서는 무척이나 즐거운 일입니다! 설교술이 제네바에서 얼마나 큰 성공을 거두며 발달했는지를 모르는 사람은 아무도 없습니다. 말과 행동이 다른 걸 너무나 자주 보아온 탓에, 대부분의 사람들은 우리 목사 집단의 기독교 정신이 매우 투철하고, 풍속이 신성하며, 자기 자신에게는 엄격하고 다른 사람에게는 부드럽다는 사실을 잘 모릅니다. 아마도 신학자와 문학가 들이 이렇게 완벽하게 결합한 모범적인 예를 보여주는 곳은 오직 제네바밖에 없을 것입니다.[17] 제가 제네바가 영원토록 평화로우리라는 희망을 품는 것은, 그들의 지혜와 절제가 많은 사람들에게 인정받고, 그들이 국가를 번영시키기 위해 열의를 다하기 때문입니다. 그리고 저는 그들이 성스럽고 야만적인 사람들의 무시무시한 규범을 얼마나 두려워했는지를

---

16 루소는 사람들이 자신이 살고 있는 나라의 법을 준수하지 않게 한다며 기독교를 비난한다. 사람이 믿음이 깊은 동시에 시민일 수는 없다는 것이다. 이후에 루소는 심지어 로마 기독교에 대해 "나는 이것처럼 사회 상태와 반대되는 것은 전혀 알고 있지 못하다"라고 말하게 될 것이다(《사회계약론Du contrat social ou Principes du droit politique》, 1762, *OC*, t. III, pp. 460~469〔김영욱 옮김, 《사회계약론》, 후마니타스, 2018〕).

17 루소는 칼뱅이 1559년에 설립한 제네바 아카데미를 참조하고 있다.

알고 놀라움과 존경이 뒤섞인 기쁨을 느낍니다. 그들은 소위 하느님의 권리를, 즉 자기의 이익을 옹호하기 위해 자기의 피가 항상 존중받을 것이라고 뽐내면서, 막상 인간의 피를 흘리게 하는 데는 별로 인색하지 않았다는 사실을 역사는 여러 차례 보여주었지요.

공화국의 절반을 차지하는 남성들을 행복하게 해주고, 상냥함과 지혜로써 나라의 평화와 미풍양속을 유지하는 저 소중한 또 다른 절반을 제가 어찌 잊을 수 있겠습니까? 상냥하고 정숙한 여성 시민이시여, 우리 남성을 다스리는 것이 언제나 여러분의 운명이 될 것입니다. 오직 부부의 결합을 통해서만 행사되는 여러분의 순결한 힘이 국가의 영광과 공공의 행복을 위해서만 쓰인다면, 모든 사람이 행복해질 것입니다! 여성들이 스파르타에서 이렇게 명령을 내렸던 것처럼, 제네바에서도 여러분은 명령을 내릴 자격이 있습니다. 도대체 그 어떤 야만스런 남자가 다정다감한 아내의 입에서 흘러나오는 명예와 이성의 목소리에 저항할 수 있겠습니까? 그리고 광채를 내뿜으며 당신을 가장 아름답게 만들어주는 당신의 수수하고 소박한 몸치장을 보고, 도대체 그 어떤 남자가 경박한 사치를 경멸하지 않겠습니까? 여러분은 상냥하고 천진한 성품과 능수능란한 기지를 발휘하여, 나라 안에서는 항상 법이 준수되도록 하고, 시민이 화합하도록 하며, 행복한 결혼을 통해 흩어져 있는 가족들을 결합시키고, 특히 설득력이 있는 부드러운 충고와 신중하고 품위 있는 대화를 통해 우리 젊은이들이 다른 나라에서 배워온 나쁜 버릇을 고쳐주어야 합니다. 그들은 다른 나라에 이용할 수 있는 유용한 것들이 수없이 많은데도, 타락한 여자들에게서 오직 유치한 말투나 우스꽝스러운 태도와 어떤 위대한 것에 대한 찬미만을 배워오는데, 사실 이 찬미라는 건 굴종에 대한 하찮은 보상에 불과하며 존엄한 자유와는 결코 견줄 수 없습니다. 그러니 지금처럼 늘 미풍양속의 순결한 수호자이자 평화의 부드러운 중재자로 남아주시고, 그 어떤 경우에도 의무와 덕성을 위해 심성과 자연의 권리를 행사해주시기 바랍니다.[18]

저는 시민 모두의 행복과 공화국의 영광에 대한 희망의 보증에 입각하여, 저의 이 주장이 어떤 사건에 의해 반박당하는 일은 절대 없으리라 자신합니다. 설사 이 공화국이 이러한 모든 장점을 다 가지고 있다 할지라도, 대다수 사람들의 눈을 멀게 할 만큼 화려하고 찬란하게 빛나지는 않을 것입니다. 왜냐하면 그런 화려함과 찬란함에 대한 유치하고도 해로운 취향이야말로 행복과 자유의 가장 치명적인 적이기 때문입니다. 방탕한 젊은이들은 쉽게 얻을 수 있는 쾌락과 오래갈 후회를 다른 곳에 가서 찾기 바랍니다. 그리고 스스로가 고상한 취향을 가졌다고 생각하는 사람들은 다른 곳으로 가서 웅장한 궁전이나 아름다운 장신구, 멋진 가구, 화려한 공연, 그리고 나태함과 사치의 온갖 세련된 면모를 보며 감탄하기 바랍니다. 제네바에서는 볼 게 오직 인간밖에 없습니다. 하지만 인간을 보는 것만으로도 충분히 가치가 있으며, 그 인간을 보고자 하는 사람들은 나머지 것들을 보며 감탄하는 사람들보다 더 가치가 있습니다.

진심으로 존경하옵는 의원님들, 제가 여러분 모두의 번영에 대해 가지고 있는 관심의 정중한 증거들을 부디 똑같은 선의를 갖고 받아주시

---

18 루소는 《달랑베르에게 보내는 연극에 관한 편지Lettre a M. D'Alembert sur les spectacles》(1758)에서도 역시 여성의 타고난 정숙함에 대한 찬사를 늘어놓는다. 이 책에서도 정숙한 여성의 예는 그리스·로마 시대에서 끌어온다. 이 헌사에서는 미덕의 모델이라고 할 수 있는 고대 도시국가와 제네바를 빈번하게 접근시킨다.

기 바랍니다. 설사 제가 불행하게도 제 심정을 격하게 토로하는 과정에서 부주의하게 어떤 잘못을 저질렀다 하더라도, 한 진정한 애국자의 온화한 애정과 여러분 모두가 행복해하는 모습을 보는 행복 이상을 바라지 않는 한 인간의 뜨겁고 정당한 열의를 참작하여 용서해주시기 바랍니다.

진심으로 존경하는 의원님들께

1754년 6월 12일, 샹베리에서

여러분의 겸허하고 순종적인 봉사자이자 시민인

장 자크 루소 드림.

서문

나는 인간의 모든 지식 중에서 가장 유용하지만 가장 뒤떨어진 것이 인간에 관한 지식이라고 생각하기 때문에,[2)] 델포이 신전에 새겨진 단 한 줄의 글[1]에 인간성 탐구자들이 쓴 모든 두꺼운 책들보다 더 중요하고 어려운 교훈이 담겨 있다고 감히 말할 수 있다. 그래서 나는 이 논문의 주제를 철학이 제안할 수 있는 가장 흥미로운 문제 중 하나이자, 불행하게도 철학자들이 해결하기에 가장 까다로운 문제 중 하나로 본다. 인간 자체에 대해 알지 못한다면, 인간 사이에 존재하는 불평등의 기원에 대해서는 알 수가 없기 때문이다. 그리고 연속되는 시간과 사물이 인간의 최초의 구조 속에서 일으켰음에 틀림없는 모든 변화 속에서, 어떻게 인간은 자연이 만들어놓은 그대로의 자기 모습을 알아볼 수 있을 것인가? 어떻게 상황이나 인간의 진보가 그의 원시 상태에 덧

---

1 소크라테스의 "너 자신을 알라"가 새겨져 있다.

붙이거나 변화시킨 것을 그의 본질과 구분할 수 있을 것인가?[2] 시간과 바다와 폭풍우 때문에 너무나 보기 흉해져서 신이라기보다는 맹수처럼 보이는 글라우코스[3]의 석상처럼, 인간의 영혼도 끊임없이 반복되는 다수의 원인에 의해, 수많은 지식과 오류의 획득에 의해, 신체 조직에 일어난 변화에 의해, 그리고 끊임없이 정념을 뒤흔들어놓는 충격에 의해, 사회 내부에서 변질되어 거의 알아볼 수 없을 정도로 외관이 바뀌었다. 그래서 그것에서는 이제 언제나 일정한 불변의 원칙에 따라 행동하는 존재와 조물주가 이 존재에게 새겨 넣은 저 경이롭고 장엄한 단순성은 찾아볼 수 없고, 오직 이치를 따진다고 믿는 정념과 망상에 빠진 지성의 기형적인 대조만 발견할 수 있을 뿐이다.

더 한층 참기 힘든 것은, 인간의 모든 발전이 인간을 그의 원시 상태에서 끊임없이 멀어지도록 하기 때문에, 우리가 새로운 지식을 더 많이 축적하면 할수록 가장 중요한 지식을 획득할 수 있는 수단은 더 많이 잃어버리게 되었으며, 어떻게 보면 인간을 연구하다 보니 인간을 알 수 없게 되어버렸다는 사실이다.

사람들을 구별하는 차이의 최초의 기원을 이 인간 구조의 연속적 변화 속에서 찾아야 한다는 건 누구든지 쉽게 알 수 있다. 여러 물리적 원인들이 오늘날 우리가 볼 수 있는 몇몇 변종들을 만들어내기 전까지는 모든 종種의 동물들이 그랬듯이, 인간도 본래는 서로 평등했다. 이것은

---

2 루소에게 인간에 대한 연구는 불평등의 기원을 이해하기 위해 꼭 필요한 전제 조건이다.

3 플라톤Plato은 《공화국Politeia》에서 이 바다의 신 글라우코스Glaucus를 영혼에 비교한다(X, 611)〔천병희 옮김, 《국가》, 숲, 2013〕. 그는 글라우코스의 조각상이 바다 속에 잠김으로써 변질되듯이, 영혼도 육체와의 결합에 의해 변질된다는 것을 보여주고자 한다. 이 같은 비유에 따라 루소는 우리에게서 자연인이 완전히 없어지지는 않았다고 생각한 듯하다. 서문의 결론이 비교적 낙관적인 것은 바로 이 같은 이유에서다.

누구나 인정하는 사실이다. 이 최초의 변화가 어떤 식으로 일어났든지 간에, 종의 모든 개체들을 한꺼번에 같은 방법으로 변질시켰을 것이라고는 도저히 생각할 수 없다. 어떤 개체들은 더 좋아지거나 더 나빠져서 그것의 본성에 내재하지 않은 여러 좋은 성질이나 나쁜 성질을 획득한 반면에, 어떤 개체들은 더 오랫동안 원래 상태로 남아 있었다. 바로 이것이 인간들 사이에 자리 잡은 불평등의 최초의 기원이다. 따라서 그것의 진정한 원인을 정확하게 밝혀내는 것보다는, 그것을 일반적으로 증명하는 것이 더 쉽다.[4]

그러니 이 글을 읽으시는 분들은 내가 이해하기 너무나 어려워 보이는 것을 이해했다며 우쭐댄다고 생각하지는 마시기 바란다. 나는 문제를 해결할 수 있으리라는 희망에서보다는, 문제를 명확히 하여 그것의 실제 상태로 되돌려놓으려는 의도에서 감히 몇 가지 추측을 해보았다. 다른 사람들은 같은 길을 더 쉽게 멀리 갈 수도 있을 것이다. 물론 종착지에 도달하는 건 누구에게도 쉬운 일이 아니겠지만 말이다. 왜냐하면 인간이 현재 가지고 있는 본성에서 타고난 것과 인위적인 것을 구분해내고, 더 이상 존재하지 않고 아마도 존재하지 않았으며 어쩌면 앞으로도 결코 존재하지 않을 것이지만, 우리의 현재 상태를 잘 판단하기 위해서는 정확한 개념을 파악해야 할 필요가 있는 어떤 상태를 제대로 안다는 것은 결코 쉬운 일이 아니기 때문이다. 이 문제를 확실히 관찰하기 위해서 미리 어떤 식으로 대비해야 하는지를 결정하려는 사람은 더 많은 철학이 필요할 것이다. 아리스토텔레스Aristoteles나 플리

---

4 불평등의 첫 번째 원인은 인류가 변화했다는 데 있으며, 그 같은 변화는 사회에 의해 이루어졌다는 뜻이다.

니우스[5] 정도 되면 "자연인에 대해 알기 위해서는 어떤 실험이 필요한가? 그리고 사회 내에서 이 실험을 할 수 있는 방법에는 어떤 것들이 있는가?"[6] 같은 문제를 다룰 자격이 있다고 생각된다. 물론 나 같은 사람이 이 문제를 해결하겠다고 나서는 것은 당치않은 일이지만, 그래도 그 주제에 대해 나름대로 충분히 생각해보았으니 다음과 같이 미리 대답할 자격은 된다고 생각한다. 즉 아무리 위대한 철학자도 이 실험을 이끌어나갈 만큼 탁월하지는 못하고, 아무리 힘 있는 군주라도 그것을 해나갈 만큼 훌륭하지는 못하다는 것이다. 성공을 거두기 위해서는 이 양자가 협력해줄 것을 참을성 있게 기다릴 필요가 없다. 말하자면 양자가 지속적인 선의를 보여주고 지식을 제공하며 협력해줄 것이라고 기대해서는 안 되는 것이다.

하기도 어렵고, 지금까지 거의 아무도 생각해본 적이 없는 이 같은 탐구야말로, 우리가 인간 사회의 실제적인 토대에 대해 알지 못하게 가로막고 있는 수많은 어려움을 뚫고 나갈 수 있게 해줄 유일한 방법이다. 인간의 본질에 대해 무지하기 때문에, 자연법의 참된 정의는 그렇게 불확실하고 애매모호할 수밖에 없다. 뷔를라마키 씨[7]의 말대

---

5 '플리니우스Gaius Plinius Secundus'(23~79)는 로마 시대의 장군이자 학자이다. 저서로 《박물지Naturalis Historia》가 있다.

6 이것은 실험을 통해 언어와 시각의 기원을 밝혀냄으로써 인식의 기원을 재구성할 수 있다고 주장한 18세기 감각론 철학자들이 품었던 의문이다. 마리보Pierre de Marivaux(《논쟁La Dispute》, 1744〔이경의 옮김, 〈논쟁〉, 《사랑과 우연의 유희 / 논쟁》, 지식을만드는지식, 2011〕)는 이런 실험을 제안했다. "야생의 아이"의 사례는 그런 실험을 실현할 수 있다는 증거로 여겨졌다(뷔퐁Georges-Louis Leclerc, comte de Buffon, 《인류의 다양성》, 《박물지Histoire Naturelle》, t. VI, 1756, pp. 277~279).

7 '뷔를라마키Jean-Jacques Burlamaqui'(1694~1748)는 제네바 아카데미 교수이며, 《자연법의 원리Principes du droit naturel》(1747)를 써서 자연법 학설을 대중화했다.

로 법의 개념, 나아가 자연법의 개념은 분명히 인간의 본질과 관련된 개념이기 때문이다. 그는 계속해서 이 같은 인간의 본질 자체와 인간의 구조, 인간의 상태로부터 이 학문의 원리를 연역해내야 한다고 말한다.

이 중요한 주제[8]를 다룬 여러 저자 사이에 의견의 일치가 거의 이루어지지 않았다는 사실을 알게 되면 놀랍기도 하고 화가 나기도 한다. 가장 진지한 저자들 가운데서도 이 점에 대해 의견을 같이 하는 사람은 겨우 두 명에 불과할 정도다. 가장 기본적인 원칙들에 관한 서로의 주장을 반박하려고 애썼던 고대 철학자들에 대해서는 굳이 얘기하지 않으련다. 로마의 법학자들도 인간과 다른 모든 동물을 구별하지 않고 그냥 같은 자연법에 묶어놓았는데, 그들이 자연법을 자연이 명령하는 법이라기보다는 자연이 자연 자신에게 과하는 법으로 간주했기 때문이다. 아니, 그보다는 이 법학자들이 법이라는 단어에 부여하는 특별한 의미 때문일 수도 있는데, 이때 그들은 법을 자연이 모든 생물의 공동의 보존을 위해 그들 간에 확립하는 일반적 관계를 표현하는 단어로 이해하는 듯하다. 근대 법학자들은 도덕적인 존재, 즉 지적이고 자유롭고 다른 존재들과의 관계 속에서 고찰되는 존재가 지키도록 규정된 규칙만을 법으로 인정했으며, 그 결과 자연법의 적용 범위는 오직 이성을 가진 동물, 즉 인간으로 한정되었다. 그러나 이 법학자들은 모두 자연법을 각자 자기 방식대로 정의하여 매우 형이상학적인 원칙 위에 세워놓았기 때문에, 심지어 우리 가운데서도 이 원칙을 발견하기는커녕 이해하는 사람조차 거의 없을 정도다. 그렇기 때문에 이 학자들의

8 자연법의 정의에 관한 검토를 가리킨다.

모든 정의는 항상 서로 모순되지만, 오직 위대한 추론가나 심오한 형이상학자가 아니고서는 자연법을 이해할 수도 따를 수도 없다는 점에서만은 의견이 일치한다. 이 말은 곧 인간이 사회를 세우기 위해서는, 사회 내부에서 극소수의 사람들이 많은 노력을 기울여야만 축적되는 지식을 사용해야 했다는 뜻이다.

자연에 대해서 아는 바가 거의 없는 데다가 법이라는 단어의 의미에 대해서도 의견 일치를 제대로 보지 못했으므로, 자연법의 정확한 정의에 대해 합의하기는 매우 힘들 것이다. 그렇기 때문에 책에서 발견할 수 있는 모든 정의는 서로 다 다르다는 결점 말고도, 사람들이 원래 가지고 있지 못한 여러 지식과 그들이 자연 상태에서 벗어난 뒤에야 생각해낼 수 있는 이점으로부터 도출된다는 결점도 가지고 있다. 사람들은 공동의 이익을 위해 자기들끼리 적절하게 의견을 일치시킬 수 있다고 생각되는 규칙부터 찾기 시작한다. 그런 다음 이렇게 수집한 규칙들을 실제로 적용해보니 결과가 좋았다는 것 말고는 다른 근거 없이, 이 규칙들에 자연법이라는 이름을 붙이는 것이다. 바로 이것이야말로 정의를 내리고, 거의 자의적인 일치에 의해 사물의 본질을 설명하는 매우 편리한 방식이다.

그러나 자연인에 대해서 전혀 아는 게 없는 한, 우리가 자연인이 받아들인 법이나 그의 체질에 가장 잘 맞는 법을 결정하려고 해보았자 아무 소용 없다. 우리가 이 법에 관해 분명히 알 수 있는 거라곤, 그것이 법이 되기 위해서는 그것에 구속받는 사람의 의지가 그 법을 인식하고 복종할 수 있을 뿐만 아니라, 그것이 자연적이기 위해서는 그 법이 자연의 목소리를 통해 직접 말해져야 한다는 것뿐이다.

그러니 우리에게 인간을 그들 스스로 만들어낸 모습으로 보는 방법만을 가르쳐주는 학술서는 옆으로 치워두고, 인간 영혼의 가장 단순한 최초의 작용에 대해 깊이 생각해보면, 나는 이성보다 앞서는 두 가지 원칙[9]이 그 작용에 영향을 미치는 것을 보게 된다. 하나의 원칙은 우리로 하여금 우리의 안락과 자신의 보존에 열렬한 관심을 갖게 만든다. 또 하나의 원칙은 모든 감각적 존재가, 특히 우리 같은 인간이 죽거나 고통스러워하는 걸 보면 우리에게 자연스럽게 혐오감을 불러일으킨다. 굳이 사회성의 원칙을 끌어들이지 않더라도,[10] 자연법의 모든 규칙은 우리의 정신이 이 규칙에서 만들어낼 수 있는 일치와 조합으로부터 만들어지는 듯하다. 이성이 계속 발달하여 자연을 질식시키면, 이성은 이 규칙들을 다른 토대 위에 세워야만 한다.

따라서 우리가 철학자를 한 명의 인간으로 만들기 전에 인간을 한 명의 철학자로 만들 필요는 없다. 타인에 대한 인간의 의무가 오직 뒤늦은 지혜의 가르침에 의해서만 인간에게 강요되는 것은 아니다. 그리고 연민이라는 내적 충동을 억제하지 않는 한, 인간은 자기 보존이라는 문제가 걸려 있어 자신에게 우선권을 부여해야만 하는 상황이 아니라면, 결코 다른 인간에게, 심지어 지각 능력이 있는 어떤 존재에게도 해를 끼치지 않을 것이다. 이 방법에 의해 동물도 자연법을 따라야 하는가라는 오래된 논쟁 역시 막을 내린다. 지식도 자유도 갖고 있지 못한 동물이 이 법을 알지 못하리라는 것은 너무나 분명한 사실이기 때문이다. 그러나 동물도 타고난 감각 능력에 의

---

9 자기애와 연민을 말한다. 앞으로 루소는 이 두 가지에 대해서 자신의 생각을 더 상세히 밝힐 것이다.

10 루소에 따르면 자연인은 혼자서 산다. "인간은 사회적 동물이다"라고 말한 아리스토텔레스까지 거슬러 올라가는 일체의 전통과 반대로, 인간은 사회적 존재가 아니라는 것이다.

해 우리의 본성과 어느 정도 관계가 있기 때문에 자연법에 관여하며, 인간도 동물에 대해 어떤 종류의 의무를 가지고 있다고 판단할 수 있을 것이다. 만일 내가 나의 동포에게 일체 위해를 가하지 말아야 한다면, 그것은 그가 이성적인 존재여서라기보다는 감성적인 존재이기 때문인 듯하다. 이 특질은 동물과 인간 모두에게 나타나므로, 최소한 인간에 의해 불필요하게 학대받지 않을 권리를 동물에게 부여해야 한다.

본원적 인간과 그의 진정한 필요, 그가 지니고 있는 의무의 기본 원칙에 대한 이 같은 연구는 여전히 도덕적 불평등의 기원과 정치체의 진정한 토대, 그 구성원 상호 간의 권리들, 그리고 중요하지만 제대로 밝혀지지 않은 수많은 비슷한 문제들에서 발생하는 다수의 어려움을 없애기 위해 사용할 수 있는 단 하나의 좋은 방법이다.

인간 사회를 침착하게 객관적인 관점으로 고찰해보면, 그것은 무엇보다도 강자의 폭력과 약자의 억압만을 보여주는 듯하다. 그리하여 인간의 정신은 강자의 냉혹함에 분노하거나 약자의 맹목에 안타까워하게 된다. 그리고 인간들 사이에서는 지혜보다는 우연에 의해 더 자주 만들어지고 무력無力과 권력이나 부와 가난을 초래하는 외적 관계보다 더 불안정한 것은 없으므로, 인간이 만든 제도는 언뜻 보기에 움직이는 모래 더미 위에 지어놓은 것처럼 보인다. 인간의 제도라는 건물을 좀 더 면밀히 관찰하고 건물을 둘러싸고 있는 먼지와 모래를 제거하고 난 뒤에야, 이 건물을 받치고 있는 견고한 토대가 드러날 것이고, 그 토대를 존중하는 법을 배우게 된다. 그런데 인간과 그의 타고난 능력, 그 능력의 계속적인 발전에 대해 진지하게 연구하지 않고는, 결코 사물의 현재 구조 속에서 신의 뜻이 만들어낸 것과 인간의 기술이 만들어냈다고 주장하는 것을 구별하여 분리할 수 없을 것이다. 그러므로 내가 검토하는 중요한 문제가 요구하는 정치적·도덕적 연구는 어떤 식으로든지 유용하며, 가설적인 정부의 역사[11]는 모든 점에서 인간에게 이로운 교훈이다. 우리가 만일 우리 자신에게만 맡겨졌더라면 과연 어떻게 될 것인가를 생각해본다면, 우리는 그 자비로운 손길로 우리의 제도를 바로잡아주고 그것에 견고한 토대를 마련하여 그것이 없었다면 일어날 수도 있을 혼란을 예방하고, 우리를 한층 비참하게 만들 수도 있었을 방법으로 우리를 행복하게 만들어주시는 분을 찬양하는 법을 배워야 할 것이다.[12]

"신께서 그대에게 무엇이 되라고 명하셨는지를,
그리고 그대가 인간의 세상에서 어떤 자리를 차지하고 있는지를 배워야 한다.
Quem te Deus esse
Jussit, et humana qua parte lacatus es in re, Disce."[13]

11 루소가 권장하는 "가설적인 역사"는 세부적인 것과 사실 들에 대한 "불확실한 증언"을 거부하고, 큰 사건들을 일으킨 원인에 대한 고찰에 몰두한다.

12 이 같은 결론은 본문의 머리말 끝부분(본서 57쪽)의 비관론과는 반대된다.

13 페르시우스Aulus Persius Flaccus, 《풍자시 Satires》, 3편 71~73행.

디종 아카데미가 제시한 문제

"인간 사이의 불평등의 기원은 무엇이며,

그것은 자연법에 의해 허용되는가?"

"Quelle est l'origine de l'inégalité parmi les Hommes,

& si elle est autorisée par la loi naturelle?"

인간 불평등의 기원과 토대에 관한 논문

나는 인간에 대해서 말해야 하며, 내가 검토하고 있는 문제는 내가 인간을 상대로 말할 것이라는 사실을 내게 가르쳐준다. 왜냐하면 진실을 받아들이기 두려울 때, 사람들은 이런 문제를 절대 제기하지 않기 때문이다. 따라서 이 문제를 권유하는 현인들 앞에서, 내가 나의 주제와 심사위원들에게 어울리는 사람이 된다면, 나는 나 자신에 대해 불만을 품지 않을 것이다.

나는 인류에게 두 종류의 불평등이 있다고 본다. 하나는 자연에 의해 확립되고, 나이, 건강, 체력, 정신이나 영혼의 특질에서 차이가 나는 자연적이거나 신체적인 불평등이다. 또 하나는 일종의 합의에 좌우되고, 인간들의 동의에 의해 정해지거나 최소한 허용되는 도덕적이거나 정치적인 불평등이다. 이 두 번째 불평등은 다른 사람들보다 더 부유하다든가, 더 존경받는다든가, 더 유력하다든가, 혹은 다른 사람들을 복종시키는 등 몇몇 사람들이 다른 사람들에게 손해를 끼쳐가며 누리는 여러 특권들에 의해 성립된다.

우리는 자연적 불평등의 근원이 무엇인지 물을 수 없다. 그 물음에 대한 대답이 이미 이 단어의 단순한 정의 속에 나와 있기 때문이다. 이 두 가지 불평등이 어떤 본질적인 관계를 맺고 있는지 알아보는 건 더더욱 어렵다. 바꿔 말하자면 그것은 곧 명령을 내리는 사람이 복종하는 사람보다 반드시 더 뛰어난 능력을 갖고 있는지, 그리고 한 인간에게 체력이나 정신력, 지혜나 덕성이 권력이나 재력에 비례하여 주어지는지 항상 의문을 갖는다는 얘기가 되기 때문이다. 이것은 어쩌면 주인들이 듣고 있는 가운데 노예들이 토론하기에는 좋을지 모르지만, 진실을 추구하는 이성적이고 자유로운 인간에게는 어울리지 않는 문제인 것이다.

그렇다면 이 논문에서는 정확히 무엇이 문제란 말인가?[1] 상황이 진척되면서, 폭력에 이어 법이 등장하고 자연이 법을 따르게 된 시기를 알아내는 것이다. 그리고 어떤 연속된 기적에 의해 강자가 약자에게 봉사하고, 인민이 현실의 행복을 포기하는 대신 관념 속에서의 평안을 얻기로 결심하게 되었는지를 설명하는 것이다.

사회의 토대를 검토한 철학자들은 모두가 자연 상태로 거슬러 올라가야 할 필요성을 느꼈지만, 그들 중 누구도 그것에 성공하지 못했다. 어떤 철학자들[2]은 주저하지 않고 이 상태의 인간이 정의와 불의의 관념을 갖고 있었다고 가정했지만, 그 인간이 틀림없이 그 같은 관념을 가지고 있었다는 사실이나 그 관념이 인간에게 유용했다는 사실을 증

---

1 루소는 이 논문의 목적을 명확하게 밝힌다. 즉 자연 상태가 끝나고 사회가 정치적으로 불평등해지는 순간이 언제인지를 알아내려는 것이다.

2 그로티우스(《전쟁과 평화의 법》)를 가리킨다.

명해 보이려는 생각은 하지 않았다. 다른 철학자들[3]은 각자가 자신에게 속한 것을 보존할 수 있는 자연적 권리에 대해 말했지만, '속한다'라는 단어가 무슨 의미인지에 대해서는 설명하지 않았다. 그리고 또 다른 철학자들[4]은 약자에 대한 권위를 강자에게 부여하기만 하면 그 즉시 정부가 생긴다고 말했지만, 권위와 정부라는 단어의 의미가 사람들 사이에 존재하기까지 걸린 시간에 대해서는 생각하지 않았다. 마지막으로 모든 철학자들은 필요, 탐욕, 억압, 욕망, 오만에 대해서 계속 얘기했지만, 사실 그것은 그들이 사회에서 얻어낸 관념을 자연 상태로 옮겨놓은 것에 불과했다. 그들은 미개인l'homme sauvage에 대해 말했지만, 사실은 문명인을 묘사하고 있었던 것이다. 대부분의 철학자는 자연 상태라는 것이 과연 존재하긴 했는지 의심조차 해보지 않았다. 《성서》만 한 번 읽어보면, 최초의 인간이 태어나자마자 하느님으로부터 지식과 계율을 받아 자연 상태에 있지 않았다는 걸 분명히 알 수 있는데 말이다. 그리고 기독교를 믿는 철학자라면 누구나 그러듯 모세의 책[5]을 믿는다면, 대홍수가 일어나기 전에 인간은 순수한 자연 상태에 있지 않았다는 사실을 인정해야만 한다. 그들이 어떤 이상한 사건이 일어나서 다시 자연 상태로 돌아가지 않은 한 말이다. 이것은 옹호하기가 무척이나 어렵고 증명하기는 완전히 불가능한 역설이다.

그러므로 우선 이 모든 사실을 논의에서 제외하도록 하자. 왜냐하

---

3 사무엘 푸펜도르프Samuel von Pufendorf(《자연과 인간의 법De jure naturae et gentium》, 1672)와 존 로크John Locke(《통치론Two Treatises of Government》, 1689〔강정인·문지영 옮김, 《통치론》, 까치, 1996〕)를 가리킨다. 로크는 재산권이 시민사회의 수립에 앞선다고 주장한다.

4 《리바이어던Leviathan》(1651)〔진석용 옮김, 《리바이어던》 1·2권, 나남출판, 2008〕을 쓴 토머스 홉스Thomas Hobbes(1588~1679)를 가리킨다.

5 〈창세기〉, 〈출애굽기〉, 〈레위기〉, 〈민수기〉, 〈신명기〉를 가리킨다.

면 그것들은 우리가 다루려고 하는 문제와 전혀 관련이 없기 때문이다. 우리는 역사적 진실을 얻으려는 것이 아니라, 단지 가설적이고 조건적인 추론을 위해 이 주제에 관해 연구해야 한다. 이러한 추론은 우리 물리학자들이 매일같이 세계의 형성에 관해 하는 추론과 유사하게, 사물의 진정한 기원을 보여주기보다는 그 본질을 밝혀내는 데 더 적합하다.[6] 종교는 하느님께서 천지를 창조하시고 나서 바로 직접 인간을 자연 상태에서 끄집어내셨고, 인간이 불평등한 것은 하느님이 그걸 원하셨기 때문이라고 믿을 것을 우리에게 명령한다. 하지만 종교는 만일 인류가 혼자 내버려져 있었더라면 어떻게 되었을까에 대해, 오직 인간과 그 주변에 있는 존재들의 본질만을 근거로 추측하는 것을 금하지는 않는다. 바로 이것이 내가 받는 질문이며, 나는 이 논문에서 바로 이것을 검토하려 한다. 나의 주제가 인간 일반과 관련이 있으므로, 나는 모든 나라 사람들이 알아들을 수 있는 언어를 쓰도록 애쓸 것이다. 아니, 차라리 내 말에 귀 기울이는 사람들만을 생각하기 위해, 시간과 장소를 떠나 아테네의 학원에서 플라톤이나 크세노크라테스[7] 같은 사람들을 심사위원으로, 인류를 청중으로 두고 내 스승들의 가르침을 복습하고 있다고 가정하려 한다.

오, 인간이여, 그대가 어느 나라 사람이든, 어떤 견해를 가지고 있든 간에 내 말에 귀를 기울여보라. 자, 이것은 그대의 거짓말쟁이 동포들이 쓴 책이 아니라, 절대 거짓말을 하지 않는 자연 속에서 내가 읽었

---

6 루소는 여기서 18세기의 두 자연주의자인 뷔퐁(《지구의 역사와 이론Histoire et théorie de la Terre》, 《박물지L'Histoire Naturelle》, Tome 1, 1749)과 모페르튀이(《우주론Essai de Cosmologie》, 1750)를 암시하는 것으로 보인다.

7 '크세노크라테스Xenokrates'(기원전 396~314)는 철학자로서, 플라톤의 초기 제자 중 한 명이다.

다고 믿는 그대로의 그대의 역사다. 자연의 것은 뭐든지 진실하다. 본의 아니게 나의 견해를 끼워 넣지 않는 한 거짓은 없을 것이다. 내가 이제 말하게 될 시간은 까마득히 먼 옛적이다. 그대는 그 뒤로 얼마나 변했는가! 나는 그대가 자연으로부터 받았으며, 그대의 교육과 습관이 타락시킬 수는 있었지만 파괴할 수는 없었던 특질에 의거하여, 그대가 속한 종種의 삶을 기술하려 한다. 나는 인간이 이제 그만 멈추어 머물렀으면 하고 바라는 나이가 있다고 느낀다. 그대는 그대가 속한 종이 멈추어 머물렀으면 하고 바라는 시대를 찾을 것이다.[8] 아마도 그대는 불행한 후손들에게 더 큰 불만을 예고하는 이유 때문에, 현 상태를 불만스러워하면서 다시 옛날로 돌아갈 수 있었으면 하고 바랄 것이다. 그리고 이런 감정은 그대의 최초의 조상들을 찬양하게 하고, 그대의 동시대인들을 비난하게 하며, 불행하게도 그대 다음에 살게 될 이들을 두려움에 빠트릴 것이다.

8 루소는 개인이 살아가며 겪는 변화와 인류의 역사가 흐르면서 나타나는 변화를 비교한다.

1부[1]

인간의 자연 상태를 제대로 판단하기 위해서는, 그를 그 기원에서부터 검토하는 것이, 말하자면 그가 속한 종의 초기 단계에서 조사하는 것이 중요하다. 나는 인간의 연속적인 발달을 통해 그의 신체 구조를 추적하지는 않을 것이다. 그가 처음에 어떤 모습이었기에 지금의 모습이 될 수 있었는지를 동물적 구조를 통해 알아보지는 않을 것이라는 얘기다. 아리스토텔레스가 생각했던 것처럼 인간의 기다란 손톱이 원래는 갈고리 모양으로 굽은 발톱이 아니었는지, 곰처럼 털로 덮여 있지는 않았는지, 네 발로 걸어 다니기 때문에[3)] [2] 시선이 땅을 향하고 있어서 겨우 몇 발자국으로 제한되는 그의 시야가 그가 가지고 있는 생각의 성격과 한계를 동시에 나타내진 않았는지 검토하지는 않을 것이

---

1 1부는 자연인에 관한 연구를 담고 있다.

2 루소는 저자 주석 3번에서 여행담과 생리학적 추론에 의해 인간이 두 발 달린 동물이라는 사실을 확증한다.

다.[3] 나는 이 주제에 대해 애매모호하다 못해 거의 상상에 가까운 추측밖에 할 수 없을 것이다. 비교해부학은 아직 그다지 발달하지 않았고, 자연과학자들의 관찰은 아직까지는 너무 불확실해서, 이런 토대 위에 견고한 추론의 원칙을 세울 수는 없다. 그래서 우리가 이 점에 대해 갖고 있는 초자연적 지식에 의존하지 않고, 또한 인간이 두 손과 두 발을 새로운 용도에 적응시키고 새로운 음식을 먹게 되면서 인간의 내적·외적 구조에 일어났음에 틀림없는 변화를 고려하지 않은 채, 나는 인간이 오늘날에 그러듯이 어느 시대에나 두 발로 걸어 다니고, 두 손을 사용했으며, 자연 전체를 바라보며 광대한 하늘의 넓이를 두 눈으로 측정했다고[4] 가정할 것이다.

이렇게 구성된 존재로부터 그가 받았을 수도 있는 모든 초자연적 혜택과 오랫동안 진보를 거듭한 끝에 획득한 모든 인위적 능력을 제거하면, 즉 그를 자연 상태에서 빠져나온 그대로의 모습으로 생각해보면, 나는 다른 동물보다 약하고 덜 날렵하지만 모든 걸 고려해볼 때 그 어떤 동물보다 유리하게 조직된 한 동물을 보게 된다.[5] 나는 그가 참나무 아래서 배부르게 먹고, 맨 처음 보이는 시냇물에서 갈증을 풀고, 자기에게 먹을 걸 제공해준 그 나무 밑에서 잠자리를 발견하는 것을 본다. 이렇게 그의 필요가 충족되는 것이다.

---

3 그러므로 루소는 디드로Denis Diderot(1713~1784)가 《자연의 해석에 관한 생각Pensées sur l'interprétation de la nature》, LVIII에서 내세우는 진화론적 가설을 거부한다. 이 가설은 인간의 "고유한 것"에 대한 연구를 일체 금지하고, "완성 가능성"이라는 특별히 인간적인 자질을 동물 종種들도 지닌 것으로 일반화한다.

4 여기서 루소는 인간의 수직성을 찬양한다.

5 루소는 신체적인 관점에서 인간 연구를 하면서, 자기가 직관을 발휘하고 있다는 사실을 숨기지 않는다.

비옥한 원래 상태 그대로 방치되어[4)] 도끼질을 당한 적이 한 번도 없는 광활한 숲으로 덮인 땅은 언제나 모든 종류의 동물에게 먹을 걸 보관하는 창고와 몸을 숨길 수 있는 은신처를 제공한다. 동물들 사이에 흩어져서 사는 인간은 그들의 행동을 관찰하고 모방하여 심지어는 그들의 본능까지 자기 것으로 만든다. 모든 동물 종은 오직 자기만의 본능을 갖고 있지만, 인간은 자기만의 본능을 일체 갖고 있지 않기 때문에 모든 본능을 자기 것으로 만들고, 여러 음식을 대부분 섭취하며,[5)] 그 결과 어떤 동물보다 더 쉽게 자기 생존에 필요한 것들을 찾아낸다는 이점을 가지고 있다.

어릴 때부터 혹독한 기후와 어김없이 바뀌는 계절에 익숙해져 있고, 웬만한 피로는 견딜 수 있게 단련되어 있으며, 다른 맹수들을 만나면 벌거벗은 채 맨손으로 자신의 생명과 먹이를 지켜내든지 아니면 줄행랑을 놓든지 해야 했기 때문에, 인간은 거의 변치 않는 튼튼한 체질을 갖추게 되었다. 아버지의 튼튼한 체질을 갖고 태어난 아이들은 그 체질을 만들어낸 것과 똑같은 훈련을 통해 더 튼튼해져서, 인류에게 가능한 최대의 활기를 지니게 된다. 자연은 스파르타의 법이 문명인의 아이를 다루는 것과 똑같은 방식으로 인간을 다룬다.[6] 즉 좋은 체격을 갖고 태어난 아이들은 더욱 건장하고 강하게 만들고, 그렇지 않은 아이들은 모두 죽여버리는 것이다.[7] 이 점에서 국가가 아이들을 아버지

---

6 스파르타는 고대 그리스의 강대한 도시국가였다. 루소는 이 도시국가를 자주 언급하면서 스파르타인의 엄격성을 찬양한다. 더 정확히 말하자면, 여기서 문제가 되는 것은 교육이다. 갓난아이들은 면밀한 검사를 거친 뒤, 건강해 보이지 않는 아이는 제거되었다. 자연을 스파르타의 법과 비교함으로써 루소는 다윈의 자연선택을 예견하게 하지만, 또한 스파르타에서 실행된 사회적 다윈주의라고 부를 만한 것을 부각시키기도 했다.

7 이 "자연의 법칙"은《에밀Émile ou De l'éducation》에서도 언급된다(1권, *OC*, t. IV, pp. 259~260 〔김

에게 짐이 되게 함으로써 그들이 태어나기도 전에 무차별적으로 죽여 버리는 우리 사회와는 다르다.

미개인의 몸은 그가 알고 있는 유일한 도구이므로 그는 그것을 여러 용도로 사용할 수 있지만, 우리 몸은 연습 부족 때문에 그것을 사용할 수 없다. 미개인이 필요에 의해 획득해야만 했던 힘과 민첩성을 우리에게서 빼앗아간 것은, 다른 게 아니라 우리의 솜씨다. 만일 미개인이 도끼를 가지고 있었다면, 과연 손목으로 억센 나뭇가지를 꺾을 수 있었을까? 만일 그가 투석기를 가지고 있었다면, 과연 손으로 그렇게 힘껏 돌을 던질 수 있었을까? 만일 그가 사다리를 갖고 있었다면, 과연 그렇게 날렵하게 나무 위로 기어오를 수 있었을까? 만일 그에게 말이 있었다면, 그렇게 빨리 달릴 수 있었을까? 문명인에게 자기 주변에서 이 모든 생존 수단을 모을 수 있는 시간을 주어보라. 분명히 그는 미개인을 수월하게 이길 수 있을 것이다. 그러나 더 대등하지 않은 싸움을 보고 싶으면, 양쪽을 발가벗긴 다음 맨손으로 싸우게 해보라. 자기가 가진 힘을 언제 어떤 경우에나 마음대로 쓸 수 있고, 무슨 일이 일어나든 항상 부딪칠 준비가 되어 있다는 것이, 이를테면 항상 자기 자신을 온전히 지니고 다닌다는 것이 얼마나 유리한지를 금세 알게 될 것이다.[6)] [8]

홉스의 주장에 따르면,[9] 인간은 타고날 때부터 용감하여 오직 공격

중현 옮김, 《에밀》, 한길사, 2003]).

8 루소는 저자 주석 6번에서 여행담을 참조하여 자연인이 신체적으로 우월하다는 사실을 보여준다.

9 홉스에 의하면, 자연 상태는 "만인의 만인에 대한 싸움"으로 특징지어진다. 루소는 이 자연 상태의 개념을 계속해서 인간의 자연적인 선의와 대비시킬 것이다.

하고 싸울 생각밖에 안 한다고 한다. 어느 저명한 철학자[10]는 그 반대로 생각하며, 컴벌랜드[11]와 푸펜도르프도 자연 상태의 인간이야말로 진짜 겁쟁이여서 늘 바들바들 떨면서 아주 작은 소리만 들려와도, 아주 작은 움직임만 눈에 띄어도 즉시 도망칠 준비를 하고 있었다고 단언한다. 그는 자기가 잘 모르는 대상에 대해서도 이럴 수 있다. 그는 육체적으로 좋은 건지 나쁜 건지 구분할 수 없거나 자기가 맞서야 할 위험을 자신의 힘과 비교해볼 수 없을 때, 눈앞에 새로운 광경이 나타나면 여지없이 두려움에 몸을 떨게 된다. 그러나 자연 상태에서 이런 상황은 거의 벌어지지 않는다. 왜냐하면 이 상태에서는 모든 일이 너무나 단조롭게 진행되고, 땅의 표면은 그곳에 모여 있는 사람들의 정념과 변덕이 야기하는 갑작스럽거나 지속적인 변화를 따르는 일이 전혀 없기 때문이다. 그러나 미개인은 동물들 사이에서 흩어져 살고 일찍부터 그들과 힘으로 맞서야 하는 상황에 있으므로, 얼마 지나지 않아 자기를 그들과 비교하기 시작한다. 그리고 동물들이 힘으로 앞서는 것 이상으로 자신이 재주로 앞선다는 것을 느끼고, 더 이상 두려워하지 않게 된다. 모든 미개인이 그렇듯 건장하고 날렵하고 용감하며, 돌과 굵은 몽둥이로 무장한 어느 미개인을 곰이나 늑대와 싸움 붙여보라. 그럴 경우 어쨌든 동물이나 인간이나 위험을 무릅쓰는 건 마찬가지다. 원래 서로 공격하는 걸 좋아하지 않는 사나운 동물들은 이런 경험을 몇 번

---

10 몽테스키외 Charles-Louis de Secondat Montesquieu를 말한다. 《법의 정신 De l'esprit des lois》(1748), 1, chap. II〔이재형 옮김, 《법의 정신》, 문예출판사, 2015〕.

11 성공회 주교인 '컴벌랜드 Richard Cumberland'(1631~1718)는 《자연법 철학론 De legibus naturae disquisitio philosophica》(1672)에서 "보편적 자비"를 "만인의 만인에 대한 싸움"과 대비시키면서 홉스를 논박하려고 애썼다.

하고 나면 인간도 자기처럼 사납다는 걸 알고, 인간을 쉽사리 공격하지 않게 될 것이다. 인간이 실제로 자기 재주보다 더 큰 힘을 지닌 동물들을 마주했을 경우, 인간은 그보다 약하지만 살아남을 수 있는 다른 동물 종과 같은 입장에 놓인다. 그 동물들만큼 빠르게 달릴 수 있고, 나무 위를 안전한 피난처로 삼을 수 있다는 이점을 갖고 있기 때문이다. 따라서 인간은 위험과 맞서든지 아니면 위험을 피하든지, 둘 중 하나를 선택할 수 있다. 또한 모든 동물은 자신을 방어해야 하거나 극도로 배가 고픈 경우를 제외하고는 인간과 싸우려들지 않으며, 또한 어떤 종이 다른 종의 먹잇감이 되도록 자연에 의해 운명 지어졌다고 말하는 것 같은 맹렬한 반감을 인간에게 표하지도 않는다는 사실을 덧붙이기로 하자.[12]

---

12 이것은 《인간 불평등 기원론》의 핵심을 차지하며, 루소가 《사회계약론》과 특히 《전쟁법의 원칙 Principes du droit de la guerre》(1756)에서 연장시키게 될 논증의 첫 단계다. 홉스의 생각과는 반대로 진정한 자연 상태는 투쟁 상태가 아니다. 《전쟁법의 원칙》에서 루소는 "자연의 불편함에 개탄"하고 "공공질서의 평온과 공정함에 감탄하라고" 우리에게 가르치는 "학자와 법학자 들"의 "번지르르한 주장"을 비판한다. 싸움과 폭력은 인간의 생활 조건이, 특히 정치제도가 복잡하게 바뀌는 것을 전제로 한다. 루소는 《인간 불평등 기원론》에서 엄격한 생물학적 요구로 축소된 인간 생활의 평화로운 특징을 논증하면서 체계성 systématicité에 대한 관심을 드러내는데, 이로써 우리는 그가 이 문제를 중요하게 생각한다는 사실을 알 수 있다. 우선 그는 자연인이 다른 종들과 전쟁 관계를 유지하지 않는다고 주장한다. 자연인은 어떤 동물이 특별히 좋아하는 먹이도 아니고, 어떤 동물을 꼭 잡아먹어야 하는 포식자도 아니다. 왜냐하면 그는 원래 열매를 먹고 살며, 열매를 먹고 사는 종은 자기들끼리뿐만 아니라 다른 동물과도 평화롭게 지내기 때문이다. 그는 특히 본능적으로 자기 동족이 고통스러워하는 걸 싫어한다. 그는 결핍의 상황을 겪어본 적이 없다. 따라서 자신의 필요를 충족시키기 위해 싸워본 적이 거의 없는 것이다. 땅에서 나는 수확물이 풍성하고, 특히 그는 자신에게 실제 필요한 것으로 만족한다. 루소는 자연인이 여성을 소유하기 위해 싸움을 벌인다는 주장에 반박한다. 여성은 부족하지 않으며, 따라서 여성을 정복하기 위한 경쟁은 존재하지 않는다. 왜냐하면 "선호하는 사랑"을 알지 못하는 자연인은 "여성이라면 누구든지 다 좋기 때문"이다. 또 그는 부나 토지(땅, 가축, 돈) 축적의 욕망도 모르고, 경쟁을 유발하는 존경이나 자존심, 명예, 권력욕 같은 가짜 욕망도

동물보다 더 무섭고 인간이 적절한 방어 수단을 갖고 있지 못한 또 다른 적은 유년기와 노화 같은 타고난 나약함, 그리고 온갖 종류의 질병이다. 이것은 우리가 약하다는 서글픈 증거로서, 처음 두 가지는 모든 동물에게 공통적으로 나타나며, 마지막 것은 주로 사회를 이루어 사는 인간에게 나타난다. 유아기에 관해 말하자면, 나는 한편으로는 자기가 먹을 먹이를 찾고 또 한편으로는 새끼에게 젖이나 먹이를 주어 키우기 위해 몹시 피곤해하면서 쉴 새 없이 이리저리 돌아다녀야만 하는 여러 동물의 암컷에 비해, 인간 어머니는 어디를 가나 아이를 데리고 다니면서 더 쉽게 아이를 먹여 키우는 것을 관찰하기까지 한다. 만일 인간의 어머니가 죽게 되면, 아이 역시 어머니와 함께 죽게 될 가능성이 매우 높은 건 사실이다. 그러나 이 같은 위험은 새끼들이 스스로 먹이를 찾으러 갈 수 있게 되기까지 오랜 시간이 걸리는 수많은 동물들 역시 감수해야 한다. 그리고 인간은 동물보다 유년기가 길지만 수명 또한 그만큼 길기 때문에, 그 점에서는 모든 것이 동등하다고 볼 수

모른다.

그러므로 그는 다른 사람의 재산을 빼앗기 위해 위험을 무릅쓰고 싸울 이유가 전혀 없는 것이다. 그가 싸울 수도 있지만, 그건 죽이기 위해서가 아니다. 그는 항상 싸우기보다는 도망치는 쪽을 선택한다. 그는 동족과 지속적인 관계를 결코 맺지 않는다. 살아남기 위해서는 그들의 공격에 맞서 싸워 자신을 방어해야만 하기 때문이다. 그는 항구적인 이동 상황에 처해 있다. 즉 농민이나 오두막집 소유자와는 달리, 그는 자신의 안락함을 좌우하는 어떤 장소에 매어 있지 않은 것이다. 또한 그는 자기 뜻에 반하여 어떤 장소에 매어 있을 수도 없다(만일 공격을 받을 경우, 그는 얼마든지 다른 곳으로 갈 수 있다).

이 모든 고찰의 쟁점은 분석 전체의 결론을 명시적으로 소개하는 1부 마지막 부분에서 강조된다. 자연인은 일도 없이, 말도 없이, 거처도 없이, 싸움도 없이, 관계도 없이, 동족에 대한 욕망도 없이, 그들을 해칠 욕망도 전혀 없이 숲속을 떠돌아다닌다. 그러고 나서 루소는 전쟁의 진정한 기원에 관한 이 같은 문제 제기를 연장시켜, 이번에는 사회 상태로 논의의 범위를 넓힌다.

있다.[7)] 물론 유아기가 지속되는 기간이나 새끼의 수에 관한 다른 법칙이 있지만,[8)] [13] 그건 내가 다루어야 할 주제가 아니다. 몸을 움직이거나 땀을 흘리는 일이 거의 없는 노인의 경우에는, 음식에 대한 필요와 그걸 마련할 수 있는 능력이 동시에 줄어든다. 원시생활을 하면 통풍성 관절염이나 류머티즘에 걸릴 위험성은 줄어들지만, 노환은 다른 병과는 달리 인간의 힘으로도 어떻게 해볼 도리가 없기 때문에, 노인은 결국 그가 소멸되어간다는 사실을 다른 사람은 물론 자기 자신조차 거의 알아차리지 못하는 사이에 죽어가게 된다.[14]

바로 이것이 흑인과 미개인이 숲속에서 만날 수 있는 맹수를 별로 두려워하지 않는 이유일 것이다. 이 점에 관한 한, 베네수엘라의 카리브인[15]은 특히 별다른 위험 없이 매우 안전하게 살아간다. 코레알[16]에 따

---

13 루소는 저자 주석 8번에서 종에 따른 새끼의 수와 관련한 생리학적 논거를 제시한다.

14 루소는 뒤에서 "죽음과 그에 대한 두려움을 아는 것은 인간이 동물적인 상황에서 벗어나면서 처음으로 얻게 되는 것들 중 하나다"(본서 77쪽)라고 쓴다. 여기에 자연인은 "자기 자신조차 거의 알아차리지 못하는 사이에 죽어가게 된다"고 씀으로써, 루소는 미묘한 뉘앙스를 풍긴다. 자크 데리다는 루소식의 인류학 연구에서 자연인은 "거의"의 양태 속에, 잠재적 인류에서 그것의 실현으로의 이행이라는 본질적으로 불안정하고 표현 불가능한 순간 속에 있다는 사실을 보여준다.(《그라마톨로지De la grammatologie》, Paris: Minuit, 1976, pp. 346, 358〔김성도 옮김, 《그라마톨로지》 개정판, 민음사, 2010〕).

15 '카리브인'은 남아메리카 북동부의 기아나 해안과 서인도제도에 살던 원주민을 가리키는데, 루소의 시대에 이미 거의 멸망했다. 물론 루소는 카리브인이 순전한 자연 상태에 있다고 생각하지는 않았다. 그러나 그들은 사회생활과 인간 능력이 극히 미발달된 상태를 예증해주었다.

16 '프란치스코 코레알Francisco Coreal'(1648~1708)은 1666~1697년에 남아메리카에 머무른 스페인 출신 여행자다. 그의 《서인도 여행Voyage de François Coreal aux Indes Occidentales》은 1722년에 프랑스어로 번역되었다. 루소는 《인간 불평등 기원론》에서 열 차례나 코레알을 인용한다. 뷔퐁도 루소에 앞서 코레알의 관찰을 빈번하게 인용하지만, 아마도 루소는 코레알의 책을 직접 읽은 것으로 추정된다. 코레알은 뒤 테르트르De Tertre 신부 및 라 콩다민Charles Marie de La Condamine(1701~1774)과 더불어 카리브인에 관련한 정보를 제공해주

르면, 그들은 거의 벌거벗고 있지만 오직 활과 화살만 들고 숲속을 대담하게 돌아다닌다. 하지만 그들이 단 한 명이라도 맹수에게 잡아 먹혔다는 얘기는 여태껏 들어본 적이 없다는 것이다.

병에 관해서 말하자면, 나는 대부분의 건강한 사람들이 의학에 대해 늘어놓는 무의미하고 쓸데없는 궤변을 되풀이하고 싶지 않다. 그러나 나는 의술이 소홀히 다루어지는 지역에서 인간의 평균수명이, 그것에 깊은 관심을 쏟는 지역에서 보다 짧다는 결론을 내리게 해주는 확실한 관찰 사례가 존재하는지 알고 싶다.[17] 그리고 도대체 어떻게 해서 우리는 의술이 우리에게 치료책을 제공해줄 수 있는 것보다 더 많은 병에 걸리게 되는 것인가! 어떤 사람들은 놀고먹어도 되는 팔자라서 하는 일 없이 빈둥거리는데 다른 사람들은 할 일이 너무 많아서 늘 힘들어하는 생활에서의 극심한 불평등, 우리의 필요와 감각적 쾌락을 쉽게 자극하고 만족시킬 수 있는 능력, 부자들에게 변비를 일으키는 즙을 먹게 하여 소화불량으로 괴롭히는 지나치게 희귀한 음식, 거의 대부분은 먹고 싶어도 없어서 못 먹기 때문에 혹시 기회가 생겼다 하면 과식하게 되는 가난한 자들의 형편없는 먹을거리, 밤샘, 온갖 종류의 과잉, 모든 정념의 과도한 발현, 피로와 정신의 쇠약, 깊은 슬픔, 모든 상태에서 느껴지며 영원토록 영혼을 좀먹어 들어가는 무수한 고통.[18] 바로 이것이 병은 대부분 우리 자신이 잘못해서 걸리

는 주요 인물 중 하나다.

17 의학에 대한 공격은 그 자신이 병을 앓았던 루소의 저서에서 자주 되풀이된다. "의학은 그것이 치료한다고 주장하는 모든 병보다 인간에게 더 해로운 기술이다"(《에밀》, *OC*, t. IV, pp. 265~266).

18 이것은 스토아학파(키케로 Marcus Tullius Cicero, 세네카 Lucius Annaeus Seneca)를 기원으로 가지는 전통으로서, 문명 생활의 "과잉"과 정념으로 병을 설명한다. 더 넓은 의미에서 말하자

며, 만일 우리가 자연이 우리에게 명령한 소박하고 규칙적이며 고독한 생활 방식을 계속 유지했더라면 이 병들을 거의 전부 피할 수도 있었을 것임을 보여주는 해로운 증거들이다. 만약에 자연이 우리를 건강하도록 운명 지었다면, 나는 성찰의 상태는 곧 자연에 반하는 상태이며, 깊이 생각하는 인간은 타락한 동물이라고 감히 말하련다.[19] 미개인의 강한 체력을, 최소한 독한 술을 마시고도 멀쩡한 사람들의 강한 체력을 생각해보고, 그들이 부상이나 노환 말고 다른 병은 거의 걸리지 않는다는 것을 생각해보자. 이를 염두에 두고 문명사회의 역사를

면, 병은 인간과 자연 간에, 혹은 인간 자신의 내부에 나타나는 불균형에서 비롯된다는 것이다.

19 이 문장은 이치에 맞지 않은 수많은 해석을 낳았다. 사람들은 루소가《학문예술론Discours sur les sciences et les arts》(1750)〔김중현 옮김,《학문과 예술에 대하여 외》, 한길사, 2007〕에서 내린 결론과 똑같이, 이 문장에서도 이성과 지성의 작업에 대한 혐오를 확실히 드러냈다고 생각했다. 사실 루소는 "깊이 생각하는 인간은 타락한 동물"이라는 문장이 참이냐 아니냐는 "자연이 우리를 건강하도록 운명" 지었는지 아닌지에 따라 달라진다고 분명히 밝히고 있다. 그러므로 문제는 인간에게 "건강"이 완전한 상태의 유일한 기준인지 아닌지를 알아내는 것이다.《에밀》1권과 2권에 등장하는 위생의 원칙이 증명해주듯, 루소는 건강한 생활의 중요성을 결코 부정하지 않는다. 그는 우리가 자연이 배은망덕해서 발병한다고 무의식적으로 생각해버리는 신체적 질병에 사회적 관습이 미치는 영향을 매우 심각하게 비판한다. 이것은 루소의 시대에 많은 사람들이 공통적으로 갖고 있었으며, 그에 앞서 몽테뉴Michel de Montaigne(《수상록Essais》, 1580, II, XII〔손우성 옮김,《수상록》, 문예출판사, 2007〕)나 뷔퐁(《동물 본성론Discours sur la nature des animaux》,《박물지》, t. Ⅳ, Paris, 1753, pp. 66~68)이 공식적으로 표명했던 생각이었다. 그러나 루소는 육체적 건강이 인간에게 최고의 선이라고 주장할 만큼 순진했던 적이 결코 없었다. 그의 모든 저서는 그가 사색 활동에 부여하는 중요성을 증명해준다.《루소, 장 자크를 심판하다: 대화》에서 그는《인간 불평등 기원론》이 사색에 무엇을 빚졌는지를 기록하고, 자기 자신에 대해 이렇게 쓴다. "나는 그 어떤 철학자도 나보다 더 깊이, 더 유용하게 사색하지는 않았을 거라고 생각한다"(《루소, 장 자크를 심판하다: 대화》, II, *OC*, I, p 791〔진인혜 옮김,《루소, 장 자크를 심판하다: 대화》, 책세상, 2012〕). 뒤에 나오는 "완성 가능성"에 대한 내용은 이 구절의 의미를 명확히 해준다. 즉 정념과 지성의 발달은 사회생활과 불가분의 관계에 있는 방황과 타락(특히 육체적 타락)을 그 대가로 지불한다. 그러나 그것은 자유의지의 대가이며, 루소는 인간의 목표라는 관점에서 가장 큰 가치를 이것에 부여한다.

쫓아가보면, 인간 질병의 역사를 더 쉽게 알 수 있을 것이다. 이것은 플라톤의 견해로서,[20] 그는 트로이가 포위 공격을 받을 때 포달레이리오스[21]나 마카온[22]이 내리거나 인정한 처방에 대해, 이 처방이 일으킬 수도 있을 몇 가지 병이 당시 사람들에게는 전혀 알려져 있지 않았다고 판단한다. 그리고 켈수스[23]는 오늘날 반드시 필요한 단식요법을 히포크라테스Hippocrates가 생각해냈다고 말한다.

자연 상태의 인간에게는 병의 원인이 거의 없었기 때문에 약도 거의 필요 없었고, 의사는 그보다 더 필요 없었다. 이 점에서 인류가 다른 모든 동물보다 특별히 더 나쁜 상황에 처해 있는 것은 아니다. 그리고 사냥꾼들이 사냥을 할 때 몸이 아픈 동물을 많이 만나게 되는지 아닌지를 알아내는 건 어려운 일이 아니다. 그들은 큰 부상을 입고 뼈나 팔다리가 부러진 동물들이 이렇다 할 의사도 없이 시간이 지나면, 그리고 아무런 식이요법 없이 일상생활을 하다 보면 낫는 것을 여러 번 보았다. 그 동물들은 절개수술로 고통받지도, 약물에 중독되지도, 단식으로 기진맥진해지지도 않고 치료된다. 제대로 처방한 의술이 우리에게 유용하다치자. 그렇다 하더라도 만일 미개인이 병들어 혼자 버려질 경우 기대할 게 오직 자연밖에 없다는 것은 여전히 분명한 사실이다. 반대로 그는 오직 자신의 병만 두려워하면 되므로, 그의 상황은 어쨌든 우리의 상황보다 낫다.

---

20 《공화국》, 3편.

21 '포달레이리오스Podaleirios'는 그리스·로마 신화에 나오는 의술의 신 아스클레피오스Asclepius의 아들로, 정신과 의사다.

22 '마카온Machaon'은 아스클레피오스의 아들이자 포달레이리오스의 형으로, 외과 의사다.

23 '켈수스Aulus Cornelius Celsus(기원전 25~기원후 50)'는 로마의 학자로 《의술De Medicina》이라는 책을 썼다.

그러니 우리가 지금 우리 눈앞에 보고 있는 인간과 미개인을 혼동하지 않도록 조심해야 한다. 자연은 자신의 보살핌에 맡겨진 모든 동물을 특별히 신경 써서 보살피는데, 이것은 자연이 자신에게 주어진 이 권리를 얼마나 소중히 생각하는지 보여주는 듯하다. 대부분의 말이나 고양이, 황소, 심지어 당나귀도 우리의 집에 있을 때보다는 숲속에 있을 때 키도 더 크고 체격도 더 좋고 더 활기차고 용맹하다. 그러나 이런 동물들은 가축이 되면 원래 가지고 있던 장점을 절반이나 잃어버린다. 우리는 이 동물들을 정성들여 키우고 먹이지만, 결과적으로는 그들을 퇴화시키고 마는 것이다. 인간도 마찬가지다. 사회화하여 노예가 된 인간은 약해지고 겁 많고 비굴해지며, 생활 방식이 무기력하고 유약해지다가, 결국은 힘과 용기 모두가 꺾인다. 야생 상태와 길들여진 상태를 비교해보면, 인간 간의 차이가 동물 간의 차이보다 훨씬 더 커졌다는 사실을 덧붙이기로 하자. 왜냐하면 인간과 동물은 자연에 의해 똑같이 취급되기 때문에, 인간이 자기가 길들이는 동물보다 자기 자신에게 더 큰 편의를 제공하는 것은 그를 더 현저히 타락시키는 특별한 원인이 되기 때문이다.

그러므로 벌거벗고 산다거나, 집이 없다거나, 우리가 꼭 필요하다고 믿는 온갖 무용지물을 갖고 있지 않다고 해서, 이 최초의 인간들이 크게 불행한 것도 아니고 그들이 자신을 보존하는 데 큰 장애가 되는 것도 아니다.[24] 인간은 더운 나라에서는 피부가 털로 덮여 있지 않아도

24 이것은 이 가설적인 서술을 이해하는 데 중요한 열쇠다. 자연법주의자들이 사회의 이런 저런 지식들이 자연적인 특징을, 따라서 필연적인 특징을 가진다고 주장할 때, 그들은 거의 대부분 그런 지식이 없으면 인간의 생활이 힘들어지거나 비참해진다고 단언함으로써 자신의 주장에 힘을 싣는다. 이 같은 철학적 전통을 시험하고 그것에 반박하기 위해, 루

상관없으며, 추운 나라에서는 동물을 죽여 그 털을 자기 것으로 만드는 법을 금방 알아내게 된다. 달리기 위한 발은 두 개밖에 없지만, 두 팔이 있어서 자신을 방어하고 필요를 충족시킬 수 있다. 인간의 아이들은 늦은 시기에 힘들게 걷지만, 어머니는 그들을 쉽게 안고 다닌다. 이것은 어미가 쫓기게 되면 어쩔 수 없이 새끼들을 버리거나, 새끼들과 보조를 맞추어야만 하는 다른 동물들은 갖고 있지 못한 장점이다.[25] 뒤에 가서 다시 얘기하겠지만, 결코 발생하지 않을 수도 있었을 특이하고 우연한 상황을 가정하지 않는 한, 최초로 옷이나 집을 만든 인간은 어쨌든 거의 필요하지 않은 걸 만들어낸 게 확실하다. 왜냐하면 그 때까지는 집이나 옷 없이 살아왔고, 어렸을 때부터 참고 견뎌온 생활양식을 이제 어른이 되었으니 견딜 수 없다고 하는 건 어불성설이기 때문이다.[26]

소는 그의 허구적 자연인의 생활이 전혀 힘들지 않다는 것을 증명해야 한다. 그러므로 그의 주장은 어떤 경우에도 원시생활에 대한 향수와 이상화를 목적으로 하지 않는다. 이 점은 그가 볼테르François-Marie Arouet Voltaire (1694~1778)에게 보낸 1755년 9월 7일자 답장(《장 자크 루소의 서한집 Correspondance complète de J.-J. Rousseau》, III, no 319, pp. 164~167)에 잘 나타나 있다. 루소가 원시 상태를 이상화시켰다고 주장하는 반박 비평에 관해서는 레비-스트로스Claude Lévi-Strauss, 《슬픈 열대 Tristes Tropiques》(1955), chap. XXXVIII, rééd. Terre Humaine-poche, 1988, pp. 467~468(박옥줄 옮김, 《슬픈 열대》, 한길사, 1998)과 골드슈미트 Victor Goldschmidt, 《인류학과 정치학: 루소 학설의 원칙 Anthropologie et politique, les principes du système de Rousseau》, Paris, Vrin(1974), 2e éd. 1983, p. 448를 참조하라.

25 1782년 판에는 다음의 저자 주석이 첨가되어 있다. "여기에는 몇 가지 예외가 있을 수 있다. 예를 들면 니카라과 지방에 살고 있는 이 동물의 새끼는 여우와 비슷하게 생겼고, 발이 꼭 사람 손 같으며, 코레알에 의하면 배 아래쪽에 주머니 같은 게 달려 있어서 어미는 도망쳐야 할 때 새끼들을 여기 집어넣는다고 한다. 이는 의심할 여지없이 멕시코에서 트라콰친이라고 불리는 동물로 보이는데, 라에Joannes de Laët(1581~1649, 네덜란드의 지리학자, 박물학자)에 따르면 이 동물의 암컷에게도 같은 용도의 주머니가 있다."

26 이 구절은 2부의 첫 구절(본서 117쪽)에 똑같은 방법론적 의미를 띠고 다시 등장한다. 루소는 다음과 같이 추리한다. 인간은 그의 육체적 본성이라는 엄격한 관점에서 보면 사회생

혼자 살고 아무 일도 하지 않으며 늘 위험에 직면해 있는 미개인은, 생각이 적고 생각하지 않을 때는 계속 잠만 자는 동물들처럼, 잠자는 걸 좋아하고 잠귀가 밝았을 것이다.[27] 자신의 보존이 그의 유일한 관심사라고 할 수 있었으므로, 미개인은 자신의 먹이를 구하거나 다른 동물의 먹이가 되지 않도록 자신을 보호하기 위해 공격과 방어를 주요한 목표로 하는 능력을 단련했을 것이다. 반대로 나약함과 육체적 쾌락에 의해서만 완전해지는 기관은 미개인의 마음속에 그 어떤 종류의 섬세한 감정도 불러일으키지 않는 거친 상태로 남아 있었을 것이다. 그리고 그의 감각은 이 점에서 나뉘어져, 촉각과 미각은 극도로 투박해지고, 시각과 청각과 후각은 예민해졌을 것이다.[28] 바로 이것이 동물의 일반적인 상태이며, 또한 여행가들의 보고에 따르면 대부분의 미개민족의 상황이기도 하다.[29] 그러므로 네덜란드인은 망원경으로나 볼 수 있는 멀리 떨어진 먼 바다의 배를 희망봉에 사는 호텐토트인은 육안으로 볼 수 있다거나,[30] 아메리카의 미개인이 가장 뛰어난 개처럼 에스파냐인의 발자취를 냄새로 감지할 수 있다거나, 이 모든 야만 민족들[31]이

활에 대한 이런저런 지식 없이도 살 수 있을 것이다. 그러므로 이 지식은 그것이 자연이 아닌 역사에 속한다고 가정해야 하는 단절(언제 이루어졌는지는 알 수 없지만)의 결과다. 즉 일체의 역사화는 문명인의 탈자연화 시도에 기여하는 것이다. 이 문제는 그것이 토지소유권과 관계될 경우 훨씬 더 큰 의미를 띠게 될 것이다.

27 다시 한 번 루소는 뷔퐁이 동물에게 부여하는 특징을 자연인에게 부여한다. 뷔퐁의 《동물 본성론》, 《박물지》, t. IV, 1753, p. 3188을 참조하라.

28 루소는 여기서 장차 인간의 본성이 유연해지고, 신체 능력과 지적 능력과 풍습이 서로 상관관계를 맺으며 변화할 것임을 예고한다.

29 루소는 그 당시 크게 유행하던 여행기의 영향을 받았다.

30 '호텐토트인 Hottentot'에 관해선 186쪽 주석 4번을 참조하라.

31 《인간 불평등 기원론》에서는 매우 유동적인 형용사 '미개한 sauvage'과 '야만적인 barbare'의 차이는 《언어 기원론 Essai sur l'origine des langues》(1781)〔한문희 옮김, 《언어의 기원》, 한국문화사,

자신의 벌거벗은 상태를 아무 어려움 없이 견뎌내고 고추로 미각을 자극하며 유럽인의 술을 물처럼 벌컥벌컥 들이마신다고 해서 놀랄 필요는 전혀 없는 것이다.

지금까지 나는 오직 육체적인 인간만을 고찰했다. 이제는 인간을 형이상학적이고 도덕적인 측면에서 고찰해보자.[32]

나는 모든 동물이 정교하게 만들어진 기계에 불과하다고 생각한다.[33] 자연은 이 기계에 감각을 부여하여, 그것이 스스로 작동하고, 그것을 파괴하거나 고장 내는 경향이 있는 모든 것으로부터 스스로를 어느 정도 보호할 수 있도록 한다. 인간이라는 기계도 이와 마찬가지다. 차이가 있다면 동물의 활동에서는 오직 자연만이 모든 걸 다 하는 반면, 인간은 자유로운 주체의 자격으로 자연의 활동에 협력한다는 것이다. 동물은 본능에 의해, 인간은 자유 행위에 의해 선택하거나 거부한다. 그렇기 때문에 동물은 자신에게 정해진 규칙에서 벗어나는 것이 아무리 유리해도 그렇게 할 수 없지만, 인간은 그렇게 하면 자신에게

2013)에서 더 분명하게 나와 있다. 여기서 루소는 "미개인은 사냥꾼이고, 야만인은 목동이며, 문명인은 경작인"이라고 쓴다.

32 여기서 루소는 자연인이 갖는 두 번째 측면, 즉 형이상학적 측면에 대한 연구로 넘어간다. 자연인의 "정신이나 영혼의 특질"은 그의 "형이상학적이며 도덕적인 측면"을 규정한다. 이 특질들 없이는 그의 사회적 변화와 탈脫자연을 이해할 수 없다. 언어의 기원에 관한 긴 논쟁으로 이어지는 이 내용은 세심한 주의를 기울여 읽어야 한다. 이 담론을 정확히 파악하려면 형이상학적인 것과 도덕적인 것을 구분해야만 한다. 도덕적 특질은 인간관계와 관련되어 있다. 즉 루소는 도덕적 특질을 주로 연민이나 정념과 관련하여 고찰하는 것이다. 인간의 형이상학적 특질은 인간 개체와 동물 개체를 구분하는 특질이다. 루소는 이 형이상학적 특질 중에서 두 가지(자유와 완성 가능성)는 긍정하고, 세 번째 것(추상적 지성)은 부정한다. 무엇이 인간과 동물을 구분 짓는가를 결정하는 것이 루소에게 중요한 이유는, 무엇보다도 인간이 자연으로부터 얼마나 멀어졌는가를 이해하기 위해서다.

33 이는 데카르트René Descartes(1596~1650)로부터 영감을 얻은 사고다.

불리한데도 종종 규칙을 위반한다. 그래서 비둘기는 가장 좋은 고기가 가득 담긴 양푼을 옆에 두고도 굶어 죽고, 고양이는 수북하게 쌓인 과일이나 곡식 위에서 죽어간다. 그들이 평소에는 거들떠도 안 보는 음식이라도 먹을 엄두를 냈으면 살아남을 수 있을 텐데 말이다. 반면에 방종한 인간은 절제를 하지 못해서 결국 열병에 걸리거나 죽게 된다. 정신이 감각을 비정상으로 만들고, 자연이 입을 다물고 있을 때에도 의지는 여전히 말을 하기 때문이다.

모든 동물은 감각을 가지고 있기 때문에 관념 역시 가지고 있으며, 자신의 관념을 어느 정도 조합하기까지 한다. 이 점에서 인간과 동물의 차이는 크지 않다. 몇몇 철학자들[34]은 인간과 동물 간의 차이보다는 인간과 인간 간의 차이가 더 크다는 주장을 펴기까지 했다.[35] 그러므로 인간을 특별히 동물과 구별 짓는 것은 지적 능력이라기보다는 그가 가지고 있는 자유로운 주체로서의 특질인 것이다. 자연은 모든 동물에게 명령하고, 동물은 이 명령에 복종한다. 인간도 같은 영향을 받지만, 자기가 자유롭게 복종하든지 저항하든지 할 수 있다는 사실을 인식한다. 그리고 인간 영혼의 정신성은 이 자유를 인식하는 데서 드러난다.[36] 왜냐하면 물리학은 감각 기제와 관념의 형성을 어느 정도 설명해주지만, 의지의 힘, 혹은 차라리 선택의 힘 속에서는, 그리고 이 힘의 자각 속에서는 역학의 법칙으로 설명할 수 없는 순전히 영적인 행위밖에 발견할

---

34 몽테뉴도 그중 한 명이다. 〈우리 사이의 불평등에 관해 De l'inegalite qui est entre nous〉, 《수상록》, 1부 1편 42장.

35 데카르트와는 반대로 루소는 동물에게도 지성과 이념을 형성할 수 있는 능력을 부여한다. 따라서 인간의 변별적 특징은 이 수준에 위치하지 않는다.

36 루소는 지성이 오직 인간만의 고유한 속성이라는 데카르트의 주장(뷔퐁도 받아들인)을 받아들이지 않는다.

수 없기 때문이다.[37]

그러나 이 모든 문제를 둘러싸고 있는 어려움이 이러한 인간과 동물의 차이에 대해 어느 정도 논의의 여지를 남겨놓는다 할지라도, 양자를 구분지어도 아무도 이의를 제기할 수 없는 매우 특별한 또 다른 성질이 존재하는데, 그것은 바로 스스로를 완성시켜갈 수 있는 능력이다. 환경의 도움을 받아 인간의 다른 모든 능력을 지속적으로 발전시키는 이 능력은 개인의 차원뿐만 아니라 종의 차원에도 존재한다. 반면에 동물은 태어난 지 몇 달 뒤의 모습을 평생 동안 그대로 유지하게 되며, 그 종은 천 년이 지난 뒤에도 여전히 최초의 모습과 달라지지 않을 것이다. 왜 오직 인간만 이렇게 어리석어지는 것일까? 그것은 인간이 이렇게 원시 상태로 돌아가기 때문에, 즉 아무것도 획득하지 않아

---

37 루소가 유물일원론을 인정하지 않고, 인간은 물질적 실체와 비물질적 실체로 이루어져 있다고 단언한다는 주장을 펴기 위해 흔히 이 구절이 인용된다. 사실 이 점에 대한 그의 입장은 매우 복잡하다. 루소가 이원론자이긴 하지만, 데카르트나 말브랑슈Nicolas Malebranche(1638~1715) 식의 이원론자는 아니다. "모든 동물은 감각을 가지고 있기 때문에 관념 역시 가지고 있"다는 주장은 경험론적 관점 속에 위치하며, 이 점에서 루소가 콩디야크Étienne Bonnot de Condillac(1715~1780)와 가깝다는 것을 보여준다. 더구나 "인간을 특별히 동물과 구별 짓는 것은 지적 능력"이 아니라고 결론짓는 것은 반反데카르트적 선언이다. 요컨대 몽테뉴(《수상록》, I, I, chap. XLII)가 주장했던 것처럼, 이런 관점에서 보면 인간과 짐승 간의 차이보다는 인간과 인간 간의 차이가 더 크다. 이 같은 주장은 동시에 자연인이 하나의 동물이며, 이어지는 내용이 보여주듯이 본능을 포함한 동물의 모든 특징을 가지고 있다는 것을 의미한다. 지성은 인간 고유의 속성이 아니지만, "자유로운 주체"처럼 행동하는 것은 인간을 특징짓는다. 그렇지만 여기서 문제가 되는 의지의 자유만큼 데카르트적인 것은 없다. 의지의 자유는 행복을 원하는 능력이 아니라 본능의 명령으로부터 멀어지는 능력으로 정의되며, 무절제하게 음식을 섭취하는 인간의 예가 그 점을 잘 보여준다. 이 멀어지는 능력은 "일탈"에서 잘 나타난다. 문명은 자연 상태와의 멀어짐으로 정의된다. 뷔퐁은 동물이 그들이 사는 자연법칙에서 멀어질 수 없다는 사실을 강조한다. "대부분은 그들이 싫어하는 먹이를 먹기보다는 굶어서 쇠약해져 가다가 죽는 쪽을 택한다"(《동물 본성론》, 《박물지》, t. Ⅳ, 1753, p. 459.).

서 잃을 것도 없는 동물들은 여전히 본능을 유지하는 반면에, 인간은 노화나 다른 사고에 의해 그의 완성 가능성 덕분에 획득했던 모든 것을 다시 잃어버림으로써 동물보다 못한 상태로 떨어지게 되기 때문이 아닐까? 인간과 동물을 구분 짓는 거의 무한한 이 능력이 인간에게 닥치는 모든 불행의 근원이고, 오랜 시간의 힘을 통해 하루하루 평화롭고 무고하게 흘러가는 원초적 상태로부터 인간을 끄집어내는 것 또한 이 능력이며, 몇 세기가 흐르는 동안 인간의 지식과 오류, 덕성과 악덕을 생성하여 드디어 그를 그 자신과 자연에 대한 폭군으로 만드는 것 역시 이 능력이라는 사실을 어쩔 수 없이 인정해야만 한다는 것은, 인간으로서 참으로 유감스러운 일이다.9) 오리노코 강 연안에 사는 주민에게 아이들의 관자놀이에 판자를 갖다 댐으로써 최소한 그들의 어리석음과 본래적 행복의 일부를 보장해줄 수 있을 것이라고 처음으로 암시한 사람을 은인으로 찬양해야 한다는 건 얼마나 끔찍한 일이겠는가.[38]

---

38 "완성 가능성perfectibilité"이라는 단어는 루소가 만들어낸 신조어다. 엄청난 성공을 거둔 이 단어는 세 가지 의미로 쓰였다.

1) 우리가 흔히 생각하는 것과는 달리 완성 가능성은 인간이 "자신을" 완성시켜나갈 수 있는(완성의 상태를 향해 나갈 수 있는) 능력이 아니라, "자신의 능력을 완성시킬 수 있는" 가능성으로 정의된다.

2) 그러므로 "완성 가능성"이라는 단어는 항상 호의적인 의미만을 가지는 것은 아니다. 인간이 자연에 의해 만들어졌다는 사실과, 인간이 다른 사람이 될 수 있는 능력을 가지고 있다는 사실은 양립한다. 즉 그것은 "인간의 지식뿐만 아니라 오류도, 인간의 덕성뿐만 아니라 악덕도" 잘 설명해주는 것이다. 루소에게 완성 가능성은 최고의 의미로도, 최악의 의미로도 이해된다. 그렇지만 이 같은 양면성에 유의하는 것만으로는 충분하지 않다. 나아가 자연 상태에서 시민 상태로의 이행에서는 가장 좋은 것과 가장 나쁜 것이 불가분의 관계를 맺고 있다. 즉 인간은 타락하면서 완성되어가는 것이다.

3) 완성 가능성은 엄격히 말해서 하나의 성향이나 목적이 아니라 잠재성이라는 사실을 아는 것이 중요하다. 즉 완성 가능성 자체에는 그것의 활성화 원칙이 포함되지 않는 것이다. 그렇게 되려면 "상황이 도와주어야만" 한다. 매우 특별한 이 기회 원인론에 관해서는

자연에 의해 오직 본능에만 맡겨진 미개인, 혹은 그들에게 결핍되어 있는 본능을 우선 보완하고 이어서 자신을 자연 이상으로 훨씬 더 높일 수 있는 능력으로 벌충하는 미개인은, 따라서 처음에는 순전히 동물적인 기능부터 행하기 시작할 것이다.[10)] 즉 알아차리고 느끼는 것이 그의 최초의 상태가 될 것이며, 이 상태는 다른 모든 동물과 공통될 것이다. 새로운 상황이 새로운 발전을 야기할 때까지는 원하는 것과 원하지 않는 것, 욕망하는 것과 두려워하는 것이 그들 영혼의 최초이자 거의 유일한 작용이 될 것이다.

모럴리스트들이 뭐라고 얘기를 하건 간에, 인간의 지성은 정념에 많은 빚을 지고 있으며, 대다수가 인정하듯이 정념 역시 지성에 많은 빚을 지고 있다. 우리의 이성은 이 두 가지가 활동함으로써 완성되는 것이다. 우리가 무엇인가를 알려고 애쓰는 이유는 그것을 즐기고 싶어서이므로, 욕망도 두려움도 못 느끼는 사람이 애써 이치를 따질 이유를 알아내는 건 불가능한 일이다. 반면에 정념은 우리의 필요에서 비롯되며, 우리의 지식을 통해 커져간다. 왜냐하면 우리는 우리가 그것에 대해 가질 수 있는 관념에 의거해서만, 혹은 자연의 단순한 충동에 의해서만 사물을 욕망하거나 두려워할 수 있기 때문이다. 그런데 미개인은 어떤 종류의 지식도 가지고 있지 못하므로, 이 마지막 종류의 정념밖

L. 알튀세르Luis Althusser, 〈마주침의 유물론에 숨겨진 흐름Le courant souterrain du matérialisme de la rencontre〉, 《철학적·정치적 글Ecrits philosophiques et politiques》, t. 1, Stock/IMEC, 1994, pp. 539~582〔백승욱·서관모 옮김, 〈마주침의 유물론이라는 은밀한 흐름〉, 《철학과 맑스주의: 우발성의 유물론을 위하여》 개정판, 2017〕를 참조하라. 자유와 마찬가지로 완성 가능성도 부정적인 방법으로 증명된다는 사실을 알게 될 것이다. 즉 전자는 과잉에 의해, 후자는 어리석음에 의해 그렇게 되는 것이다.

오리노코 원주민에 대한 참조는 루소가 코레알에게서 빌려온 것이다. 그들은 'ais'라고 불리는 판자를 머리에 고정하여 아이들의 두개골이 자라는 것을 억제한다.

에 느끼지 못한다. 그의 욕망은 그의 육체적 필요를 넘어서지 못하는 것이다.[11)] 그가 이 세계에서 알고 있는 유일한 행복은 먹을 것과 여자와 휴식뿐이며, 그가 두려워하는 유일한 불행은 고통과 배고픔뿐이다. 나는 고통이라고 말하지, 죽음이라고 말하지는 않는다. 왜냐하면 동물은 죽는다는 것이 무엇인지 절대 알 수 없기 때문이다. 그리고 죽음과 그에 대한 두려움을 아는 것은 인간이 동물적인 상황에서 벗어나면서 처음으로 얻게 되는 것들 중 하나다.

만일 필요하다면 나는 어렵잖게 사실을 통해 이 같은 감정을 입증하고,[39] 전 세계의 모든 인민에게 정신의 발달은 인민이 자연으로부터 받았거나 상황에 따라 인민에게 강요된 필요에 정확히 비례한다는 사실을, 따라서 그들로 하여금 그러한 필요를 충족시키도록 재촉하는 정념에 정확히 비례한다는 사실을 보여줄 수 있을 것이다. 나는 이집트에서 나일 강이 범람하면서 탄생하고 널리 퍼져나간 여러 기술을 보여줄 것이다. 또 나는 그리스에서 발달한 여러 기술이 비옥한 에우로타스 강 연안에는 뿌리를 내리지 못한 반면, 아티카의 사막과 바위 사이에서는 싹을 피우고 성장하여 비약적으로 발전한 것을 입증할 것이다. 마지막으로 나는 마치 땅에 주기를 거부하는 비옥함을 정신에 줌으로써 사물을 평등하게 만들려고 한 것처럼, 북방의 민족들이 일을 해야만 살아남을 수 있었기 때문에 남방의 민족들보다 대체로 더 부지런하다는 사실을 지적하려 한다.

그러나 굳이 불확실한 역사적 증거에 의지하지 않는다 해도, 모든 것이 미개인으로 하여금 미개인임을 포기하게 하는 유혹과 수단에서

39 사실의 원용은 여기서 추가 증거에 불과하다. 중요한 것은 추상적 논증이다.

벗어나게 하려는 것 같다는 사실을 모르는 사람이 과연 누가 있겠는가?[40] 그의 상상력은 그를 전혀 묘사하지 않고, 그의 마음은 그에게 아무것도 요구하지 않는다. 그의 자질구레한 필수품은 손이 쉽게 가 닿을 만큼 가까운 거리에 놓여 있지만, 그가 더 심오한 지식을 얻는 데 필요한 지식의 정도로부터는 너무 멀리 떨어져 있어서 선견지명도 가질 수 없고 호기심도 느낄 수 없다. 자연의 광경은 너무나 익숙해져서 더 이상 그의 관심을 끌 수 없게 된다. 자연은 언제나 같은 이치와 법칙에 따라, 같은 주기에 따라 움직이기 때문이다. 그는 아무리 기이한 걸 봐도 놀라지 않는다. 그러니 인간이 매일같이 보아온 것을 다시 한 번 관찰하는 법을 알기 위해 필요한 철학을 그에게서 찾으면 안 된다. 무엇에도 동요하지 않는 그의 마음은 곧 닥쳐올 미래에 대해서는 아무 생각 없이 오직 현재 삶의 감정에만 몰두하며, 그의 시야만큼이나 좁은 그의 계획은 기껏해야 그날 하루에 대한 것일 뿐이다. 카리브인의 선견지명은 지금도 이 정도에 불과하다.[41] 그는 솜이불이 그날 밤 필요할 거라는 생각을 못하고 아침에 그걸 팔았다가, 오후가 되면 눈물을 흘리며 다시 사러 온다.

이 문제에 대해 더 깊이 생각하면 할수록, 순수한 감각에서 가장 단순한 지식까지 거리는 우리 눈에 점점 더 멀어 보인다.[42] 그리고 어떻

---

40 루소는 자연 상태와 사회 상태, 자연인과 사회인, 감각과 인식의 차이를 강조한다.

41 여기서 루소는 뒤 테르트르Jean-Baptiste Du Tertre(1610~1687) 신부가 쓴《생크리스토프 섬과 과들루프 섬, 마르티니크 섬, 그리고 아메리카 대륙의 다른 섬들의 통사Histoire générale des îles Saint-Christophe, de la Guadeloupe, de la Martinique et autres de l'Amérique》(1654)에 의지한다.

42 우리가 더 깊이 "생각하면 할수록"(우리가 인간이 타고나지 않은 것을 "조사"하면 할수록) 문명인과 자연인 간의 거리는 점점 더 멀어지며, 그 결과 현재 인간의 구조에서 탈자연화된 영역은 점점 더 넓어진다. "고질적인 편견"을 "뿌리 뽑기" 위해 "뿌리까지 파내려가는" 연구

게 인간이 의사소통의 도움 없이, 필요의 자극도 없이 오직 자기 혼자만의 힘으로 이 엄청난 간격을 통과할 수 있을지 상상이 안 간다. 인간이 하늘의 불이 아닌 다른 불을 보게 될 때까지 얼마나 많은 시간이 흘렀던가! 이 불이라는 원소의 일반적인 용법을 배우게 되기까지 얼마나 많은 우연이 필요했던가! 불을 다시 피우는 기술을 습득하게 될 때까지 불은 얼마나 많이 꺼트렸을까? 그리고 이런 비밀 하나하나는 그걸 발견한 사람과 함께 얼마나 많이 흔적도 없이 사라져갔을까? 오랜 시간의 노동과 탁월한 선견지명을 필요로 하며, 다른 기술들과 관련되어 있고, 당연히 사회가 구성되어 있어야만 실행될 수 있으며, 대지가 그것 없이도 공급해줄 식량을 대지에서 얻어내는 데 필요하기보다는 대지로 하여금 우리 입맛에 가장 잘 맞는 식량을 생산케 하는 데 필요한 기술인 농업은 어떠한가! 하지만 인구가 급증하여 자연의 생산물만으로는 그들을 먹여 살릴 수 없다고 가정해보자. 덧붙여두자면 이 같은 가정은 이러한 생활 방식이 인류에게 크게 유리하다는 걸 보여준다. 대장간이나 공장도 없이 여러 농기구가 하늘에서 미개인의 손으로 떨어지고, 이들 모두가 계속되는 노동에 대해 느끼는 극도의 반감을 극복하고, 자기들에게 필요한 것을 일치감치 예측할 줄 알고, 어떻게 땅을 갈고 씨를 뿌리고 나무를 심어야 하는지를 알아냈으며, 밀을 빻고 포도를 발효시키는 기술을 발견했다고 가정해보자. 그들이 이 모든 것을 스스로 터득했다는 생각은 할 수 없으므로, 신들이 그걸 가르쳐주어야만 했을 것이다. 이 같은 상황에서, 인간이든 동물이든 수확기가 되자마자 가장 먼저 달려온 자가 깡그리 거두어버릴 밭을 굳이 힘들게

의 역학은 문명인과 자연인을 갈라놓는 "거대한 공간"을 드러내 보여준다.

경작할 만큼 어리석은 인간이 과연 있기는 할까? 자기에게 필요하면 할수록 그 대가를 얻을 수 있을지가 더욱더 불확실하게 느껴지는 힘든 노동에 누가 일생을 바치겠다는 결심을 할 수 있겠는가? 요컨대 토지가 그들 사이에 분배되어 있지 않은 한, 자연 상태가 조금도 소멸되지 않은 한, 어떻게 인간이 땅을 경작할 생각을 할 수 있겠느냐는 말이다.[43]

우리 철학자들이 하듯이 생각하는 기술에 능란한 미개인이 있다고 가정해보자. 철학자들의 예를 따라 이 미개인이 한 명의 철학자라고 생각하고서, 그가 혼자서 가장 숭고한 진리를 발견하고, 질서 일반에 대한 사랑으로부터 혹은 창조자의 잘 알려진 뜻으로부터 끌어낸 정의와 이성의 원칙을 매우 추상적인 추론을 통해 생각해낸다고 가정하자. 요컨대 이 미개인이 우둔함과 어리석음에 못지않은 지성과 지식을 갖추고 있다고 가정한다 하더라도, 다른 사람에게 전해질 수 없고 그걸 생각해낸 개인과 함께 소멸해버릴 이 형이상학에서 인류가 도대체 무슨 이익을 얻어낸다는 말인가? 숲속에서 동물 사이에 섞여 사는 인류가 어떻게 진보를 이룩할 수 있단 말인가? 일정한 주거도 없고 서로를 필요로 하지도 않아서 평생 한두 번이나 만날까 말까 하여 서로 알지도 못하고 말도 안 하는 사람들이 어느 정도나 스스로를 완성시키고

43 이 문장은 자연인이 단순히 내재적이고 단절이 없는 발달에 의해서는 문명인이 될 수 없다는 것을 보여준다. 첫 번째 논거는 지적 발달에 근거한다. 물론 감각에서 관념을 잇는 연쇄는 계속 이어지지만 너무 길어서, 고립된 인간은 결코 이 연쇄를 처음부터 끝까지 거쳐 갈 수가 없다. 두 번째 논거는 기술, 특히 농업에 근거한다. 농업은 사회가 생산해내는 수단과 지식을 필요조건으로 가질 뿐만 아니라, 토지와 그 생산물도 소유한다는 조건에서만 의미를 가진다. 어떤 식으로 문제에 접근하든지 간에, 인간은 사회화되어야만 자연 상태에서 벗어날 수 있다.

서로를 깨우쳐줄 수 있겠는가?[44]

우리가 말을 할 수 있게 되면서 얼마나 많은 관념을 갖게 되었는지, 문법이 정신의 작용을 얼마나 많이 훈련하고 촉진시키는지를 생각해보라. 그리고 언어를 최초로 발명하는 데 분명히 쏟았을 어마어마한 노력과 오랜 시간을 생각해보라. 이 생각과 앞에서 했던 생각을 연결시켜보면, 언어에 의해 가능해지는 여러 작용들을 인간의 정신 속에서 계속 발전시키기 위해서는 오랜 시간이 필요했으리라는 걸 알게 될 것이다.[45]

언어의 기원이라는 문제[46]가 불러일으키는 몇 가지 곤란한 문제를

---

44 여기서 "철학자들"이란 그로티우스에서 푸펜도르프와 바르베이락Jean Barbeyrac (1674~1744)을 거쳐 뷔를라마키에 이르기까지, 모든 인간을 신의 율법에 대해 알고 추론할 능력을 갖고 태어난 존재로 만드는 자연법 사상가들을 특별히 겨냥하고 있다. 루소는 디드로에 반대하여 추론은 가장 늦게 발달한 기술 중 하나라고 주장한다. 그러나 여기서 언급된 특별한 논거는 다르다. 즉 이성을 자연인에게 부여하는 것은, 곧 그가 속한 종種의 일원으로서의 인간 개인에게 그것을 부여한다는 얘기가 된다. 그런데 자연의 개인은 거의 대부분 본능에 따라 살아가기 때문에, 이런 자질을 전혀 필요로 하지 않는다. 단지 사회화된 생활의 범주에서만 교환은 그 필요성을, 소통은 그 가능성을 만들어내는 것이다. 다시 한 번 말하지만, 자연 상태의 개념은 시민 상태로부터 유래하는 것을 강조하는 기능을 가진다.

45 오직 언어의 발명만이 인간의 정신 능력이 발달한 이유를 설명해줄 수 있다. 1부에 담긴 인간이 자연으로부터 받는 "형이상학적·도덕적" 자질에 대한 연구는 여기서 끝난다. 루소는 이 연구를 통해 시민의 지적 능력은 자연인 속에 잠재적으로 존재하지만, 언어나 의사소통 없이는, 즉 사회화가 이루어지지 않은 상태에서는 발달할 수 없었다는 사실을 보여준다. 언어의 기원에 관해 길게 보충 설명을 하고 나서, 1부의 결론은 엄격하게 도덕적인 관점에서도 인간은 원래 사회화될 준비가 되어 있지 않다는 것을 보여주는 데 전념한다. 그러므로 일련의 우연한 원인(상황)과 부분적으로 설명할 수 없는 변화의 뒤얽힘이 인간으로 하여금 순수한 자연 상태에서 빠져나오게 했다고 생각해야 할 것이다.

46 이 문제는 콩디야크, 디드로, 모페르튀이 등 18세기의 여러 사상가들이 관심을 가졌다. 루소는 원래 언어론을 《인간 불평등 기원론》의 주석으로 사용하려다, 아예 콩디야크의 《인간 인식 기원론Essai sur l'origine des connaissances humaines》(1746)과 모페르튀이의 《언어의 기원과 단어의 의미에 관한 철학적 성찰Réflexions philosophiques sur l'origine des langues et la signification des mots》(1740), 뒤보스Jean-Baptiste Dubos(1670~1742)의 《시와 회화에 관한 비판

잠시 생각해보도록 허용해주기 바란다.[47] 여기서 나는 나의 모든 의견을 완전히 확인해주고 그 최초의 개념을 제공해준 콩디야크 신부[48]의 이 문제에 관한 연구를 인용하거나 되풀이하는 것으로 만족할 수도 있

적 성찰Réflexions critiques sur la poésie et sur la peinture》(1719), 그리고 디드로의《귀머거리와 벙어리들에 관한 편지Lettre sur les sourds et muets a l'usage de ceux qui entendent et qui parlent》(1751)〔이충훈 옮김,《듣고 말하는 사람들을 위한 농아에 대한 편지》, 워크룸프레스, 2015〕에서 자료를 보충하여《언어 기원론》으로 완성시킨다. 앞에서 기술의 기원에 대해서 그랬던 것처럼, 루소는 일부러 언어의 기원을 이해하는 데 따르는 어려움을 강조한다.

47 여기서 루소는 본론에서 벗어나는 듯 보이지만, 사실 이 여담은 논거의 전개에서 중요한 역할을 한다. 우선은 논거의 쟁점이 무엇인지를 이해해야 한다. 일견 루소는 언어가 초인간적이거나 초자연적인 기원을 가지고 있다고 가정하는 것처럼 보인다. 즉 그는 "언어가 순전히 인간적인 수단에 의해〔초인간적인, 즉 초자연적인 방법이 개입하지 않고〕 만들어지고 확립되는 게 거의 입증되었다"(본서 92쪽)고 자신 있게 말한다. 이 같은 해설적 가정은 논외로 제외되지 않는다. 왜냐하면 루소는 계시의 진리를 배제하는 걸 거부하기 때문이다. 그렇지만 이것이 이 말의 진정한 쟁점은 아니다. 그것을 다시 명료한 상태로 되돌려놓아 해결하고 싶은 유혹을 느낄 만큼 너무나 깊은 미스터리를 생각하게 하면서, 루소는 특히 이론적 수수께끼를 보여준다. 루소 이후의 많은 학자들이 그 점을 강조할 것이다. 자연적 소통 방식(동물)과 인간의 언어를 비교해보면 주요한 질적 차이가 드러난다(C. 레비-스트로스Claude Lévi-Strauss, 〈서문Introduction à l'oeuvre de Marcel Mauss〉, M. 모스Marcel Mauss,《사회학과 인류학Sociologie et Anthropologie》, Paris: PUF, 1950 p. XLVII; E. 벵베니스트, 〈동물의 의사소통과 인간의 언어Communication animale et langage humain〉,《일반언어학의 문제Problèmes de linguistique générale I》, Paris: Gallimard, 1966). 미국의 고인류학자인 이언 태터설Ian Tattersall은 1998년에《인간의 출현L'Émergence de l'homme: Essai sur l'évolution et l'unicité humaine》(프랑스어 번역판, trad. Marcel Blanc, Paris: Gallimard, 1999, pp. 74~85)이라는 저서에서 동물적 소통과 인간 언어의 연속성을 확립하고 그 "이행" 방식에 대해 밝히고자 했던 수많은 경험적 시도를 종합적으로 평가하고 난 뒤, 이 같은 시도가 실패라는 결론을 내리고 언어를 "돌연히 출현한 자산"으로 묘사하는데, 이것은 루소가 밝혀낸 수수께끼를 다른 방식으로 드러낸 것에 불과하다. 따라서 분석의 진정한 쟁점은 다음과 같은 전개 방법 속에 표현되어 있다. "자연이 …… 인간으로 하여금 쉽게 언어를 사용하도록 하는 배려를 거의 하지 않은 걸로 보아, 자연이 인간의 사회성을 마련할 준비를 않았다는 …… 사실을 알 수 있다"(본서 93쪽).

48 '콩디야크Étienne Bonnot de Condillac'(1715~1780)는 프랑스 철학자로서 감각론을 대표한다. 저서에는《인간 인식 기원론》과《감각론Traité des sensations》(1754) 등이 있다.

을 것이다.[49] 그러나 이 철학자가 설정된 기호의 기원에 관해 스스로에게 제기했던 어려움을 해결하는 방식은, 그가 내가 의문을 품고 있던 바를, 즉 이미 언어의 발명자들 사이에 자리 잡은 일종의 사회를 가정하고 있다는 사실을 보여준다. 따라서 나는 그의 고찰을 참고하는 동시에, 같은 어려움을 나의 주제에 맞는 각도에서 설명하기 위해 나 자

---

49 에티엔 드 콩디야크는 1746년에《인간 인식 기원론》을 펴냈는데, 그중 몇 장을 엄격한 의미의 언어의 기원에 할애했고, 그 이후부터는 언어가 초기 형태 이후로 어떻게 변화하는지를 다루고 있다. 콩디야크와 친한 사이였던 루소는 인간 정신의 자연사를 서술하려는 그의 시도에 매혹되고 영향을 받았다(J. 모렐Jean Morel,《장 자크 루소가 쓴 인간 불평등 기원론의 출처에 관한 연구Recherches sur les sources du discours de J. J. Rousseau sur l'origine et les fondements de l'inégaliteé parmi les hommes》, Pache-Varidel, 1910, p. 147을 참조하라). 반대로 언어와 정념의 관계에 관한 콩디야크의 몇 가지 생각은 루소로부터 영감을 받았을 가능성이 있다(E. 클라파레드Edouard Claparè,〈루소와 언어의 기원Rousseau et l'origine du langage〉, *Annales de la Sociéteé Jean-Jacques Rousseau*, t. XXIV, 1935, p. 118). 콩디야크는 언어를 알지 못한 채 사막에서 함께 살고 있는 두 아이가 등장하는 가상의 이야기를 지어낸다. 그들은 고함을 내지름으로써 서로에게 수월하게 도움을 줄 수 있었고, 이 고함을 통해 서로 친해졌다. 그들은 "이렇게 해서 몇 가지 관념을 자의적인 신호와 연관시키는 습관을 얻게 된다." 그러고 나서 그들은 아이를 갖게 되는데, 이 아이는 상황에 매우 쉽게 적응하여 완전히 새로운 단어를 발음한다. 부모는 이 단어를 반복하려 애쓰고, 이렇게 분절된 언어가 탄생하여 복잡하고 "담화로 된" 언어로 발전한다. 루소가 상세히 설명하려고 애썼던 몇 가지 곤란한 문제를 이 설명은 대단치 않은 것으로 간주한다. 콩디야크는 영국 경험론 철학의 계보에 속한다. 즉 시민 행동의 기원을 자연적 감수성의 자연적 발달 속에서 찾는 것이다(E. 카시러Ernst Cassirer,《계몽주의 철학La Philosophie des Lumières》, 프랑스어 번역판, trad. Pierre Quillet, Paris: Fayard, 1966, pp. 58~59을 참조하라). 홉스는 일체의 언어적 합의를 학습하기 이전의 자연적 언어 기능을 상상한다. 왜냐하면 그는 그가 "표지"라고 부르는 것, 즉 현실 세계를 명명하는 기능이 합의에 의한 언어의 사용에 앞선다고 주장하기 때문이다(《자연적이고 정치적인 법의 요소The Elements of Law, Natural and Politic》, I, V, 1640, pp. 1~2). 로크는 "만일 우리가 모든 단어를 그 기점까지 끌고 갈 수 있다면", 우리는 심지어 "자명하지 않은 사물을 의미하기 위해 사용하는 단어들조차도 그 최초의 기원을 감각적 관념으로부터 이끌어냈다는 사실을 발견하게 된다"라고 말한다. 왜냐하면 "자연은 감각적 반응에 의해 단어 사용의 기원과 원칙을 우연히 인간에게 암시할 것이기" 때문이다(《인간오성론An Essay Concerning Human Understanding》, III, I, § 5〔정병훈·이재영·양선숙 옮김,《인간지성론》 1·2권, 한길사, 2014〕). 18세기 철학은 이런 유형의 자연주의적 설명에 많은 영향을 받았다. 예컨대 당시 모페르튀이도 콩디야크에 가까운 가설을 채택하고 있다.

신의 고찰을 덧붙여야 한다고 생각한다. 맨 처음 나타나는 어려움은 어떻게 해서 언어가 필요하게 되었는지 상상하는 것이다. 인간 사이에 의사소통이 아예 이루어지지 않고 그럴 필요도 전혀 없었다면, 말하자면 언어의 발명이 필요불가결한 것이 아니었다면, 언어를 발명할 필요성이나 가능성을 생각할 수 없기 때문이다.[50] 나도 다른 많은 사람들처럼 언어가 아버지와 어머니, 아이들의 가족 간 교류에서 생겨났다고 말하고 싶다. 하지만 그랬다가는 반론에 대한 해결책을 제시하지 못할 뿐만 아니라, 자연 상태에 관해 추론하면서 사회 속에서 얻은 관념을 도입하여, 가족이 항상 같은 집에 모여 있으며 그 구성원은 여러 공통적인 이해관계에 의해 결합되어 있는 우리처럼 내밀하고 영속적인 관계를 자기들끼리 유지한다고 생각하는 사람들의 오류를 다시 저지르게 될 것이다. 그러나 집도 오두막도 없고 어떤 종류의 재산도 없는 원시 상태에서는, 각자가 우연에 의해 잠자리를 정하고 거의 대부분은 그곳에서 하룻밤만 묵었다. 남자와 여자는 우연히 만나 욕망이 생기면 결합하곤 했기 때문에, 그들이 서로에게 전하고자 하는 바를 표현하는 데 꼭 말이 필요했던 건 아니었다. 그들은 결합했을 때만큼이나 쉽게 서로를 떠난다.[12)] [51] 어머니는 처음에는 자신이 필요해서 아이들에게 젖을 먹였다. 그러고 나서 어머니는 젖을 먹이는 게 습관이 되면서 아이들이 사랑스럽게 여겨져, 이번에는 아이들을 위해 젖을 먹이게 되었다. 아이들은 자기 먹이를 찾을 수 있는 힘을 갖게 되자마자 곧 어머니 곁을 떠났다. 그런데 서로 멀어지지 않는 것 말고는 다시 만날 수 있

---

50 필요는 언어의 기원이 아니다. 왜냐하면 "그것의 결과는 인간들을 접근시키는 것이 아니라 떼어놓는 것"이기 때문이다.

51 이것은 로크가 주장하는 자연적 가족의 개념에 대한 비난이다.

는 방법이 거의 없기 때문에, 이들은 얼마 지나지 않아 서로를 알아보지도 못하는 지경이 되고 말았다.[52] 아이는 자신에게 필요한 모든 것을 설명해야만 하기 때문에 어머니가 아이에게 할 말보다는 아이가 어머니에게 할 말이 더 많았고, 그 결과 아이가 언어를 발명하기 위해 더 많이 애를 썼으며, 그가 사용하는 거의 대부분의 언어를 그 자신이 만들어냈다는 사실 또한 알아두기 바란다.[53] 그 결과 말하는 사람의 수만큼이나 언어의 수도 늘어났는데, 어떤 관용어도 정착할 만한 시간을 주지 않는 떠돌이 생활이 여기에 기여했다. 왜냐하면 아이가 이것저것 어머니에게 요구하기 위해 사용해야 할 단어들을 어머니가 아이에게 들려준다고 해도, 그건 이미 형성된 언어를 어떻게 가르치는지를 보여줄 뿐이지, 언어가 어떻게 형성되는지는 조금도 가르쳐주지 않기 때문이다.

이 첫 번째 어려움이 극복되었다고 가정해보자. 순수한 자연 상태와 언어에 대한 필요 사이에 자리 잡고 있었을 거대한 공간을 잠시 건너보자. 그리고 언어가 필요하다고 가정한 다음,[13)] 어떻게 그것이 확립되기 시작할 수 있었는지 알아보자.[54] 이것은 앞의 것보다 훨씬 더 어

52 자연 상태에서는 엄격한 의미의 가족이 없다. 가족이란 필요가 아니라 합의에 의해 생기기 때문이다. 이는 루소가 로크에 반대하여 펼치는 주요 논지이다. 이 주장은 성적 욕망의 분석을 통해 강조되고, 다시 2부의 앞부분에서 보완된다.

53 콩디야크,《인간 인식 기원론》, II, I, I, § 7.

54 루소는 저자 주석에서 17세기 네덜란드 학자 포시위스Isaac Vossius(1618~1689)를 참조하여 언어는 필요하지 않다는 주장을 확증한다. 첫 번째 어려움은 어떻게 해서 인간에게 언어가 필요해졌는지를 알아내는 것이다. 다시 거론되겠지만, 우리가 말을 하는 것은 살아남기 위해서가 아니라 사회적 정념이 우리로 하여금 말을 하도록 부추기기 때문이다. 루소는 여기서 이 정념의 탄생에 관련된 문제를 해결되지 않은 상태로 내버려두지만, 언어의 기원에 대한 설명들 중 하나를 이미 인정하지 않고 있다. 이것은《인간 불평등 기원론》1

려운 문제다. 인간이 생각하는 법을 배우기 위해 말을 필요로 했다면, 그들은 말의 기술을 발견하기 위해 또 생각하는 법을 배워야 했을 것이기 때문이다.[55] 그리고 인간의 음성이 어떻게 해서 우리의 관념을 관

부 전체를 관통하는 주장을 확증하는 데 기여한다(그는 언어에 대한 보충 설명을 마치자마자 곧바로 다시 이 같은 주장을 편다). 즉 사회가 획득한 지식이 인간의 타고난 결함을 치유한다는 말은 거짓이라는 것이다.

55 이 어려움은 콩디야크에 의해 제기되었으며, 그는 본능적 언어와 숙고된 언어를 분리함으로써 이를 해결한다. 루소는 여기서 인간 언어의 확립이 제기하는 주요한 문제에 관해 진술한다. 즉 자연적 과정에서 출발하는 언어의 발명에 관한 모든 가설은 논리적 악순환에 부딪친다는 것이다. 서로 연관된 두 가지 논리가 기술된다.

① 말을 하기 위해 하나의 사회를 세우든지, 아니면 하나의 사회를 세우기 위해 말을 하든지 했어야만 한다.

② 말을 하기 위해 생각을 하든지, 아니면 생각을 하기 위해 말을 해야만 한다.

왜 인간 언어는 이 같은 악순환을 포함하고 있는 것일까? 물론 루소는 동물(《언어 기원론》), 갓난애(《에밀》), 자연인(《인간 불평등 기원론》)에게서 몸의 상태를 일방적으로 표현하고 기본적인 협력을 가능하게 하는 의사소통의 형식이, 즉 "자연의 외침"이 발견된다는 사실을 인정한다. 그렇지만 인간의 언어는 질적으로 다르다. 즉 인간의 언어는 어디서나 관습적이다. 우선 자의적으로 선택된 원숭이 한 마리를 하나의 의미 내용과 연관시킨다는 사실이 관습적이다. 그런데 이 관습이 어떤 식으로든지 이해되지 않은 상태에서 어떻게 그것에 동의한단 말인가? 그리고 서로 말을 하지 않고 어떻게 자신을 이해시킨단 말인가? 바로 이런 이유 때문에 언어의 발명을 이해할 수 있도록 만들려면 성립된 사회(다시 말하자면, 사전에 정해진 관습이 존재하는 사회)를 가정해야 하는 것이다.

그러나 인간 언어 고유의 복잡성을 더 깊이 파고 들어가면 어려움은 더 확실히 느껴진다. 주요한 문제는 말과 추상의 관계에서 발생한다. 바로 그것에서 말과 사고를 연결시키는 고리가 만들어지는 것이다. 인간의 언어는 우선 문법적으로 분절되어 있다. 그런데 문법 규칙은 사고방식을, 즉 즉각적으로 느껴지는 몸 상태로의 환원이 불가능한 과거를 비롯한 비현실적인 것, 가정적인 것, 논리적 연관에 대한 표현을 가리킨다. 또한 단어는 구체적이고 개별적인 물체만을 가리키는 것이 아니고(그럴 경우 언어는 고유명사의 집합이 될 것이다), 물체의 범주도 가리킨다. 따라서 말을 하려면 사고를 할 줄 알아야 한다. 즉 이 호두에서 저 호두로 옮겨가는 원숭이처럼 서로 흡사한 감각들을 기계적으로 결합하는 것이 아니라, 사물의 범주에 공통되는 특징들을 지적으로 표현해야 하는 것이다. 바로 이것이 루소가 삼각형과 나무의 관념을 통해 예시하는 진정한 **일반화**다. "물질, 정신, 실체, 양식, 형태, 운동 같은 단어"처럼 "감지될 수 있는 대상을 갖지 않"는 "순전히 추상적인 존재들"을 생각해보면, 이 문제는 한층 더 복잡해진다. 감각에 근거하는 기술(의성어, 행동, 지시)은 여

습적으로 해석하는 것으로 간주되었는지를 우리가 이해한다 하더라도, 감지될 수 있는 대상을 갖지 않기 때문에 몸짓이나 음성으로는 나타낼 수가 없는 관념을 어떻게 관습적으로 해석할 수 있었는지는 앞으로 알아내야 할 것이다. 그렇기 때문에 사상을 전달하고 정신들 사이의 교류를 가능하게 하는 이 기술의 발생에 대해서는 그럴듯한 추측만 겨우 할 수 있을 뿐이다. 이 숭고한 기술은 이미 그 기원에서 너무 멀리 떨어져 있지만, 철학자는 그것이 완벽해지려면 아직도 엄청난 거리가 남아 있다고 생각한다. 따라서 비록 시간이 지나면 필연적으로 일어나게 될 혁신적 변화가 이 기술을 위해 정지된다 할지라도, 잘못된 편견이 학계에서 자취를 감추거나 그 앞에서 침묵을 지킨다 할지라도, 그리고 학계가 몇 세기 동안 계속해서 이 까다로운 대상에 전념할 수 있다 하더라도, 이 기술이 언젠가는 완성될 것이라고 자신 있게 말할 만큼 대담한 사람은 아무도 없다.[56]

기서는 전혀 효과가 없다. 도대체 어떻게 인간이 타고난 수단을 통해 이런 단어들이 가리키는 개념들을 공유할 수 있단 말인가? 요컨대 사고를 해야만 단어들을 사용할 수 있게 되는 것이다. 또한 말을 해야만 사고를 할 수 있게 된다. 왜냐하면 "일반적인 관념은 오직 단어의 도움을 받아야만 정신 속으로 들어올 수 있으며, 지적 능력은 단지 문장에 의해서만 이 관념을 파악할 수 있다"(본서 90쪽). 언어의 발명이 가지는 이중으로 순환적인 특징은 이렇게 해서 자연에 의한 모든 설명을 모순적인 것으로 만든다.

56 여기서는 이 같은 분석에서 파생된 쟁점을 발견할 수 있다. 즉 언어적 관습은 또한 탈자연화된 인간을 특징짓는 모든 관습들만큼이나 다양하고 우발적이라는 것이다. 다만 이 책에서는 언어의 기원이라는 문제만 1장에서 간략하게 언급된다. 《인간 불평등 기원론》에서 루소는 오래된 철학적 전통의 계보에서 현존하는 언어들의 불완전성을 비판한다(특히 플라톤, 《크라튈로스Kratylos》, 428d~439b〔김인곤·이기백 옮김, 《크라튈로스》, 이제이북스, 2007〕; 스피노자Baruch Spinoza, 《오성 개혁론Tractatus de Intellectus Emendatione》, 1677, §88~89〔강영계 옮김, 《지성 개혁론》, 서광사, 2015〕; 로크, 《인간오성론》, III, IX~X을 참조하라). 더 뒤에서 그는 현실 세계를 분류할 수 있는 가능성을 발견하지만, "존재들을 모든 차이에 따라 고찰하지 않았기 때문에 속이나 종의 수를 너무 적게 만들"(본서 91쪽)어 시행착오를 저지르는 인간

모여 있는 사람들을 설득하는 데 쓰이기 이전에, 인간이 유일하게 필요로 했던 가장 보편적이고 강력한 인간 최초의 언어는 자연의 외침이다.[57] 이 외침은 큰 위험을 당했을 때 구원을 요청하거나 엄청나게 아플 때 고통을 덜어달라고 애원하기 위해 급박한 상황에서 본능적으로 터져 나오기 때문에, 보다 완화된 감정이 지배하는 일상생활의 흐름 속에서는 그다지 필요가 없었다. 인간의 관념이 확대되어 증가하기 시작하고 그들 사이에 긴밀한 의사소통이 이루어지자, 그들은 더 많은 기호와 더 광범위한 언어를 찾았다. 즉 어조 변화를 증가시키고, 여기에 본래 훨씬 더 표현적이며 그 의미가 이전의 결정에 덜 의존하는 몸짓을 덧붙인 것이다. 그리하여 그들은 눈에 보이고 움직이는 사물은 몸짓으로, 귀에 들리는 것은 그것을 모방하는 소리로 표현했다. 그러나 몸짓은 눈앞에 있거나 묘사하기 쉬운 물체만을 표현할 뿐, 어둡거나 다른 물체가 사이에 끼어 있으면 쓸모가 없고 주의를 불러일으키기보다는 주의를 요구하기 때문에 일반적으로 사용되지 못한다. 그리하여 마침내 사람들은 몇몇 관념과는 동일한 관계를 갖지 않지만, 확립된 기호로서 그 모두를 표현하는 데 몸짓보다 더 적합한 음성의 분절

들을 등장시킨다. 그리하여 정확한 일반화의 문제가 언어의 발명에 관한 성찰의 핵심으로 떠오른다. 물론 루소는 일반화야말로 도덕적·지적 완성 가능성의 가장 중요한 도구라고 생각하지만(《언어 기원론》, 1장, *OC* V, p. 379를 참조하라), 이 일반화는 양면성을 드러낸다. 루소는 이후로도 "일반화시키는 기술"에 대해 자주 언급하게 될 것이다(B. 베르나디Bruno Bernardi, 《개념을 만들어내는 공장La fabrique des concepts: Recherches sur l'invention conceptuelle chez Rousseau》, Paris: Honoré Champion éditeur, 2004, 10~11장). 과학과 철학뿐만 아니라 도덕과 정치가 성공하느냐 실패하느냐는 일반화 작업에 달려 있다는 것이다. 루소는《인간 불평등 기원론》의 뒷부분에서 언어의 남용과 부패한 제도의 관계를 강조한다.

57 《에밀》, livre 1, *OC*, t. IV, pp. 285~286과《언어 기원론》, 1장 〈자기 생각을 전달하는 여러 가지 수단Des divers moyens de communiquer nos pensées〉(한문희 옮김, 〈우리의 생각을 전달하는 다양한 방법〉, 《언어의 기원》, 1~16쪽)을 참조하라.

로 그것을 대체할 생각을 해냈다. 이 같은 대체는 모든 사람이 동의해야만, 그리고 조잡한 인체 기관이 아직 어떤 훈련도 거치지 않아서 실행하기가 어려울 뿐만 아니라 그 자체로는 더더욱 이해하기 어려운 방식에 의해서만 행해질 수 있었다. 왜냐하면 이 전원 일치의 동의에는 적당한 동기가 있어야만 했고, 말의 용법을 확립하기 위해서는 말이 반드시 필요했기 때문이다.[58]

인간이 사용한 최초의 단어들은 이미 형성된 언어 속에서 쓰이는 단어들보다 훨씬 더 광범위한 의미를 그들의 정신 속에서 가지고 있었으며, 또 그들은 언술을 구성 부분들로 나눌 줄 몰랐기 때문에, 처음에는 각 단어에 문장 전체의 의미를 부여했다고 판단해야 한다. 그들이 주어와 속사屬詞, 동사와 명사를 구분(이건 엄청난 노력을 필요로 하는 일이었다)하기 시작했을 때, 처음에는 실사實辭가 고유명사에 불과했고, 부정법 현재가 동사의 유일한 시제였으며, 또한 모든 형용사는 추상적 단어이고 추상화는 자연적인 것이 아니어서 매우 힘든 작용이기 때문에 그 개념이 상당히 어렵게 발달했을 것임에 틀림없다.

각각의 사물은 처음에는 속이나 종과는 상관없는 특정한 이름을 부여받았다. 그 이름을 처음 지은 사람들은 속이나 종을 구별할 능력이 없었기 때문이다. 그리고 모든 개체는 마치 자연이라는 화면 속에서처럼 그들의 정신 속에도 고립되어 나타났을 것이다. 한 떡갈나무는 A, 다른 떡갈나무는 B라고 불렸다. 왜냐하면 두 사물에서 끌어내는 최초의 관념은 동일하지 않고, 양자가 갖고 있는 공통점을 관찰하기 위해

---

58 루크레티우스는《사물의 본성에 관하여 De Rerum Natura》, livre V〔강대진 옮김,《사물의 본성에 관하여》, 아카넷, 2012〕에서 언어가 관습적인 기원을 가지고 있다는 주장을 반박하기 위해 이 같은 어려움을 내세운다.

서는 보통 많은 시간이 필요하기 때문이다. 그렇기 때문에 지식이 한정될수록 어휘의 총수는 점점 더 확대되어갔다. 이 분류법 전체에 수반되는 어려움은 쉽사리 제거될 수 없었다. 왜냐하면 존재들을 공통된 총칭으로 분류하려면, 그 속성과 차이를 알아야만 했던 것이다. 이것에는 관찰과 정의가 필요했다. 말하자면 그 시대의 사람들이 가질 수 있었던 것보다 훨씬 더 많은 박물학과 형이상학이 필요했던 것이다.[59]

게다가 일반적인 관념은 오직 단어의 도움을 받아야만 정신 속으로 들어올 수 있으며, 지적 능력은 단지 문장에 의해서만 이 관념을 파악할 수 있다. 바로 이것이 동물이 일반적 관념을 만들 수도, 이 관념에 달려 있는 완성 가능성을 결코 획득할 수도 없는 이유 중 하나다. 어떤 원숭이가 주저 없이 한 호두에서 다른 호두로 옮겨갈 때, 우리는 이 원숭이가 이런 종류의 과일에 대한 일반적인 관념을 가지고 있어서 그러한 원형을 이 두 개체와 비교한다고 생각할 수 있을까? 당연히 그렇지 않다. 그러나 원숭이가 이 호두 중 하나를 보면 다른 호두를 보았을 때 받았던 감각이 기억 속에 다시 떠오르고, 어느 정도 변화된 원숭이의 눈은 그가 받아들이게 될 변화를 그의 미각에 알려준다. 모든 일반적 관념은 순전히 지적이다. 그것에 상상력이 조금만 뒤섞이면, 이 관념은 곧 개별적인 것이 된다. 나무 일반의 모습을 머릿속에 그려보라. 여러분은 결코 그렇게 할 수 없을 것이다. 여러분은 자신도 모르는 사이에 크거나 작은, 잎사귀가 적거나 많은, 색깔이 옅거나 짙은 나무를 그려볼 수밖에 없을 것이며, 만일 여러분이 그것에서 모든 나무에 공

---

59 주요한 어려움은 인간에게서 언제 일반적인 관념이 형성되기 시작하는지를 알 수 없다는 데 있다.

통된 것만을 보려 하면 그 모습은 더 이상 나무와 흡사하지 않을 것이다. 순전히 추상적인 존재들도 마찬가지로 마음속에 그려지거나, 오직 언술을 통해서만 머릿속에 떠오른다. 오직 삼각형의 정의만이 그것의 참된 관념을 제공해준다. 여러분이 삼각형을 머릿속에 그리는 순간 그것은 하나의 어떤 삼각형이지 다른 삼각형이 아니며, 여러분은 그 선을 또렷하게 만들거나 면에 색을 칠할 수밖에 없게 된다. 그러므로 일반적 관념을 갖기 위해서는 문장으로 표현하고 말해야 한다. 왜냐하면 더 이상 상상력이 발휘되지 않는 그 순간부터, 정신은 언술의 도움을 받지 않으면 더 이상 활동하지 않기 때문이다. 따라서 만약에 최초의 발명가들이 그들이 이미 갖고 있던 관념에만 이름을 붙여줄 수 있었다면, 결과적으로 최초의 명사들은 오직 고유명사일 수밖에 없었을 것이다.

우리의 새로운 문법학자들이 나는 생각해내지 못한 방법으로 그들의 관념을 확대시키고 용어를 일반화시키기 시작했지만, 발명자들이 무지했던 탓에 이 방법은 매우 좁은 범위로 제한될 수밖에 없었다. 그리고 처음에 속이나 종을 잘 몰라서 개체들의 명칭을 너무 많이 만들었던 그들은, 이번에는 존재들을 모든 차이에 따라 고찰하지 않았기 때문에 속이나 종의 수를 너무 적게 만들었다. 더 세밀하게 분류하기 위해서는 그들이 가질 수 있었던 것보다 더 많은 경험과 지식이, 그리고 그들이 하고 싶었던 것 이상의 연구와 작업이 필요했을 것이다. 심지어 지금까지 우리의 모든 관찰에서 벗어났던 새로운 종들이 아직도 매일같이 발견되고 있는 걸 보면, 사물을 오직 겉모습으로만 판단하는 사람들은 또 얼마나 많은 걸 놓쳤을까 생각해보기 바란다! 그들이 가장 기본적인 동식물 분류상의 강綱이나 가장 일반적인 개념조차도 관찰하지 못했으리라는 건 두말할 필요도 없을 것이다. 예를 들어 물질,

정신, 실체, 양식, 형태, 운동 같은 단어는 우리 철학자들이 이미 오래 전부터 사용하고는 있지만 그들 자신도 이해하는 데 어려움을 느끼는데, 어떻게 초기의 발명가들이 그것을 상상하거나 이해할 수 있었겠는가? 게다가 이런 단어에 결부된 관념은 순전히 형이상학적이어서, 이 발명가들은 그것의 모델을 자연 속에서 단 하나도 발견할 수 없었다.

나는 여기서 잠시 멈추고, 심사위원들께서 내 논문 읽는 걸 중단해 주시기를 요청한다. 그것은 오직 구체적인 세계와 관련된 실사의 발명만을 근거로 하여, 즉 언어의 가장 발견하기 쉬운 부분만을 근거로 하여, 언어가 인간의 모든 사상을 표현하고 불변의 형태를 취하거나 여러 사람 앞에서 말해지고 사회에 영향을 미치기 위해서는 앞으로 어떤 길을 가야 할지를 고찰하기 위해서다. 나는 숫자,[14)] 추상어, 아오리스트,[60] 동사의 모든 시제, 소사小辭,[61] 통사법을 발견하고, 절과 추론을 연결하고, 언술의 모든 논리를 만들어내기 위해 얼마나 많은 시간과 지식이 필요했을지를 생각해보라고 그분들께 부탁하고 싶다. 또 나는 어려움이 계속 증가하는 게 두렵고, 언어가 순전히 인간적인 수단에 의해 만들어지고 확립되는 건 불가능하다는 게 거의 입증되었다는 확신을 가지고 있기 때문에, 둘 중 어느 것이 더 필요했는지의 문제, 즉 언어가 제정되기 위해서는 이미 결합된 사회가 있어야 했는지, 아니면 사회가 건설되기 위해서는 이미 만들어진 언어가 있어야 했는지의 문제에 대한 논의를 그걸 시도하려는 사람에게 맡기려 한다.

이런 기원의 문제가 어떻게 되었든지 간에, 우리는 최소한 자연이

---

60 '아오리스트aoriste'는 그리스어의 동사 시제로, 시점이 분명하지 않은 과거를 가리킨다.

61 접사, 전치사, 접속사, 부정부사 등을 가리킨다.

인간을 서로의 필요를 통해 접근시키고 그들로 하여금 쉽게 언어를 사용하도록 하는 배려를 거의 하지 않은 걸로 보아, 자연이 인간의 사회성을 마련할 준비를 거의 하지 않았으며, 인간이 그들 간의 관계를 수립하기 위해 했던 모든 일에 기여한 바가 거의 없다는 사실을 알 수 있다.[62] 실제로 왜 원시 상태에서 원숭이나 늑대가 동류를 필요로 하는 것보다 오히려 인간이 또 다른 인간을 더 필요로 하는 것인지, 그리고 설사 그런 필요가 있었다고 가정하더라도 어떤 동기가 다른 인간으로 하여금 이 같은 필요를 충족시키게 했는지, 이 경우에 어떻게 자기들끼리 조건을 맞출 수 있었는지를 생각해내는 건 불가능한 일이다. 나는 사람들이 우리에게 누구도 이런 상태에 있는 인간보다 더 비참하지는 않다는 말을 끊임없이 되풀이한다는 사실을 알고 있다.[63] 또 내가 입증했다고 믿는 것처럼, 인간이 수 세기가 지난 뒤에야 그 상태에서 벗어나고자 하는 필요와 기회를 가지게 된 게 사실이라면, 자연을 탓해야지 자연이 만든 인간을 탓할 일은 아니다. 만일 내가 이 '비참하다'라는 단어를 제대로 이해했다면, 그것은 아무 의미도 없거나, 아니면 고통스러운 결핍이나 심신의 괴로움만을 뜻하는 단어다. 그렇지만 마음이 평화롭고 몸이 건강한 자유로운 존재에게 어떤 종류의 비참함이

---

62 루소는 우리가 자연인에 대해 알게 된 것을 요약한다. 신체적 관점에서 보면 그가 개인적으로 발휘하는 힘은 그의 "자연적 필요"에 비례한다. 형이상학적 관점에서 보면 그는 의사소통을 하는 데 상당한 어려움을 느낀다. 그러므로 그에게는 사회성에 대한 신체적 필요나 지적 수단을 부여할 수 없는 것이다. 서문을 제외하면 오직 이 구절에서만 사회성의 개념이 사용된다. 루소는 자연법사상이 내세우는 일반적 논거(오직 홉스만 논박했던)와 한층 더 거리를 둔다. 동시에 이 구절은 자연적 사회성의 개념을 옹호했던 푸펜도르프에 대한 비판이라고도 볼 수 있다. 그러나 신체적으로나 형이상학적으로 참이 아닌 것은 도덕적으로도 참이 아닌가? 이는 앞으로 검토해야 할 문제다.

63 여기서 루소는 푸펜도르프의 《자연과 인간의 법》, livre II, ch 1, 8을 암시한다.

있을 수 있는지에 관한 설명은 꼭 들어보고 싶다. 나는 문명 생활과 자연 생활 중 어느 것이 그것을 향유하는 사람에게 더 견딜 수 없어지는지 묻는다. 우리 주변을 둘러보면 사는 게 힘들다며 신세 한탄을 늘어놓는 사람들뿐이고, 심지어 어떤 사람들은 아예 삶을 포기하려고까지 한다. 신의 법과 인간의 법을 합쳐야 겨우 이런 무질서를 멈출 수 있을 뿐이다. 일찍이 자유로운 미개인이 사는 게 힘들다고 불평을 늘어놓다가 스스로 목숨을 끊었다는 얘기를 들어본 적이 있는가? 그러니 어느 쪽이 진짜로 비참한지를 좀 더 겸허한 태도로 판단해보기 바란다. 반대로 지식에 현혹되고 정념에 시달리다가 자신의 상태와는 다른 상태에 대해 추론하는 미개인보다 더 비참한 건 없을 것이다. 미개인이 잠재적으로 갖고 있던 능력은 바로 매우 지혜로운 신의 섭리에 의해서 그 능력을 발휘할 기회가 생기면서 발달했을 것이 분명한데, 그것은 그 기회가 그에게 미리 나타나 쓸모없는 것이 되고 부담스러워지거나 너무 늦게 나타나 정작 필요할 때 아무 도움이 안 되는 걸 막기 위해서다. 미개인은 자연 상태에서 살아가는 데 필요한 모든 것을 본능 속에 가지고 있으며, 사회생활을 하는 데 필요한 것만 훈련된 이성 속에 갖고 있었다.[64]

우선 이러한 상태에 있는 인간은 서로 간에 어떤 도덕적 관계도, 널리 알려진 의무도 갖고 있지 않기 때문에, 선할 수도 악할 수도 있으며,

---

64 이 주목할 만한 구절은 생각보다 훨씬 복잡하다. 이성과 시민의 관계는 본능과 자연인의 관계와 같다는 단순한 등치 관계의 문장에서 이중의 배제를 읽어야 한다. 즉 문명인에게는 본능이 들리지 않고 효과를 발휘할 수도 없으며, 자연인에게는 이성이 불필요하고 접근할 수도 없는 것이다.

악덕도 덕성도 갖고 있지 않은 것처럼 보인다.[65] 하지만 악덕이나 덕성 같은 단어를 물리적 의미로 받아들여, 개인 자신의 보존에 해가 될 수 있는 자질을 악덕이라 부르고 그것에 기여할 수 있는 자질을 덕성이라 부른다면 상황은 달라진다. 이 경우에는 자연의 충동에 가장 덜 저항하는 사람을 가장 덕이 높은 사람이라고 불러야 할 것이다. 그러나 문명인 사이에는 덕성이 많은지 아니면 악덕이 많은지, 그들의 덕성은 그들의 악덕이 해로운 것 이상으로 이로운지, 그들이 가진 지식의 발달이 서로에게 행해야 할 선을 배움에 따라서 서로에게 행하는 해악을 충분히 상쇄하는지, 그들이 보편적인 의존 관계에 순응하여 그들에게 어느 것도 줄 의무가 없는 사람들에게서 모든 것을 받아내야 하는 것보다는 누구에 대해서도 해악을 두려워하지도 선을 기대하지도 않는 게 모든 걸 고려해볼 때 그들에게는 더 행복한 상황이 아닌지를 손에 저울을 들고 검토해보기 전까지, 우리는 단어의 일반적 의미에서 벗어나지 않으면서 이 같은 상황에 대해 판단하는 것을 중단하고 우리의 선입관을 믿지 말아야 할 것이다.[66]

---

65 도덕적 관점에서의 자연인에 대한 묘사다.

66 이 구절은 루소 사상의 이해를 필요로 한다. 그는 자연 상태에서는 인간이 "도덕적 관계"도 "널리 알려진 의무"도 가지지 않는다고 확언하면서 일련의 중요한 주장을 제기한다.
① 관계의 개념과 도덕의 개념은 서로를 함축한다. 즉 일체의 진정한 관계는 (자연 상태의 우연한 만남과는 다르게) 지속성, 습관, 관습(풍습의 범주를 구성하는 세 요소)를 전제 조건으로 한다. 또한 도덕은 오직 "상대적"인 존재에게만 있는 반면, 자연인은 "절대적"인 존재라는 사실을 이해해야 한다.
② 도덕성은 관계의 영역에 속하기 때문에, 규범(선과 악)이 아니라 타인과의 관계 양태(선의나 악의)에 의해 정의된다. "널리 알려진 의무"라는 표현은 또 다른 논리적 귀결을 보여준다. 즉 의무가 존재하려면, 무엇인가 다른 사람에게 빚지고 있다는 사실을, 그리고 무엇을 다른 사람에게 빚지고 있는가를 알아야 한다는 것이다. 따라서 오직 숙고와 성찰을 통해서 행동하는 존재만 의무와 엄격한 의미의 도덕성을 가질 수 있다. 즉 우리가 선을 행하

홉스처럼[67] 인간은 선의 관념을 전혀 갖고 있지 않기 때문에 본래 악하다거나, 덕성이라는 게 무엇인지 몰라서 해악에 물들었다거나, 동포에 대한 봉사가 의무가 아니라서 항상 그것을 거부한다거나, 자기가 필요로 하는 것을 당연히 가질 권리가 있기 때문에 어리석게도 자기가 온 우주의 유일한 주인이라고 생각한다는 식의 결론을 내려서는 절대 안 된다.[68] 홉스는 자연법에 대해 내려진 모든 근대적 정의가 안고

기 위해서는 선에 대해 "배워야 한다"는 것이다. 이 같은 주장은 자연적 선善과 연민에 대한 루소의 주장을 명확히 이해할 수 있도록 해준다. 즉 "자연적" 선은 "도덕적" 선이 아니며, 연민은 엄격하게 말해서 도덕성의 감정이 아니라는 것이다. 그러나 연민과 자기 보존 역시 인간의 "타고난 선의"에 대해 말하게 하는 본능적이고 즉각적인 행동 동기를 구성한다. 루소의 도덕적 사고는 이 같은 주장에서 비롯되는 역설(도덕성과 사회적 부패는 둘다 확장될 수 있는 개념이다) 및 그로부터 생겨나는 문제에 의해 지배된다. 어떻게 해야 사회적 인간이 자연적 선의 유사물을 갖도록 만들 수 있을 것인가? 어떻게 해야 자연적 충동의 엄정성에 대해 심사숙고할 수 있을 것인가?《사회계약론》과《에밀》은 이 질문들에 대해 두 가지 해답을 제공해준다.

67 홉스,《시민론 De Cive》, 1642, chap. I, § X〔이준호 옮김,《시민론: 정부와 사회에 관한 철학적 기초》, 서광사, 2013〕.

68 루소는 자연법사상의 주된 흐름(그로티우스에서 뷔를라마키까지)에 맞서 자연 상태의 인간이 도덕적 행위를 하는 것은 불가능하다고 주장했다. 그렇다면 그는 홉스의 비정통적 자연법사상(오직 자기 보존만을 자연적 원칙으로 인정하는)이라고 부를 만한 관점을 채택하는가? 그는 우선 홉스가 자기 보존의 원칙을 잘못 이해했다는 것을, 그러고 나서는 그가 연민이라는 또 다른 원리를 인정하지 않았다는 것을 보여줌으로써, 이처럼 애매한 입장에서 벗어나려고 애쓴다. 이 논의에서 루소는 홉스의《시민론》(프랑스어 번역판은 1649년에 출간)을 참조한다.《리바이어던》은 아직 프랑스어로 번역되지 않아서 읽지 않은 것으로 추정된다.
자기 보존은 자연적 필요의 충족을, 그리고 그 필요와 일치하는 행복의 향유를 요구한다(먹을 것, 암컷, 휴식). 홉스는 각 개인이 "모든 것에 대한 권리"(《시민론》, chap. I, § X)를 갖고 있다고 주장하고 나서, 슬며시 현재의 필요에서 타인이 이 즐거움을 누리는 걸 금하는 소유로 넘어간다. 이렇게 해서 그는 인간과 사물의 관계를 인간 간의 관계로 확대시킨다. V. 골드슈미트가 말하는 것처럼(《인류학과 정치학》, p. 314) 루소는 자기 보존을 "삶의 의지"로 이해하고, 홉스는 그것을 "권력의 의지"로 만든다. 홉스는 자연인에게 치열한 소유욕과 권력욕을 부여함으로써, 자연인이 합리성과 사회적 열정을 갖고 있다고 주장한 "고전적" 자연법 사상가들의 오류를 다시 저지른다. 그리하여 홉스는 "인간이 사회를 형성하기

있는 결함이 무엇인가를 아주 잘 알고 있었다. 그러나 그가 자신의 정의에서 이끌어낸 결과는 그의 정의 역시 부정확하다는 사실을 보여준다. 그는 자기가 정한 원칙에 대해 추론하면서, 자연 상태는 우리를 보존하기 위한 노력이 타인의 보존에 가장 덜 해를 끼치는 상태이므로, 결과적으로 평화에 가장 적합하며 인류에게 가장 적당한 상태라고 말했어야만 했다. 그런데 그는 사회가 만들어낸 결과물이자 법을 필요하게 만든 수많은 정념을 만족시키고 싶다는 필요를 미개인이 자기를 보존하기 위해 기울이는 노력 속에 잘못 집어넣는 바람에, 그것과 정확히 반대되는 말을 하고 있다. 그는 악인이란 건장한 아이라고 말한다.[69] 그러나 미개인이 과연 건장한 아이였는지는 확실하지 않다. 설사 미개인이 튼튼한 아이였다 해도, 그가 그것에서 무슨 결론을 내릴 수 있겠는가? 만약 건장한 미개인이 약한 사람처럼 다른 사람들에게 의지한다면, 그는 젖을 늦게 준다며 어머니를 때리고, 성가시게 군다며 동생의 목을 조르고, 다른 사람의 다리가 자기에게 부딪치거나 방해된다며 그걸 물어뜯는 등 터무니없이 행동할 것이다. 그러나 건장하면서도 의존적이라는 것은 자연 상태에서는 두 가지 모순되는 가정이다. 다른 사람에게 의지할 때 인간은 약하다. 타인으로부터 해방되어야만 강해지는 것이다.[70] 홉스는 우리 법률가들의 주장처럼 미개인이 이성을 사

전의 자연 상태는 항구적인 전쟁이었을 뿐만 아니라 만인의 만인에 대한 전쟁이기도 했다"(《시민론》, chap. 1, § XII)고 주장하기에 이른다. 루소의 개념에서는 자연인의 필요가 한정되어 있고 그들 간에 지속적인 관계도 이루어지지 않으므로, 그들 사이에 진짜 적대감은 일체 존재하지 않는다. 전쟁은 문명 상태로부터 발생하는 것이다. 이 점에 관한 루소와 홉스의 대립은 루소의 《전쟁법의 원칙》에서 이루어진다.

69 홉스, 《시민론》, 서장.

70 홉스(《시민론》, 서장)는 시민사회 밖에 있는 인간을 건장한 아이와도 같은 "악인"에 비유함

용하지 못하게 하는 바로 그 동일한 이유 때문에, 홉스 자신의 주장처럼 미개인이 자신의 능력을 마음껏 발휘하지 못하게 한다는 사실을 알지 못했던 것이다. 그러므로 미개인은 선하다는 게 무엇인지 모른다는 바로 그 이유 때문에 악하지 않다고 말할 수 있을 것이다. 왜냐하면 그가 나쁜 짓을 하지 못하는 것은 지식이 발달하거나 법이 규제해서가 아니라, 정념이 평정을 유지하고 악덕 자체를 모르기 때문이다. "어떤 사람들이 악덕을 모르는 것은 다른 사람들이 덕성을 모르는 것보다 유용하다Tanto plus in illis proficit vitiorum ignoratio, quam in his cognitio virtutis."[71] 게다가 홉스가 전혀 알지 못했던 또 다른 원칙이 있다. 이것은 특정 상

으로써 "이 인간의 동물적 성격"을 특징짓는다. "만일 당신이 아이들에게 원하는 모든 것을 주어도, 그들은 울고 화내고 젖 주는 사람을 때린다. 자연이 그들이 그런 식으로 행동하게 만든 것이다. 그러나 그들을 비난해서도 안 되고, 그들이 악하다고 말해서도 안 된다. 우선 그들은 남에게 피해를 끼칠 수 없고, 또한 이성을 사용할 수 없어서 다른 사람들에 대한 모든 의무에서 면제되기 때문이다. 그러나 그들이 더 나이가 들어 힘이 세지면서 남을 해칠지도 모르는 상황이 되면 그들을 이름으로 부르기 시작하고, 실제로 그들은 악해진다. 그렇기 때문에 나는 악한 사람은 건장한 아이나 아이의 영혼을 가진 사람과 똑같다고 …… 기꺼이 말하고 싶다." 이 추론은 어린아이도 정념을 가지고 있지만 약해서 그것을 충족시킬 수 없으며, 그가 성인이 되면 이성이 그가 정념에 따르는 것을 금한다고 분명히 밝히고 있다. 루소는 이 같은 전제를 반박한다.

① 이미 본 것처럼 인간은 "자연의 본능"을 통해 이성을 획득하지 못한다.

② 아이가 "악의적으로" 행동하는 것은 객관적으로 그의 필요를 그의 힘이 감당하지 못하기 때문이다. 그러나 자연 상태에서는 인간이 성인이 되면 그의 필요를 충족시킬 수 있을 정도로 힘이 세지며, "건장한 아이"의 개념은 논리적으로 모순을 이루게 된다.

③ 홉스는 한편으로는 사물(필요를 충족시키기 위해)과, 또 한편으로는 인간(인간의 욕망을 충족시키기 위해)과 관계가 있는 힘의 개념을 잘못 이해하고 있다. 사물에의 의존은 자연적인 것이며, 인간에의 의존은 사회적 관계로부터 비롯된다. 도덕적 나약함은 곧 타인에의 의존이다. 이 같은 논쟁은 《에밀》, 1, I(*OC* IV, p. 288)에서 되풀이되며, 이번에는 루소를 홉스뿐만 아니라 디드로와도 대립시킨다.

71 유스티누스Marcus Junianus Justinus, 《역사Histories》, 1, II, chap. II, § 15. 유스티누스는 이 문장을 통해 옛 스키티아 사람들의 풍습을 찬양했다.

황에서 맹렬한 인간의 이기심을 누그러뜨리거나, 이러한 이기심이 생겨나기 전에 자신을 보존하고자 하는 욕망을 누그러뜨리도록[15)] 인간에게 주어진 원리다. 즉 다른 인간이 고통스러워하는 걸 보는 데 대한 선천적인 거부감이 자신의 행복에 대한 열정을 완화한다는 원리가 그것이다.[72] 인간의 덕성을 아무리 지나치게 헐뜯는 사람[73]이라도 인정하지 않을 수 없었던 유일한 덕성을 인간이 가지고 있다고 인정한다 해서, 내가 심각한 모순을 범한다고는 생각하지 않는다. 나는 연민에 대해 말하고 있는데, 연민은 우리처럼 약하고 온갖 불행에 쉽게 빠져드는 존재에게 맞는 성향이다. 이 덕성은 인간의 반성하는 습관에 앞서기 때문에 더욱더 보편적이고 인간에게 유용하며, 너무나 자연적이어서 심지어 동물도 때로는 그것을 느낀다는 분명한 징후를 보여준다. 어미가 새끼에 대해 보이는 애정이나 새끼를 보호하기 위해 위험에 맞서는 건 말할 것도 없고, 말이 살아 있는 사람을 발로 밟지 않으려고 하는 모습을 매일같이 볼 수 있다. 동물은 자기 종에 속하는 다른 동물의 시체 옆을 지나갈 때 불안을 느낀다. 심지어 그 시체에 대해 매장 비슷한 걸 해주는 동물도 있다. 그리고 도살장으로 들어가는 동물의 슬픈

---

72 여기서 루소는 '자기 보존'과 더불어 자연인의 도덕적 상황을 정의하는 '연민'에 대한 논리를 꼼꼼하게 전개하기 시작한다. 우리는 인간이 서로 지속적인 관계를 유지하지 않는 자연 상태에서는 엄밀한 의미로 볼 때 도덕적 덕성이 문제시되지 않는다는 사실을 알았다. 따라서 "자연적" 덕성인 연민은 도덕적 덕성이 될 수 없다. 그런데 루소는 연민으로부터 "모든 사회적 덕성이" 유래한다고 주장할 것이다. 이 두 가지 주장이 서로 대립하는 것이 아니라 서로 연결된다는 사실을 이해하기 위해서는 추론 과정을 한 걸음 한 걸음 따라가야 한다.

73 '버나드 맨더빌 Bernard Manderville'(1670~1733)을 말한다. 네덜란드 출신이지만 영국에 정착한 그는《꿀벌의 우화 The Fable of Bees》(1714)〔최윤재 옮김,《꿀벌의 우화》, 문예출판사, 2010〕의 저자다.

울음소리는 그 동물이 자기 앞에 펼쳐진 끔찍한 광경을 보고 얼마나 큰 충격을 받았을까를 짐작하게 해준다.[74] 사람들은 《꿀벌의 우화》의 저자가 인간을 연민 많고 예민한 존재로 인정하지 않을 수 없게 되어, 그 예로 맹수가 어린아이를 어머니 가슴에서 낚아채 날카로운 이빨로 아이의 연약한 팔다리를 물어뜯고 손톱으로 아직 꿈틀거리는 내장을 갈기갈기 찢는 광경을 목격하고 비통해하는 어느 죄수의 모습을 우리에게 보여주려고, 원래 그가 가지고 있던 차갑고 섬세한 문체에서 벗어나는 것을 보고 기뻐한다. 목격자는 이 사건에 개인적으로 전혀 아무 이해관계가 없다. 하지만 어찌 끔찍한 동요를 느끼지 않을 수 있겠는가! 이 모습을 보고도 기절한 어머니나 마지막 숨을 내쉬는 아이를 도와줄 수 없으니, 어찌 괴롭지 않겠냐 말이다!

바로 이것이 일체의 반성에 앞서는 자연의 순수한 움직임이다. 바로 이것이 아무리 풍속이 타락해도 좀처럼 소멸되지 않는 자연적 연민의

---

74 루소가 여기서 제시하는 내용은 덕성이 어떤 의미에서 자연적인가를 명확히 보여준다. 감수성을 타고나는 모든 동물은 공통적으로 덕성을 지니고 있다. 즉 그들은 동류가 표현하는 고통에 영향을 받는 것이다. 그런데 이 동류는 누구인가? 서문에서는 이 감수성을 감각 능력을 가진 모든 존재에게로 확대시켰다. 반면에 여기서는 감수성을 각 종種의 범위로 제한한다. 여기에는 모순도 없고 주저도 없다. 나중에 보겠지만, 연민은 확대시키거나 축소시킬 수 있는 동일시로부터 유래하는 것이다. 예컨대 넓게 생각해보면 자연적 연민은 감각 능력을 가진 모든 존재에 대한 관대한 감정이고, 좁게 생각해보면 조국애는 같은 종에 속한 구성원들이 서로에게 느끼는 연민의 유사물이다. 루소는 연민의 전前반성적인 특징을 《언어 기원론》, chap. IX에 등장하는 구절("사회적 자애는 오직 우리가 지식을 획득할 때만 우리 속에서 발달한다. 연민은 우리가 태어날 때부터 우리 깊은 곳에 자리 잡고 있지만, 그것을 발동시키는 상상력 없이는 영원히 활동하지 않을 것이다")과 대립시키고자 했다. 이 두 주장 사이에 자연적 감정으로서의 연민과 그것이 사회적 감정의 형성에서 맡는 역할을 갈라놓는 공간이 있다는 사실을 인정해야 한다. 루소가 지금 강조하려고 하는 것은 연민의 원초적 특징이다. 그런 이유 때문에 그는 사회적 정념이 이 감정을 타락시킬 수는 있지만, 그것을 억누를 수는 없다는 사실을 강조한다.

힘이다. 왜냐하면 우리는 날마다 극장에서, 만일 폭군의 자리에 있었다면 적의 고통을 한층 더 가중시켰을 자가 불행한 자의 불운을 동정하고 눈물 흘리는 것을 보기 때문이다. 마치 자신이 일으키지 않은 불행에 대해서는 너무나 민감하면서도 본인은 살육을 즐겼던 술라처럼, 혹은 안드로마케나 프리아모스를 보고 울먹이는 걸 볼까봐 두려워서 비극 공연을 단 한 편도 보지 않았지만 자신의 명령에 의해 목이 잘린 수많은 시민의 신음에는 태연하게 귀를 기울였던 페라이의 알렉산드로스처럼 말이다.[75]

자연은 인류에게 다정다감한
마음을 선물을 물려주면서
그 증거로 눈물을 주었다.
Mollissima corda
Humano generi dare se Natura fatetur,
Quae lacrimas dedit.[76]

맨더빌은 만일 자연이 인간에게 이성을 뒷받침하는 연민을 주지 않았다면, 인간은 비록 도덕심을 갖춘다 하더라도 단지 괴물에 지나지 않으리라는 사실을 분명히 깨달았다. 하지만 그는 그가 인정하지 않으

---

75 로마인 '술라 Lucius Cornelius Sulla Felix'와 그리스인 '페라이의 알렉산드로스 Alexander of Pherae'는 잔인하면서도 예민한 것으로 널리 알려진 독재자들이다. 플루타르코스는 이 두 인물을 〈술라의 삶〉과 〈펠로피다스〉(이성규 옮김, 〈펠로피다스〉와 〈술라〉, 《플루타르코스 영웅전 전집》 1권, 현대지성, 2016, 464~494, 787~835쪽)에서 언급하고 있다..

76 유베날리스 Decimus Junius Juvenalis, 《풍자시집 Saturae》, XV, v. 131~133.

려 했던 인간의 모든 사회적 덕성이 바로 이 유일한 특성에서 비롯된다는 것을 알아차리지 못했다. 사실 자비, 관용, 인정이란 약한 자와 죄지은 자, 혹은 인류 일반에게 적용되는 연민이 아니고 무엇이겠는가? 친절이나 심지어 우애까지도 잘 생각해보면 어떤 특정한 대상에 집중된 변함없는 연민의 결과물인 것이다. 어떤 사람이 고통받지 않기를 바란다는 것은 곧 그가 행복해지기를 바란다는 게 아니고 무엇이겠는가?[77] 연민이 우리를 고통받는 사람의 입장에 서게 하는 감정, 즉 미개인의 경우에는 잘 안 드러내지만 강렬한 반면 문명인의 경우에는 잘 발달되어 있지만 약한 감정에 불과하다 할지라도,[78] 이 같은 생각은 내가 말하는 진실에 힘을 실어줄 뿐이지 않은가? 사실 연민은 고통을 목격하는 동물이 고통당하는 동물과 더 친밀하게 동일시하면 할수록 더 강해질 것이다. 그런데 이 같은 동일화가 추론 상태에서보다 자연 상태에서 훨씬 더 밀접하게 이루어졌으리라는 건 분명한 사실이다.[79] 이

---

77 연민이 자연적 감정이라는 사실을, 그리고 그것이 무엇으로 이루어져 있는가를 밝히고 난 루소는, 그것이 도덕적 감정의 계보 속에서 차지하는 위치를 지정해줄 수 있게 된다. 물론 여기서는 자비, 관용, 인정 등을 자연적 감정으로 만드는 것이 중요한 게 아니다. 다만 루소는 연민 없이는 이 같은 감정들의 형성이 이해될 수 없다는 사실을 강조하려 한다. 이러한 이유 때문에 사회적 타락이 이 원초적 감정을 없앨 수 없다는 사실을 보여주어야만 하는 것이다.

78 이것은 라 로슈푸코 François de La Rochefoucauld(1613~1680)의 주장이다. 《잠언과 성찰 Réflexions ou sentences et maximes morales》, 1665, p. 264(이동진 옮김, 《잠언과 성찰》, 해누리기획, 2010).

79 연민에 관한 이 구절은 연민을 이해관계로 환원시키는 라 로슈푸코에 대한 반박이다. 즉 우리는 우리를 타인과 동일시함으로써 그에 대해 연민을 느끼며, 우리가 생각하는 것은 다시 한 번 우리 자신이라는 것이다. 사실 아우구스티누스 Aurelius Augustinus의 관점에서는 자애심과 애타심(나아가서, 신에 대한 사랑)이 서로 대립한다. 인간의 본성은 원죄에 의해 타락했다. 즉 우리는 인간의 자발적인 움직임이 아니라, 내재성의 원칙에 따라 초월적인 은총에서 덕성을 기대해야 한다는 것이다. 루소는 이 같은 주장을 신학적으로, 그리고 도

기심을 낳는 것은 이성이고, 그것을 강화시키는 것은 성찰이다. 인간으로 하여금 자신을 돌아보게 만드는 것도 성찰이고, 그로 하여금 자기를 고통스럽고 슬프게 하는 모든 것으로부터 벗어나게 하는 것도 성찰이다. 인간을 고립시키는 것은 철학이다. 인간이 고통받는 사람을 보고 "너는 죽고 싶으면 죽어라, 나는 안전하니까"라고 몰래 중얼거리는 것은 철학 덕분이다. 편안히 자고 있는 철학자를 방해하여 침대에서 일어나도록 하는 것은 오직 사회 전체의 위험뿐이다. 그의 집 창문 밑에서 누군가를 죽여도 아무 문제 없을 것이다. 자연이 살해당한 사람과 일체가 되려고 그의 마음속에서 반항하지 못하도록, 철학자는 자기 귀를 두 손으로 틀어막고 조금만 이치를 따지면 된다. 미개인은 이 놀라운 재능을 가지고 있지 않다. 그리고 지혜와 이성이 없기 때문에, 그는 언제나 인류 최초의 감정에 경솔하게 자신을 맡긴다. 폭동이 일어나거나 길거리 싸움이 벌어지면, 하층민은 모여들고 신중한 사람은 몸을 피한다. 싸우는 사람들을 서로 떼어놓고 점잖은 사람들이 서로를 죽이지 못하도록 만드는 것은 천민과 거리의 여자 들이다.[80]

따라서 연민이 각 개체에서 자기애의 작용을 완화하면서 모든 종種

덕적으로 거부한다. 여기서 논박은 아리스토텔레스에게서 빌려왔고 《인간 불평등 기원론》의 앞부분에 등장하는 제사題詞가 가리키는 방법을 따른다. 즉 라 로슈푸코의 논거는 타락한 인간의 관찰에 근거하고 있는데, 고려해야 하는 것은 자연의 존재라는 것이다. 상상력을 갖고 있지 않은 인간("고통을 목격하는 동물")은 즉각적으로 존재하는 개별적 존재("고통당하는 동물")에게 동정을 느낀다. 동일화의 이중적 변화는 문명인에게서 관찰된다. 즉 동일화는 한편으로는 선택적인 것이 되고, 또 한편으로는 일반화되지만 추상적인 것으로 변해 약화된다.

80 "철학자"는 일반화의 도덕적 효과를 극단으로 밀고 나간다. 자신의 관점을 순전히 지적인 방법으로 확대시키고 자신을 인류와, 나아가서는 자연 전체와 동일시하지만, 그의 감수성은 둔해져서 그가 가까운 존재의 고통을 느끼지 못하도록 만든다. 《고백록》에서 루소는 디드로가 자기에게 이 극단적인 구절을 암시해주었다며 비난한다.

의 상호 보존에 기여하는 자연적 감정이라는 건 분명한 사실이다.[81] 우리가 고통받는 사람을 보면 앞뒤 안 가리고 도와주러 나서는 건 바로 이 연민 때문이다. 자연 상태에서 연민은 누구도 그 부드러운 목소리에 저항할 생각을 하지 않는다는 이점을 누리며, 법과 풍속과 덕성을 대신한다. 모든 건장한 미개인이 자신의 먹이를 다른 곳에서 발견할 수만 있다면, 약한 어린아이나 몸이 불편한 노인이 힘들게 구한 먹이를 빼앗지 않도록 하는 것이 바로 연민이다. "무엇이든지 남에게 대접을 받고자 하는 대로 너희도 남을 대접하라"[82]는 저 합리적인 정의의 숭고한 규범 대신에, 훨씬 덜 완벽하지만 아마 더 유용할 자연적 선의의 또 다른 규범, 즉 "타인을 가능한 한 덜 힘들게 하면서 너 자신을 행복하게 하라"를 사람의 마음속에 품게 하는 것이 연민이다. 말하자면 교육에 관한 규범들과는 별개로, 모든 인간이 나쁜 짓을 저지를 때 느끼는 혐오감의 원인을 교묘한 논법보다는 이 자연스런 감정 속에서 찾아야 하는 것이다. 비록 이성에 의해 덕성을 획득하는 것은 소크라테스나 그 비슷한 사람들이 할 일이겠지만, 만일 인류의 보존이 인류를 구성하는 사람들의 이성적 사유에만 의지했다면 인류는 벌써 멸망했

---

81 이 지적은 루소가 왜 때로는 '자기 보존'과 '연민'을 별개의 두 원칙으로 삼고, 또 때로는 그것들을 동일한 원칙의 두 가지 표현으로 간주했는지를 설명해준다. 즉 개인의 관점에서 보면 연민은 자기애가 그를 끌고 갈 수도 있는 극단을 완화시키고, 종의 관점에서 보면 이 같은 온건함은 자신을 보존하는 한 가지 방법인 것이다. 자연 상태에서는 이 두 관점이 서로 맞설 기회가 거의 없다. 자기애가 '이기심'으로 변하면, 문명 상태는 반대로 그 기회를 증가시킨다. 정치제도는 대체로 이 격차를 줄이는 걸 목적으로 가진다. 그리하여《사회계약론》에서 일반의지는 개인적 이익의 추구와 공공의 이익의 추구를 일치시키기에 이른다.

82 〈마태복음〉, 7장 12절.

을 것이다.[83]

거의 활동하지 않는 정념과 매우 유익한 자제력을 갖춘 당시 사람들은 사악하기보다는 사나웠고, 타인에게 나쁜 짓을 하고 싶은 유혹보다는 타인에게서 입을지도 모르는 해로부터 자신을 보호하는 데 더 신경을 썼기 때문에 매우 위험한 다툼에 말려들지 않았다.[84] 그들은 자기들끼리 어떤 종류의 거래도 하지 않았고, 허영도 존경도 평판도 경멸도 몰랐고, 네 것과 내 것의 개념이 전혀 없었고, 정의가 진정으로 무엇인지도 몰랐고, 폭력을 쉽게 보상받을 수 있는 피해로 생각했을 뿐 처벌해야 할 불의로는 생각하지 않았으며, 누가 자기에게 던지는 돌을 무는 개처럼 기계적으로 즉각 반응할 때를 제외하고는 보복 같은 건 생각하지 않았기 때문에, 먹을 것보다 중요한 걸로 인한 싸움이 아닌 이상 그들은 싸워도 피를 흘리는 결과를 초래하지는 않았다. 그러나 나는 내가 이제부터 얘기해야 할 더욱 위험한 한 가지 일이 떠오른다.[85]

---

83 연민에 관한 결론을 내리려는 순간, 루소는 자연법사상에 관한 자신의 견해를 명확히 밝힌다. 그는 자연법사상의 지배적 흐름이 숙고와 성찰을 통해 행동하기 때문에 체계적인 자연법을 존중하라고 요구받을 수 있는 문명인과, 자기 보존과 연민의 원칙에 따라 자발적으로 행동하는 자연인을 혼동했다고 비난한다. 하지만 그는 홉스의 자연법사상에 대해서는, 그가 연민이라는 걸 알지 못했기 때문에 인간의 자연적 선의에 대해서도 말할 수 없었다며 비난한다. 그렇지만 체계적인 자연법의 "숭고한 규범"과 타고난 선의의 "유용한 규범"의 실재론적 대립에서, 전자는 틀리고 후자는 옳다고 생각하는 건 지나친 일이다. 그보다는 법률과 자연종교의 이론가들이 그것의 유효한 조건이 질서정연한 사회라는 사실을 몰랐다며 비난한 것이라고 이해하는 편이 나을 것이다.

84 이 구절은 홉스에 대한 반박이다.

85 앞에서 검토한 비참함에 의한 추론과 마찬가지로, 우리가 경쟁에 의한 추론이라 부를 수 있는 것은 자연 상태의 불안정성을 보여주기 위한 정치, 도덕, 문학의 일반적 논거다. 홉스의 경우에 이 경쟁에 의한 추론은 만인의 만인에 대한 전쟁의 원인으로서 결정적인 역할을 한다. "헛된 영광", "헛된 자부심"은 갈등의 일차적인 원인으로 여겨진다. 평판을 얻기 위한 싸움은 소유에의 집착에 앞서 언급되기까지 한다. 이 주제는 헤겔에 의해 다시

인간의 마음을 흔들어놓는 정념들 중에는 한쪽 성별의 사람에게 다른 성별의 사람이 필요하게 만드는 정념이 있다. 온갖 위험을 무릅쓰고 모든 장애를 극복하는 이 무서운 정념은, 원래는 인류를 보존하기 위한 것이지만 한번 폭발하면 인류를 멸망시킬 수도 있다.[86] 만일 인간이 이 과도하고 난폭한 격정에 사로잡혀 부끄러움도 조심성도 없이 매일같이 사랑 문제로 다투며 피를 흘린다면, 인간은 앞으로 어떻게 되겠는가?[87]

우선 정념이 격해지면 격해질수록, 그것을 억제하기 위한 법률이 더욱더 필요해진다는 사실을 인정해야 한다. 정념이 매일같이 우리 사이에 불러일으키고 있는 무질서와 범죄는 이 점에서 법률이 충분하지 않다는 것을 보여주고 있지만, 혹시 이 같은 무질서가 바로 이 법률 자체와 함께 발생하는 것은 아닌지 검토해보면 좋을 것이다. 그럴 경우 설사 법률이 무질서를 억제할 수 있다 할지라도, 그 법률로부터 기대할

다루어졌고, 오늘날에는 "인정받기 위한 투쟁"이라는 명칭으로 다시 발전하고 있다. 루소가 이 같은 논거를 빠르게 버린 것은 놀라운 일일 수도 있다. 그것은 루소가 이 논거의 힘을 과소평가했기 때문이 아니라, 그 적합성의 장소를 빠르게 옮겼기 때문이다. 여기에 열거된 모든 경쟁에의 강한 집착은 사회의 존재를 전제 조건으로 하며, 그는 사회의 존재가 진정한 자연 상태와 무관하다는 사실을 충분히 보여주었다고 생각한다.

86 여기서는 자연 상태에서 정념이 안정되어 있다는 증거를 보여주기 위해 사랑에 대해 검토한다.

87 루소는 자만에 토대를 둔 정념에 관한 논쟁과는 반대로, 사랑의 정념에 관한 논쟁에는 오랫동안 몰두했다. 이 논쟁이 내세우는 목표는 매우 중요하다. 성적 욕망은 분명히 자연적이다. 즉 이 욕망이 필연적으로 남성 간에 적대감을 불러일으킨다면, 홉스의 주장은 훨씬 더 큰 위력을 발휘하며 재론될 것이다. 논증은 일단 두 가지 사실이 이같이 연관된다는 사실을 반박하는 데 할애될 것이다. 그러나 루소는 일단 가격을 올려 부른다. 즉 그는 성적 욕망과 사랑의 경쟁을 분리시키는 데 만족하지 않고, 사랑의 경쟁이 사회화에서 비롯되며, 그것이 불러일으키는 폭력이 성 본능을 제어하기 위한 관습적 노력의 결과라고 주장하는 것이다.

수 있는 거라곤 법률이 없으면 존재하지도 않았을 해악을 억제하는 것뿐이기 때문이다.

우선 사랑의 감정에 깃들어 있는 도덕적인 면과 육체적인 면을 구분하자. 육체적인 면은 하나의 성이 다른 성과 결합하게 하는 일반적 욕망이다. 도덕적인 면이란 이 욕망을 불러일으켜 오직 하나의 대상에만 고정시키거나, 적어도 선택된 대상을 위해 온 힘을 그 욕망에 쏟는 것이다. 그런데 사랑에 깃들어 있는 도덕적인 면이란 사회의 관례에서 생겨났으며, 여성이 그들의 지배력을 확립하고 원래는 복종해야 하는 그들의 성이 주도권을 가질 수 있도록 세심한 주의를 기울여 능숙하게 찬양하는 인위적인 감정이라는 사실을 쉽게 알 수 있다.[88] 이 감정은 미개인은 가질 수 없는 어떤 덕성이나 미의 개념에, 혹은 그가 결코 행할 수 없는 비교의 개념에 근거해 있기 때문에, 그에게는 거의 무가치한 것임에 틀림없다. 왜냐하면 그의 정신이 규칙성이나 균형 같은 추상적 관념을 형성할 수 없었던 것처럼, 그의 마음 역시 이런 관념을 적용함으로써 우리가 알아차리지 못하는 사이에 탄생하는 감탄이나 사랑의 감정을 품지 못하기 때문이다. 그는 자연에서 받은 관능적 필요만을 따랐을 뿐, 그가 획득할 수 없었던 혐오의 감정은 따르지 않았다. 그리하여 미개인에게는 여자라면 누구든지 좋았던 것이다.

사랑이 오직 육체적인 면에만 한정되어 있어서 감정을 격화시키고 어려움을 증가시키는 이러한 선택이 어떤 것인지도 모를 정도로 행복한 사람들은 관능적 필요의 격정을 덜 자주 덜 강하게 느끼며, 그 결과

---

88 볼테르는 이 책의 여백에 "왜?"라고 써넣었다. 볼테르는 여성과 남성의 평등을 인정한 반면, 루소는 "여성은 복종하기 위해 태어났다"(《에밀》, livre V, *OC*, IV, p. 710)고 생각했던 것이다.

자기들끼리 싸우는 일이 드물고 잔인함도 덜하다. 우리 사이에서는 너무나 심한 폐해를 끼치는 상상력이 미개인의 마음에는 전혀 영향을 미치지 못하는 것이다. 각자는 자연의 충동을 조용히 기다리고, 열광하기보다는 즐거움을 느끼면서 선택하지 않고 그것에 몸을 맡긴다. 그리고 필요가 충족되면 모든 욕망은 사라진다.[89]

따라서 다른 모든 정념과 마찬가지로 사랑 또한, 인간에게 너무나 자주 불행을 초래하는 이 격렬한 열정을 오직 사회 속에서만 획득했다는 건 명백한 사실이다. 그렇기 때문에 미개인이 그들의 흉포성을 충족시키기 위해 서로를 죽인다고 여기는 견해는 경험과 완전히 반대된다. 이는 현존하는 모든 민족 중에서 지금까지 자연 상태에 가장 가깝게 살고 있는 카리브인이 이 정념을 한층 더 자극하는 듯한 무더운 기후 속에서 항상 살고 있음에도 불구하고, 그들이 나누는 사랑은 가장 평온하고 질투에 사로잡히는 일도 드문 걸로 보아 더더욱 우스꽝스럽다.[90]

서로 암컷을 차지하기 위해 우리의 축사를 피로 물들이거나 봄철에 숲속에서 으르렁거리며 수컷들이 싸움을 벌이는 여러 동물 종으로부터 끌어낼 수 있는 결론은, 우선 자연이 양성 간의 힘의 관계를 우리 사이의 관계와는 다르게 설정해놓은 종은 모두 다 제외시켜야 한다는 것이다. 따라서 수탉의 싸움에서 이끌어낸 결론은 인류에게 전혀 맞지 않는다. 수컷과 암컷의 비율이 가장 잘 지켜지는 종의 경우, 이 싸움의

89 성적 필요는 일시적이고 즉각적이다. 그것이 상상력의 영향을 받아 욕망으로 변하면 사랑이 지속된다. 욕망과 시간의 이해, 그 결과에 따른 관습 간의 상관관계가 인류학과 윤리학뿐만 아니라 정치학에서도 가지는 중요성은 충분히 강조되지 않았다.

90 "미개인"이 왕성한 성적 필요를 갖고 있다고 생각하는 것은, 그들이 가지고 있는 욕망의 강도와 그것을 충족시키지 못하도록 사회가 만들어놓은 장애물 간의 상관관계에 대해 모르는 문명인이 품는 환상에 불과하다.

원인은 오직 수컷의 수에 비해 암컷의 수가 매우 적거나, 아니면 암컷이 정해진 기간 외에는 수컷이 접근하는 것을 지속적으로 거부하기 때문인데, 이 두 번째 원인도 결국은 첫 번째 원인에 귀착된다. 왜냐하면 만일 각 암컷이 1년 중 두 달만 수컷을 받아들인다면, 그건 곧 암컷 수의 6분의 5가 줄어들었다는 얘기가 되기 때문이다. 그런데 인류는 일반적으로 여자 수가 남자 수보다 많고, 심지어 미개인 사이에서도 여자가 다른 종의 암컷처럼 발정과 거부의 기간을 갖는 것이 관찰된 적이 결코 없었기 때문에, 이 두 경우 중 어느 것도 적용할 수 없다. 게다가 이 동물들 중 다수의 종이 종 전체가 동시에 흥분 상태에 돌입하기 때문에, 모두가 함께 열광하며 소란스럽고 무질서하게 싸우는 끔찍한 시기가 도래하지만, 이런 시기는 결코 주기적으로 발정하지 않는 인류에게는 절대 찾아오지 않는다.[91] 그렇다면 암컷을 차지하기 위한 몇몇 동물의 싸움 같은 일이 자연 상태의 인간에게도 일어날 것이라는 결론을 끌어낼 수는 없다. 설사 이렇게 결론을 내릴 수 있다 할지라도, 이 같은 분쟁이 다른 종들을 소멸시키는 일은 결코 일어나지 않으므로, 그것이 우리 인류에게 해를 끼치지는 않을 것이라고 결론지어야 할 것이다. 또한 그 같은 분쟁이 사회보다는 자연 상태에서 손해를 훨씬 덜 끼치리라는 것은 분명해 보인다. 특히 풍습이 어느 정도 지켜지고 있어서 연인의 질투와 남편의 복수가 결투와 살인과 그보다 더 심각한

91 루소는 인간의 성 본능을 그 원시적 상태 속에서, 즉 동물적 상태 속에서 고찰하려고 애썼기 때문에, 비교동물학의 관점에서 제기될 수도 있을 반론에 대답해야 한다. 그러나 우리는 비교할 수 있을 만한 것을 비교할 수 있을 뿐이다. 이 논쟁에서 그는 항상 단호하게 자신의 원칙을 지킨다. 즉 개인 관계가 아닌 성 관계를 고려해야 한다는 것이다. 그러므로 경쟁은 오직 양성 간의 수적 불균형과, 여성의 일시적인 불가용성 혹은 성적 충동의 계절적 특성에서만 생겨날 수 있을 것이다.

사건을 날마다 일으키는 나라보다는, 영원히 정절을 지켜야 하는 의무가 단지 간통을 조장할 뿐인 나라보다는, 정조와 명예의 법률 자체가 필연적으로 방탕을 조장하고 낙태를 증가시키는 나라보다는 말이다.[92]

결론을 내리자면, 일도 언어도 집도 전쟁도 관계도 없고, 동류가 필요하지도 않고 그를 해칠 필요도 없는 미개인은 심지어 동류를 개인적으로 알아보지도 못한 채 숲속을 떠돌아다니며, 얼마 안 되는 정념에 지배당하고 자족하면서, 오직 이 상태에 맞는 감정과 지식만을 가졌고, 자신이 진짜 필요로 하는 것만 느꼈고, 보기에 흥미로운 것만 보았다. 또 그의 지능은 그의 허영심보다 발달하지 못했고, 설사 우연히 어떤 걸 발견했다 해도 그는 심지어 자기 자식조차 알아보지 못했기 때문에 더더욱 그 발견을 전수할 수가 없었다. 기술은 그것을 발명해낸 사람과 더불어 소멸되었다. 교육이나 발전도 없이 그냥 세대만 이어질 뿐이었다. 각각의 세대는 언제나 같은 지점에서 출발했으므로, 최초 시대의 거친 상태 그대로 여러 세기가 흘러갔다. 종種은 이미 늙었지만, 인간은 여전히 어린아이로 머물러 있었다.[93]

---

92 비록 루소가 그것에 특별한 활력과 중요성을 부여하기는 했지만, 사회적 관습이 인간의 성에 미치는 교란 효과에 대한 비난은 18세기 중반에 널리 퍼져 있었다. 루소가 결국은 "방탕"(매춘과 자위의 뜻으로 이해해야 한다)이 조장되고 "자유의사에 따른 낙태"가 증가한다고 주장한 것을 개인적인 입장으로 간주하는 것은 쉽지만 좀 유치한 일이다.

93 루소는 여기서 자연인에 관해 평가를 내리는 것이 아니다. 만일 그랬다면 우리는 자연인의 자유로운 주체로서의 자질이나 그의 완성 가능성도, 타고난 선의에 대한 간접적이고 부정적인 언급도 이해할 수 없을 것이다. 그는 자신에게 던졌던 물음, 즉 '자연 상태에는 인간으로 하여금 그 상태에서 빠져나오도록 부추기는 무엇인가가 존재하는가?'라는 물음에 대한 그의 연구로부터 결론을 이끌어낸다. 만일 인간이 사회화되면서 일이나 언어, 고정적인 공동생활, 확립된 관계, 발휘되는 정념, 순수한 감각에서 생겨나는 것이 아닌 다른 관념 등을 획득했다는 사실을 부정한다면, 대답은 '아니오'다. 자연 상태에서는 인간이 할 수도 있는 발명조차 전수되지 않는다. 진보가 전혀 이루어지지 않는 것이다. 그 자체로

내가 이렇게 원시 상태를 가정하고 이처럼 길게 왈가왈부하는 것은, 오래전부터 되풀이되어온 오류와 뿌리 깊은 편견을 없애기 위해서는 근원까지 파고 들어가, 불평등이 설사 자연적인 것이라 할지라도 이 상태에서는 우리 저술가들이 주장하는 것만큼의 현실성과 영향력은 가지기 힘들다는 것을 진정한 자연 상태의 화면 속에서 보여주어야 한다고 생각했기 때문이다.[94]

사실 사람들을 구분하는 차이 가운데 몇 가지는 자연적인 것으로 여겨지지만, 실제로는 사람들이 사회 속에서 채택하는 여러 생활양식이나 습관의 산물일 뿐이라는 사실을 아는 건 어려운 일이 아니다. 따라서 튼튼하거나 허약한 체질, 그로부터 비롯되는 강하거나 약한 힘은 흔히 최초의 체격이 어느 정도였느냐보다는 강하게 컸느냐 아니면 나약하게 컸느냐의 결과인 경우가 많다. 정신력도 마찬가지여서, 교육은 교양을 갖춘 정신과 그렇지 않은 정신 사이에 차이를 만들어낼 뿐만 아니라, 전자 사이에서도 차이를 만들어낸다. 거인과 난쟁이가 같은 길을 걸어가면, 그들이 한 걸음 내디딜 때마다 거인이 더욱더 유리

고찰되는 자연 상태는 영원한 현재다. 자연 상태는 일체의 역사성과 무관하다. 이 주장의 결론은 역사가 그 어떤 자연성으로도 환원되지 않는다는 것이다. 몽테뉴의 《수상록》 중 〈식인종들〉(손우성 옮김, 〈식인종에 대하여〉, 《수상록》, 2007, 224~237쪽)을 참조하라. 여기서도 역시 경험에 대한 요구는 추상적 분석을 확증할 뿐이다.

94 루소는 《인간 불평등 기원론》의 절반가량을 자연인 연구에 할애했다. 그는 문명인의 개념에 접근하는 순간, 자연 상태의 개념을 다시 생각하고, 이를 위해 "근원까지 파고 들어가"야 할 필요성을 통해 자연인 연구를 정당화한다. 이렇게 해서 그는 불평등의 기원이라는 문제에 완전히 새로운 방법으로 접근할 수 있게 된다. 물론 그는 처음부터 사회적 불평등의 근거를 자연적 불평등에 둘 수 있다는 주장을 거부했다. 그는 이 문제를 다시는 재론하지 않을 것이다. 그러나 사회적 불평등을 자연적 불평등에 부합하는 더 작은 해악으로 정당화하는 것은 또 다른 논거다. 이 논거를 반박하기 위해서는 자연적 불평등과 그 영향이 과대평가됐다는 사실을 보여주어야만 한다.

해질 것이다. 그런데 문명사회의 여러 계층을 지배하고 있는 교육과 생활 방식의 놀라운 다양성을 모두가 같은 음식을 먹고 같은 방식으로 살아가고 같은 일을 하는 동물적이고 원시적인 생활과 비교해보면, 사회 상태에서보다 자연 상태에서 인간 간의 차이가 훨씬 적다는 사실을, 인류의 경우에는 자연적 불평등이 제도의 불평등에 의해 커졌다는 사실을 이해할 것이다.

그러나 자연이 인간에게 혜택을 베풀 때 어떤 사람들에게는 특별히 더 많이 베풀었다고 해도, 상호관계를 거의 허용하지 않는 상황에서 그런 사람들이 남에게 손해를 끼쳐가며 도대체 어떤 이익을 얻어낼 수 있을 것인가? 사랑이 전혀 존재하지 않는 곳에서 아름다움이 무슨 쓸모가 있단 말인가? 아예 입을 열지 않는 사람들에게 재치가 무슨 소용이 있으며, 거래를 전혀 하지 않는 사람들에게 무슨 속임수가 필요하겠는가? 나는 최강자가 최약자를 억압할 것이라는 말을 귀가 닳도록 듣는다. 하지만 이 억압이라는 단어가 무슨 의미인지 내게 설명 좀 해주었으면 좋겠다. 어떤 이들이 폭력을 써서 지배하면, 다른 이들은 그들의 갖가지 변덕에 굴복하여 신음할 것이다! 바로 이것이 우리 사이에서 내가 관찰하는 일이지만, 굴종과 지배가 무엇을 의미하는지 이해시키기조차 상당히 힘들 미개인들에 대해서는 어떻게 얘기해야 할지 모르겠다. 어떤 사람이 남이 딴 과일이나 남이 잡은 사냥감, 남이 은신처로 쓰이는 동굴을 강제로 빼앗을 수는 있을 것이다. 그러나 그가 어떻게 남을 자신에게 복종하도록 만들겠는가? 아무것도 소유하지 않은 사람들 간에 무슨 종속의 사슬이 있을 수 있겠는가? 설사 누가 나를 나무에서 쫓아낸다 해도 다른 나무로 가면 되고, 누가 어떤 장소에서 나를 괴롭힌다 해도 다른 곳으로 가면 그만이다. 내가 그러지 못하도록 막을 사람은 아무도 없는 것이다. 나보다 훨씬 힘이 센 데다가 타락할 대로 타락했고 엄청 게으르며 무척 사나운 사내가 있어서, 자기는 빈둥거리면서 나더러 자기를 먹여 살리라고 강요할 수 있을까? 그는 내가 도망치거나 자기를 죽일까봐 두렵기 때문에 내게서 단 한 순간도 눈을 떼지 않아야 하고, 내가 잠을 자는 동안에도 온 신경을 집중하여 나를 매어두겠다는 결심을 해야만 한다. 말하자면 그는 자기가 피하려고 하는 고통이나 그가 나에게 주는 고통보다 훨씬 더 큰 고통을 받아야만 하는 것이다. 설사 이렇게 하더라도, 만일 그의 경계가 조금이라도 느슨해지면 어떻게 될 것인가? 어떤 이상한 소리가 나면 그는 고개를 돌릴 것이다. 그러면 나는 숲속을 스무 걸음쯤 달아날 것이고, 나를 묶어놓은 쇠사슬은 끊어져 그는 나를 두 번 다시 보지 못할 것이다.

굳이 더 이상 이렇게 세세하게 얘기하지 않아도, 속박의 굴레는 인간의 상호 의존과 그들을 결합시키는 상호적 필요로 이루어지므로, 인간을 다른 사람 없이는 살아갈 수 없는 상황에 두지 않는 한 그를 예속시킨다는 건 불가능하다는 사실을 알아야 한다.[95] 그를 예속시키는 건 자연 상태에서는 불가능하기 때문에, 모든 사람은 속박에서 벗어나 자유로워지고 최강자의 법칙은 아무 쓸모 없게 된다.[96]

---

95 루소는《에밀》5권에서 이렇게 쓴다. "인간이 사회성을 갖게 되는 것은 그가 약하기 때문이다. 우리 모두가 비참하기 때문에, 우리 마음이 인류에게로 향하는 것이다. 만일 우리가 인간이 아니라면, 인류에 전혀 빚을 지지 않을 것이다. 일체의 애착은 결핍의 징후다. 만일 우리 각자가 타인을 필요로 하지 않는다면, 그들과 결합할 생각도 하지 않을 것이다" (*OC* IV, p. 503).

96 루소는 "진정한 자연 상태"는 그 자체 속에 사회 상태로의 이행의 필요성을 포함하지 않는다는 것을 보여줌으로써 1부를 결론짓는다. 추론은 두 가지 논거와 그것의 결합을 중심으로 전개된다. 첫 번째 논거는 인류학적이다. 개인들 사이에 자연적으로 존재하는 힘과 재능의 차이는 불변성으로 특징지어지는 상태로 계속 머물러 있다. 두 번째 논거는 개

자연 상태에서는 불평등을 거의 느낄 수 없고 그 영향도 매우 미미하다는 것을 증명했으니, 이제는 인간 정신이 연속적으로 진보하는 과정 속에서 그 기원과 발전 과정을 알아보는 일만 남았다. 또한 **완성** 가능성, 사회적 덕성, 자연인이 잠재적으로 받은 능력이 절대 그 자체만으로는 발달할 수 없으며, 능력이 발달하기 위해서는 결코 생겨나지 않을 수도 있었지만 그것들이 없었다면 자연인이 영원토록 최초의 상태로 머물러 있었을 여러 외부적 요인들이 우연에 의해 결합해야 한다는 것을 보여주었으므로, 이제 나는 인간이라는 종을 훼손시킴으로써 인간의 이성을 완성하고 그에게 사회성을 부여하여 사악한 존재로 만들어, 결국은 인간과 세계를 까마득히 먼 출발점에서 지금 우리가 그것들을 보고 있는 지점까지 데려올 수 있었던 여러 우연을 검토하고 비교하는 일만 남았다.[97]

념적이고 정치적이다. 이미 홉스와의 논쟁에서 개괄적으로 전개된 적이 있었던 이 논거는 여기서 체계화된다. 우리는 비교되는 개인들에 대해 말할 수 있지만, 그들은 오직 우리 마음속에서만 관계를 맺는다. 엄밀한 의미의 불평등에 관해 말하려면 그들이 실제로 관계를 맺어야 하고, 그들 간의 관계가 어떤 사람들에게는 이익이 되고 또 어떤 사람들에게는 손해가 되어야 한다. 차이는 자연적이지만, 불평등은 오직 사회적일 뿐이다. 그 자체로 결정적인 이 주장은 한층 더 중요한 결과를 초래한다. 불평등은 항상 대등하지 않은 관계에서 발생하기 때문에 지배와 예속의 관계를 전제로 한다. 즉 불평등은 인간이 다른 인간에게 종속되도록 만드는 것이다. 이 불평등이라는 개념은 또한 상호적이다. 지배 관계를 해체하고 종속을 철폐함으로써 불평등을 단순한 차이로 축소시킬 수 있는 것이다. 루소의 정치학은 여기서 영감을 얻는다. 즉 질서정연하고 규율이 잡힌 사회는 법에 복종함으로써 개인 간의 종속 관계를 없앨 수 있는 사회라는 것이다. 그의 도덕론과 교육론도 마찬가지다. 에밀의 교육은 그를 사물에 대한 종속에서 벗어나게 함으로써, 그가 사물에 종속되는 것을 받아들이도록 하는 것을 목표로 한다.

97 《인간 불평등 기원론》의 논리 전개는 이 지점에서 급전한다. 지금까지는 부정적이었던 논리는 다음과 같은 결과를 낳았다. 즉 인간의 원시적 "체질"(나중에 "상황"으로 바뀐 이 단어는 문제시된 게 인간의 본성이었음을 강조한다)을 가지고 "현재 가지고 있는 본성"을 설명하려고 해봤자 아무 소용 없다는 것이다. 분석의 부정적인 부분에서 긍정적인 부분으로 옮겨

고백하건대, 내가 서술해야 하는 사건들이 여러 방식으로 일어날 수 있는 것이기 때문에, 나는 오직 추측에 의해서만 어떤 선택을 할 것인지 결정할 수 있었다. 하지만 이 같은 추측은 그것이 사물의 본질에서 끌어낼 수 있는 가장 그럴듯한 것이며 진리를 발견할 수 있는 유일한 수단일 때 논거가 될 뿐만 아니라, 내가 추측에 의해 추론하고자 했던 결론이 그 때문에 추측에 불과하게 되진 않을 것이다. 왜냐하면 내가 방금 확립한 원칙을 토대로 하여, 같은 결과를 제공하지도 않고 같은 결론을 이끌어낼 수도 없는 또 다른 체제를 만들어낼 수는 없기 때문이다.[98]

이로써 나는 사건의 진실성이 시간이 지나면서 어떻게 확인될 것인가 하는 점, 대단치 않아 보이는 원인도 끊임없이 작용하면 놀라운 힘을 발휘한다는 점, 한편으로는 어떤 가설들을 파괴하는 게 불가능하지만 또 한편으로는 그것들에 대해 사실과 같은 정도의 확실성을 부여하는 것도 불가능하다는 점, 두 가지 사실이 알려지지 않은 혹은 그렇다고 간주되는 일련의 매개적 사실들에 의해 연결되어야 하는 실재로 주어진다면, 만일 역사가 있을 경우에는 역사가 그것을 연결하는 사실들을, 역사가 없을 경우에는 철학이 그것을 연결할 수 있는 유사한 사실들을 결정해야 한다는 점, 마지막으로 사건들에 관한 한 유사성이 사실들을 상상하는 것보다 훨씬 적은 수의 서로 다른 분류로 축소시킨다

간 루소는 지금까지는 몇 차례 예측의 순간에만 사용했던 가설의 영역에 크게 의지해야만 하게 된다. 이런 상황 변화를 설명할 수 있는 내적 필요성이 전혀 존재하지 않기 때문에, 여러 상황이 결정적인 역할을 해야 했던 것이다. "우연"이라는 단어의 사용에서 원인 없는 결과의 개념을 보는 것은 잘못된 일이다. 여기서 우연은 인과성과 대립되는 것이 아니라 목적성과 대립된다.

98 자연 상태에서 사회 상태로의 이행은 가설적 역사의 형태로 기술될 것이다.

는 점에 관해 더 이상 생각하지 않아도 될 것이다.[99] 나로서는 이 주제들을 심사위원들께서 검토할 수 있도록 제공하는 것으로 충분하다. 그래서 일반 독자들이 그것들을 굳이 힘들게 검토하지 않아도 될 수 있다면, 나는 만족한다.[100]

---

99 로크와 그의 제자들은 지속 시간을 그다지 고려하지 않고 관념과 능력에 관해 사유하는 반면, 루소는 시간에 매우 큰 역할을 부여한다. 우리는 그가 신학자들의 지나치게 편협한 연대학을 언급하지 않으려고 조심하는 것을 이해할 수 있다. 즉 신학자들은 그가 가설을 정립할 수 있는 시간을 너무 적게 주는 것이다. 루소가 매여 있는 전통은 차라리 플라톤이 《법률》 3권〔박종현 옮김, 《플라톤의 법률》, 서광사, 2009〕의 첫 부분에서 언급하는 그것에 가깝다. 즉 "정치사회의 기원"을 이해하기 위해서는 "무한히 먼 시간으로 거슬러 올라가" "무수히 많은 변화가 일어났다고 가정해야" 하며, 우리가 지금 누리고 있는 특혜가 "수백만 년 동안 인간에게 알려지지 않은 상태로 남아 있었다"는 사실을 인정해야 한다.

100 자연인과 문명인 간의 차이를 깊이 파고들고, 나아가 둘 중 하나가 다른 하나에 앞선다고 간주하여 두 상태를 직접 연결시키는 것이 얼마나 터무니없는 일인가를 보여주며, 오랜 기간 동안 수많은 요인들이 한 상태에서 다른 상태로의 이행에 기여했음에 틀림없다고 주장함으로써, 루소는 자신의 논리를 약화시켰다. 순전히 자의적인 허구에 빠지지 않고 어떻게 이 같은 이행을 설명할 것인가? 《인간 불평등 기원론》 1부의 마지막 순간에 이 같은 허약함은 엄청난 반전을 이루며 힘으로 바뀌고, 그의 방법론이 가진 필연성과 타당성과 풍요함을 보여준다. 루소는 〈서문〉과 본문 서두에서 우리에게 예고했다. 즉 우리는 인류의 원시시대가 어떠했는지 모르므로, 오직 전설의 영역에만 속하는 "모든 사실을 배제해야" 한다는 것이다. 그렇지만 1부의 처음부터 끝까지 역진적 분석 방법을 적용한 덕분에, 순화되고 분명하며 확실한 자연인의 개념이 만들어질 수 있었다. 그 뒤로 용어들이 결정되었으며, 이 용어들을 "매개적 사실들"에 의해 서로 연결해야만 한다. 명확한 사실들을 입증하는 역사학자의 논리 전개 방식이 불가능하기 때문에, 있을 법한 사실들을 추측해야 한다. 이 같은 논리 전개 방식은 철학자의 것이다. 즉 이 글에서 루소는 자기가 철학자라는 것을 가장 명확하고 적극적으로 주장하는 것이다. 추측한다는 것은 상상하는 것이 아니라 "사물의 본질에서 가장 그럴듯한 것"을 "끌어"내는 과정이다. 개연성은 참과 매우 특별한 관계를 맺는데, 그것은 바로 근사近似다. 물론 인간의 일은 "여러 방식"으로 일어났을 수 있지만, 《인간 불평등 기원론》 2부가 하게 될 이야기는 실제적인 사건 전개로부터 어느 정도 멀어질 것이다. 그러나 이 같은 차이는 부분적일 수밖에 없으며, 어쨌든 사건들을 이야기하는 것이 아니라 사건들의 연쇄를 재구성하는 "체계"의 진실을 무너뜨리지는 않을 것이다. 자연인에서 문명인으로의 이행을 이야기할 수 없는 루소는, 자연 상태에서 문명 상태로의 이행이라는 논리를 재구성하기 위해 실제로 일어난 개별적 사건들의 고찰에서 가능한 사건들의 부류에 대한 고찰로 넘어간다.

2부

처음으로 어떤 땅에 울타리를 두른 다음 "여기는 내 땅이다"라고 스스로 말하고, 다른 사람들이 이 말을 믿을 만큼 단순하다는 사실을 알아낸 인간이야말로 문명사회의 진짜 창시자다.[1] 누군가가 말뚝을 뽑고

1 이 첫 구절은《인간 불평등 기원론》에서 가장 중요한 구절이다. 즉 2부의 핵심적인 주장을 미리 보여주는 것이다. 여기서 루소는 소유권 일반의 확립에 대해 기술하지 않는다(그는 소유권 개념이 형성되는 과정의 여러 단계에 대해 언급할 것이다). 여기서 문제가 되는 것은 토지의 소유다. 토지 소유가 구성하는 강제 행위는 오직 "이 말을 믿을 만큼 단순"한 사람들의 동의에 의해서만 효율성을 발휘한다. 루소는 힘과 동의, 그리고 이로부터 나오는 법 사이의 관계를 일반화할 것이다. 토지 소유는 인류의 역사에서 결정적인 전환점을 이룬다. 그것은 사회 상태로의 이행을 결정하는 것이 아니라, 하나의 사회 상태에서 다른 사회 상태로의, 즉 비참과 전쟁이 도래하도록 만드는 원인인 "시민사회"로의 이행을 결정한다. 가장 일반적인 해석은 "시민사회"와 "정치사회"를 동일시한다(17~18세기에는 '시민적'이라는 단어가 흔히 '정치적'이라는 단어와 동의어였다). 따라서 토지의 소유는 권력과 법률의 출현을 불가피하게 만들었을 것이다. 그러나 이 형용사의 의미는 저자와 맥락에 따라 크게 달라진다. 또한 이 "시민사회"에서 소유와 지배 관계가 확립되는 것(물론 이 관계는 아직은 정치와 사법 제도에 의해 보장되지 않은 상태였다)을 볼 수도 있는 것이다. 뒤에서 루소는 자기가 여기서 "자연 상태의 마지막 단계"를 기술한다고 쓴다. 이것은 토지 소유권의 출현이 전前 정치 상태라는 고전적 의미에서 여전히 자연 상태에 머물러 있다는 것을 의미할 수도 있고, 정치 상태에 큰 변화가 일어난 시기와 일치한다는 것을 의미할 수도 있다. 첫 번째 경우에 "시민사회의 창시자"는 전前 정치적인 사회 상황에서 홉스가 상상한 것과 비교되는 개인 간의 전쟁 상황을 만들어내는

구덩이를 메우면서 다른 사람들에게 "저 사기꾼 얘길랑 듣지 마시오. 과일은 모두의 것이고 땅은 그 누구의 소유도 아니라는 사실을 잊어버리면, 당신은 파멸할 겁니다!"[2]라고 외쳤다면, 얼마나 많은 범죄, 전쟁, 살인, 비참, 공포로부터 인류를 구할 수 있었을 것인가?[3] 그러나 그때

사람이다. 그러나 이 최초의 토지 소유주는 또한 자신의 소유권을 보장하기 위해 사회적 계약을 제안하는 "부자"의 앞 단계로 간주될 수도 있다. 즉 그가 토지를 실제로 소유하는 것만으로 만족하지 않고 이 행위에 신고를 수반한다는 사실은, 곧 그가 단순히 실제적인 상태의 창시자일 뿐만 아니라 법적인 상태(비록 이 상태가 초기적이기는 하지만)의 창시자이기도 하다는 것을 말해준다.

루소가 토지 소유의 도래가 역사적으로 유일하고 공식적인 한 방식으로 일어났다고 믿지 않는 건 분명하다. "기원"의 관점에서 보면, 이 새로운 상황은 거의 지각할 수 없을 만큼 점진적으로 자리 잡았으며, 이후에 이 같은 상황을 제도화해야만 했다. 루소가 이렇게 상황을 소개하는 것은 그가 "토대"의 관점에 위치해 있기 때문이다. 즉 토지 소유권은 오직 루소가 나중에 "자연법의 결과로 생기는 그것과는 다른 새로운 종류의 법"이라고 명명하게 될 제도라는 조건하에서만 지켜질 수 있었던 것이다. 이 같은 사회적 변화의 대상을 강조하는 것은 매우 중요한 일이다. 루소가 최초의 토지 소유자를 "문명사회의 진짜 창시자"로 지칭한다는 것은, 곧 평화로운 전前 정치적 사회 상태와의 결별을 전혀 다른 식으로 규정하는 것에 반대한다는 것을 전제로 한다.

2 이 구절은 파스칼의 말을 연상시킨다. "'이 개는 내 거야'라고 그 불쌍한 아이들이 말하곤 했다. 이건 내가 탐내는 자리야. 바로 이것이 지구 전역에서 이루어진 침탈의 시작이며 그것의 형상이다." 일반적으로 기독교적 전통은 자연법의 관점에서 모든 것은 모든 사람의 소유이며, 소유권은 하나의 관습으로서 출현한 것이라는 사실을 인정한다. 로크의 《통치론》(V, 27)에는 소유권은 자연적 권리로서 토지를 변모시키기 위해 제공된 노동의 결과라는 주장이 등장한다. 그러나 이 같은 소유는 오직 타인이 재산을 양적으로나 질적으로 소유할 때만 정당화된다. 이 같은 로크의 사상은 자유주의의 토대를 이룬다. 미국의 자유지상주의자인 로버트 노직Robert Nozick은 그의 저서《아나키에서 유토피아로Anarchy, State, and Utopia》(1974)〔남경희 옮김, 《아나키에서 유토피아로: 자유주의 국가의 철학적 기초》, 문학과지성사, 1997〕에서 이 자유주의를 명백하게 지지한다.

3 자연의 "산물"(자연이 자연발생적으로 생산해내는 먹을 수 있는 모든 재화)을 소유하는 것은 자연적 권리다. 왜냐하면 먹어야만 살아남을 수 있기 때문이다. 이 같은 소유는 공동소유와 일치한다. 반대로 토지의 소유는 자연적 필요에 의해 정당화될 수 없다. 이 같은 주장은 최소한 루소가 그것에서 쟁점을 끌어내는 방식에 있어서 혁명적이다. 이 주장은 그가 《인간 불평등 기원론》에서 이름은 밝히지 않은 채 자주 비판하는 홉스의 주장과 분명히 반대

이미 상황은 이전과는 달라져 있었을 가능성이 매우 크다. 왜냐하면 이 소유의 관념은 인간의 정신 속에서 갑자기 형성된 게 아니라, 오직 연속적으로 발생할 수밖에 없었던 이전의 많은 관념들에 의존하기 때문이다. 자연 상태의 이 마지막 단계에 도달하기 위해서는 상당한 정도의 진보를 이룩해야 하고, 여러 기술과 지식을 축적하여 그것을 대대로 전하고 증가시켜야만 했다. 그러므로 이 문제를 좀 더 높은 수준에서 고찰해보자. 즉 가장 자연적인 순서에 따라 잇달아 발생하는 사건과 지식을 모아 하나의 관점 아래서 살펴보기로 하자.

인간이 가진 최초의 느낌은 그의 생존에 대한 것이었고, 최초의 관심은 자기 보존에 관한 것이었다. 땅에서 나는 생산물은 인간이 필요로 하는 모든 도움을 제공했고, 인간은 본능적으로 이를 이용했다. 배고픔이나 다른 필요들이 그에게 여러 생활 방식을 차례로 경험하게 했는데, 그중 하나가 그로 하여금 자신의 종을 영원히 존속하도록 만들었다. 마음에서 우러나는 감정이라곤 일체 없는 이 맹목적인 성향은 완전히 동물적인 행위만을 낳았을 뿐이다. 일단 필요가 충족되고 나면 남녀는 더 이상 서로 아는 척하지 않았고, 자식들조차도 어머니 없이 살아갈 수 있는 나이가 되면 어머니와 인연을 끊었다.

바로 이것이 갓 태어난 인간의 상황이었다. 바로 이것이 처음에는 순수한 감각에 국한되어, 자연이 자신에게 제공하는 선물을 거의 이용하지 않을 뿐만 아니라 자연에게서 무엇을 빼앗으려는 생각도 아예 하

된다. C. B. 맥퍼슨Crawford Brough Macpherson은 로크가 토지 소유에 대해 자연권의 합법성을 부여하기 위해, 자연의 산물을 소유하는 것과 토지를 소유하는 것 간에 존재하는 질적 차이를 줄이려고 애쓴다는 것을 보여주었다(《소유적 개인주의의 정치 이론La Théorie politique de l'individualisme possessif》, Paris: Gallimard, 1962).

지 않는 동물의 생활이었다. 그러나 얼마 지나지 않아 이런저런 어려움이 나타났고, 인간은 그것을 이겨내는 법을 배워야만 했다. 너무 높아 손이 과일에 닿지 않는 나무들, 그것을 따 먹으려고 애쓰는 동물들과의 경쟁, 그의 목숨을 노리는 동물들의 사나움 등 모든 것이 그로 하여금 신체를 단련하지 않을 수 없게 만들었다. 동작이 날래야 했고, 빨리 뛰어야 했으며, 죽어라고 싸워야만 했다. 얼마 지나지 않아 그는 나뭇가지나 돌 같은 자연적인 무기를 손에 쥐게 되었다. 그는 자연의 장애물을 극복하고, 필요한 경우에는 다른 동물들과 싸우며, 먹을 걸 두고 다른 사람들과 싸우거나 최강자에게 양보해야만 했던 것을 벌충하는 법을 배웠다.[4]

인간은 수가 차츰 증가하면서 점점 더 큰 어려움에 부딪치게 되었다. 땅, 기후, 계절의 차이로 인해 어쩔 수 없이 다른 식으로 생활을 해야만 했을 수도 있다.[5] 몇 년에 걸친 가뭄과 길고 혹독한 겨울, 모든 걸

---

4 자연인은 직접성 속에서 살아간다. 그는 장애를 극복해야 하기 때문에 자신의 잠재적 능력을 발휘할 것이다. 또한 그는 자연을 변화시키거나 복종시키기 위해 도구를 발명하게 될 것이다. 동시에 그는 성찰을 할 수 있게 될 것이고, 이성이 가진 중재의 힘을 발견하게 될 것이다. 이 같은 진보는 양면적이다. 왜냐하면 그것은 직접성의 본래적 특성을 잃어버렸다는 걸 의미하기 때문이다. 그 이후로 인간은 자연 및 그 자신과 오직 간접적인 관계만을 맺게 되었다. 그는 가장 강력하지만 분리되어 있다. 루소는 《사회계약론》에서 또 다시 장애물과의 만남에 대해 결정적인 중요성을 부여한다. "나는 인간이 자연 상태에서 자신을 유지하는 것을 방해하는 장애물들에 대한 저항을 계속하다가, 각 개인이 저마다의 상태에서 자신을 유지하기 위해 쓸 수 있는 힘을 그 장애물이 능가하는 시점에 이르렀다고 가정해본다. 그때 원시 상태는 더 이상 존재할 수 없게 되어, 인류는 자신의 존재 방식을 변화시키지 않는 한 멸망해버릴 것이다."

5 루소는 자기가 "가장 자연적인 순서"를 따라가면서 논리를 전개해나갈 것이라고 예고했다. 그래서 그는 1부의 말미에서 이론화했던 가설적 역사를 정립하려고 시도한다. 그것은 실증적 역사라기보다 진화적 논리에 가깝다. 이 논리에서 논의의 여지 없이 명백한 요소는 출발점("처음에는 순수한 감각에 국한된 동물")과 도착점("시민사회의 제도")이며, 이 둘 사이에는

태워버릴 듯한 무더운 여름이 그들에게 새로운 방식으로 살아갈 것을 요구했다. 그들은 바닷가나 강가에 살면서 낚싯줄과 낚싯바늘을 발명하여 어부가 되고 물고기를 먹게 되었으며, 숲속에 살면서 활과 화살을 만들어 사냥꾼과 전사가 되었다.[6] 추운 지방에서는 잡은 동물의 가죽을 몸에 걸쳤다. 벼락이나 화산 혹은 어떤 다행스러운 우연 덕분에, 그들은 혹독한 겨울을 극복할 수 있게 해주는 새로운 수단인 불을 알게 되었다. 그들은 이 원소를 보존하는 법과 다시 피우는 법, 그리고 마침내 그 전까지는 날것으로 먹던 고기를 익혀 먹는 법을 배우게 되었다.

이처럼 여러 가지 것들을 인간 자신에게, 그리고 인간 상호 간에 되풀이하여 적용하다 보니, 그의 정신 속에는 자연스럽게 어떤 관계에 대한 지각이 생겨날 수밖에 없었다.[7] 우리가 크다, 작다, 강하다, 약하

수많은 불확실성과 비밀이 존재한다. 그러나 이것은 정서 및 이해력의 발달과 연속적인 사회화 단계의 상호작용이다. 루소는 이 긴 기간을 정치 이전의 의미로서 "자연 상태"라고 지칭하지만, 그것이 "진정한" 자연 상태나 "순수한" 자연 상태는 아니라고 수차례에 걸쳐 분명히 밝힌다. 즉 여기서 인간은 역사에 속한다고 기술되는데, 루소는 역사가 자연과 대립한다고 생각한다. 그러므로 이 제2의 "자연 상태"(유일하게 "진정한 자연 상태"인 제1의 자연 상태와 구분되는)는 사회가 조금씩 자리 잡아가는 시기다. 루소는 시민사회가 자리 잡기 전에 이미 사회생활이 이루어졌다고 주장하는 것이다.

6 루소는 여기서 토지 소유와 시민사회가 출현하기 훨씬 이전에 '호전적인' 부족이 있었다고 상상한다. 물론 이 호전적이라는 형용사는 약화된 의미로 받아들여야 한다. 루소는 원시 부족들이 토지 소유가 출현하기 전에 복수심 및 자존심으로 인한 다툼과 연관된 호전적 행동을 보여주었다는 사실을 부정하지 않는다. 어떤 부족의 경우에는 사냥 도구를 소유하고 있었기 때문에, 이 같은 다툼이 살인으로 번질 수도 있었다. 그렇다고 해서 이것이 진짜 전쟁의 기원은 아니다.

7 이것은 당시에 널리 퍼져 있던 생각이었다. 뷔퐁은 오직 "비교라는 방법에 의해서만" 지식을 획득할 수 있다고 주장한다. 루소는 완성 가능성을 구체화하는 변화를 가설적으로 재구성하려 애쓴다. J. 모렐에 따르면, 그는 "인류 사상사"에 관한 콩디야크의 주장에서 깊은 영향을 받았다. 그런데 이 말은 절반만 참이다. 콩디야크의 감각론적 학설은 오직 감각만을

다, 빠르다, 느리다, 겁이 많다, 대담하다 같은 단어나, 필요할 경우 무의식중에 비교되는 유사한 개념들을 통해 표현하는 이 같은 관계는 결국 어떤 종류의 성찰을, 아니 그보다는 그의 안전에 가장 필요한 경계심을 그에게 가르쳐주는 반사적인 신중함을 낳았다.

이 같은 발전의 결과로 새로운 지식을 획득하게 되면서, 인간은 자기가 다른 동물들에 비해 우월하다는 것을 자각하고 그 우월성을 확대해나갔다. 인간은 다른 동물들에게 덫 놓는 연습을 하고 여러 방법으로 그들을 속였다. 몇몇 동물은 싸우는 힘에서나 달리는 속도에서 인간을 능가했지만, 인간은 시간이 지나면서 자신에게 도움이 되는 동물에게는 주인이 되고 자신을 해치는 동물에게는 골칫거리가 되었다. 그리하여 인간은 처음으로 자기 자신을 응시했고, 그러면서 처음으로 자존심을 느끼게 되었다. 이렇게 해서 서열을 거의 구분하지 못했던 인간은 자신의 종이 가장 높은 서열에 자리 잡고 있다는 걸 알게 되면서, 자신이 개인으로서도 역시 서열 1위라고 주장할 준비를 하게 되었다.

당시 인간과 그의 동족의 관계는 지금의 우리와 우리 동족의 관계와 달랐고, 다른 동물과 교류하는 이상으로 동족과 교류를 하지도 않았지만, 인간은 동족을 계속해서 관찰했다. 그는 시간이 지나자 자신과 동족 사이의, 자신과 자기 여자 사이의 유사성을 깨닫게 되면서, 자기가

토대로 하여 정신을 심리적·지적으로 재구성한다. 루소의 저작에 나타나는 이 같은 감각의 우위는, 그로 하여금 데카르트적 전통에 충실하게 완전히 형성된 이성을 갖추고 자연 속에 내던져진 인간을 상상하는 뷔퐁의 인류학과 거리를 두도록 만든다. 하지만 루소는 콩디야크로부터도 멀어진다. 즉 그는 사회적 열정과 상호주관성에 결정적인 역할을 부여하는 것이다. 이 같은 감각 양태(《에밀》의 표현에 의하면 "상대적 자아"의 양태)는 감각론적 인류학과의 결별을 전제로 한다.

아직 모르고 있던 그들과의 유사성을 알게 되었다. 그리고 그들 모두가 똑같은 상황에서라면 자기도 했을 행동을 하는 걸 보게 된 그는, 그들이 생각하고 느끼는 방식이 자신과 일치한다는 결론을 내렸다. 이 중요한 진리가 그의 정신 속에 잘 확립된 덕분에, 그는 철학적 추론만큼이나 확실하고 그보다 더 빠른 예감을 발휘하여, 자신의 이익과 안전을 위해 그들과 함께 지켜야 하는 최상의 행동 규칙을 따를 수 있게 되었다.

안락함에 대한 추구가 인간 행동의 유일한 동인이라는 사실[8]을 경험을 통해 배운 인간은, 공통의 이해관계 때문에 동족의 도움에 의지해야만 하는 드문 경우와 경쟁 때문에 그들을 경계해야만 하는 더 드문 경우를 구분할 수 있게 되었다.[9] 전자의 경우, 떼를 지어 그들과 결합하거나, 아니면 누구에게도 강제되지 않고 일시적인 필요가 있는 동안만 존속하는 어떤 자유로운 협력에 의해서만 결합했다. 후자의 경우, 각자는 자기가 할 수 있으면 폭력을 사용하고, 자기가 약하다고 느껴지면 능란한 솜씨를 발휘하거나 교묘한 책략을 써서 이득을 보려고 애썼다.

이렇게 해서 인간은 서로에 대한 약속을 지켰을 때 어떤 이익이 생기는지를 어렴풋이나마 알게 되었지만, 그것은 오직 지금 당장 눈앞에 보이는 이득이 그걸 요구하는 경우에만 한정되었다. 그들에게 앞날을

---

8 여기서 "안락함에 대한 추구"는 자기애와 동의어다.

9 여기서 상호적 의무의 주요 형태가, 즉 "공통의 이해관계"에 대한 인식의 결과인 상호적 의무가 나타난다. 이 개념은 루소의 정치사상에서 중요한 역할을 하게 될 것이다. 공통의 이해관계는 구조적 긴장으로 특징지어진다. 즉 타인의 이해관계와 객관적으로 일치할 때, 개별적 이해관계는 연장되고 명확해지는 것이다. 그렇지만 개별적 이해관계는 각 개인의 내부에서 순전히 사적인 이해관계와 경쟁하면서, 타인의 그것과 양립할 수 없게 된다.

내다본다는 건 무의미한 일이었기 때문에, 그들은 먼 미래에 관심을 두기는커녕 당장 내일 일도 생각하지 않았다. 예를 들어 사슴을 잡아야 할 경우에, 각자는 자기가 정해진 위치를 잘 지켜야 한다는 걸 느끼고 있었다. 하지만 토끼 한 마리가 그중 한 명의 손이 닿을 만한 거리에서 지나가면 조금도 주저하지 않고 토끼를 쫓아가 붙잡을 것이고, 그때 그에게 동료들이 사슴을 놓치게 된다는 생각 따위는 안중에도 없을 것이다.

이런 식의 교류가 인간이랑 거의 비슷하게 모여 사는 까마귀나 원숭이의 언어보다 훨씬 더 세련된 언어를 요구하지 않았다는 사실을 이해하는 건 어려운 일이 아니다. 발음이 불분명한 고함, 여러 몸짓, 몇몇 모방음模倣音 등이 오랫동안 보편적 언어를 구성하고 있었을 것이다.[10] 각 지방·지역에서 여기에 발음이 분명하고 합의를 거친 몇 가지 음들이 첨가됨으로써, 오늘날 여러 미개민족[11]이 사용하는 것과 거의 흡사한 특이하지만 조잡하고 불완전한 언어가 생겨났다(내가 이미 말했던 것처럼 이 언어가 어떻게 성립되었는지를 설명하는 건 쉬운 일이 아니다).[12]

---

10 루소는 여기서 17~18세기에 제기된 원시적 보편 언어의 문제를 암시하는 것으로 만족한다.

11 특히 뒤 테르트르가 묘사한 카리브인을 말한다.

12 루소는 여기서 언어의 문제로 되돌아간다. 자연법 이론가들에 따르면 이 문제는 군거 생활의 가능성과 연관되어 있기 때문이다. 언어의 다양화에 관해서는 얼핏 언급되고 마는데, 언어의 기원이 불확실하기 때문이다. 그럼에도 언어의 다양화로 인해 인류학적 단절이 결정적으로 이루어진다(《언어 기원론》, chap. I et IX, *OC* V, pp. 375, 406 ;《에밀》, II, *OC* IV, p. 346).《인간 불평등 기원론》에서 처음으로 나타나는 "국가"의 개념을 원래의 정치적인 의미로 이해해서는 안 된다. 국가는 우선적으로 하나의 감정적이며 도덕적인 실체다. 그럼에도 불구하고 정치체를 이루는 구성원 간의 관계가 띠는 국가적 특징은 루소의 모든 저작에서 매우 중요하게 다루어진다.

시간은 흘러가고, 해야 할 말은 너무 많고, 인류 초기 상태의 진보는 거의 눈에 띄지 않는 까닭에, 나는 여러 세기를 단숨에 건너뛴다. 사건이 점점 더 느린 속도로 계속될수록 그에 대한 묘사는 점점 더 빨라지기 때문이다.

이 최초의 진보 덕분에 결국 인간은 더욱더 빠른 속도로 발전하게 되었다.[13] 정신이 계몽될수록 기술이 점점 더 좋아졌다. 얼마 지나지 않아 아무 나무 밑에서 잠을 자거나 동굴 속에 은둔하는 걸 그만둔 인간은, 나무를 베고 땅을 파며 나뭇가지로 오두막집을 만드는 데 쓰이는 단단하고 날카로운 몇몇 종류의 돌도끼를 발견했으며, 그 뒤에는 점토와 진흙을 오두막집 벽에 바르겠다는 생각까지 하게 되었다.[14] 바로 이것이 가족이 형성·구분되고 일종의 소유권이 도입된 최초의 혁명기다.[15] 그로 인해 이미 수많은 다툼과 싸움이 벌어졌을 것이다. 그렇지만 아마도 가장 강한 자들이 먼저 주거를 마련하고 그걸 자기가 지킬 수

---

13 루소는 다시 한 번 여행기에서, 특히 뒤 테르트르의 《생크리스토프 섬과 과들루프 섬, 마르티니크 섬, 그리고 아메리카 대륙의 다른 섬들의 통사》에서 착상을 얻는다.

14 여기서는 사회생활의 시작을 기술한다.

15 이 "최초의 혁명"은 일련의 완만한 자연적 변화다. 반면에 뒤에 등장하는 "대혁명"(본서 133쪽)은 앞선 단계와의 결별을 의미한다. 여기서 사용된 "혁명"이라는 용어는 이후에도 여러 차례 근대적 의미로 사용된다. 수 세기에 걸친 "거의 지각할 수 없는 진보"의 시대가 끝나고 등장한 "오두막의 시대"(이 표현은 V. 골드슈미트의 것이다)는 새로운 사물의 질서를 여는 단절을 의미한다. 즉 사회생활이 시작된 것이다. 가족은 사회제도의 첫 번째 형태다. 루소는 1부에서 가족의 비非자연적 특징을 논증하고 결론을 이끌어냈다. 오두막은 비록 아직 엄격한 의미의 법적 권리는 아니지만, 단순한 소유와 구분되는 최초의 소유물이다. 루소는 자연이 충분히 제공하는 과일처럼 자기 것으로 삼을 수 있는 재화에 더 이상 모든 사람이 접근할 수 없게 될 때, 사유재산 제도가 시작된다고 생각한다. 이렇게 해서 엄격한 의미에서 전쟁이 언제 시작되었는지의 문제가 다시 제기된다. 루소는 이 문제를 더 잘 해결하기 위해 한 가지 가설을 내세운다. 즉 오두막의 건축과 소유가 갈등을 일으켰을 수는 있지만, 아직 전쟁이 시작된 건 아니라는 것이다.

있다고 느꼈을 것이고, 가장 약한 자들은 그들을 쫓아내는 것보다는 그들을 흉내 내는 게 오히려 시간도 덜 걸리고 더 안전하다는 생각을 했을 것이다. 또 이미 오두막을 갖고 있던 사람들은 누구도 이웃사람의 오두막을 자기 것으로 만들려 애쓰지 않았을 것이다. 그 오두막이 자기 것이 아니어서가 아니라, 그것이 자기에게는 쓸모가 없고 그걸 빼앗으려면 그곳에 살고 있는 가족과 치열한 싸움을 벌어야 했기 때문이다.

남편과 아내, 아버지와 자식이 공동의 거처에서 모여 사는 새로운 상황이 조성되면서, 인간의 마음에 처음으로 변화가 일어났다. 함께 사는 습관은 인간이 체험한 것 중에서 가장 감미로운 감정을, 즉 부부애와 부성애를 낳았다. 각 가정은 서로에 대한 애착과 자유가 그들을 묶어주는 유일한 끈이었기 때문에, 더욱더 굳게 결합된 하나의 작은 사회가 되었다. 그리고 바로 그때 지금까지는 동일했던 남녀의 생활방식에 처음으로 차이가 생겨났다. 여자는 점차 집 안에만 머무르며 오두막을 지키고 아이들을 돌보는 데 익숙해졌고, 남자는 가족이 함께 먹을 식량을 구하러 나갔다. 남자와 여자는 다소 따분한 생활을 하면서 원래의 사나움과 활력을 잃어가기 시작했다. 그러나 각자가 혼자 맹수와 싸우기는 더 힘들어진 반면, 모여서 함께 싸우는 건 더 쉬워졌다.[16]

---

16 루소는 이 "시작된 사회"의 단계를 가족의 성립, 국가의 수립, 사회적 열정의 발달로 연속하여 발전시킨다. 그는 가족을 토대로 사회를 구성함으로써 자가당착에 빠지지 않는다. 가족은 자연현상이 아니라 하나의 제도다. 사회성의 감정을 형성할 수 있도록 해주는 물질적 지주는 성관계가 아니라 주거이며, 루소는 이 사회적 감정의 양면성을 잘 드러내 보여준다. 즉 이 감정은 감미로움과 따분함을 동시에 불러일으키는 것이다. 그러나 저울은 금세 부정적인 쪽으로 기울어진다. 최초의 기술을 사용하고 협력해서 일한 덕분에 여유

이 새로운 상황에서 매우 제한된 필요로 인해 소박하고 독립된 생활을 하고 그런 생활을 하려고 발명한 도구를 갖춘 사람들은 여가를 충분히 즐길 수 있었으며, 그들의 조상이 알지 못했던 여러 종류의 편의를 얻기 위해 이 여가를 이용했다. 바로 이것이야말로 그들이 처음으로 자기도 의식하지 못하는 사이에 스스로를 옭아맨 속박이었고, 처음으로 자기네 후손에게 물려준 불행의 씨앗이었다. 그래서 그들의 육체와 정신은 계속해서 유약해졌을 뿐만 아니라, 편리함이 습관이 되면서 그 매력을 거의 상실하는 동시에 실제 필요로 변질되었다. 그래서 그것이 있을 때의 즐거움보다 그것이 없으면 받는 고통이 훨씬 커졌다. 그리하여 편리함을 누려도 행복해지지는 않는 반면, 그걸 누리지 못하면 불행해지게 된 것이다.

여기서 우리는 말의 사용이 어떻게 각 가족의 내부에서 서서히 정립되거나 완성되었는지를 좀 더 잘 알 수 있으며, 또한 어떻게 여러 특별한 원인이 언어를 더욱더 필요하게 만들어 그것을 확대시키고 그 발달을 촉진시켰는지도 추측할 수 있다. 대홍수나 지진이 사람 사는 지역을 물이나 벼랑으로 에워쌌고, 지각의 변동은 대륙의 일부를 쪼개어 섬으로 만들었다. 대륙의 숲속을 자유롭게 돌아다니는 사람들보다는, 이렇게 섬에서 서로 밀착되어 함께 살아가야 하는 사람들 사이에서 하나의 공통된 방언이 형성되었음에 틀림없다. 그러므로 섬에 사는 사람

시간이 늘어나자(한가함은 문화를 구성하는 하나의 조건이다), 인간은 인위적 필요를 만족시키는 데 이 시간을 사용했고, 그 결과 이런 필요에 종속될 뿐만 아니라 타인에게도 종속되었다. 인간은 원래 활기에 가득 차 있었지만, 남자와 여자가 같이 살면서 새로운 양성 체제가 만들어짐으로써 그 활기가 약화되었다는 생각은 에피쿠로스에게서 비롯되었다(루크레티우스, 《사물의 본성에 관하여》, V, v. 1011~1026).

들이 처음으로 항해를 하면서 언어의 사용법을 전했을 가능성이 매우 높다. 사회와 언어가 섬에서 탄생하고 완성된 다음 대륙에 알려졌다는 주장은 매우 그럴듯하다.[17]

모든 것이 모습을 바꾸기 시작한다. 지금까지 숲속을 여기저기 돌아다니며 살던 인간은 좀 더 고정된 장소를 찾아내어 서서히 서로 가까워지고 다양한 무리를 이루어 결합하며, 결국은 규칙이나 법률이 아니라 풍습과 성격에 따라, 즉 같은 종류의 생활 방식, 음식, 기후의 공통된 영향에 따라 결합된 국가를 각 지역마다 만들어냈다.[18] 여러 가족이

---

17 이전 내용에서는 공동 주거를 하면서 정동情動이 생겨나고, 생산성 증가에 따라 필요의 다양화가 이루어지는 것은 사물의 본질에서 유래하는 보편적 사실에 속했다. 언어를 제도화한 우연한 원인으로서의 지질학적 격변은 1부 말미에서 예고된 특별한 추측 중 하나다. 지각 변화와 관련한 이론들은 한 세기 전부터 증가해왔지만, 루소가 출처로 삼은 것은 이론의 여지 없이 1749년에 출판된 뷔퐁의 《박물지》 1권의 2론인 〈지구의 역사와 이론〉이었다. 섬의 형태에 대한 루소의 관심은 지속적이고 다양하며, 정치적인(코르시카 섬)만큼 문학적(《로빈슨 크루소》는 《에밀》에서 자주 인용된다)이고, 또한 실존적 (《고독한 산책자의 몽상Les Rêveries du promeneur solitaire》(1782)〔문경자 옮김, 《고독한 산책자의 몽상》, 문학동네, 2016〕에 등장하는 생피에르 섬)이다. 그는 치밀한 방식으로 논리를 전개시킨다. 즉 한편으로는 섬이 폐쇄되어 있는 것이 언어의 형성에 유리할 것이라는 주장을 펴면서도, 또 한편으로는 항해를 통해 섬을 벗어남으로써 언어가 널리 퍼져나갈 수 있다고 주장하는 것이다.

18 그 자체로 구성원 간의 관계 방식으로 간주되는 가족은 비교와 예측을 통해 "작은 사회"라고 불릴 수 있었다. 이제 루소는 가족 제도의 결과를 검토한다. 우리는 이 같은 관점으로 사회에 대해 말해야 한다. 그러나 어떤 의미로 말해야 하는가? 자연 상태 속에 흩어져서 떠돌아다니던 인간은 이제 집단을 이루어 정주 생활을 하게 될 것이다. 그것은 의심의 여지 없이 사회화된 생활이다. 주거의 안정과 항구성은 필연적으로 관계와 공통된 습관을 만들어내며, 이 두 가지는 루소가 여기서 "국가"라고 부르는 것의 토대를 이룬다. 그렇지만 루소는 나라를 만드는 "풍습과 성격"의 통일성이 "규칙이나 법률"이 아니라 "같은 종류의 생활 방식, 음식, 기후"에서, 같은 생활환경에서 비롯된다고 주장한다. 이 같은 구별은 하나의 조건(이 사회는 아직 정치적 사회가 아니다)과 하나의 단언(전前 정치적 사회 형태가 존재한다)을 포함하고 있다. 루소는 조금 더 뒤에서 이 두 가지 관점을 각각 적용하여, 이 첫 번째 사회 상태가 "시작하는 사회"(그것은 아직 정치적 사회가 아니다)인 동시에 "시작된 사회"(우리는 이미 시민사회 속에 있다)라고 주장할 것이다. 그래서 루소는 시민사회의 개념이

계속 이웃해서 살다 보면 결국 관계를 맺게 마련이다. 서로 다른 성별의 젊은 사람들이 이웃한 오두막에 살고, 자연이 요구하는 일시적 교류는 얼마 지나지 않아 서로 간의 왕래를 통해 즐겁고 영속적인 또 다른 교류를 낳는다. 사람들은 여러 사물을 관찰하고 비교하는 것에 익숙해진다. 그러다가 자기도 모르는 사이에 가치와 미의 관념을 획득하게 되고, 이 관념은 호오好惡의 감정을 낳는다. 서로 자주 보다 보면, 사람들은 이제 서로 만나지 않고는 살 수 없게 된다. 다정하고 부드러운 감정이 마음속으로 스며들고, 이 감정은 다른 사람과 조금만 반목해도 격렬한 분노로 변한다. 사랑과 함께 질투가 싹튼다. 불화의 감정이 승리를 거두고, 가장 부드러운 정념이 인간의 피를 제물로 받는다.[19]

관념과 감정이 계속 이어지고 정신과 마음이 단련되면서, 인류는 계속해서 온순해지고 관계는 확대되었으며 유대는 긴밀해졌다. 사람들은 오두막 앞이나 큰 나무 주위에서 모이는 게 습관이 되었다. 사랑과 여가의 진정한 산물이라 할 수 있는 노래와 춤이 한가하게 모인 남자

시작하는 사회에서 정치적 사회로의 이행을 여러 의미로 확대시켜 생각할 수 있도록 해준다고 주장한다.

19 진보는 긍정적인 동시에 부정적이다. 사랑과 함께 질투가 싹튼다. 하나의 감정은 그 반대의 감정으로 바뀔 수 있는 것이다. 성적 욕망은 사회적 관계의 형성에 의해 결국 사랑의 감정으로 변한다. 이 감정은 최선의 경우에는 개인과 그들의 가족 간에 관계를 만들어내고, 최악의 경우에는 경쟁과 적대를 낳는다. 이 두 가지 사이에서 욕망의 사회화가 이루어지고, 이는 비교와 호오의 감정을 낳는다. 섬과 마찬가지로 축제도 루소의 저작에 자주 등장하는 주제다(예를 들면 《달랑베르에게 보내는 연극에 관한 편지》의 맨 마지막 부분을 보라). 여기서 축제는 인간 속에서 이루어지는 변화의 양면성을 연극화·집단화한다. 즉 사랑의 경쟁은 지배 관계를 낳는 재능의 경쟁을 야기한다. 1부에서 자연 상태에 부여되지 않았던 인정認定의 문제가 여기서 제기된다. 자신에게 가치를 부여하고자 하는 욕망, 멸시당할지도 모른다는 두려움, 사랑의 경쟁의 일반화는 이 최초의 사회화 상태에서 "예의범절"의 근원인 동시에 서로가 서로에게 가하는 폭력의 근원이기도 하다.

와 여자 들의 심심풀이가, 아니 그보다는 하루 일과가 되었다. 각자가 다른 사람들을 주목하고 자신도 다른 사람들에게 주목받기를 원하기 시작하면서, 남들에게 인정받는 것이 어떤 가치를 갖게 되었다.[20] 노래를 가장 잘 부르거나 춤을 가장 잘 추는 사람, 가장 잘생긴 사람, 힘이 가장 센 사람, 재주가 가장 많거나 말솜씨가 가장 좋은 사람이 가장 존경받았는데, 바로 이것이 불평등을 향한 첫걸음인 동시에 악덕을 향한 첫걸음이었다. 이 같은 선호에서 한편으로는 허영심과 멸시가 생겨났고, 다른 한편으로는 수치심과 부러움이 생겨났다. 그리고 이 새로운 효모로 인한 발효가 마침내 행복과 순수함을 해치는 화합물을 만들어냈다.

사람들이 서로를 평가하기 시작하고 존경의 개념이 그들의 정신 속에 형성되자, 모두가 자기도 존경받을 권리가 있다고 주장하고 나섰다. 그리고 이를 따르지 않으면 누구나 벌을 받았다. 그래서 처음으로 미개인 사이에서도 예의범절을 준수해야 할 의무가 생겨났고, 고의적인 악행은 심한 모욕으로 여겨졌다. 왜냐하면 모욕을 당한 사람은 흔히 그 악행으로 인한 손해 자체보다는 자신의 인격이 무시당했다는 걸 참을 수 없어 했기 때문이다.[21] 이렇게 해서 모두가 자기가 당한 모욕

---

20 스타로뱅스키Jean Starobinski가 강조하는 것처럼(《투명성과 장애물Jean-Jacques Rousseau: La transparence et l'obstacle》(1957), Paris, Gallimard, 1971(이충훈 옮김, 《장 자크 루소: 투명성과 장애물》, 아카넷, 2012)), 원시 축제는 원래의 만장일치를 파기하고 각 개인으로 하여금 서로 비교하고 선호받는 존재가 되기를 욕망하도록 하는 반면, 《달랑베르에게 보내는 연극에 관한 편지》의 시민 축제는 만장일치로 다시 돌아가고 차이를 잊도록 만들어준다.

21 단순한 육체적 차원(이 차원에서 "악행"은 그냥 "잘못"에 불과하다)에서 처음으로 "예의범절을 준수해야 할 의무"라는 도덕적 수준으로의 이행이 이루어진다. 이 도덕적 수준에서 "악행"은 인격의 존엄성을 해치는 "모욕"이 된다.

만큼 상대에게 앙갚음했으므로, 복수는 더욱 끔찍해지고 인간은 잔인하고 냉혹해졌다. 바로 이것이 우리가 알고 있는 대부분의 미개민족이 도달한 단계다. 그리고 많은 사람들은 여러 관념을 제대로 구분하지 못하고, 이 미개민족들이 이미 최초의 자연 상태에서 얼마나 멀어져 있는지를 알아차리지 못했기 때문에,[22] 인간은 원래 잔인하고 그를 진정시키려면 질서를 유지해야 할 필요가 있다고 성급한 결론을 내렸다. 하지만 원시 상태의 인간만큼 유순한 사람은 없었다. 그들은 자연에 의해 짐승의 어리석음과 문명인의 지식으로부터 각각 똑같이 떨어진 중간에 위치하여, 역시 본능과 이성에 따라 자신을 위협하는 해악으로부터 자기를 보호하는 데 그쳤고, 타고난 연민을 발휘하여 스스로를 억제하고 누구에게도 해를 끼치지 않았으며, 설사 남에게 피해를 입었다 하더라도 상대를 해칠 생각은 하지 않았다. 현자 로크의 격언에 따르면, "소유가 없는 곳에 바르지 않은 일이 있을 수 없기 때문이다."[23]

그러나 사회가 시작되고 이미 사람들 사이에서 관계가 성립되자, 그들에게 최초에 갖고 있던 구조로부터 물려받은 것과 다른 자질이 요구되었다는 사실, 도덕이 인간의 행위 속에 도입되기 시작하고 법률이 제정되기 전에는 각자가 자기가 받은 모욕의 유일한 심판자이자 복수자였기 때문에 순수한 자연 상태에 맞는 선의는 더 이상 새로운 사회에 적합하지 않았다는 사실, 남을 모욕하는 일이 점점 더 자주 일어났기 때문에 처벌이 더 강해져야만 했다는 사실, 복수를 당할지도 모른

22 그러므로 루소는 "선한 야만인"의 신화를 믿지 않는다. 여행자들이 묘사하는 원시사회와 유사한 이 세계의 청춘기에 살았던 인간은 "잔인하고 냉혹"했다.

23 《인간오성론》, trad. Costes, 1, IV, chap. III, § 18. "당분간은 오직 '소유권의 한 종류'만 존재한다." 이런 종류의 소유권은 법적 제재가 일체 없는 단순한 소유에 불과하다.

다는 두려움이 법의 제재를 대신하게 되었다는 사실에 주목해야 한다. 그러므로 비록 인간의 인내심이 약해지고 타고난 연민도 이미 어느 정도 변질되었지만, 그럼에도 원시 상태의 무위無爲와 우리 이기심의 극성스러운 활동 사이의 중간에 자리 잡은 이 인간 능력의 발달 시기는 가장 행복하고 가장 오래 지속된 시기였음에 틀림없다.[24] 이 시기에 대해 깊이 생각하면 할수록 우리는 이 상태가 극심한 변화를 덜 겪기 때문에 인간에게 최상의 상태였다는 사실[25]을 더 잘 알게 되며,[16)] 인간은 오직 공동의 유용성을 위해서는 절대 일어나지 말았어야 할 어떤 불행한 우연에 의해서만 그 상태에서 벗어나게 된다는 사실을 더 잘 알게 된다. 거의 모두가 이 단계에서 발견된 미개인들의 사례는 인류가 그곳에 항상 머물러 있도록 만들어졌고, 이 상태가 세계의 진정한 청춘기[26]이며, 이후의 모든 진보는 겉으로는 개인의 완성을 향한 걸음으로 보이지만 사실은 종의 쇠퇴를 향한 움직임이었음을 확인해주는 듯 보인다.[27]

인간이 투박한 오두막집에 만족하는 한, 짐승 가죽으로 된 옷을 동

---

24 "시작된 사회"는 가장 행복한 시대이며, 인간의 진전이 멈추는 시대다. 안정적이라고 가정되는 이 "중간"은 완성 가능성이라는 개념 자체와 모순을 이루는 듯하다.

25 루소는 "야만인"이 "문명인"이 되기 싫어한다는 얘기를 통해 이 같은 주장을 확증한다.

26 이것이 루크레티우스가 말하는(《사물의 본성에 관하여》, V, v. 818) "novitas mundi"다.

27 우리는 왜 새로 시작한 사회가 균형을 이루고 있었으며 큰 변화를 겪지 않았는지 그 이유를 알았다. 이 새로운 사회는 그밖에도 인간을 위해 가능한 최상의 상태를 구성한다. 왜냐하면 자연 상태에서 빠져나가기 위해 치러야 하는 대가(경쟁심의 발동과 그것이 불러일으키는 갈등)가 크지 않고, 특히 인간이 가진 능력이 최초로 발달하면서(사회성의 감정이 형성되고 이해력, 감수성, 도덕성이 계발된다) 그것이 상쇄되기 때문이다. 《사회계약론》에서 루소는 바로 이러한 "이점" 덕분에 "문명 상태로 이행"할 수 있지만, 만일 인간이 이 이점을 "악용하면" 다시 짐승의 상태로 돌아갈 수 있다고 말한다.

물의 가시나 뼈로 꿰매고, 깃털과 조개껍데기로 치장하고, 몸에 얼룩덜룩한 색깔을 칠하고, 활과 화살을 개량하거나 아름답게 꾸미고, 날카로운 돌로 어부들의 작은 배나 조잡한 악기를 다듬는 데 만족하는 한, 말하자면 그들이 혼자 할 수 있는 일과 여러 사람의 도움이 필요 없는 기술에만 몰두하는 한, 그들은 그 본성이 허용하는 만큼 자유롭고 건강하고 선량하고 행복하게 살았으며 계속하여 자유로운 교류의 평온한 즐거움을 누렸다. 그러나 인간이 다른 사람의 도움을 필요로 하는 순간부터, 한 사람이 두 사람 몫의 식량을 차지하는 게 유용하다는 사실을 알아차리는 순간부터, 평등은 사라지고 소유가 도입되며 노동이 필요해졌다. 그러자 드넓은 숲은 인간의 땀으로 적셔야 할 아름다운 들판으로 변했고, 얼마 지나지 않아 이 들판에서는 수확과 더불어 예속과 비참이 싹을 틔워 자라나는 것을 보게 되었다.[28]

야금술과 농업이라는 두 가지 기술의 발명은 대혁명을 일으켰다. 시인은 인간을 문명화시켜 인류를 파멸시킨 게 금과 은이라고 생각하지

---

28 전쟁 상태에 도달하게 될 사회적 불평등의 소개다. 루소는 오랫동안 과거로 돌아가 우회하다가, 첫 구절에서 예고한 변환점을 여기서 발견한다. 그의 논리에 따르면 인류가 겪은 변화가 이전까지는 균형을 이루었으나, 여기서부터는 불안정해져서 "거대한 변화"라고 불릴 것이다. 루소는 이런 불안정성을 이해하기 위해 두 가지 결정적인 요소를 강조한다. 즉 "평등은 사라지고 소유가 도입"되었다는 것이다. 이렇게 해서 그는 자기가 《인간 불평등 기원론》의 주요 주제를 잊지 않았다는 사실을 상기시키고, 자신의 두 가지 주요한 주장을 재확인한다. 즉 ① "시민사회에 존재하는 불평등(합의에 의한 불평등)은 자연적 불평등으로는 설명되지 않고 사회적 관계의 변화로써 설명된다." 바로 이 같은 의미에서 그는 "평등이 인간 역사의 어떤 순간에 사라졌다"고 쓸 수 있었다. ② "이 같은 변화는 소유의 출현과, 더 정확하게는 반드시 사법적 형태, 즉 토지 소유의 형태를 취할 것을 요구하는 단 하나의 소유 형태와 관련되어 있다." 루소는 이같이 급격한 변화를 깊이 파고들어 연구함으로써, 그의 모든 저서를 관통하는 경제 이론의 토대를 마련한다.

만, 철학자는 그것이 철과 밀이라고 본다.[29] 아메리카 미개인들은 이 두 가지 기술을 모르기 때문에 여전히 미개인으로 남아 있고, 다른 민족들도 두 기술 중 하나만 사용하는 동안에는 여전히 야만인으로 남아 있는 듯 보인다. 그리고 유럽이 세계의 다른 지역에 비해 더 빠르다고는 할 수 없지만, 최소한 더 지속적이고 더 많이 문명화된 가장 큰 이유 중 하나는 철과 밀이 가장 많이 생산되었기 때문일 것이다.

인간이 어떻게 해서 철에 대해 알고 사용하게 되었는지를 추측하는 건 매우 어려운 일이다. 그 결과가 어떻게 될지도 모르는 상태에서, 광산에서 이 물질을 캐내고 그걸 녹이기 위해 필요한 준비를 해야겠다는 생각을 그들 스스로 해냈을 리는 없기 때문이다. 또 한편으로 보면 광산은 나무도 풀도 없는 건조한 지역에서만 형성되기 때문에, 우리는 우연히 화재가 발생해서 이 같은 발견이 이루어졌다고는 더더욱 생각할 수 없다. 그러므로 우리는 자연이 우리에게 이 운명적인 비밀을 알리지 않기 위해 조심했다고 말할 수 있으리라.[30] 그렇다면 남는 건 몇몇 화산의 예외적인 상황인데, 그것들이 융해된 금속성 물질을 분출하여 관찰자에게 이 자연의 작용을 모방해야겠다는 생각을 불러일으켰을 것이다. 또한 그들이 그처럼 힘든 일을 시도하고 그것으로부터 얻어낼 수 있는 먼 미래의 이익까지 내다보려면, 큰 용기와 선견지명을 발휘해야만 했으리라고 가정해야 할 것이다. 그런데 그들이 당연히 쌓

---

29 여기서 "시인"은 '시 일반'의 뜻으로, 요컨대 헤시오도스Hesiodos나 오비디우스Publius Naso Ovidius의 신화 이야기로 받아들여야 한다.

30 루소는 자연이 직접 제공하는 땅의 산물과, 인간이 고통스럽고 격렬한 노동에 의해 땅으로부터 빼앗아내는 광석을 질적으로 대비시킨다. 《고독한 산책자의 몽상》, VII[e] Promenade, *OC* I, p. 1066~1067을 참조하라.

왔을 만한 것보다 더 많은 경험을 이미 쌓은 사람이 아니면, 이 같은 용기와 선견지명을 발휘하기 힘들다.

농업의 원리는 그것이 확실하게 실행되기 전부터 이미 알려져 있었다. 나무와 풀에서 식량을 얻어내는 데 여념이 없었던 인간은 분명히 자연이 식물의 번식을 위해 어떤 방법을 사용하는지를 금세 알아냈을 것이다. 그러나 그들의 생산 활동은 훨씬 나중에서야 이 방향으로 돌아섰을 것으로 추정되는데, 사냥이나 낚시와 함께 그들에게 식량을 제공해온 나무가 그들의 보살핌을 필요로 하지 않아서일 수도 있고, 그걸 재배할 도구가 없어서일 수도 있으며, 미래의 수요를 예측하지 못해서일 수도 있고, 마지막으로 다른 사람들이 자기가 일해서 얻은 생산물을 빼앗아가지 못하도록 하는 방법을 몰라서일 수도 있다. 기술이 더 발달하면서 사람들은 밀을 어떻게 재배해야 할지를 알고 대량 재배하는 데 필요한 도구를 갖기 전부터 날카로운 돌과 뾰족한 막대기를 가지고 오두막 주변에서 약간의 채소나 풀뿌리를 키웠지만, 이 일을 하면서 땅에 씨를 뿌리려면 나중에 많은 걸 얻기 위해서 처음에는 얼마간 잃을 각오를 해야 한다는 생각은 미처 하지 못했을 것이다. 내가 앞에서 말한 것처럼, 이 같은 신중함은 저녁에 필요한 것을 아침에 생각하기가 힘든 미개인의 정신 수준과는 거리가 멀어도 한참 멀다.

따라서 인류가 농업 기술에 전념하도록 만들기 위해서는 다른 기술들을 발명해야만 했다. 철을 녹이고 벼리기 위해 사람이 필요해지자마자, 바로 이 사람을 먹여 살리기 위한 사람도 필요해졌다.[31] 노동자의 수가 증가할수록 공동의 식량을 공급하는 데 이용되는 일손은 줄어들

31 노동 분업의 출현에 관해서는 플라톤, 《공화국》, II, 369~371을 보라.

었지만, 그걸 소비하는 입은 점점 더 늘어만 갔다. 그리고 그들이 생산해낸 철을 식량과 바꾸어야만 하는 사람들이 생겨나자, 또 다른 사람들은 결국 철을 이용하여 더 많은 식량을 생산해낼 수 있는 비밀을 밝혀내게 되었다. 그 결과 한편으로는 경작과 농업이 생겨났고, 또 한편으로는 금속을 가공하여 그 용도를 다양화시키는 기술이 생겨났다.

토지를 경작하기 시작하자, 필연적으로 그것을 어떻게 분배할 것인가라는 문제가 제기되었다. 그리고 일단 소유가 인정되자, 정의에 관한 규칙이 처음으로 생겼다. 왜냐하면 각자가 자기 몫을 차지하려면 무엇인가를 가질 수 있어야 하기 때문이다. 게다가 사람들이 그들의 미래에 관심을 갖고 얼마간의 재산을 잃어버릴 수도 있다는 생각을 하게 되면서, 자기가 남에게 끼칠지도 모르는 피해를 오히려 자기가 입게 될지도 모른다며 걱정하게 되었다. 이 같은 기원은 이제 막 생겨난 소유의 개념이 육체노동이 아닌 것으로부터 유래했다는 생각을 한다는 건 불가능한 일이므로 더더욱 자연적이다. 과연 어떻게 인간이 노동을 하지 않고 자기가 만들지 않은 것을 자기 것으로 삼을 수 있겠는가? 오직 노동만이 경작자가 경작한 토지의 산물에 대한 권리를 최소한 수확기까지는 그에게 부여함으로써, 토지에 대한 권리 역시 해마다 그에게 부여하며, 이런 식으로 토지 점유가 계속되다 보면 쉽게 소유로 바뀐다.[32] 그로티우스에 의하면, 고대인들은 케레스[33]에게 입법자라

---

32 원시공동체로부터 시작하여 소유권의 기원을 설명하는 고전 이론은 두 가지가 있다. 푸펜도르프는 소유권이 공유의 관습에 기반하고 있다고 생각한다. 반대로 로크는 소유권이 공유가 아닌 노동의 결과라고 주장한다. 루소는 로크의 이 같은 주장을 받아들이지만, 그가 노동을 현대적인 의미로, 즉 산업과 물체의 변모로 이해하는 반면, 로크는 그것을 취득이라는 단순한 사실로 이해한다.

33 '케레스Ceres'는 로마 신화의 농업과 법률의 여신으로, 그리스 신화의 데메테르Demeter에

는 호칭을 부여하고 그녀를 경배하는 제전에는 테스모포리아[34]는 이름을 붙임으로써, 토지의 분배가 새로운 종류의 권리를, 즉 자연법에서 생겨난 것과는 다른 소유권을 만들어냈다는 것을 인정했다고 한다.[35]

만일 사람들의 재능이 대등했다면, 그리고 예를 들어 철의 이용과 식료품의 소비가 항상 정확히 균형을 이루고 있었다면, 사물들은 균등하게 그 상태로 머물러 있었을 것이다. 그러나 이 같은 균형은 그 무엇으로도 유지될 수 없었으므로, 얼마 지나지 않아 무너졌다. 강한 사람은 일을 더 많이 했고, 재주가 많은 사람은 자신의 노동을 가장 잘 이용

해당한다.

34 '테스모포리아Thesmophoria'는 입법자의 축제라는 뜻으로, 농업과 결혼과 법률의 신 데메테르를 기리는 축제이다. 따라서 이는 시민사회와 법률의 기원을 기리는 축제이기도 하다.

35 루소는 여기서 관습적 불평등에 관한 자신의 분석이 갖는 가장 혁신적인 측면을 예고한다. 그는 토지의 소유가 그것의 "분배"를 전제로 한다는 사실을 강조한다. 그러고 나서 그는 과일과는 달리 토지는 전체를 정해진 기간 동안 소유할 수 있다는 것을 보여준다. 그런데 오직 한정된 부만이 분배를 요구할 수 있다. 이 분배는 갈등의 원인이며(모든 사람이 똑같은 몫을 분배받지는 않으며, 어떤 사람은 아무 몫도 받지 못한다), 그렇기 때문에 법규에 의해 분배를 보장해주어야 할 필요가 있다.
그런데 소유 개념의 발생이 여기서는 양면적으로 소개되어 있다. 이 의도적인 양면성은 루소가 주장하는 소유 이론의 핵심이다. 한편으로 그는 그것의 근거라는 관점에서 소유가 오직 노동에서만 유래했다고 강조한다(그는 "이제 막 생겨난 소유의 개념"에 대해 말한다). 그때 그는 노동을 매개로 하여 자연법에 합법성을 부여하려고 시도한 로크의 주요한 주장을 다시 끄집어내서 자기 나름대로 해석한다(《통치론》, chap. V; 《에밀》, II, *OC* IV, pp. 330~331을 참고하라). 그러나 근거의 영역은 《인간 불평등 기원론》의 뒷부분에서 끊임없이 "기원"의 영역과 대비된다. 그렇기 때문에 루소의 주장은 이 두 가지 영역을 동일시하는 로크와 완전히 다른 것이다. 만일 소유가 항상 그것의 합법적 근거(실제 노동은 소유를 주장하는 사람에 의해 이루어진다)로부터 유래한다면, 그것은 비정상적인 불평등, "비참", "노예 상태", 그로 인한 사회적 분쟁의 원인이 될 수 없을 것이다. 실질상 확립된 소유는 토지와 관련된 의무를 한쪽에서만 지는 "점유"에서 비롯되었다. 오직 이 실제 기원만이 인간 간의 지배관계와 경제적 착취의 출현을 설명해준다. 결국 소유권은 자연법의 결과로 생기는 권리와는 다르다는 것이다. 토지 소유와 더불어 실정법이 자연법과 점점 더 멀어지는 상황이 시작된다.

했으며, 창의력이 풍부한 사람은 일을 줄일 수 있는 방법을 알아냈다. 경작자는 더 많은 철을 필요로 했고, 대장장이는 더 많은 밀을 필요로 했다. 일은 똑같이 하는데, 어떤 사람은 많이 벌고 다른 사람은 입에 풀칠하기도 힘들어했다. 그리하여 자연적 불평등이 새로운 원인의 결합으로 인해 발생한 불평등[36]과 함께 서서히 전개됐고, 상황의 차이에 의해 확대된 사람들의 차이는 더욱더 현저하고 지속적인 결과를 낳았으며, 그에 상응하는 비율로 개인의 운명에 영향을 미치기 시작했다.[37]

상황이 이 정도에 이르렀으니 나머지를 상상하는 건 어려운 일이 아니다. 나는 다른 기술들의 잇따른 발명, 언어의 발달, 재능의 시험과 사용, 재산의 불평등, 부의 이용 혹은 남용에 대해서도, 그리고 각자가 뒤이어 쉽게 보충할 수 있는 갖가지 세부 사항들에 대해서도 굳이 기술하지 않겠다. 그저 이 새로운 질서 속에 자리한 인류를 한번 훑어볼 생각이다.

자, 이제 우리의 모든 능력이 발달하고, 기억과 상상력이 작용하며, 자기애를 갖기 시작한다. 또한 이성이 활동하고, 정신은 도달할 수 있는 가장 높은 완성의 경지에 도달했다. 그리고 타고난 모든 자질들이 활동을 개시하여, 각 인간의 지위와 운명은 재산의 규모와 다른 사람에게 도움을 주거나 해를 끼칠 수 있는 능력뿐만 아니라, 정신이나 아

---

36 경제적 교환으로 인해 발생한 불평등을 말한다.

37 루소는 힘과 재능의 불평등 같은 자연적 불평등의 존재에 이의를 제기한 적은 결코 없었다. 오직 사람들이 관계를 맺었을 때에만 이 같은 차이는 비교되게 되었다. 여기서 새로운 단계를 통과하게 된다. 즉 노동 분업이 재능의 차이가 갖는 지위를 바꿔놓는 것이다. 그것은 상황의 불평등과 결합하여 사회적 불평등을 야기한다. 그것은 "결합"의 불평등(이 불평등은 토지 소유가 노동과 부의 축적 사이에 만들어내는 분리와 사회적 관계로부터 유래한다)이며, 이 불평등으로부터 제도의 불평등이 발생한다.

름다움, 체력이나 재주, 장점이나 재능에 의해서도 정해지게 되었다. 그리고 이런 자질들을 갖추어야만 다른 사람들로부터 존경을 받을 수 있었으므로, 그것들을 가지든지 아니면 가지고 있는 척이라도 해야 했다. 자신의 이익을 위해 실제 자기 모습과는 다른 모습을 보여주어야만 했던 것이다. 실체와 외관은 완전히 다른 것이 되었고, 이 같은 구분으로부터 위압적인 호사와 기만적 책략, 그리고 그에 따른 모든 악덕이 생겨났다.[38] 다른 한편으로 인간은 원래 자유롭고 독립적이었지만, 이제는 무수히 많은 새로운 필요로 인하여 자연 전체에, 특히 그의 동류들에게 종속되어 그들의 주인이 되었을 때조차 어떤 의미에서는 그들의 노예가 되었다. 만일 그가 부유하면 그들의 봉사를 필요로 하고, 가난하면 그들의 도움을 필요로 한다. 그리고 그가 부유하지도 가난하지도 않은 중간 정도라 하더라도, 그들 없이는 살아갈 수 없게 되었다. 고로 그는 그들이 그의 운명에 관심을 갖도록, 그들이 실제로든 표면적으로든 그를 위해 일하는 것이 그들에게 이익이 된다고 생각하게끔 애를 써야만 한다. 그래서 그는 어떤 사람들에게는 교활하고 위선적으

38 우리는 루소가《학문예술론》서두(*OC* III, p. 6)에서 행했던 문명의 발달에 대해 느끼는 불안에 관한 서술을 여기서 다시 발견한다. 여기서 루소는 더 이상 "소외된" 의식의 불행을 비난하는 것으로 만족하지 않고, 인간을 그 자신 및 타인과 갈라놓는 분리의 원인을 상세히 분석한다. 우리는 루소가 도덕적 악덕(실체와 외관의 불일치)과 사회적 억압 및 불평등의 상황을 매우 엄밀하게 비교한다는 사실을 알 수 있다.《크리스토프 드 보몽에게 보내는 편지 Lettre à Christophe de Beaumont》〔김중현 옮김, 〈보몽에게 보내는 편지〉,《보몽에게 보내는 편지/도덕에 관한 편지/프랑키에르에게 보내는 편지》, 책세상, 2018〕는 이 점을 매우 명확하게 보여준다. "사람들을 관찰할 수 있게 되면, 저는 그들이 행동하는 것을 보고 말하는 것을 듣습니다. 그러다가 그들의 행동과 말이 전혀 일치하지 않는 것을 보고, 이 불일치의 이유가 뭘까 알아내려 하지요. 그리고 저는 그들에게는 실체와 외관이 행동하고 말하는 것만큼이나 다르기 때문에, 이 두 번째 차이가 첫 번째 차이의 원인이며 그 자체가 하나의 원인이라는 사실을 알게 되었습니다."

로, 또 어떤 사람들에게는 강압적이고 가혹하게 군다. 또한 그가 필요한 모든 사람이 그를 두려워하게 만들 수 없거나, 그들을 돕는 게 자기에게 이익이 되지 않는다고 생각될 때는, 그들을 속여야만 한다. 결국 탐욕스러운 야심, 진짜로 필요해서라기보다는 남보다 우위에 서려는 생각에서 자신의 재산을 늘리려는 열망은 서로를 해치려는 음험한 경향을, 더욱더 확실한 승리를 거두기 위해 흔히 친절의 가면을 쓰기 때문에 한층 더 위험한 은밀한 질투를 모든 사람에게 불러일으킨다. 한마디로 말해서 한쪽에는 경쟁과 적대가, 다른 한쪽에는 이해관계의 대립이 자리 잡게 되는 것인데, 이것은 결국 타인을 희생시켜가며 자신의 이익을 챙기려는 숨겨진 욕망에 불과할 뿐이다. 이 모든 악은 소유의 첫 번째 결과이고, 이제 막 시작된 불평등과 떼려야 뗄 수 없는 동반자다.[39]

---

39 루소의 문명인에 관한 묘사는 두 가지 방법으로, 즉 결론 혹은 출발점으로 읽힐 수 있다. 한편으로 이 묘사는 1부의 자연인의 묘사에 대한 대응이라고 볼 수 있다. 자기 사랑은 자기 편애로 바뀌고, 어리석고 편협한 동물은 지능을 갖춘 존재가 되었으며, 연민은 경쟁에 억눌려 서서히 사라져갔다. 이 최초의 격변(자연에서 문화로의 이행)은 원시 국가의 기원을 이룬다. 토지 소유의 출현과 연관되어 있으며 사회의 역사 속에 위치해 있는 두 번째 격변은 독립 상태를 종속 상태로 바꾸는 결과를 낳았다. 이제 사람들은 자기 편애(사회가 시작되자마자 바로 나타난)를 추구한다. 즉 이제 그 목적은 단순히 상징적인 재산(명예, 존경)이 아니고 사물에 대한 지배이며, 결과적으로 이 같은 지배는 인간에 대한 지배로 이어진다. 이 같은 묘사는 인류를 "불평등의 마지막 단계"(본서 165쪽)로 데려갈 인자因子들의 일람표로 읽힐 수 있다.
이러한 관점에서 볼 때, 외관의 주제는 결정적인 위치를 차지한다. 실체와 외관, 빛과 어둠, 투명성과 이중성의 대립(이것은 J. 스타로뱅스키, 《투명성과 장애물》의 중심 주제다)이 갖는 미적·윤리적 차원은 자주 강조되었다. 이 구절은 외관의 논리가 사회적 존재의 논리라는 사실을 강조하는 방향으로 나아가게 되어 있다. 인간은 자신의 현재 모습이 아닌 모습으로 보이고 싶어 할 뿐만 아니라, 말 그대로 오직 외관의 매개에 의해서만 존재할 수 있기 때문이다. 인간은 인정의 필요를 가지고 있기 때문에, 오직 인정받을 때만 존재한다. 종속이 인간을 지배하면 부유한 자와 권력을 가진 자 들은 가난한 자와 약한 자 들의 "관심

부를 나타내는 표시가 발명되기 전까지만 해도 부는 오직 토지와 가축으로만 이루어질 수밖에 없었으며, 그것들이야말로 인간이 유일하게 소유할 수 있는 실질적 재산이었다. 그런데 상속재산의 수와 범위가 증가하여 땅 전체를 덮고 서로 맞닿자, 어떤 사람들은 오직 다른 사람을 희생시켜야만 자기 재산을 늘릴 수 있게 되었다. 또 여분餘分의 인간은 무기력하고 나태하여 유산을 상속받지 못했기 때문에, 잃은 건 전혀 없지만 가난해졌다. 그들 주변에서는 모든 것이 다 바뀌는데 오직 그들만 바뀌지 않아, 그들은 어쩔 수 없이 부자들에게서 먹을 걸 얻거나 빼앗아야만 했고, 그때부터 각자의 다양한 성격에 따라 지배와 예속, 혹은 폭력과 약탈이 시작되었다.[40] 부자들은 지배의 즐거움을 알게 되자마자 다른 모든 쾌락을 무시하고, 마치 배고픈 늑대가 한번 사람 고기를 맛보자 그 뒤로는 다른 건 거들떠보지 않고 오직 사람만 잡아먹으려 하는 것처럼, 새로운 노예를 얻기 위해 기존의 노예를 부려가며 이웃을 지배하고 굴종시킬 생각만 하게 된다.[41]

을 끌어야" 한다. 지배욕은 지배당할 사람들의 동의를 얻어야만 충족될 수 있기 때문이다. 여기서도 역시 소유 제도는 결정적인 위치를 차지하며, 이 제도는 단지 소유만을 전제로 하지는 않는다. 소유 제도가 유지되려면 그것이 합법적인 것으로 간주되어야 한다.

40 이 구절에서는 홉스가 주장한 "만인의 만인에 대한 투쟁"이 연상된다.

41 우리는 지금 불확실한 단계에, 즉 토지의 점유가 토지의 소유로 바뀌게 될 "초기" 사회의 단계에 와 있다. 토지 점유에는 토지 공간의 포화라는 논리가 포함되어 있다. 그로티우스는《전쟁과 평화의 법》(1625)에서 초기 국가의 수립은 필연적으로 지구 전역에 대한 주권의 확대를 야기한다고 주장한다. 이 두 경우에 새로운 질서는 본래 갈등을 일으키게 되어 있다. 루소는 고전적 사상가들이 "새로운 세계들"을 발견한 것을 반대로 해석한다. 그 발견은 새로운 공간을 점유할 수 있게 되었다는 걸 의미하기보다, 점유할 수 있는 공간이 더 이상 없다는 걸 의미한다는 것이다. 그러나 만일 토지가 모두 점유되면 다른 사람들이 점유할 땅이 남지 않게 되는데, 루소는 이들을 "여분의 인간"이라고 부른다. 분배에서 제외된 이들이 선택할 수 있는 길은 예속이나 폭력뿐이다.

이렇게 해서 가장 강한 자나 가장 비참한 자가 자신의 힘이나 필요가 타인의 재산에 대한 일종의 권리라고, 그들에 따르면 그것이 소유의 권리와 동등한 권리라고 주장함에 따라, 평등이 깨지면서 끔찍하기 짝이 없는 무질서가 초래되었다. 그 결과 부자들의 횡탈과 가난한 자들의 약탈, 모든 사람의 절제되지 않은 정념이 타고난 연민과 아직은 들릴락 말락 한 정의의 목소리를 억누르자, 인간은 탐욕스럽고 오만하고 사악해졌다. 가장 강한 자의 권리와 최초 점유자의 권리 사이에는 끊임없이 분쟁이 발생했고, 이 분쟁은 싸움과 살인으로 막을 내리곤 했다.[17)] [42] 이제 막 태어난 사회는 끔찍하기 짝이 없는 전쟁 상태로 변해버렸다.[43] 비천하고 황폐해진 인간은 더 이상 옛날로 돌아갈 수 없고, 그동안 다른 사람을 불행하게 만들며 획득한 것들을 포기할 수도 없으며, 그들을 영광스럽게 만드는 능력을 남용하다 보니 한층 더 치욕스러워질 뿐이어서, 스스로 파멸하기 직전에 이르렀다.[44]

---

42 저자 주석 17번은 '왜 인간은 이 전쟁 상태를 피하기 위해 흩어지지 않았는가?'라는 가능한 반론에 대한 대답이다.

43 연합 조약을 예고하는 이 단계에서야 루소는 홉스와 합류한다. 그러나 홉스와는 달리 루소는 전쟁 상태가 자연 상태에 내재하는 것이 아니라, 그 맨 마지막에 위치한다고 주장한다.

44 거대한 토지 점유의 움직임이 불러일으킨 결과를 묘사하기 위해 루소가 사용한 "끔찍하기 짝이 없는 전쟁 상태"라는 표현은 홉스를 참조하면서도 동시에 그의 주장을 반박하기 위해서 사용되었다. 전쟁 상태는 자연 상태의 결과가 아니라, 인간이 자연 상태에서 빠져나온 것의 결과다. 루소는 이 같은 관점에서 그가 지속적으로 펼쳐온 "전쟁은 사회 상태에서 비롯된다"라는 주장을 옹호한다. 이 글은 "오직 국가 간에만 전쟁이 일어날 수 있다"라는 역시 중요한 또 다른 주장을 반박한다(《전쟁법의 원칙》, 《사회계약론》 I, 4.). 이럴 가능성은 매우 희박하다. 《사회계약론》의 표현은 보다 더 복잡한 견해를 압축하고 있다. 즉 진짜 전쟁은 토지와 인민에 대한 제도화된 지배력의 존재에 의해 발생하며, 그 관건은 항상 이 지배력과 그것이 야기하는 지배 효과다. 그런 의미에서 지주와 비非지주 간의 전쟁과 국가 간의 전쟁은 동일한 구조를 가진다. 전자는 후자의 싹을 내포하고 있는 것이다.

해악의 새로움에 질겁한 그는 자신의 재물을 포기하고 탐내던 것도 혐오한다Attonitus novitate mali, divesque meserque, Effugere optat opes, et quae modo voverat, odit.[45]

인간이 이처럼 비참한 상황에 대해, 그들에게 닥친 재난에 대해 깊이 생각해보지 않는다는 건 있을 수 없는 일이다.[46] 특히 부자들은 자기들만 비용을 부담해온 끊임없는 전쟁이 그들에게 얼마나 불리한지를, 그리고 이 전쟁에서 목숨을 잃을 위험은 누구에게나 닥치지만 재산을 잃어버릴 위험은 개인에게만 닥친다는 것을 깨달았다. 게다가 그들이 자신의 횡탈을 어떤 식으로 미화하든지 간에, 그것은 오직 불확실하고 부당한 권리를 근거로 이루어진 것에 불과하고 힘으로 빼앗은 것에 불과하기 때문에, 설사 다른 사람이 그것을 다시 힘으로 빼앗아 간다 해도 불평불만을 늘어놓을 수 없다는 사실을 그들은 잘 알고 있었다. 그리고 설사 일을 잘해서 부자가 된 사람들조차도 자신의 소유에 대해 더 나은 명분을 내세울 수 없었다. 그들이 예를 들어 "이 울타리를 세운 건 나야. 난 열심히 일해서 이 땅을 얻은 거라고!"라고 말해

이 두 경우 모두 토지의 점유는 확립된 권력과 관례적인 불평등(더 이상 자연적인 불평등이 아니다)의 존재를 전제로 한다. 그리고 토지 점유가 수용收用에 근거하다 보니 어쩔 수 없이 이해관계가 충돌하게 되고, 인간은 이 대단히 중요한 문제에서 이제 더 이상 벗어날 수가 없다(하지만 예를 들어 오두막집을 소유하기 위한 일시적 분쟁의 경우에는 상황이 이런 식으로 전개되지 않는다). 지금 거론되는 것은 본래 의미에서의 전쟁이다. 루소는 전쟁이 시민 사이에서 발생할 수 있다는, 예를 들어 사회 내부에서 최소한 "전쟁 상태"의 형태로 주인과 노예를 대립시킨다는 사실을 부정하지 않는다(《전쟁법의 원칙》).

45 오비디우스, 《변신 이야기 Metamorphoses》, XI, V, pp. 127~128〔오비디우스, 천병희 옮김, 《변신 이야기》 개정판, 숲, 2017〕.

46 사회 상태와 계약에 관한 연구를 말한다.

봤자 아무 소용 없었다. 누군가가 그들에게 이렇게 대꾸할 수 있었기 때문이다. "도대체 누가 당신에게 경계선을 정해준 거지?" "우리가 당신에게 일을 하라고 억지로 시킨 적이 없는데, 당신은 도대체 무슨 근거로 당신이 한 일의 대가를 우리에게 지불하라고 그러는 거야?" "당신이 너무 많이 가지는 바람에, 그게 필요한 당신의 수많은 형제들이 죽어가거나 힘들어하는 걸 당신은 모르나?" "당신이 필요 이상의 것을 공동의 식량에서 취하려면, 모든 사람으로부터 명백한 만장일치의 동의를 받아야 한다는 걸 모르나?" 이렇게 해서 자신의 입장을 정당화할 만큼 타당한 이유도 없고, 자신을 방어할 수 있을 만큼 충분한 힘도 없고, 한 사람 정도야 쉽게 제압할 수 있지만 강도떼에게는 오히려 짓밟히며, 홀로 만인에게 맞서지만 서로 간의 질투심 때문에 약탈이라는 공통된 희망으로 뭉친 적들에 저항하기 위해 자기 동료들과 결합할 수도 없는 부자는 결국 다급한 필요에 따라 인간의 정신이 생각해낸 것 중에서 가장 교묘한 계획을 세웠다. 그것은 바로 자신을 공격하는 사람들의 힘을 자신에게 유리하게 사용하고, 자신의 반대자들이 자신을 옹호하게 만들며, 그 반대자들에게 다른 규범들을 고취시켜, 자연법이 자신에게 불리했던 것처럼 자신에게 유리한 다른 제도들을 그들에게 제공하는 것이다.[47]

---

47 이 결정적인 순간을 제대로 포착하기 위해서는 반드시 시민 상태에서 외관이 어떤 위치를 차지하는지를 잘 이해해야 한다. 점유는 강제 행위다. 힘에 근거한 모든 것이 다 그러듯 점유는 불안정하다. 그러므로 그것을 안정시키기 위해서는 동의를 통해 보강해야 할 필요가 있다. 이 같은 주장은《사회계약론》(I, 3)에서 일반화될 것이다. "최강자는 만일 그가 자신의 힘을 법으로, 복종을 의무로 바꾸어놓지 않는 한, 결코 항상 지배자가 될 만큼 강하지가 않다." 점유는 소유로 바뀌어야만 유지될 수 있는 것이다. 그렇기 때문에 토지 소유자에게는 "자신을 공격하는 사람들의 힘을 자신에게 유리하게 사용하는 것" 말고 다른 가능성은 없다. 부자의 계획(자신의 강권 발동에 법의 힘을 부여하는 것)은 인과관계

이 같은 목적에서 부자들은 이웃에게 그들 모두가 서로에 대해 무장하고, 그들의 소유가 그들의 필요만큼이나 큰 부담을 주며, 가난하든 부유하든 누구도 자신의 안전을 확신할 수 없는 상황의 두려움을 설명한 다음, 자신의 목적을 달성하기 위해 그럴듯한 이유를 쉽게 만들어냈다. 그는 그들에게 말했다. "약자를 억압으로부터 보호하고 야심가를 제지하며 각자에게 그가 소유한 것을 보장해주기 위해, 우리 뭉칩시다! 단 한 사람의 예외도 없이 모두가 따라야 하고, 강자와 약자가 똑같이 서로에 대한 의무를 지키게 함으로써 운명의 변덕을 보상하게 만드는 정의와 평화의 규칙을 제정합시다! 말하자면 우리가 가진 힘이 우리에게 불리하게 작용하도록 하는 대신에, 그걸 한데 모아 지혜로운 법률에 따라 우리를 지배하고 사회의 구성원들을 보호하고 지켜내며 공동의 적을 물리쳐 영원토록 우리를 화합시키는 최고 권력을 만들어내자는 겁니다!"

사실 무지하고 남의 감언에 쉽게 속아 넘어가며, 자기들끼리 해결해야 할 일이 너무 많아서 중재자가 꼭 있어야 하고, 지나치게 탐욕스럽고 야심만만해서 지배자 없이 오랫동안 생활해나가는 게 불가능한 사람들을 부추기는 데는 굳이 이렇게까지 설명할 필요도 없었다. 모두가 그게 자신의 자유를 보장해준다고 믿고 그들의 쇠사슬을 향해 우르르 몰려갔다. 왜냐하면 그들은 어떤 정치제도의 이점을 느낄 정도의 이성은 갖추고 있었지만, 그것이 안고 있는 위험을 예측할 정도로 경험이 충분하지는 않았던 것이다. 그런 위험을 가장 잘 예측할 수 있었던 이

의 정확한 계산에 근거해 있기 때문에 "인간의 정신이 생각해낸 것 중에서 가장 교묘"하다. 그 이후에 인간 간에 일어나는 전쟁은 가난한 사람들에게도 경제적으로 부담을 지운다. 책략과 기만이라는 요소는 매우 실제적인 상황의 경험에 근거하고 있다.

들은 바로 그걸 이용하고자 했던 사람들이었고, 현명한 사람들까지도 마치 부상을 입은 사람이 몸의 나머지 부분을 구해내기 위해 한쪽 팔을 잘라내듯이 자기가 누리는 자유의 한 부분을 보존하기 위해 다른 부분을 희생시켜야 한다고 생각했다.[48]

---

48 이 구절을 어떻게 해석하느냐를 놓고 많은 논란이 벌어졌다. 이 사회적 계약은 하나의 속임수에 불과한가, 아니면 그 필요성과 정당성을 인정해야 하는가? 우선 이 계약의 이해관계자가 누구인지 알아봐야 한다. 한편으로 보면 부자의 연설은 다른 토지 소유자를, 다른 "이웃"을, 말하자면 소유지가 서로 인접해 있는 사람들을 상대로 한다. 그들 간에는 각자가 자기 재산의 수익권을 안심하고 누리는 걸 가로막는 분쟁(토지 경계 획정으로 인한 분쟁)이 벌어진다. "각자에게 그가 소유한 것을 보장"해준다는 목적은 오직 토지 소유자에게만 해당된다. 그렇게 되면 이 행동은 "여분의 인간"들이 가하는 위협으로부터 자신을 지키기 위해 토지 소유자들을 단결시키는 것을 목표로 한다. 그러나 이 연설은 또한 이 여분의 인간들을 대상으로 한 것이기도 하다. "억압으로부터 보호"해주어야 하는 것은 바로 이 약자들이며, "강자와 약자가 똑같이 서로에 대한 의무를 지키게" 하는 법률은 바로 이들과 관계가 있기 때문이다. 그렇다면 부자들은 안전을 보장한다는 이유를 공공연하게 내세우며 소유지를 합법화시켜야 한다. 요컨대 이 여분의 인간들은 횡탈이 불러온 결과(끔찍한 전쟁 상태)에서 벗어나기 위해, 그들을 희생시켰던 횡탈의 법적 유효성을 인정하라는 요구를 받는 것이다. 이 같은 고찰은 계약의 정당성이라는 문제를 이해하도록 해준다. 골드슈미트(《인류학과 정치학》, Vrin, Paris, 1983)는 일반적인 해석에 반대하여 이 계약은 "역사적으로 필요하고 사법적으로 유효하다"고 주장하는데, 이에 대해서는 오랜 시간에 걸쳐 상세한 논의가 이루어져야 할 것이다. 그것의 역사적 필요성에 대해서는 부정할 수 없다. 이 글 전체의 목표가 그 필요성을 증명하는 것이기 때문이다. 그러나 그것의 합법성은 명백하게 애매모호하다. 이 글에 서로 뒤섞여 있는 두 가지 논리를 구분해야만 이 같은 애매모호함에서 벗어날 수 있다. 루소가 계약이라는 단어를 사용함으로써 우선 보여주는 것은 법의 제정이 어떤 식으로든 동의를 전제로 한다는 사실이다. 물론 사실에 근거를 둔 기원이라는 관점에서 보면, 그는 이 동의가 최초의 토지 소유자가 하는 말을 믿는 단순한 사람들의 경우처럼 필연적으로 점진적이고 비공식적이며, 이해 당사자들의 나태와 종교적 믿음의 사회적 효과, 사회적 순응주의의 결과라는 것을 모르지 않는다(《학문예술론》, *OC* III, p. 22; 《에밀》, IV, *OC* IV; 《사회계약론》, III, 5 et IV, 8, *OC* III, pp. 406, 460). 이렇게 본다면 부자의 "계약"은 관례에 따라 자리 잡은 거의 지각할 수 없을 정도로 오래된 횡탈을 응축하여 보여줄 뿐이다(흄은 《인간 본성론A Treatise of Human Nature》, III, II-10〔이준호 옮김, 《도덕에 관하여: 인간 본성에 관한 논고 제3권》 수정판, 서광사, 2008〕에서 정치제도의 기원을 설명하기 위해 이 횡탈에 대해 기술할 것이다). 이 같은 이유로 횡탈 때문에 모든 걸 잃어버린 사람들조차 그것에 동의하는 것이다. 반대로 합리적인 근거의 관점에서 보면, 루소는 소유권의 확립이 명확한 정

바로 이것이 약자를 새롭게 구속하는 한편 부자에게는 새로운 힘을 부여했고,[18)] 자연적 자유를 영원히 파괴했으며, 소유와 불평등의 법률을 영구히 고정시켰고, 교묘한 횡탈을 절대 취소할 수 없는 권리로 만들었으며, 그 이후에 몇몇 야심가의 이익을 위해 온 인류에게 노동과 예속과 비참을 강요했던 사회와 법률의 기원이었거나 기원이었음에 틀림없다. 우리는 단 하나의 사회가 성립되려면 어떻게 다른 모든 사회가 성립해야 하며, 단결된 힘에 대항하기 위해서는 또 어떻게 단결해야 하는지를 쉽게 알 수 있다. 사회가 빠르게 증가하거나 확대되면서 지구 표면 전체를 덮어버리는 바람에, 사람들은 어디를 가나 속박에서 벗어날 수 없게 되었으며,[49] 모든 사람의 머리 위에 항상 매달려 있는 검이 혹시라도 잘못되어 자신에게 떨어질 때[50] 그걸 피할 수 있는 장소를 단 한 곳이라도 찾아내는 것 역시 불가능하게 되었다. 이렇게 시민법이 시민의 공통 규칙이 되었기 때문에, 자연법은 오직 서로 다른 여러 사회 사이에서만 유지되었다. 자연법은 교류를 가능하게 하고 자연적 연민을 대신하는 만민법이라는 이름의 암묵적 약속으로 완화

치적 조건을, 특히 모든 사람의 이익을 고려할 것을 강조하는 분명한 동의를 전제로 한다고 주장한다. 이 합리적 요구를 밝히기 위하여, 그는 역사적 횡탈이 이 같은 제도의 조건들을 분명하게 밝힐 수 있도록 해주는 하나의 사건이라고 주장한다(만일 부자가 실제로 자신의 모든 동족을 설득해야만 했다면, 그는 어쩔 수 없이 이 조건들을 참조했을 것이다). 그래서 루소는 여기서 갑작스럽게 가설적 역사를 구실로 내세우며 '정치법의 원칙'을 다루는 이론가 행세를 하기 시작한다.

49 소유권이 상속을 통해 그러는 것처럼, 사회는 빠르고 필연적으로 토지 전체로 확대되어 나간다.

50 기원전 4세기 고대 그리스의 식민지 시라쿠사이의 디오니시우스Dionysios 왕은 신하 다모클레스Damocles가 왕의 권력과 부를 부러워하자, 왕좌에 앉아 천장을 올려다보라고 한다. 그 천장에는 검 한 자루가 한 올의 말총에 매달려 있었다. 이 일화는 매우 위태로운 상황을 의미하며, 루소는 경찰을 검에 빗대어 말한다.

되었다. 자연적 연민은 인간과 인간 사이에서 가지고 있던 힘을 사회와 사회 사이에서는 거의 모두 잃고 말아서, 결국은 민족들을 갈라놓는 상상의 장벽을 넘어서고 그들을 창조한 절대자처럼 온 인류를 포옹할 수 있는 몇몇 위대한 세계시민적 인간의 영혼 속에만 존재할 뿐이다.

이렇게 자기들 간에는 여전히 자연 상태로 머물러 있던 정치체들도 얼마 지나지 않아 개인들로 하여금 자연 상태에서 벗어나지 않을 수 없도록 했던 어려움을 느끼기 시작했고, 이 상태는 그 전에 그것을 구성하는 개인들에게 닥쳤던 것보다 훨씬 더 큰 불행을 대규모 정치체들 사이에서 초래하게 되었다. 자연을 전율케 하고 이성에 타격을 안겨주는 인민 간의 전쟁, 전투, 살인, 보복, 그리고 인간의 피를 흘리게 해서 얻은 명예를 덕성으로 여기는 저 지독한 편견이 바로 이 같은 상황에서 비롯되었다. 심지어 높은 수준의 교양을 갖춘 사람도 다른 사람의 목을 자르는 게 자신의 의무 중 하나라고 생각하게 되었다. 마침내 인간은 이유도 모르는 채 서로를 수천 명씩 죽였다. 자연 상태의 인간이 지구 전역에서 수 세기 동안 저지른 것보다 더 많은 살육이 단 하루 동안의 전투에서 저질러졌고, 어느 도시를 점령하면 더 끔찍한 일이 벌어졌다. 바로 이것이 인류가 서로 다른 여러 사회로 나뉘면서 나타난 최초의 결과다.[51] 자, 이제는 이 사회들의 제도에 대해 알아보기

---

51 이 문장은 이전의 해석을 다시 한 번 확인해준다. 즉 루소는 계약이란 그 내용의 관점에서 오직 "몇몇 야심가"의 이익을 위해서 거의 대부분의 사람들을 희생시키는 지배 상황을 제도화시킨 것이라고 주장하는 것이다. 그러나 앞서 "온 인류에게 노동과 예속과 비참을 강요했던 사회와 법률의 기원이었거나 기원이었음에 틀림없다"라는 부분에 유의해야 한다. 물론 이런 계약이 실제로 이루어지지는 않았지만, 이루어져야만 했다는 것이다. 그러므로 그것의 기능과 수립 방식이라는 관점에서 이 계약은 합리적으로 필요하다. 그 점에서 비록 그것의 동기와 결과는 본래 비합법적이지만, 그럼에도 이 계약은 원칙과 그것이 기초를 두고 있는 약속으로 볼 때 《사회계약론》의 계약을 예고한다. 《인간 불평등 기원론》의

로 하자.

나는 정치적 사회가 강자의 정복이나 약자의 단결[52] 같은 또 다른 기원에서 비롯했다고 많은 사람들이 주장한다는 사실을 알고 있다. 이 원인들 가운데서 어느 것도 내가 입증하려고 하는 내용과는 상관이 없다.[53] 그러나 내가 방금 설명한 원인은 다음과 같은 이유에서 가장 자연스러워 보인다.[54]

① 첫 번째 경우에 정복의 권리는 권리가 아니므로, 다른 어떤 권리의 근거도 될 수 없었다. 완전히 자유로운 상태로 되돌아간 인민이 정복자를 자진해서 자신들의 우두머리로 선택하지 않는 한, 정복자와 정

이 구절에는 루소가 합법적인 사회계약에 일반적으로 부여하는 지위에 관한 매우 유용한 정보가 담겨 있다. 그는 현존하는 제도들과 이 계약의 조항들이 일치해야 한다는 생각은 당연히 하지 않는다. 하지만 그렇다고 해서 그가 적용 영역을 예외적인 역사적 상황으로 축소시키는 것은 아니며, 또한 이 계약이 단순한 유토피아라는 사실을 모르는 것도 아니다. 모든 정치제도의 조건들을 합리적으로 설명하는 이 계약은 겉으로 드러나지 않고 잠재된 원칙으로서, 이 원칙이 없으면 법률은 하나의 사기에 지나지 않게 된다(《산에서 보낸 편지 Lettres écrites de la montagne》, 1764, VI, *OC* III, p. 811). 사실상 훌륭한 정치체제의 문제는 부자들의 약속이 실제로 지켜지느냐 지켜지지 않느냐의 문제로 귀결된다.

52 루소는 "강자의 정복"은 홉스(특히 《리바이어던》 20장)에게서 인용했고, "약자의 단결"은 달랑베르Jean Le Rond D'Alembert(1717~1783)의 〈서문〉, 《백과전서》(1751)에서 인용했다.

53 정복으로 인해 정치적 권력의 근거가 마련되었다는 주장은 특히 그로티우스, 《전쟁과 평화의 법 De Jure Belli ac Pacis》, III, VI, § I-3과 홉스, 《시민론 De Cive》, chap. VIII에 의해 옹호되었다. "약자의 단결"이라는 가설은 특히 플라톤이 《고르기아스Gorgias》(483b)〔김인곤 옮김, 《고르기아스》, 이제이북스 2014〕에서 칼리클레스Callicles에게 하는 말 속에 담긴 사상에서 발견할 수 있다. 루소는 실제적 기원에 속하는 이 가설들을 전부 다 반박하는 것이 아니라, 그것들이 자기가 "입증하려고 하는 내용", 즉 제도의 근거를 논하는 데 적합하지 않다는 점을 강조한다는 사실에 유의해야 할 것이다.

54 여기서 "자연스러워"라는 단어는 그 원인이 자연 즉 문화 이전의 상태에서 유래했다는 의미로서가 아니라, "조리條理" 즉 사물의 본질적 법칙과 일치한다는 의미로 쓰였다. 이것은 어떤 실제 상태가 합리적으로 가능한 조건을 분석한다고 말하기 위해 루소가 자주 사용하는 표현이다.

복당한 인민은 항상 전쟁 상태에 있기 때문이다. 그때까지는 비록 항복을 했다 하더라도 그것은 폭력에 의한 것이고, 따라서 사실상 아무 의미가 없으며, 이 가설에는 진정한 사회도 정치체도 최강자의 법이 아닌 어떤 법도 있을 수 없다.[55]

② 두 번째 경우에 **강하다**와 **약하다**라는 단어가 애매모호하다. 소유권이나 최초 점유자의 권리 확립과 정치적 지배의 확립 사이에 위치한 중간기에는 이 두 단어의 의미가 **가난하다**와 **부유하다**라는 단어에 의해 더 잘 표현된다. 왜냐하면 법이 생기기 전에는, 어떤 사람이 그와 동등한 사람들을 복종시키려면 그들의 재산을 빼앗거나 자기 재산의 일부를 그들에게 나눠주는 것 말고는 다른 방법이 없었기 때문이다.[56]

③ 자신의 자유 말고는 잃을 게 아무것도 없는 가난한 자들이 교환해봤자 얻을 게 없는데도 자신에게 남은 유일한 재산을 자진하여 포기한다는 건 미친 짓이나 다름없다. 반면에 부자들은 요컨대 자기가 가

---

55 정복으로부터는 동의된 결합(그것이 없으면 "진정한 사회"가 있을 수 없는)이 아닌 지배가 생겨났다. 여기서 루소는 그로티우스의 주장을 개괄적으로 반박하며, 이 같은 반박은《사회계약론》에서 체계화된다. 즉 그 자체로서의 힘은 어떤 진정한 법도 만들어내지 않는다는 것이다. 오직 "정치체"의 의사표현으로서의 지속적이고 합법적인 정치권력만 있을 뿐이다.

56 우리는 여기서 (비공식적이거나 관례적인) 소유권의 인정과 정치제도에 의한 그것의 보장 사이에 중간 단계가 존재한다는 루소의 주장을 다시 한 번 확인할 수 있다. 사실상 시민사회는 엄격한 의미의 정치사회 이전에 시작되었으리라는 것이다. 다른 관점에서 보면 이 구절에서 루소가 전개시키는 논지는 다음과 같다. 즉 힘이 법을 만들어낼 수 없는 것은 이전의 논거에서 언급된 이유 말고도, 힘의 불평등이 정치적 제도를 앞서는 것이 아니라 이 제도에서 비롯되기 때문이기도 하다. 오직 국가의 공권력만이 "모든 개별적 의지의 작용보다 우월한 실제의 힘"을 이룰 수 있다.(《에밀》, II, *OC* IV, p. 311;《사회계약론》, I, 9). 불균등한 상황을 보장하는 힘이 만들어지기 전의 개인들은 강함과 약함에서 신체적으로 평등했다(《에밀》, IV, *OC* IV, p. 524). 그러므로 정치 이전의 상태에는 엄격한 의미의 "강자"와 "약자"가 없는 것이다.

진 재산의 모든 부분에 민감했으므로 그들에게 손해를 입히기가 훨씬 더 쉬웠고, 그 결과 그들은 손해를 입지 않기 위해 더욱더 조심했다. 결국 어떤 사물은 그것 때문에 손해를 입는 사람보다는, 그것으로 인해 덕을 보는 사람이 만들었다고 생각하는 게 더 합리적일 것이다.[57]

새로 생긴 정부는 항구적인 합법적 형태를 갖추고 있지 못했다. 철학도 못 갖추고 경험도 없어 당장 눈앞에 보이는 불편에만 관심을 보였으므로, 다른 불편에 대해서는 그때그때 직접 당해야만 고칠 생각을 했다. 가장 지혜로운 입법자들이 온갖 노력을 기울였지만, 정치적 상태는 항상 불완전하게 남아 있다. 왜냐하면 그것은 거의 우연의 산물

---

57 이 세 번째 논거는 루소가 앞에서 분석한 "부자들의 계약"이 안고 있는 애매모호함을 다시 한 번 확인시켜준다. 루소가 직접 ①에서 ③까지 번호를 매긴 세 가지 논거는 사실상 이 계약의 동일한 양상을 대상으로 하고 있지 않기 때문이다. ①과 ②의 논거는 계약의 근거를 대상으로 하며, 오직 동의만이 법률을 만들어낼 수 있다는 사실을 보여준다. 논거 ③은 계약의 내용을 대상으로 하며, 오직 부자들만이 그것을 제안할 이유가 있다는 걸 보여준다. 이 말은 이 부자들의 계약에 대해 있어야 할 것(법률의 근거로서의 동의)과 실제로 일어났던 것(부자들의 지배를 제도화하기)을 동시에 기술하고 있다는 것을 다시 한 번 확인시켜준다. "자신의 자유 말고는 잃을 게 아무것도 없는 가난한 자들이 교환해봤자 얻을 게 없는데도 자신에게 남은 유일한 재산을 자진하여 포기한다는 건 미친 짓이나 다름없다"라는 문장은 강조되어야 한다. 이 문장은 두 가지를 의미한다. 첫 번째는 가난한 사람들이 논리적으로 당연히 이 계약에 동의하지 말았어야 했다는 것이다. 두 번째는 만일 우리가 원시사회에서 정치사회로 이행했다는 사실을 관찰하면, 가난한 사람들이 그것에 어떤 식으로든지 동의했으며, 따라서 "미친 짓"은 여기서 불가능한 가설로서가 아니라 정치적 제도의 수립을 설명하는 논리로서 언급된다는 사실을 인정해야 한다는 것이다. 물론 《사회계약론》, I, 4에서 말해지는 것처럼 "어리석은 짓은 정당성을 인정받지 못한다." 이 말은 법의 근거에 대해서는 참이지만, 반대로 이 "참으로 어리석은 짓"이 가져오는 효과를 고려해보면 밝혀지는 그것의 유래에 대해서는 그렇지 않다. 그러면 우리는 규명되지 않은 동의의 개념(루소의 완성 가능성 이론과 완벽하게 결합되는 개념)에, 즉 역설적으로 예속에 이르게 되는 자유의 사용이라는 개념에 도달하게 된다. 즉 이것은 라 보에시Étienne de La Boétie(1530~1563)가 "자발적 예속"이라고 명명한 것으로서, 우리는 이 이론적 유산의 표시들을 곧이어 발견하게 될 것이다.

이고 시작부터 잘못되었기 때문에, 시간이 지나면서 결점이 발견되고 대책이 제시되긴 했지만 그 구조가 원래 가지고 있는 결점을 고칠 수는 없었던 것이다. 튼튼한 건물을 세우기 위해서는 스파르타에서 리쿠르고스가 그랬던 것처럼[58] 부지를 청소하고 낡은 자재들을 말끔히 치워야 하지만, 사람들은 끊임없이 수리만 계속했다. 초기 사회는 개인들이 지키겠다고 약속하고 공동체가 그들 각자의 보증인이 되는 몇 개의 일반적 협약으로만 이루어져 있었다.[59] 그 같은 조직이 얼마나 취약한지를, 그리고 오직 공중만이 증인이자 심판관이 될 때 범죄자들이 과실에 대한 증거나 처벌을 피하는 게 얼마나 쉬운 일인지를 알기 위해서는 경험이 필요했다. 사람들이 별의별 방법을 다 써서 법망을 피해가고 불편과 무질서가 계속 증가하자, 결국 사람들은 위험하게도 공적 권위를 개인들에게 위임하는 한편 인민의 의결 사항을 준수하는 일을 행정관들에게 맡겼다. 왜냐하면 동맹이 결성되기 전에 이미 통치자들이 뽑혔다거나, 법률이 제정되기 전에 이미 법률의 집행자들이 존재했다고 말하는 건 진지하게 반박할 가치조차 없는 가정이기 때문이다.[60]

인민이 아무 조건이나 반대급부도 없이 절대 지배자의 품에 안겼다

---

58 '리쿠르고스Lykurgos'는 고대 스파르타 최초의 전설적인 입법자다. 이처럼 리쿠르고스가 철저한 방법에 대한 사례로 쓰인 것은 데카르트(《방법서설Discours de la méthode》, 2부〔이현복 옮김, 《방법서설》 개정판, 문예출판사, 2019〕)에게서도 볼 수 있다.

59 루소는 시민사회를 탄생시킨 연합 조약과, 이 사회가 어떤 식으로 기능하는지 규칙을 정한 정체 조약을 시간순으로 구분한다. 그는 연합 조약이 그 자체로 불충분하다는 사실을 보여준다. 이 조약에는 법을 준수하게 만드는 강제 조항이 일체 없어서 쉽게 법망을 피할 수 있기 때문이다.

60 이 "가정"은 보쉬에Jacques-Bénigne Bossuet(《성서의 정치학Politique tirée de l'Ecriture Sainte》, 1709, 1, I, art. III et IV)의 것이다.

거나, 자존심이 세고 쉽게 굴하지 않는 인간이 상상해낸 공동의 안전을 보장하기 위한 최초의 수단이 노예 상태로 뛰어드는 것이었다고 믿는 것 역시 이치에 맞지 않기는 마찬가지다. 실제로 억압으로부터 자신을 지켜내고, 요컨대 그들의 존재를 구성하는 요소인 재산과 자유와 생명을 보호하기 위해서가 아니라면, 도대체 무슨 이유로 그들이 자신보다 우월한 사람을 선출했겠는가? 그런데 인간관계에서 일어날 수 있는 최악의 상황은 어느 한 사람이 다른 사람에게 예속되는 것인데, 통치자의 도움을 빌려 지키려 했던 유일한 것을 그 통치자의 손에 넘겨주어 버린 것은 양식에 어긋나는 일이 아니었을까? 통치자는 그처럼 소중한 권리를 양도받은 대가로 과연 그에 상응하는 무엇을 인민에게 제공할 수 있었을까? 만일 통치자가 그들을 지켜준다는 핑계로 감히 그 권리를 내놓으라고 요구한다면, 그는 우화[61]에 나오는 답변을 즉시 들었을 것이다. "적이 우리에게 더 이상 뭘 어떻게 할 수 있단 말인가?" 그렇다면 인민이 통치자를 뽑은 건 자기들을 예속시키라는 게 아니라 자기들의 자유를 지키기 위해서라는 건 두말할 필요도 없으며, 이것은 정치적 권리의 기본 준칙이다. 플리니우스는 트라야누스Traianus에게 이렇게 말한다. "우리가 군주를 섬기는 건, 그렇게 하면 주인을 섬기지 않아도 되어서입니다."[62]

우리 정치가들은 자유에 대한 사랑에 관해 얘기하면서, 우리 철학자들이 자연 상태에 관해 늘어놓았던 것과 똑같은 궤변을 늘어놓는다. 그들은 자신이 보는 것을 통해 본 적이 없는 전혀 다른 것을 판단한다.

---

61 〈노인과 당나귀〉, 《라퐁텐의 우화》, 6편 8화 〔김명수 옮김, 《라퐁텐 우화》 1권, 황금부엉이, 2016〕.

62 소小플리니우스Gaius Plinius Caecilius Secundus(61?~114?), 《트라야누스 찬가Panægyricus Traiano Augusto》, LV, 7.

눈앞에 보이는 사람들이 노예 상태를 끈기 있게 견뎌내는 걸 보고 그들이 예속에 대한 성향을 타고난다고 생각하지만, 사실 자유라는 것은 순결이나 덕성처럼 그것을 자기 자신이 누릴 때만 가치를 느끼지 그걸 잃어버리면 곧바로 그에 대한 취미도 잃어버리게 된다는 사실을 알아야 한다. 브라시다스[63]는 스파르타의 생활과 페르세폴리스의 생활을 비교하는 한 태수에게 이렇게 말한다. "나는 당신네 나라의 즐거움을 알고 있지만, 당신은 우리나라의 즐거움을 알지 못하오."

조련된 말은 채찍으로 때리거나 박차를 가해도 끈기 있게 참고 견뎌내지만 길들여지지 않은 말은 재갈만 가까이 가져가도 갈기를 곤두세우고 발로 땅을 차며 격렬하게 발버둥 치듯, 야만인도 문명인은 아무 이의 없이 받아들이는 멍에를 향해 절대 머리를 내밀지 않고 평온한 복종보다는 파란 많은 자유를 택한다. 그러므로 인간이 예속에 대한 성향을 타고났느냐 그렇지 않느냐는 예속된 인민의 전락轉落에 따라 판단할 것이 아니라, 모든 자유로운 인민이 압제로부터 자신을 지키기 위해 행했던 놀라운 행동에 따라 판단해야 한다. 나는 예속되어 있는 인민이 쇠사슬에 매인 채 누리고 있는 평화와 안식을 끊임없이 찬양하며 "비참한 노예 상태를 평화라고 부른다"[64]는 것을 안다. 그러나 사람들이 그것을 잃어버린 자들이 그토록 경멸하는 저 유일한 재산[65]을 지켜내기 위해 자신의 쾌락, 평안, 부, 권력, 심지어 목숨까지

63 '브라시다스Brasidas'는 기원전 5세기경 스파르타의 장군이다.

64 타키투스, 《역사Historiae》, IV, XVII〔김경현·차전환 옮김, 《타키투스의 역사》, 한길사, 2011〕. 이 문장은 공화제를 지지하는 저자들이, 특히 시드니Algernon Sydney(1623~1683)가 《정부론Discourses Concerning Government》(1698), 1부 15장에서 자주 인용한다.

65 자유를 가리킨다.

희생하는 걸 보면서, 자유롭게 태어나서 갇혀 있는 걸 몹시 싫어하는 동물들이 감옥의 창살에 머리를 부딪치는 걸 보면서, 그리고 홀딱 벌거벗은 수많은 미개인이 자기들의 독립을 지켜나가기 위해 유럽인의 향락을 경멸하고 배고픔과 불과 검과 죽음에 용감히 맞서는 것을 보면서, 나는 자유에 대해 논하는 게 노예들이 할 일은 아니라고 느낀다.[66]

많은 사람들이[67] 전제정치 체제와 모든 사회가 유래했다고 생각하

---

66 이 구절은 라 보에시에게서 직접 영감을 얻은 것이다. 라 보에시는 노예 상태의 반反자연적 특성을 밝혀내기 위해 사슬에 묶인 야생동물의 예를 들며, 또한 헤로도토스에게서 빌려온 스파르타 사람 불리스와 스페르테스가 어느 성주에게 대답하는 일화를 인용한다. 페르시아의 한 성주는 자진하여 볼모로 잡혀온 이 두 사람을 호화롭게 맞이하면서, 그들이 페르시아 왕에게 복종하면 훨씬 더 호화로운 대접을 받을 수 있을 것이라고 말한다. 그러자 이 두 사람은 이렇게 대답한다. "당신은 당신이 우리에게 약속하는 혜택을 누리고 있지만, 우리가 스파르타 시민으로서 누리는 혜택은 누려본 적이 없소. 당신은 당신의 왕이 베푸는 호의를 누리고 있지만, 우리가 소유한 자유의 가치가 어떤 것인지, 그 맛은 또 얼마나 달콤한지를 체험해본 적도 없고, 그걸 상상할 수도 없을 겁니다. 당신이 진정한 자유인의 신분에 대해 알기만 한다면, 당신은 꼭 그 자유를 확보하라고 우리에게 말할 겁니다"(《자발적 노예 상태에 관하여Discours de la servitude volontaire》, rééd. Paris: Payot, 2000, pp. 185~186 et 193〔심영길·목수정 옮김, 《자발적 복종》, 생각정원, 2015〕).
루소가 자유의 구체적 경험을 기술하는 방식은 라 보에시와 매우 유사하다. 루소는 라 보에시처럼 겉으로 보기에는 서로 모순되지만 실제로는 같은 결론을 추구하는 두 가지 편견을 거부한다. 즉 자유는 사람들이 일반적으로 상상하는 것보다 훨씬 더 희귀하며(이것은 노예 상태의 다양한 원인과 은폐를 무시하는 순진함이나 인류학적 낙관론의 형태에 반대하여 내세우는 주장이다. 《에밀》은 루소가 이 점에서 로크와 거리를 두며, 따라서 로크로부터 영감을 받은 18세기의 모든 전통과도 거리를 둔다는 사실을 보여준다), 동시에 사람들이 이따금 말하는 것보다 훨씬 더 인간과 분리될 수 없다(이것은 인간이 복종해야 될 운명에 놓여 있다는 주장에 반대하는 생각이다. 이 주장은 필머Robert Filmer〔1589?~1653〕와 보쉬에뿐만 아니라 아리스토텔레스에게서도 발견되는데, 이 그리스 철학자는 《정치학Politika》〔천병희 옮김, 《정치학》, 숲, 2009〕에서 일부 인간은 자연의 불완전함 때문에 노예가 된다고 말한다)는 것이다.

67 특히 필머(《가부장권론, 혹은 국왕의 자연적 권력Patriarcha, or The Natural Power of Kings》, 1680), 보쉬에(《성서의 정치학》, 1709), 램지Andrew Michael Ramsay(1686~1743; 《정부에 관한 철학적 고찰Essai philosophique sur le gouvernement》, 1721)를 가리킨다. 이 저자들은 왕권이 부권에서 유래하며,

는 아버지의 권위에 대해서 말하자면, 굳이 로크와 시드니의 반증[68]을 내세울 필요 없이, 이 세상에 명령하는 사람의 유용성보다는 복종하는 사람의 이익에 더 신경을 쓰는 이 권위의 부드러움만큼 군주제의 잔인한 정신과 거리가 먼 것은 없고, 아버지는 자연법에 의해 자신의 도움이 자식에게 필요한 동안만 그의 주인이고 이 기간이 지나면 두 사람은 평등해지며, 그때 자식은 아버지에게서 완전히 독립하여 그를 존경할 의무는 있어도 복종할 의무는 없다는 점을 유념하는 것으로 충분하다. 왜냐하면 그러한 감사가 이행해야 하는 의무인 건 분명하지만, 누구더러 이행하라고 요구할 수 있는 권리는 아니기 때문이다. 시민사회가 아버지의 권력에서 유래한다고 말하는 대신, 반대로 이 권력이 주요한 힘을 시민사회에서 끌어냈다고 말해야 한다. 한 개인은 여러 자식이 그의 주변에 모여 있을 때만 그들의 아버지로 인정받았던 것이다. 아버지가 진정으로 소유한 그의 재산은 자식들이 자신에게 의존하도록 만드는 사슬이나 마찬가지였고, 그는 자식들이 자신을 지속적으로 공경하는 정도에 따라 그들에게 재산을 물려줄 수

따라서 아버지가 자기 자식들에 대해 가지는 권위의 특징을 간직한다고 주장한다.

68 로크와 시드니가 거론하는 인물은 로버트 필머로서, 그의《가부장권론, 혹은 국왕의 자연적 권력》에서 일체의 권력은 신이 그의 피조물들에 대해 갖는 권력에서 유래한다고 기술한다. 그는 신이 아담에게 가족과 자손을 지배할 권리를 수여하고, 이 권리는 장자상속에 의해 대대로 가부장에게 전해지며, 왕권도 여기에 연유한다고 주장하면서, 인민의 동의에 의한 권력의 수립을 주장하는 사회계약설에 반대했다. 로크는《통치론》에서 필머의 이론을 반박한다. 시드니는 1683년 공화주의를 지지한다는 이유로 처형당했다. 그는《정부론》에서 왕권주의자 필머를 논박한다. 루소에게 자연적 가족은 일시적 결합에 불과하다. 인간의 가족이 안정적인 것은 그것이 하나의 제도이기 때문이다. 부권에 대한 비판은《사회계약론》, 1부 2장을 참조하라.

도 물려주지 않을 수도 있었다.[69] 그런데 백성은 그들의 전제군주가 이 같은 특혜를 내려주기를 기대할 수 있기는커녕, 그들과 그들이 가지고 있는 모든 것이 그의 것이기 때문에, 혹은 그가 그렇게 주장하기 때문에, 그들 자신의 재산인데도 마치 군주가 내어주는 특혜인 듯 받아들여야 한다.[70] 전제군주가 백성의 것을 빼앗는 것이 곧 정의를 실현하는 일이 되고, 그들이 그냥 살아가도록 내버려두는 것이 곧 은총을 베푸는 일이 되었다.

이처럼 계속해서 권리를 통해 사실을 검토해보면, 전제정치의 자발적 수립이란 주장에는 확실성이나 진실성을 찾아볼 수가 없다. 두 당사자 가운데 한쪽에만 의무를 지우고 다른 쪽에는 아무 의무도 지우지 않기 때문에 의무를 지는 쪽만 손해를 보게 되는 계약의 유효성을 납득시킨다는 건 쉬운 일이 아니다.[71] 이 불평등한 제도는 심지어 오늘날에도 현명하고 선량한 군주의 제도와는, 특히 프랑스 왕의 제도와는 매우 거리가 멀다. 예를 들어 우리는 프랑스 왕들의 칙령 여기저기에서, 특히 1667년에 발표된 한 유명한 문서[72]의 다음과 같은 구절에서

---

69 이 문장에서 가족 관계가 생물학적인 것이 아니라 시민적인 현실이며, 상호 간의 의무와 재산의 상속을 내포하는 관습적 관계로서 제도화된다는 특징을 다시 발견하게 된다. 로크에 반대하여 전개되었던 이 같은 주장은 이제 필머에 반대하여 이용된다. 즉 그가 가정하는 바와 달리, 부권은 정치권력의 토대를 이룰 수가 없다는 것이다.

70 이 같은 논리는 〈정치경제 Discours sur l'économie politique〉(*OC*, III, pp. 243~244)에서 전개된다. 《사회계약론》은 주로 로크에게서 빌려온 다른 논리들을 사용하여 필머에게 반대한다.

71 루소는 '사회적 관계에 대한 잘못된 개념'에 대해 계속 반박하다가, 계약에 의해 지배자를 정할 수도 있을 것이라는 생각에 도달하게 되는데, 흔히 이것을 복종 계약이라고 부른다. 그는 곧바로 그것의 유효성(법적 무모순성)에 이의를 제기한다. 계약관계는 상호적 의무를 구성해야 하고, 서로에게 이익이 되어야 한다. 그런데 무조건 복종하는 사람에게는 아무런 의무도 질 필요가 없으며, 자유를 잃음으로써 생기는 피해는 보상받을 수 없다.

72 〈독실한 기독교도 여왕이 에스파냐 왕국의 여러 주에 대해 가지는 권리에 관한 조약 Traité

그 사실을 확인할 수 있다. "군주가 자기 나라 법률의 지배를 받지 않는다는 말은 하지 말기 바란다. 그 반대의 명제가 만민법의 진리이며, 아첨꾼들이 이따금 이 진리를 공격했지만 선량한 군주들은 항상 이것을 그들의 국가 수호신으로 옹호했다. 현인 플라톤과 함께, 한 왕국의 완벽한 행복은 백성이 군주에게 복종하고 군주는 법률을 따르며 그 법률은 공정하고 언제나 공공의 이익을 지향하는 데 있다고 말하는 것만큼 정당한 일은 없을 것이다."[73] 지금 나는 자유가 인간이 가지고 있는 능력 중에서 가장 고귀한 것이므로, 잔인하거나 무분별한 지배자의 환심을 사기 위해 하느님이 주신 선물 중에서 가장 소중한 것을 아무 망설임 없이 포기하거나 그 분이 저지르지 말라고 하신 죄악을 저지르는 것은, 인간의 본성을 타락시켜 스스로를 본능의 노예인 짐승의 수준으로 떨어뜨려서 자신의 존재를 만들어내신 분을 욕되게 하는 것은 아닌지, 그리고 이 숭고한 장인이 자신의 최고 걸작이 훼손되는 걸 보는 것보다 그것이 파괴되는 것을 보며 더 화를 내야 하는 것인지를 알아내

---

des droits de la reine très-chrétienne sur divers États de la monarchie d'Espagne〉(1667). 바르베이락이 인용한 이 구절은 홉스에 반대하여 왕 자신이 국가의 기본법을 지켜야 한다는 사실을 보여준다.

73 루소가 절대주의의 상징인 루이 14세에게 근거하는 것은 모순적이라는 지적이 오래전부터 있었다. 그가 "왕은 그들의 국가에서 법을 만드는 사람들이다"라는 글을 인용하기 때문에 더더욱 그렇다. 그러므로 여기서는 루소가 수사학적 능란함을 발휘하여, 악덕을 통해 미덕에 경의를 표한다고 생각해야 할 것이다. 우선 대립되는 두 문구는 보댕Jean Bodin(1530~1596)이 전개하는 주권 이론에서 굳게 결합된다. 즉 우리는 절대주의가 역설적으로 법치주의와 떼려야 뗄 수 없는 관계에 있다는 사실을 너무나 자주 잊어버린다는 것이다. 더 넓은 의미로 이야기하자면, 여기서는 전제정치와 왕권이 전통적으로 구분된다. 즉 전제군주는 법을 무시하고, 왕은 법에 의해서 법 아래에서 통치하는 것이다. 루소의 감춰진 논거는 이렇다. 즉 왕은 전제군주와 구별되기 위해서, 자기가 오직 신민의 동의를 받아 그들의 이익을 위해서만 통치할 수 있다는 사실을 인정해야만 한다는 것이다. 절대주의는 이 같은 모순에 의해 서서히 약화되고 있었으며, 루소는 이 사실을 강조한다.

려고 애쓸 생각은 없다. 나는 로크를 따라 누구도 자신의 자유를 팔아 그를 제멋대로 다루는 자의적 권력에 복종할 수는 없다고 선언한 바르베이락[74]의 권위를 무시할 것이다.[75] 그는 그것이 곧 자기가 주인이 아닌 자신의 생명을 파는 것이나 다름없다고 덧붙인다. 나는 그저 이 정도까지 자기 자신의 품위를 떨어뜨리는 걸 아무렇지도 않게 생각하는 자들이 과연 무슨 권리로 자손들에게 똑같은 불명예를 당하도록 강제할 수 있으며, 또한 그들의 적선으로 얻게 된 것이 아닌 자손들의 자유를, 만일 살아갈 만한 자격이 있는 사람이라면 그것 없이는 사는 것 자체가 힘들어지는 그 재산을 무슨 권리로 후손들 대신 포기할 수 있는지만을 묻고 싶다.

푸펜도르프는[76] 합의나 계약에 의해 자신의 재산을 타인에게 양도하듯 누군가를 위해서 자신의 자유를 포기할 수 있다고 말한다.[77] 그런데 나는 이것이 매우 잘못된 추론이라고 생각한다. 먼저 내가 양도하

---

74 '바르베이락Jean Barbeyrac'(1674~1744)은 프랑스의 법학자다. 특히 푸펜도르프의 자연법 관련 저작을 번역한 것으로 알려져 있다.

75 바르베이락은 푸펜도르프의 저서를 번역하고 주석을 달면서(《자연과 인간의 법》, VII, VIII, § 6, note 2), 로크의 《통치론》을 참조한다. 이 글들은 하나의 다른 도덕적 논리를 전개한다. 즉 자신을 무조건 타인의 손에 맡기는 것, 그것은 곧 그가 자신의 생명을 좌우하도록 내버려 두는 것이다. 그런데 우리는 자신의 생명을 마음대로 할 수가 없다. 오직 우리에게 생명을 주신 신만이 그 생명을 우리에게서 다시 빼앗아갈 수 있다. 루소는 이 글들에 대해 종속적 위치만을 부여한다. 왜냐하면 이 글들은 인민 대 인간의 관계가 아니라, 인간 대 인간의 관계와 관련되기 때문이다.

76 《자연과 인간의 법》, 7편 3장 1절.

77 그로티우스와 푸펜도르프는 한 인간이 자신의 생계를 보장하기 위해 자신에게 주어진 자유를 자발적으로 포기할 수 있다는 사실을 인정한다. 노예제도를 확립하는 협약과 군주제를 만들어내는 협약 간의 유사성은 그들로 하여금 절대 권력의 합법성을 수립할 수 있도록 해준다. 루소는 어떤 인간도 합의를 통해 자신의 자유를 양도할 권리를 갖고 있지 않다고 생각한다.

는 재산은 나와 전혀 무관한 것이 되어 혹시 함부로 쓰이더라도 나랑은 상관이 없지만, 다른 사람이 나의 자유를 남용하지 않는 건 내게 중요한 일이며, 누군가 내게 범죄를 저지르라고 강요하지 않는다면 나는 범죄의 도구가 되는 위험을 무릅쓰지 않아도 될 것이기 때문이다. 게다가 소유권이란 사람들 간의 합의나 사람들이 만들어낸 제도에 불과하기 때문에, 누구든지 자기가 소유하고 있는 것을 자기 마음대로 처분할 수 있다. 그러나 생명이나 자유처럼 기본적인 자연의 선물은 그렇지 않아서, 누구나 향유할 수는 있지만 포기할 권리까지 갖고 있는지는 확실하지가 않다. 즉 이 두 가지[78] 가운데 하나를 빼앗으면 인간의 품위가 손상되고, 다른 하나를 제거하면 인간의 존재가 소멸된다. 그리고 어떤 물질적 재산으로도 이 두 가지 모두 보상할 수 없으므로, 어떤 대가를 받고 이것들을 포기한다는 건 자연과 이성을 동시에 거스르는 일이 될 것이다. 그러나 자신의 재산을 양도하듯 자신의 자유도 양도할 수 있다 하더라도, 오직 자신의 권리를 양도함으로써만 아버지의 재산을 소유하게 되는 자식들에게는 그 차이가 꽤 클 것이다. 반면에 자유는 인간의 자격으로 자연에게서 받은 선물이므로, 그들의 부모는 어떤 권리로도 그것을 자식들에게서 빼앗을 수 없다. 그렇기 때문에 노예제도를 확립하기 위해서 자연을 곡해해야만 했던 것처럼, 이 권리를 영속시키기 위해서는 자연을 변화시켜야만 한다. 그리고 법학자들은 노예의 아이는 태어날 때부터 노예라고 엄숙하게 선언함으로써, 바꿔 말하자면 인간이 인간으로 태어나지 않는다고 단정 지은 거나 다름없다.[79]

---

78 자유와 생명을 말한다.

79 루소는 자유가 인간의 권리가 아니라 시민의 권리라고 주장하는 로마법 학자들을 비판한다. 그에게 자유는 인류의 기본적인 속성이기 때문에, 어떤 인간도 동시에 그의 인간성을

따라서 내가 볼 때 다음과 같은 사실은 분명해 보인다. 즉 정부는 정부의 부패가 극에 달한 형태에 불과하고 종국에는 정부를 유일한 최강자의 법으로 이끄는 전제적 권력에서 시작된 것이 아닐 뿐만 아니라, 설사 정부가 이렇게 시작되었다 하더라도 이 전제적 권력은 원래 비합법적이기 때문에 사회의 법에 대해서도, 그 결과 제도의 불평등에 대해서도 토대 역할을 할 수 없다.

모든 정부의 기본 계약이 갖는 성격에 관해 연구를 아직 더 해야 하지만, 그냥 이쯤에서 그만두기로 하고, 나는 다수의 견해[80]에 따라 정치체의 성립을 인민과 그들이 선택한 우두머리들이 맺은 진정한 계약으로 간주하는 데서 그치고자 한다. 이 계약에 의해 두 당사자는 그것에 명시되어 있으며 그들의 결합을 공고히 하는 법규를 서로 간에 준수해야만 한다. 인민이 사회적 관계라는 면에서 모든 의지를 단 하나의 의지로 결합시켰으므로, 이 의지가 표명되는 모든 조항은 국가의 모든 구성원이 예외 없이 준수해야 하는 기본법이 된다. 그중 하나는 다른 법률이 집행되는 것을 감시하는 임무를 맡은 행정관들의 선출과 그들이 보유한 권력을 규정하고 있다. 이 권력은 정치적 구조를 유지할 수 있는 모든 것에 영향을 미치지만, 그 구조를 변화시킬 수 있을 정도까지는 아니다. 여기에 법률과 그 집행자들을 존경스럽게 만드는 명예가 덧붙여지고, 개인적으로 집행자들에게는 선정을 펴느라 기울인 노고에 대한 보상으로 이런저런 특권이 주어진다. 반면에 법률의 집행자는 자신에게 위임된 권력을 오직 위임한 사람들의 의도에 따라 집행

포기하지 않고는 그의 자유를 포기할 수 없다.

80 이 "다수의 견해"는 특히 디드로가 쓴《백과전서》의 〈정치적 권위Autorité politique〉 항목에서 표현된다.

해야 할 의무가 있고, 각자가 자신이 소유한 것을 아무 문제 없이 향유할 수 있도록 해야 하며, 어떤 경우에도 자기 자신의 이익을 공공의 이익보다 우선해서는 안 된다.

경험이나 인간의 마음에 대한 지식을 통해 이러한 정치 구조가 필연적으로 낳게 되는 폐해를 예측하기 전에는, 그것이 유지되는지 감시하는 책임을 맡은 사람들이 그 유지에 가장 큰 이해관계가 얽혀 있는 이들이었기 때문에 더더욱 가장 훌륭해 보였을 것임에 틀림없다. 왜냐하면 행정관직과 그 권한은 오직 기본적 법률만을 토대로 수립되었으므로, 그 법률이 폐기되기라도 하면 행정관들은 즉시 비합법적으로 되어 인민이 더 이상 그들에게 복종할 의무가 없기 때문이다. 국가의 본질을 구성하는 것은 행정관이 아니라 법률이기 때문에, 국가의 구성원들은 당연하게도 자연적인 자유를 누리게 될 것이다.

조금이라도 주의를 기울여 생각해본다면 이 사실은 새로운 이유들을 통해 확인될 것이며, 또한 계약의 본질을 통해 우리는 그것이 취소될 수 없다는 사실을 알게 될 것이다. 왜냐하면 계약 당사자들이 계약을 충실히 이행하도록 보증하거나 서로에게 한 약속을 지키도록 강제할 수 있는 우월한 권력이 없다면, 오직 계약 당사자들만이 그들 자신의 소송을 판결하는 재판관으로 남아 있게 될 것이며, 당사자 각각은 만일 상대편이 계약 조건을 어기거나 그것이 자신에게 맞지 않는다고 생각하면 언제라도 계약을 포기할 수 있는 권리를 가지게 될 것이기 때문이다. 포기할 수 있는 권리는 이 같은 원칙을 근거로 성립될 수 있는 것 같다. 그런데 이 제도에서 오직 인간적인 것만을 고려한다면, 만일 모든 권력을 장악하고 계약의 모든 이점까지 자기 것으로 삼는 행정관이 그 권력을 포기할 권리까지 갖고 있다면, 통치자들이 저지르는 모든 잘못에 대한 대가를 치르는 인민은 더더구나 종속에서 벗어날 권리를 가져야 한다. 그러나 이 위험한 권력이 필연적으로 불러일으키게 될 끔찍한 대립과 끝없는 무질서는, 인간의 정부가 유일한 이성보다 더 견고한 토대를 얼마나 많이 필요로 했는지를, 그리고 주권을 처분하는 해로운 권리를 백성들에게서 빼앗아야 하는 신성불가침의 성격을 최고 권위를 가진 기관에 부여하기 위해서 신의 의지가 개입하는 것이 공공의 평화에 얼마나 필요했는지를 무엇보다도 잘 보여준다. 비록 인간이 종교로부터 얻은 이득이 이것밖에 없기는 하지만, 이것만으로도 모든 인간이 종교를 그 폐해까지도 소중히 여기고 신봉해야 할 충분한 이유가 된다. 왜냐하면 종교가 광신이 되면 많은 피를 흘리기도 하지만, 종교 덕분에 흘리지 않게 되는 피가 그보다 더 많기 때문이다. 자, 이제는 우리가 세운 가설의 흐름을 따라가 보자.

정부의 여러 형태는 정치체를 이룰 당시의 구성원들 간의 크고 작은 차이에서 비롯된다. 만일 어떤 사람이 능력, 덕망, 재산, 평판에서 남들보다 우월하다면, 그는 혼자 행정관으로 선출되고 국가는 군주제의 형태를 띨 것이다. 만일 거의 비슷비슷한 몇 사람이 다른 사람들보다 우월하다면, 그들은 다 함께 선출되고 귀족제가 수립될 것이다. 사람들의 재산이나 재능이 그다지 불균등하지 않고 그들이 자연 상태에서 덜 멀어져 있으면, 그들은 최고 행정권을 공동으로 보유하고 민주제를 탄생시킬 것이다. 시간이 지나면서 이 정부 형태 중에서 어느 것이 인간에게 가장 이득이 되는지가 확인되었다.[81] 어떤 사람들은 오직 법률에

81 루소는《사회계약론》3장에서 정부를 다음과 같이 구분한다. "우선 주권자는 정부를 인

만 복종하고, 또 다른 사람들은 얼마 지나지 않아 지배자에게 복종한다. 시민은 자신의 자유를 지키려 했고, 신민은 자기가 더 이상 누릴 수 없는 이 행복을 다른 사람들은 누리는 걸 더 이상 참을 수가 없어 이웃에게서 자유를 빼앗을 생각만 했다. 말하자면 한쪽에는 부富와 정복이, 다른 쪽에는 행복과 덕성이 있었던 것이다.[82]

이처럼 다양한 정부 형태에서 모든 행정관직은 처음에는 선거를 통해 선출되었다. 부富가 아직 위력을 발휘하지 못하던 시절에는 자연적인 영향력을 발휘하는 재능과, 일에서는 경험을, 토론에서는 냉정함을 보여주는 나이를 선호했다. 히브리 장로들과 스파르타의 게론테스,[83] 로마의 원로원, 그리고 우리가 쓰는 세뇌르[84]라는 단어의 어원은 옛날에 노인이 얼마나 존경받았는지를 보여준다. 선거를 통해 나이 든 사람들을 더 많이 선출하면 할수록 선거가 빈번해졌고, 그럴수록 그

민 모두 혹은 최대 다수의 인민에게 위임하여, 단순한 개별적 시민보다 행정관을 맡은 시민이 더 많아지도록 할 수 있다. 이러한 정부 형태를 '민주정치'라고 부른다. 아니면 주권자는 정부를 소수의 손에 맡겨, 행정관보다 단순한 시민이 더 많도록 할 수 있다. 이 형태는 '귀족정치'라는 이름을 갖는다. 마지막으로 주권자는 정부 전체를 단 한 명의 행정관에게 집중시키고, 다른 모든 사람들은 그로부터 권력을 얻도록 할 수 있다. 이 세 번째 형태가 가장 흔하며, '군주정치' 혹은 '왕정'이라고 불린다."

82 루소는 그가 호전적인 시민권 개념을 가지고 있다는 해석을 무효화함으로써, 정복 정신과 공화국 정신을 뚜렷이 대조시키고 있다. 그는 《폴란드 정부에 대한 고찰Considérations sur le gouvernement de Pologne》에서 "자유로워지고 싶은 사람은 누구든지 간에 정복자가 되려 해서는 안 된다"라고 훨씬 더 분명하게 말할 것이다(*OC* III, p. 1013).

83 '게론테스Gerontes'는 고대 그리스 스파르타의 장로회 게루시아Gerousia의 구성원을 가리킨다. 게루시아는 왕 두 명과 60대 이상의 선출된 원로인 게론테스 스물여덟 명으로 구성되며, 민회가 열리기 전에 안건을 토론하고 법안 통과를 저지할 수 있는 권한을 지녔고 대법원의 역할을 하기도 했다. 그리스어 '게론Geron'은 노인을 뜻한다.

84 '세뇌르Seigneur'는 프랑스어로 영주, 귀족, 나리라는 뜻이다. 세뇌르의 어원인 '세넥스Senex'는 노인을 뜻한다.

로 인한 폐단이 더 심각하게 느껴졌다. 술책이 난무하고 분파가 형성되어 파벌 간에 갈등이 격화되었으며, 내란이 일어나 결국은 국가의 행복이라는 미명하에 시민의 피가 흘러, 다시 예전의 무정부 상태로 돌아갈 위기가 닥쳤다. 야심을 품은 주요 인물들은 이 같은 상황을 이용하여, 가족 내에서 자기가 임시로 맡고 있는 지위와 직무를 영구화시켰다. 인민은 이미 종속과 휴식과 생활의 안락함에 익숙해져 있어서 자신을 묶고 있는 사슬을 끊을 만한 상황이 아니었기 때문에, 한층 더 편안하게 지내기 위해 속박 상태를 강화하도록 내버려두는 데 동의했다. 이렇게 해서 행정관 직위를 대대로 물려주게 된 통치자들은 이 직위를 가족의 세습재산으로 생각하고, 처음에는 나라의 관리에 불과했던 자신을 이제는 나라의 주인으로 생각하며, 동료 시민을 노예라고 부르면서 마치 소나 양 같은 자기 소유의 재산으로 생각하고, 자신을 신과 동등한 존재, 즉 왕 중의 왕이라고 부르는 데 익숙해졌다.

만일 이런 여러 변천 속에서 불평등이 어떻게 변화되어가는지를 죽 따라가며 살펴본다면, 우리는 법률과 소유권의 확립이 첫 번째 단계이고, 행정관직의 제도화가 두 번째 단계이며, 합법적인 권력에서 독단적 권력으로의 변화가 세 번째이자 마지막 단계라는 사실을 알게 될 것이다. 고로 부유한 사람과 가난한 사람의 상태는 첫 번째 시대에, 강자와 약자의 상태는 두 번째 시대에, 주인과 노예의 상태는 세 번째 시대에 가능해졌다. 그런데 이 주인과 노예의 상태는 불평등의 마지막 단계이며, 새로운 변화가 이루어져 정부를 완전히 해체하거나 합법적 제도에 가깝게 만들어놓을 때까지는 다른 모든 단계가 이 단계로 귀착된다.[85]

---

85 형용사 '시민적civil'이 '정치적politique'과 명백하게 구분될 때는, 사회질서 속에서 개인과

이 같은 변화의 불가피성을 이해하기 위해서는, 정치체가 수립된 동기보다는 그것이 실행되면서 갖는 형태와 나중에 일으키는 부정적인 측면들을 생각해봐야 한다. 왜냐하면 사회제도를 필요하게 만드는 악덕은 필연적으로 그 제도를 남용하게 만드는 바로 그 악덕이기 때문이다. 법률이 주로 아이들의 교육을 감독하는 데 쓰였고 리쿠르고스가 사회도덕을 확립해서 다른 법률을 따로 제정할 필요가 거의 없었던 스파르타 한 나라를 제외하면, 대체로 정념보다 약한 법률은 인간을 억제할 뿐 변화시킬 수는 없다. 부패하지도 변질되지도 않으면서 수립된 목적에 따라 항상 정확하게 운영되는 정부는 꼭 필요하지도 않은데 수립되었으며, 아무도 법망에서 벗어나지 않고 행정관직을 남용하지도 않는 나라는 행정관도 법률도 필요로 하지 않는다는 사실을 증명하기는 어렵지 않을 것이다.

정치적 차별은 필연적으로 시민 간의 차별을 야기한다.[86] 인민과 통

개인 간의 관계에 속하는 것을 가리킨다(그래서 '시민의 권리droit civil'라는 전통적 표현은 결국 오늘날 우리가 '개인적 권리'라고 부르는 것을 가리킨다). 그러므로 "시민 간의 차별distinctions civiles"은 인간이 다른 인간에게 행사하는 엄밀히 정치적인 권력을 넘어서, 사회적 관계 전체를 계급에 따라 조직하는 사회적 지위의 불평등이다. 이 문단과 그 뒤를 잇는 다섯 개의 문단("그 누구도 자기 자신의 경솔함이나 불행에 대해서만 불평을 늘어놓을 수 있을 뿐 타인의 부당함에 대해서는 불평을 늘어놓을 수 없다"(본서 173쪽)까지)에서 루소는 이전의 두 문단에서 예고했던 바를 전개한다. 그는 한편으로 잘못된 정치제도가 어떤 방식으로 풍속에 영향을 미치고 사회적 관계를 훼손하는지 보여주고, 다른 한편으로 그가 이전에 몇 줄로 짤막하게 언급했던 과정을 상세하게 기술한다. 즉 이 같은 불평등의 진전은 극단적인 전제주의에 이를 수도 있고, 아니면 "정부를 완전히 해체"시키고 경우에 따라서는 "합법적 제도"로 이어지는 길을 열어주는 혁신적 변화에 이를 수도 있다는 것이다.

86 이것은 '독립적 거래의 부드러움'을 보편적 의존관계로 바꾸어놓은 '일대 격변'의 직접적 결과다. 여기서 보편적 의존관계란 경제적 종속(전문화, 거래, 축적에 대한 취향에서 비롯된)과 정치적·도덕적 종속을 의미하는데, 경제적 차별화는 정치사법적 질서에 의해 보장되는 동시에 그것과 '관련되어 있는' 이기심의 발달로 유지된다. 이 과정에서 이기심이 해

치자 간에 점점 더 증가해가는 불평등은 얼마 지나지 않아 개인들 사이에서도 느껴지며, 정념과 재능과 상황에 따라 수많은 형태로 변화한다. 행정관이 불법적으로 권력을 찬탈하려면 자기 부하들을 만들어야 하며, 따라서 그 권력의 일부를 그들에게 나눠주지 않을 수 없다. 그런데 시민이 압제를 용납하는 것은 오직 맹목적인 야심에 이끌려 자기 위를 올려다보기보다는 아래를 내려다보다 보니 독립보다는 지배가 더 소중하게 여겨져서, 타인을 쇠사슬로 묶기 위해 자기가 쇠사슬로 묶이는 것에 동의하는 동안뿐이다. 인간을 지배하려는 생각이 조금도 없는 사람을 복종시킨다는 건 매우 어려운 일이며, 아무리 능숙한 정치가라도 오직 자유만을 원하는 사람들을 종속시키지는 못할 것이다. 그러나 불평등은 운명의 위험을 무릅쓰고 그것이 자신에게 유리해지느냐 불리해지느냐에 따라 거의 일률적으로 지배하거나 봉사할 준비가 항상 되어 있는 야심차고 비겁한 사람들 사이에서 쉽게 퍼져나간다. 이렇게 인민이 완전히 현혹되어, 그들의 통치자들이 인간 중에서 가장 보잘 것 없는 자에게 "그대와 그대의 가문이 위대해질지어다!" 라고 외치기만 하면, 그는 즉시 그 자신의 눈뿐만 아니라 다른 모든 사람의 눈에도 위대해보이고, 그의 후손은 그에게서 멀어지면 멀어질수록 점점 더 지위가 높아지는 시대가 왔음에 틀림없다. 원인이 더 오래되고 불확실할수록 결과는 더 커졌으며, 가문에 게으른 사람이 많으면

내는 역할은 사회적 관계라는 것이 각자의 객관적인 행복을 증가시키고자 하는 욕망보다는, 비교(말하자면 "겉모습")를 토대로 이루어진다는 사실을 설명해준다. 따라서 상호 의존은 연대 관계의 형태를 취하지 않았으며, 사실상 경쟁과 '자신을 구분 지으려는 열망' 속으로 돌진하는 결과를 낳았다.

많을수록 그 가문은 더 유명해졌다.[87]

여기서 더 상세히 설명할 수 있다면, 나는 심지어 정부의 개입이 없더라도, 개인들이 같은 사회에서 결합하면 얼마 지나지 않아 서로를 비교하고 끊임없이 이용하다 보니 차이들을 발견하게 되고, 그걸 고려하게 되면서 어떻게 개인들 간에 평판과 권위의 불평등이 필연적으로 생겨나는지를 쉽게 설명할 수 있을 것이다.[19)] 이 같은 차이에는 여러 종류가 있다. 그러나 일반적으로 부, 신분이나 지위, 권력, 개인적 장점이 사회에서 서로를 평가하는 주요한 판별 기준이 되므로, 나는 이 여러 힘의 조화나 갈등이야말로 국가가 잘 구성되어 있느냐 그렇지 못하느냐를 구분하는 가장 확실한 지표라는 사실을 증명할 것이다. 이 네 종류의 불평등 가운데 개인적인 특성이 다른 모든 특성의 기원이기 때문에, 나는 부야말로 다른 모든 불평등이 마지막으로 귀착하는 불평등이라는 사실을 보여줄 것이다. 왜냐하면 부는 안락함에 가장 직접적으로 도움이 되고, 또 가장 쉽게 전할 수 있으므로 사람들은 나머지 모든 것을 사기 위해 쉽게 이를 사용하기 때문이다.[88] 이 같은 관찰을 통해서 우리는 각 민족이 원래의 제도에서 얼마나 멀어졌는지를, 그리고 어떻게 최악의 부패로 향하게 되었는지를 정확히 판단할 수 있다.[89] 나

---

87 루소는 당대의 귀족계급을 비판한다.

88 〈정치경제 Discours sur l'économie politique〉, *OC*, t. III, p. 258~259〔박호성 옮김, 〈정치경제론〉, 《루소 전집 8: 사회계약론 외》, 책세상, 2015〕에서 루소는 "경의"가 10리브르짜리 돈으로 계산되고, "심지어는 미덕조차 돈으로 팔린다"는 사실에 분노한다.

89 경제적 부는 모든 사회적 우월성을 보여주는 지표다. 왜냐하면 이미 아리스토텔레스가 보여준 것처럼(《정치학》, I, 9), 돈은 양도될 수 있는 모든 욕망의 대상을 팔거나 살 수 있도록 해주는 보편적 등가물이기 때문이다. 그러므로 경제적 부는 모든 형태의 사회적 권력이 가장 많이 이용하는 도구다. 즉 결국 '권력을 가진 자들'과 '부를 가진 자들'은 서로 뒤섞이는 것이다. 《인간 불평등 기원론》이 다루는 문제는 다음과 같이 요약될 수 있다. 즉

는 우리 모두를 고통스럽게 만드는 저 명성과 명예와 특권에 대한 보편적인 욕망이 어떻게 재능과 힘을 단련시키고 비교하는지, 그 욕망이 어떻게 정념을 자극하고 증대시키는지, 그리고 그 욕망이 어떻게 모든 인간이 서로 경쟁하게 만듦으로써, 아니 서로 적의를 갖고 대립하게 만듦으로써 수많은 경쟁자들이 같은 투기장에서 달리게 만들고 매일매일 온갖 종류의 패배와 성공과 재난을 불러일으키는지를 지적하고 싶다. 나는 유명해져서 두각을 나타내고 싶다는 이 열망 때문에 인간 사이에 최선의 것과 최악의 것이, 즉 덕성과 악덕, 기술과 오류, 정복자와 철학자, 말하자면 아주 적은 수의 좋은 것과 아주 많은 수의 나쁜 것이 존재한다는 사실을 보여줄 것이다. 마지막으로 나는 수많은 사람들이 어둠과 비참 속에서 헤매고 있을 때 몇 명 안 되는 권력자와 부자 들은 권세와 부의 절정에 오르는 것은, 후자의 사람들은 자신이 향유하는 것을 전자의 사람들이 가지고 있지 않을 때에만 높이 평가하기 때문이며, 만일 인민이 더 이상 비참하지 않게 되면 후자의 사람들은 상황을 바꾸지 않는 한 더 이상 행복하지 못할 것이라는 사실을 증명할 것이다.[90]

'부의 불평등과 "개인적 특성"("장점"의 또 다른 이름)의 차이 간에 상관관계가 존재하는가?'라는 것이다. 이 두 가지 형태의 불평등이 상관되거나 분리된 정도는 곧 사회가 그 '최초의 체제'에 비해(말하자면 합리적인 자연법의 원칙에 비해) 어느 정도나 부패했는지를 보여준다.

90 B. 프리덴Bertil Fridén은 루소의 저술에 빈번하게 등장하는 이 주장의 중요성과 그것이 당시 막 생겨난 경제학 학설과 관련하여 갖는 독창성을 강조한다. 즉 일단 최소한의 필요가 충족되면, 만족감은 절대적인 부에 좌우되는 것이 아니라 타인의 부에 좌우된다는 것이다(《루소의 경제철학Rousseau's Economic Philosophy: Beyond the Market of Innocents》, Boston, MA: Kluwer Academic Publishers, 1998. pp. 79, 140~141). 루소의 이 같은 독창성을 헤아려보기 위해서는, 20년 뒤에 애덤 스미스Adam Smith가 발달된 경쟁적 경제에서 단순한 "일용직 노동자"가 누리는 "풍요"와 만족에 관해 쓴 것과 그의 분석을 비교해보는 것으로 충분하다. 그에 의하면 "1만 명의 벌거벗은 야만인들"을 거느린 "아프리카의 왕"보다 유럽의 행복한

그러나 이 세세한 사항들만으로도 방대한 규모의 저서가 될 것이다. 모든 정부의 장점과 단점을 자연 상태의 권리와 비교하여 평가하고, 이런 정부의 본질과 시간이 지나면서 필연적으로 일어나게 될 급격한 변화에 따라 지금까지 드러났고 장차 드러나게 될 불평등의 모든 상이한 양상들을 드러낼 수 있을 것이다. 많은 사람들이 외부에서 가해지는 위협에 맞서 마련한 일련의 대비책이 오히려 내부에서는 그들을 억압하고 있다는 사실을 알게 될 것이다. 또 우리는 억압이 계속하여 증가하는데도, 억압받는 자들은 그 억압이 언제 끝날지도, 억압에서 벗어나기 위한 어떤 합법적 수단이 자기들에게 남아 있는지도 결코 모른다는 사실을 알게 될 것이다. 그리고 시민의 권리와 인민의 자유가 조금씩 소멸되고, 약자들의 요구는 선동적인 불평불만으로 간주되는 것을 보게 될 것이며, 정치가 공동의 이익을 수호하는 명예를 인민 중에서 돈을 받고 일하는 일부에게만 부여하는 것을 보게 될 것이다. 그리하여 세금이 필요하게 되고, 낙심한 농민이 평화 시에도 밭을 떠나 쟁기를 내버려둔 채 칼을 차는 모습을 보게 될 것이다. 명예에 관한 문제에서도 불행을 초래하는 이상한 규칙[91]이 만들어지는 것을 보게 될 것이고, 조국의 수호자들이 조만간 적이 되어 검을 그들의 동포에게 겨누는 걸 보게 될 것이며, 언젠가는 그들이 그들 나라의 압제자들에게 이렇게 말하는 시대가 찾아올 것이다.

만일 그대가 나의 검을 내 형제의 가슴에, 내 아버지의 목에,

일용직 노동자가 더 큰 편의를 누리며, 따라서 이 노동자가 훨씬 더 큰 만족을 느낀다(《국부론The Wealth of Nations》, 1776, I, I〔김수행 옮김, 《국부론》 상, 개역판, 비봉출판사, 2007〕).

91 군인이나 귀족의 결투에 관한 법을 말한다.

아이를 가진 내 아내의 배에 꽂으라고 명령한다면,

나는 마음이 내키지 않더라도 그렇게 할 것이오.

Pectore si fratris gladium juguloque parentis

Condore me jubeas, gravidaeque in viscera partu

Conjugis, invitâ peragam tamen omnia dextrâ.[92]

사회적 신분과 재산의 극심한 불평등, 다양한 열정과 재능, 쓸모없고 해롭기까지 한 기술, 하찮은 학문에서도 이성과 행복과 덕성에 어긋나는 수많은 편견이 생겨날 것이다. 통치자들은 함께 모인 사람들을 이간질시켜 약하게 만들 수만 있다면, 겉으로는 화합하는 듯 보이는 사회에 분열의 씨를 뿌릴 수만 있다면, 서로 다른 계급들이 권리와 이익의 대립을 통해 서로 불신하고 증오하게 만들어 이 계급들을 억압하는 권력을 강화시킬 수만 있다면, 무슨 짓이든지 할 것이다.

바로 이 무질서와 격변의 와중에서, 전제군주제는 그 흉측한 머리를 조금씩 쳐들어 나라의 모든 부분에 존재하는 모든 선량하고 건전한 것들을 보이는 족족 집어삼켜, 마침내 법률과 인민을 짓밟고 국가의 폐허 위에 확고히 자리 잡게 될 것이다. 이 최후의 변화가 일어나기 전의 시대는 혼란과 재난의 시대가 될 것이다. 그러나 결국 괴물이 모든 걸 집어삼켜 버릴 것이며, 인민은 지도자나 법률은 갖지 못하고 오직 독재자만 갖게 될 것이다. 바로 이 순간부터는 더 이상 풍습이나 덕성이 문제되지 않는다. 왜냐하면 "정직함에 대해 아무 기대도 하지 않는"[93]

92 루카누스Marcus Annaeus Lucanus(39~65), 《파르살리아Pharsalia》, I, 376. 시드니는 《정부론》, chap I, section XIX에서 이 행行을 인용한다.

93 "cui ex honesto nulla est spes." 이 라틴어 문장은 시드니의 《정부론》, chap. I, section XIX

전제군주제가 자리 잡은 곳에서는 어디든 다른 지배자가 일체 허용되지 않기 때문이다. 전제군주가 입을 여는 순간 고려해야 할 올바름이나 의무는 더 이상 존재하지 않고, 노예에게는 가장 맹목적인 복종만이 유일한 덕성으로 남게 된다.

바로 이것이 불평등의 종착점이며, 우리는 맨 끝에 있는 이 지점에서 원을 마감하고 우리가 처음 출발했던 지점을 만나게 된다. 여기서는 모든 개인이 다시 평등해지는데, 그들은 아무것도 아니며, 신민은 지배자의 의지가 아닌 다른 법을 갖지 못하고 지배자 역시 그의 정념이 아닌 다른 규범을 갖지 못하므로 선의 개념과 정의의 원칙이 다시 사라져버리기 때문이다. 여기서 모든 것은 최강자의 유일한 법으로, 즉 새로운 자연 상태로 귀결되는데, 우리가 출발했던 자연 상태는 순수했던 반면 이 새로운 자연 상태는 지나친 부패의 결과라는 점에서 차이가 난다.[94] 그런데 이 두 가지 상태 사이에는 차이가 거의 없으며, 정부의 계약은 전제군주에 의해 거의 완전히 파기되기 때문에, 전제군주는 그가 최강자일 동안에만 지배자여서 사람들이 그를 쫓아낼 수 있는 상황이 되면 그는 이 같은 폭력에 전혀 항의할 수 없게 된다. 술탄을 죽이거나 폐위하는 폭동 역시, 그가 전에 자기 신민의 목숨과 재산

에 실려 있는데, 루소 연구자인 본Charles Edwyn Vaughan에 의하면 이 문장은 타키투스의 《역사》에서 인용하여 살짝 고쳤을 것이라고 한다.

94 이것은 홉스와 로크가 'state of nature'라는 표현에 부여하는 의미에서의 '자연 상태'(전前 정치적 사회)다. 즉 신민을 전제군주의 박해로부터 보호해줄 실정법이나 공명정대한 중재자가 존재하지 않는 것이다. 말하자면 인간은 법적으로 다시 공평해지고, 그들 자신의 권리에 대한 최고의 심판자가 되는 것이다. 이것은 전 정치적 사회의 실제 특징이다. 로크 역시 《통치론》, § 90에서 전제주의를 위장된 자연 상태로 기술한다.

을 빼앗은 것과 똑같은 법적 행위다.[95] 오직 힘만이 그를 지탱하고, 오직 힘만이 그를 전복시킨다. 모든 것은 이처럼 자연의 질서에 따라 이루어진다. 이 짧고 빈번한 격변의 결과가 어떻게 나타나든지 간에, 누구도 자기 자신의 경솔함이나 불행에 대해서만 불평을 늘어놓을 수 있을 뿐, 타인의 부당함에 대해서는 불평을 늘어놓을 수 없다.

이렇게 인간을 자연 상태에서 사회 상태로 데려갔음이 분명하지만 잊히고 잃어버린 길을 발견하여 따라가다 보면, 그리고 내가 이제 막 보여준 중간 단계의 상황과 시간이 없어서 어쩔 수 없이 생략하거나 상상력이 부족해서 머릿속에 떠올리지 못했던 상황들을 복원한다면, 세심한 독자는 누구나 광대한 공간이 이 두 상태를 갈라놓는다는 사실에 놀라지 않을 수 없을 것이다.[96] 그는 이 사태의 느린 연속 속에서 철학자들이 해결할 수 없는 수많은 도덕적·정치적 문제들의 해결책을 발견할 수 있을 것이다. 그리고 인간은 시대에 따라 서로 다르므로, 독자는 디오게네스가 인간을 찾아내지 못한 게 더 이상 존재하지 않

---

95 여기서 루소는 자신이 통치하던 신민의 적이 된 전제군주를 어원적 의미에서 진짜 "반역자"로 표현하는 로크와 다시 한 번 가까워진다. 즉 전제군주는 법 위에 군림하며 개인의 권리를 공격하기 위해 공권력을 이용하기 때문에, 시민 질서 속에 전쟁 상태를 도입하는 자인 것이다. 따라서 저항은 권리를 회복시키고자 하는 필요에 의해 합법적인 것이 된다(《통치론》, § 226~227을 참조하라). 루소는 유럽에서 비난받는 전제군주제가 근동 지방의 국가에서 이루어진다고 가정하는 일반적인 관행에 따라 "술탄"이라는 용어를 사용한다(예를 들어 몽테스키외의 저술에서는 이 같은 가정이 체계적으로 구성된다). 루소는 저항이 불러일으키는 결과가 본질적으로 예측 불가능한 특징을 갖는다는 사실을 로크보다 더 강조하며, 그래서 "혼란스런 폭동"이 일어날까 봐 경계한다. 그 결과 국가가 수립될 수도 있지만, 내란이 일어나거나 새로운 전제군주제가 자리 잡을 수도 있는 것이다. 그렇기 때문에 미래의 혁명에 관한 그의 되풀이되는 예측은 파국적이다(《에밀》, III, *OC* IV, pp. 468~469; 《고백록》, XI, *OC* I, p. 565; 《폴란드 정부에 대한 고찰》, *OC* III, p. 954).

96 《인간 불평등 기원론》의 결론으로, 자연인과 문명인을 비교한다.

는 인간을 그의 동시대인 속에서 찾았기 때문이라는 사실을 느낄 것이다.[97] 카토[98]는 정말 위대한 인물이어서 500년 전에 나라를 통치했더라면 세계를 뒤흔들 수도 있었겠지만, 자기 시대에 맞는 인물이 아니었기 때문에 세계를 놀라게 했을 뿐이며, 로마 그리고 자유와 함께 멸망했다고 독자는 말할 것이다. 요컨대 그는 어떻게 해서 인간의 영혼과 정념이 서서히 변질되어 이를테면 본성을 바꾸는지, 왜 우리의 필요와 쾌락이 결국은 대상을 바꾸는지, 그리고 왜 본원적 인간이 조금씩 사라져가면서 현자의 눈에는 사회가 이 모든 새로운 관계의 산물이자 자연 속에 아무런 진정한 토대도 갖고 있지 않은 인위적 인간과 꾸며낸 정념의 결합으로밖에 안 보이는지를 설명할 것이다. 이 점에 관한 관찰은 우리가 성찰을 통해 배운 바를 확증해준다. 미개인과 문명인의 마음과 성향은 근본적으로 너무 달라서, 한쪽을 최고로 행복하게 만드는 것이 다른 쪽을 절망에 빠트릴 수 있다. 전자는 안식과 자유만을 열망하고 하는 일 없이 한가롭게 살기를 원한다. 그래서 스토아학파의 아타락시아[99]도 다른 모든 것에 대한 그의 완전한 무관심에는 비할 바가 못 된다. 반대로 시민은 더욱더 힘든 일을 찾아 늘 활동하고 땀 흘리고 분주히 움직이고 애쓴다. 그는 죽을 때까지 일을 하고, 심지어 살아 있는 상태에 놓여 있기 위해 죽음을 향해 질주하거나 불멸의 존재가 되기 위해 삶을 포기한다. 그는 자기가 증오하는 세력

---

97 그리스 철학자 '디오게네스Diogenes'(기원전 412?~323)는 대낮에 손에 등을 들고 "나는 지금 인간을 찾고 있소!"라고 외치며 아테네를 돌아다녔다고 전해진다.

98 '카토Marcus Porcius Cato Uticensis'(기원전 95~46)는 고대 로마 공화정 말기의 정치가다. 공화정을 지지하며 폼페이우스Gnaeus Pompeius Magnus와 함께 카이사르Gaius Julius Caesar에게 맞서 싸우다가 패하자 자결했다.

99 '아타락시아apatheia'는 어떤 것에도 흔들리지 않는 영혼의 평정 상태를 말한다.

가와 경멸하는 부자에게 아부하며, 그들에게 봉사하는 명예를 얻을 수만 있다면 무슨 짓이든지 다 한다. 그는 자신의 비열함과 그들의 보호를 거만하게 자랑하고, 자신의 노예 상태를 자랑스러워하면서 그것을 누리는 영광을 갖지 못한 사람들을 경멸하고 비웃는다. 힘들지만 부러움을 받는 유럽 대신의 일이 카리브인에게는 얼마나 굉장한 구경거리였겠는가! 이 게으른 미개인은 흔히 좋은 일을 했다는 즐거움으로도 누그러뜨려질 수 없는 이런 삶의 공포보다는, 차라리 잔혹한 죽음을 더 선호하지 않았겠는가! 하지만 그가 사람들이 왜 이렇게 애를 쓰는지 알려면, 이 **권력**과 **명성**이라는 단어가 이 야만인의 정신 속에서 어떤 의미를 가져야 할 것이며, 다른 사람들의 시선을 중요하게 생각하여 자기 자신의 판단보다는 타인의 판단에 행복해하고 만족스러워하는 부류의 사람들이 있다는 사실을 알아야 할 것이다. 사실 이것이야말로 이 모든 차이의 진짜 원인이다. 즉 미개인은 자기 자신 속에서 살고 있는 반면, 항상 자기 밖에서 살고 있는 사회인은 오직 다른 사람들의 의견 속에서만 살아가는 것이다. 말하자면 그는 오직 타인의 판단으로부터만 자기 자신이 존재하고 있다는 느낌을 끌어내는 것이다. 그처럼 훌륭한 도덕론이 있는데도 어떻게 그 같은 경향에서 선악에 대한 무관심이 생겨났는지, 어떻게 모든 것이 겉모습으로 귀착되면서 명예, 우정, 덕성, 심지어 악덕까지도 자랑거리로 삼을 수 있을 정도로 부자연스럽고 가식적으로 변해버렸는지, 요컨대 우리가 철학, 인간미, 예의범절, 고상한 격언에 둘러싸여 있으면서도 어떻게 우리가 누구인가를 다른 사람들에게는 물으면서 똑같은 질문을 우리 자신에게는 던지지 않음으로써 덕성 없는 명예, 지혜 없는 이성, 행복 없는 쾌락의 기만적이고 경박한 외관만을 가지게 되었는지를 알아보는 것은 나의 주제가 아니다. 나로서는 그것이 인간의 본원적 상태가 아니라는 사실, 이렇게 우리의 자연적 성향을 변화시키고 변질시키는 것은 오직 사회의 정신과 사회가 낳은 불평등이라는 사실을 입증하기만 하면 되는 것이다.

나는 불평등의 기원과 진전, 정치적 사회의 수립과 폐해를 인간의 본성에서 연역될 수 있는 한도에서 오직 이성의 빛에 따라, 그리고 최고의 권력기관에 신권을 부여하는 신성한 교의와 무관하게 설명하려 애썼다. 그리고 이 같은 설명의 결과로, 불평등은 자연 상태에서는 거의 존재하지 않으므로, 우리가 가진 능력의 발달과 인간 정신의 진보에서 그 힘을 끌어내고 강화되며, 결국은 소유권과 법률의 제정에 의해 안정되고 합법화된다고 말할 수 있다. 또한 그 결과로 오직 실정법에 의해서만 인정되는 도덕적 불평등은 그것이 신체적 불평등과 균형을 이루지 못할 때마다 매번 자연법에 위배된다고 말할 수 있다.

---

100 이 구절 전체는 몽테뉴로부터 영감을 얻었다(《수상록》, 1, I, chap. XXX). 노인에게 명령을 내리는 실례로는 왕위 계승권에 의거하여 때때로 어린아이나 심지어는 갓난애가 왕으로 임명되는 상황이 있다. 실례들은 객관적 불평등과 수립된 불평등이 분리되는 세 가지 형태를 보여준다. 첫 번째와 두 번째 실례는 자격을 갖추지 못한 사람이 자격을 갖춘 사람에게 권력을 행사하는 것이 정상적이지 않다는 점을 강조하며, 세 번째 실례는 극단적인 비참과 엄청난 부가 공존하는 상황이 얼마나 부당한가를 기술한다. 이 세 번째 형태의 불평등은 각자가 자신을 보호할 권리와 그가 축적하는 데 기여한 부를 누릴 권리를 동시에 침해한다(이 같은 의미에서 자연법에는 '그것을 어떤 식으로 규정하든지 간에' 상관없이 위반된다). 루소의 분석은 이 점에서 전제군주제와 세습 귀족제를 그의 시대에 유행하던 비판에 비해 매우 혁신적인 방식으로 이해하도록 해준다. 루소가 불평등의 이 같은 측면을 강조하면서 이 글을 끝내는 것은 결코 우연이 아닌 것이다.

이 구분은 모든 문명인 사이에 널리 퍼져 있는 종류의 불평등을 이 점과 관련하여 어떻게 생각해야 하는지를 충분히 결정지어준다. 자연법을 어떤 식으로 규정하든지 간에, 어린애가 노인에게 명령하고, 바보가 현명한 사람을 이끌어가며, 굶주린 수많은 사람들은 살아가는 데 꼭 필요한 최소한의 것도 없는데 겨우 몇 명밖에 안 되는 사람들은 사치품이 넘쳐난다는 건 누가 봐도 자연법에 어긋나는 일이기 때문이다.[100]

루소 원주

1) 헤로도토스Herodotos는 일곱 명의 페르시아 해방자가 가짜 스메르디스[1]를 죽인 뒤 국가에 부여할 정부의 형태에 대해 토의하러 모였을 때, 오타네스Otanes는 열렬히 공화정을 지지했다고 이야기한다. 제국에 요구할 권리가 있는 태수의 입에서 나왔을 뿐만 아니라, 귀족은 그들이 백성을 존중해야만 하는 종류의 정부를 죽기보다 더 두려워했기 때문에, 이것은 더욱더 놀라운 견해였다. 너무나 당연하게도 아무도 오타네스의 말에 귀를 기울이지 않았다. 복종하는 것도 명령하는 것도 원하지 않았던 그는 그들이 한 명의 군주를 선출하려는 걸 보고, 다른 경쟁자들에게 왕위 계승권을 기꺼이 양보하는 대신 그에 대한 보

---

1 '스메르디스Smerdis'는 키로스 왕의 아들로서 왕위를 물려받기로 되어 있었다. 그는 살해당했지만, 그의 죽음은 페르시아인들에게 감추어졌다. 기원전 522년 한 사제가 스메르디스와 닮은 자기 동생을 왕으로 선포했다. 이 왕위 찬탈 시도를 막은 일곱 명의 과두정치가는 왕을 몰아내고 어떤 정체를 선택할 것인지에 대해 토론했고, 오타네스는 민주주의를 택할 것을 주장했다. 헤로도토스는 《역사Histoires》〔김봉철 옮김, 《역사》, 길, 2016〕에서 이 일화를 이야기한다.

상으로 오직 자신과 자기 후손들의 자유와 독립만을 요구했고, 이 같은 요구는 받아들여졌다. 설사 헤로도토스가 이러한 특권에 제약이 가해졌다는 얘기를 우리에게 해주지 않는다 해도, 우리는 당연히 그 제약이 가해졌으리라고 추측해야 한다. 그렇지 않으면 오타네스는 어떤 종류의 법도 인정하지 않고 어느 누구도 고려하지 않음으로써, 국가 내에서 전지전능하며 왕보다 더 큰 권력을 가지게 될 것이다. 그러나 그와 같은 경우 이러한 특권에 만족할 수 있는 사람이 그것을 남용했을 것 같지는 않다. 실제로 현명한 오타네스나 그의 후손들이 이 권리를 남용하여 왕국을 조금이라도 혼란스럽게 만든 흔적은 전혀 보이지 않는다.

2) 처음부터 나는 철학자들로부터 존경받는 이 권위 가운데 하나에 신뢰를 보내며 의지한다. 왜냐하면 그러한 권위는 오직 철학자들만 발견하고 느낄 수 있는 확고하고 탁월한 논거에서 비롯되기 때문이다.

"우리가 아무리 우리 자신을 아는 일에 관심을 가지고 있다 할지라도, 우리는 우리 자신에 대해서보다는 우리 자신이 아닌 모든 것에 대해 더 잘 알고 있는 것은 아닌지 모르겠다. 우리는 자연이 우리에게 자기 보존을 할 때만 쓰라고 준 기관들을 오직 외부의 인상을 받아들이는 데만 사용하며, 우리를 외부로 옮겨놓고 우리 밖에서 존재하려고 애쓸 뿐이다. 우리는 우리 감각의 기능을 증가시키고 우리 존재의 외적 범위를 넓히는 데 너무 신경을 쓰느라, 우리를 우리의 진짜 크기로 축소시키고 우리를 우리 것이 아닌 모든 것과 분리시키는 이 내적 감각을 잘 사용하지 않는다. 그렇지만 우리 자신을 알고 싶으면 이 감각을 사용해야 한다. 오직 이 감각을 통해서만 우리 자신을 판단할 수 있기 때문이다. 그런데 어떻게 이 감각이 활동하고 최대한 연장되도록 할 것인가? 이 감각이 머무는 우리의 영혼을 어떻게 우리 정신의 온갖 환상으로부터 구해낼 것인가? 우리는 이 감각을 사용하는 습관을 잃어버렸다. 그리하여 이 감각은 우리의 육체적 감각이 격동하는 와중에 활동을 중단한 상태에 있다. 그것은 우리 정념의 불길에 말라붙어 버렸다. 마음, 정신, 감각, 이 모든 것이 영혼에 불리하게 작용했다"(뷔퐁Georges-Louis Leclerc, Comte de Buffon, 《박물지Histoire Naturelle》, 4권 《동물의 본성에 관하여, 길들여진 동물들Discours sur la nature des Animaux, Les Animaux domestiqués》, p. 151).

3) 오랜 직립보행 습관이 인간의 인체 구조에 야기할 수 있었던 변화, 인간의 팔과 네발짐승의 앞다리 사이에서 아직도 관찰되는 관계, 그리고 네발짐승의 걷는 방식에서 끌어낼 수 있는 결론은, 우리에게 가장 자연스러웠을 걷는 방식에 대한 의문을 불러일으킨다. 모든 어린아이는 네발로 걷기 시작하며, 서 있기 위해서는 우리의 시범과 가르침을 필요로 한다. 아이들을 잘 돌보지 않아서 그들이 너무 오랫동안 손을 짚고 걷도록 내버려두는 바람에, 일어서도록 만드는 데 큰 어려움을 겪는 호텐토트인Hottentote 같은 미개민족도 있다. 서인도제도의 카리브인 어린아이들도 마찬가지다. 네발로 걷는 인간에 대한 실례는 여럿 있는데, 나는 그중에서도 특히 1344년에 헤센Hessen 근처에서 발견된 한 아이의 예를 들고자 한다. 그 아이는 늑대들에 의해 길러졌으며, 그 뒤로 하인리히 공의 궁정으로 옮겨져 와 살았는데, 그는 만일 자기 마음대로 할 수만 있다면 인간들 사이에서 사는 것보다는 늑대들에게 돌아가고 싶다고 말하곤 했다. 이 아이는 늑대처럼 걷는 데 너무 익숙해져서, 두 발로 균형을 잡고 서 있도록 하려면 나무 막대기로 매어

두어야만 했다. 1694년 리투아니아 숲속에서 곰들이랑 같이 살다가 발견된 아이도 같은 경우였다. 콩디야크Étienne Bonnot de Condillac 씨 말에 따르면, 이 아이는 이성의 흔적이 전혀 보이지 않았고, 네발로 걸었으며, 인간의 것과는 전혀 닮지 않은 소리만 낼 뿐 그 어떤 언어도 가지고 있지 않았다. 몇 년 전 영국 궁정으로 데려온 하노버Hanover의 미개인 소년은 두 발로 걸을 수 있게 되기까지 온갖 어려움을 다 겪었고, 1719년에는 네발짐승처럼 산을 뛰어다니는 미개인 두 명이 피레네Pyrénées 산맥에서 발견되었다. 이것이 우리가 너무나 많은 이점을 얻어내는 손의 사용을 포기하는 일이라고 반박할 수도 있다. 하지만 원숭이의 예는 손이 두 가지 방식으로 매우 잘 이용될 수 있다는 사실을 보여준다. 이 예는 자연이 인간으로 하여금 자연 자신이 가르쳐준 것과 다르게 걷도록 정해놓았다는 것이 아니라, 단지 인간이 자신의 팔다리를 자연이 정한 용도보다 더 편리하게 사용할 수 있다는 사실만을 증명해준다.

그러나 인간이 두발짐승이라고 주장하기 위한 훨씬 더 나은 논거가 있는 것 같다. 먼저 인간이 처음에는 우리가 현재 보는 것과 다른 형태를 하고 있었지만 결국은 현재의 모습이 되었다는 것을 보여줄지라도, 그것만으로는 그가 원래 이렇게 태어났다고 결론짓기에는 충분하지 않을 것이다. 왜냐하면 그 같은 변화의 가능성을 보여준 뒤에는, 이제 그 변화를 인정하기 전에 최소한 그것이 일어날 수 있다는 개연성은 보여주어야만 하기 때문이다. 게다가 설령 인간의 팔이 필요할 때는 다리로 이용될 수 있었던 것으로 보인다 할지라도, 이 학설에 유리한 관찰은 오직 하나에 불과한 반면 불리한 관찰은 매우 많다. 그 주요한 것들을 열거해보면 다음과 같다. 먼저 인간의 머리가 몸에 붙어 있는 방식은 다른 동물처럼 그리고 인간이 서서 걸을 때처럼 시선을 수평으로 향하는 대신, 네발로 걸을 때 땅바닥만 쳐다보았을 텐데, 이것은 개체의 보존에 매우 불리한 상황이다. 다음으로 두 다리로 걷는 데 필요없으며 인간에게는 없는 꼬리가 네발짐승에게는 유용하며 꼬리 없는 네발짐승은 없다. 두발짐승 암컷의 젖가슴은 아이를 두 팔로 안는 상태에 적합하게 잘 위치해 있는 반면, 네발짐승 젖가슴의 위치는 그러기에는 적합하지 않다. 그리고 또 뒷다리가 앞다리에 비해 너무 길어서 네발로 걷게 되면 무릎을 끌며 기어갈 수밖에 없어서, 우리는 균형을 잃고 불편하게 걸어야만 하는 동물이 되었을 것이다. 그리고 만일 인간이 발과 손을 땅바닥에 댄다면 다른 동물에 비해 뒷다리의 관절 하나가, 즉 정강이를 경골에 이어주는 관절 하나가 모자랄 것이고, 어쩔 수 없이 발끝만 땅바닥에 놓아야 하기 때문에 발목뼈는 그것을 구성하는 뼈 수가 너무 많은 것은 물론 정강이를 대신하기에는 너무 굵어 보이며, 정강이 관절들이 척골이나 경골과 너무 붙어 있어서 그런 상황에서는 인간의 다리에 네발짐승의 다리와 같은 유연성을 줄 수 없다. 타고난 힘이 아직 발달하지 않았으며 손발도 튼튼해지지 않은 나이의 아이들의 예에서는 아무런 결론도 도출되지 않는다. 그것은 마치 개가 태어난 뒤 몇 주 동안은 기어다니기만 하기 때문에 걷도록 되어 있지 않다고 말하는 것과 같다. 특정 사실들은 모든 인간의 일반적인 행동을 부인하는 힘을 아직 갖지 못하며, 그것은 다른 민족과의 교류가 일체 없어서 그들로부터 아무것도 모방할 수 없었던 민족들에 대해서도 마찬가지다. 걸을 수 있기 전에 숲속에 버려져 짐승에게 키워진 아이는 그의 유모를 본받아 유모처럼 걷는 연습을 했을 것이다. 습관은 그가 자연으로부터 받지 않은 편리함을 그에게 줄 수 있었을 것이다. 즉 손이 없는 불구자가 연습을 하다 보면 우리가 손으로 하는 모든 것을 발로 하게 되는 것처럼, 그 아이는 결국 발을 사용해야 할 때 손을 사용할 수 있게 되었을 것이다.

4) 만일 나의 독자 가운데 땅의 이런 자연적인 비옥함에 대한 가정에 대해 이의를 제기하는 까다로운 자연학자가 있다면, 나는 다음과 같은 구절로 그에게 답하려 한다.

"식물은 땅에서보다는 공기와 물 속의 물질에서 영양물을 훨씬 더 많이 얻기 때문에, 썩으면 땅에서 얻은 것보다 더 많은 것을 돌려보낸다. 게다가 숲은 증발을 막음으로써 빗물을 가두어둔다. 그리하여 오랜 세월 사람의 발길이 닿지 않은 채 보존된 숲에서는 식물에 이용되는 지층이 크게 증가할 것이다. 그러나 동물은 땅에서 얻은 것보다 적은 것을 땅에 되돌려주며, 인간은 불을 피우거나 그 밖의 용도로 사용하기 위해 나무와 식물을 어마어마하게 소비한다. 그 결과 사람이 사는 지역의 식물 지층은 계속 줄어들다가 결국은 석질石質 아라비아[2]땅이나, 사실 가장 오래전부터 사람들이 살던 지역으로 소금과 모래밖에 발견되지 않는 수많은 동방 지방의 땅처럼 되고 만다. 왜냐하면 식물과 동물의 모든 다른 부분은 증발하고, 증발하지 않는 소금만 남기 때문이다"(뷔퐁, 《박물지》).

그뿐 아니라 최근 몇 세기 동안 발견된 모든 무인도가 온갖 종류의 수많은 수목으로 뒤덮여 있었다는 점과, 역사가 가르쳐주듯이 사람이 살고 문명화되면서 거대한 숲들이 지구 전역에 걸쳐 벌목되어야만 했

---

2 '석질 아라비아'는 고대에 아라비아를 이루고 있던 세 지역 중 하나로 수도는 페트라였다. 그 영토는 오늘날의 요르단 및 사우디아라비아 북부와 대략 일치한다.

다는 점을 실제 증거로 덧붙일 수 있을 것이다. 이에 대해 나는 다시 다음의 세 가지 지적을 하겠다. 첫 번째는 뷔퐁 씨의 추론에 따르면 동물에 의해 이루어지는 식물성 물질의 손실을 상쇄할 수 있는 식물 종이 있다면 그것은 무엇보다 숲에 사는 종이며, 숲의 나무 꼭대기와 잎 들은 다른 식물보다 더 많은 물과 수증기를 모아 제 것으로 삼는다는 사실이다. 두 번째는 토양의 황폐화, 즉 식물에 적합한 물질의 유실은 땅이 더 많이 경작되고 더 근면한 주민들이 땅에서 나는 모든 종류의 생산물을 아주 풍족하게 소비하는 데 비례하여 더 빨라질 것이라는 사실이다. 세 번째이자 더 중요한 지적은 나무 열매는 다른 식물이 만들어줄 수 있는 것보다 더 풍부한 양식을 동물에 제공해준다는 것이다. 나는 크기와 성질이 같은 두 곳의 땅에 한쪽에는 밤나무를 다른 한쪽에는 보리를 심어서 난 생산물을 비교함으로써, 이 지적을 직접 실험해보았다.

5) 네발짐승 중에서 육식동물을 구분하는 가장 보편적인 방법 두 가지가 있는데, 하나는 이빨의 형태이고 다른 하나는 창자의 구조다. 말, 소, 염소, 토끼처럼 식물만 먹고 사는 동물의 이빨은 다 평평하지만, 고양이, 개, 늑대, 여우 같은 육식동물의 이빨은 뾰족하다. 창자의 경우 열매를 먹고 사는 동물들은 결장 같은 것을 몇 개 가지고 있지만, 육식동물에서는 찾아볼 수 없다. 그러므로 인간은 열매를 먹고 사는 동물이 가지고 있는 이빨과 창자를 가지고 있으므로 당연히 이 강綱에 포함되어야 할 것인데, 해부학적 관찰이 이러한 견해를 확인해줄 뿐만 아니라 고대의 기념비적인 작품들도 이 견해에 매우 호의적이다. 성 히에

로니무스Hieronymus는 이렇게 말한다. "디카이아르코스[3]는 고대 그리스를 다룬 작품들 속에서, 대지가 그 자체로 아직 기름졌던 사투르누스Saturnus의 치하에서는 모두가 자연적으로 자라나는 과일과 야채를 먹고 살았기 때문에 고기를 먹는 사람은 없었다고 이야기한다"(Lib. 2, Adv. Jovinian). 이 같은 견해는 여러 근대 여행자들의 견문기에 근거할 수도 있다. 프란체스코 코레알Francisco Coreal은 특히 에스파냐인이 쿠바와 세인트 도밍고 섬 및 다른 곳들로 이송시켰던 바하마 제도 주민들이 고기를 먹고 죽었다는 증언을 한다. 이로부터 사람들은 내가 이용할 수 있는 많은 이점을 이용하지 않고 있다는 사실을 알 것이다. 왜냐하면 먹이야말로 육식동물 사이에서 일어나는 싸움의 거의 유일한 동기이며, 열매를 먹는 동물은 자기들끼리 항상 평화롭게 살고 있으므로, 만일 인류가 이 후자의 종에 속한다면 분명히 자연 상태에서 훨씬 쉽게 살 수 있었을 것이며, 그 상태에서 벗어날 필요와 기회가 훨씬 더 적었을 것이기 때문이다.

6) 성찰을 요구하는 모든 지식, 오직 일련의 관념에 의해서만 획득되고 연속적으로만 완성되는 모든 지식은 완전히 미개인의 이해력이 미치는 범위 밖에 있는 것처럼 보인다. 왜냐하면 그는 자기 동류들과 의사소통을 할 수 없기 때문에, 다시 말해 그것에 이용되는 도구와 그것을 필요하게 만드는 욕구가 없기 때문이다. 그의 지식과 솜씨는 뛰어넘고, 달리고, 싸우고, 돌을 던지고, 나무에 올라가는 것으로 한정된다. 그러나 그는 비록 그런 것밖에 할 줄 모르긴 하지만, 그런 것들을

3 '디카이아르코스Dikaiarchos'(기원전 350?~285?)는 그리스의 철학자이자 지리학자이다.

더 필요로 하기 때문에 우리보다 훨씬 더 잘 한다. 그리고 그런 것들은 오로지 신체를 수련해야만 해낼 수 있고 한 개인이 다른 개인에게 전수하거나 발전시킬 수가 없기 때문에, 최초의 인간은 그의 최후의 자손들만큼이나 그것들에 능숙할 수 있었다.

여행가들의 견문기는 야만 민족과 미개민족의 남자들이 발휘하는 힘과 활력에 대한 예로 가득하다. 이 견문기들은 또한 그들의 솜씨와 민첩함도 칭찬한다. 눈만 있으면 그런 것들을 관찰할 수 있기 때문에, 증인들이 그것에 대해 증언하는 바를 믿지 못할 아무런 이유도 없다. 나는 내 손에 가장 먼저 잡히는 몇 권의 책에서 몇 가지 예를 되는대로 뽑아보겠다.

콜벤은 이렇게 말한다. "호텐토트인[4]은 케이프타운의 유럽인보다 물고기를 잡는 데 더 능숙하다. 그물로 잡든 낚시로 잡든 작살로 잡든, 그리고 작은 만에서 잡든 강에서 잡든 능숙하기는 마찬가지다. 그들은 또한 손으로도 물고기를 능숙하게 잘 잡는다. 수영도 비할 바 없이 능숙하게 잘 한다. 그들이 수영하는 걸 보면 놀라운 무엇인가가 있으며, 그들에게 딱 알맞아 보인다. 몸을 곧추세우고 손은 물 밖으로 펴서 수영을 하는 것이 영락없이 땅 위를 걷는 것처럼 보인다. 바다가 크게 출렁이고 산더미 같은 파도가 밀려올 때 그들은 코르크 조각처럼 오르락내리락하는데, 어떻게 보면 파도를 등에 업고 춤추는 것 같다."

콜벤은 계속 이야기한다. "호텐토트인은 사냥에도 놀라운 솜씨를 발

---

4 '호텐토트인Hottentot'은 남아프리카의 서부 지역에 사는 유목민이다. 루소는 호텐토트인에 관한 정보를 천문학적 관찰을 할 목적으로 1705년 케이프타운에 파견됐던 프러시아 사람 페테르 콜벤Peter Kolben(1675~1726)의 《희망봉 묘사Description du cap de Bonne-Espérance》(Nuremberg, 1719)에서 인용한다.

휘하며, 달릴 때의 민첩함은 상상을 초월한다." 저자는 그들이 자신의 민첩함을 더 자주 악용하지 않는 것에 놀란다. 그렇지만 그가 드는 예를 통해 판단할 수 있듯이, 이따금 그런 일이 일어나기도 한다. 그는 이야기한다. "어느 네덜란드 선원이 케이프타운에 하선했고, 호텐토트인 한 사람이 20파운드 가량의 마는 담배를 지고 그를 시내까지 따라갔다. 두 사람이 일행으로부터 좀 멀어지자, 그 호텐토트인은 선원에게 달릴 줄 아느냐고 물었다. 선원이 대답했다. '달리는 거 말인가? 그래, 아주 잘 달리지.' 그러자 그 아프리카인이 대답했다. '그럼, 한번 볼까요?' 이렇게 말하고 나서 그는 담배를 지고 이내 사라져버렸다. 선원은 그 놀라운 속도에 아연실색하여 그를 추격할 생각을 아예 하지 못했고, 그의 담배도 그 운반인도 다시는 보지 못했다."

"호텐토트인은 유럽인이 엄두도 못 낼 만큼 너무나 예민한 시선과 확실한 손을 가지고 있다. 그들은 백 보 정도 떨어진 곳에서도 2분의 1수짜리 동전 크기의 목표물을 돌로 명중시키며, 더욱 놀라운 것은 우리처럼 시선을 목표물에 고정하는 대신 계속 몸을 비틀어 꼬며 움직인다는 사실이다. 꼭 보이지 않는 손이 돌을 던지는 것 같다."

뒤 테르트르 신부[5]는 방금 희망봉의 호텐토트인에 관해 읽은 것과 같은 사실을 서인도제도 미개인에 대해서도 이야기하고 있다. 그는 특히 화살로 헤엄치는 물고기를 정확히 맞힌 다음 물속으로 잠수하여 가지고 나오는 것과 날아가는 새를 맞히는 것을 칭찬한다. 북아메리카 미개인도 힘과 능란한 솜씨로 유명하다. 남아메리카 인디언의 이런 능력을 판단할 수 있는 예가 한 가지 있다.

---

5 '뒤 테르트르Jean-Baptiste du Tertre'(1610~1687)는 프랑스의 종교인이자 식물학자이다.

1746년 부에노스아이레스의 한 인디언이 카디스Cádiz에서 갤리선을 젓는 형벌을 받자, 총독에게 축제 때 자신의 목숨을 걸 테니 자유를 회복시켜달라고 제안했다. 그는 다른 무기 없이 손에 밧줄 하나만 들고 혼자서 가장 난폭한 황소를 공격하여 쓰러뜨리고 지정된 부위를 밧줄로 묶은 다음, 안장을 올려놓고 고삐를 맨 뒤 황소 위에 올라 타고 나서, 우리에서 뛰쳐나오는 다른 두 마리의 사나운 황소를 공격하다가, 명령이 떨어지면 일체 다른 사람 도움 없이 한 마리씩 차례로 죽이겠다고 약속했다. 이 제안은 받아들여졌고, 인디언은 자기가 약속한 것을 모두 성공적으로 해냈다. 그가 어떤 식으로 행동했는지, 어떻게 싸웠는지를 상세히 알고 싶으면 내가 참고한 고티에Jacques Gautier d'Agoty 씨의 12절판 《자연사에 관한 관찰Observations sur l'histoire naturelle》 1권 262쪽을 보기 바란다.

7) 뷔퐁 씨 이야기에 따르면, "말의 수명은 동물의 다른 모든 종과 마찬가지로 성장 기간의 길이에 비례한다. 인간은 14년 동안 성장하기에 그 기간의 6~7배, 즉 90년 내지 100년은 살 수 있다. 말은 4년 동안 성장하기에 그 6~7배, 즉 25년 내지 30년은 살 수 있다. 이 규칙을 벗어나는 예는 아주 드물어서, 이것을 그로부터 어떤 결론을 끌어낼 수 있는 예외로 보아서는 안 된다. 그리고 살진 말은 날씬한 말보다 성장 기간이 짧기 때문에 수명이 짧으며 열다섯 살부터 늙기 시작한다"(《육식동물Les Animaux Carnassiers》, 《박물지》, t. VII).

8) 주석 5번에서 지적한 것과 달리, 나는 육식동물과 열매를 먹는 동물 사이에 훨씬 더 일반적인 또 다른 차이를 볼 수 있다고 생각한

다. 왜냐하면 이 차이는 조류까지 확대되기 때문이다. 이 차이는 새끼의 수에서 나는데, 식물만 먹고 사는 동물은 한 배에 절대 두 마리를 넘지 않으며, 육식동물은 보통 그 수를 넘는다. 이런 관점에서 볼 때, 젖의 수가 말, 소, 염소, 사슴, 양 등 전자의 종의 암컷에는 두 개밖에 없는 반면, 개, 고양이, 늑대, 호랑이 등 다른 종의 암컷에는 항상 여섯 개에서 여덟 개가 있다는 사실에서 자연의 목적을 아는 일은 어렵지 않다. 모두가 많이 먹는 조류인 닭, 거위, 집오리의 암컷뿐만 아니라 매, 독수리, 올빼미의 암컷 역시 알을 많이 낳아 부화하지만, 이런 일은 곡식만 먹고 한 번에 두 개 이상의 알을 낳아 부화하는 일이 거의 없는 비둘기, 꿩 및 기타 조류에는 절대 일어나지 않는다. 이처럼 차이가 나는 이유는, 풀과 식물만 먹는 동물은 거의 하루 종일 풀밭에 머무르면서 많은 시간을 먹을 걸 찾는 데 써야 하므로 여러 마리의 새끼에게 젖을 주기 힘든 반면, 육식동물은 거의 순식간에 먹이를 먹어치우므로 더 수월하게 더 자주 새끼를 돌보고 사냥을 할 수 있으며 매우 많은 양이 소모되는 젖도 더 쉽게 회복할 수 있기 때문이다. 이 모든 사실에 대해서는 특별한 관찰과 성찰이 많이 필요할 것이다. 그러나 여기서는 그렇게 할 수가 없기 때문에, 나로서는 자연의 가장 일반적인 체계, 즉 인간을 육식동물의 강에서 끄집어내어 열매를 먹고 사는 종에 넣는 새로운 근거를 제공해주는 체계를 보여준 것만으로 충분하다.

9) 어느 유명한 작가는 인간이 살면서 행한 선행과 악행을 계산하고 그 합을 비교해본 결과 악행이 선행을 크게 앞선다는 것과, 모든 걸 따져볼 때 인간에게 인생이란 그다지 좋은 선물이 아니라는 사실을 알게

되었다.[6] 내게는 그가 내린 결론이 조금도 놀랍지 않다. 그가 자신의

---

6 J. 스타로뱅스키Jean Starobinski는 이 "유명한 작가"가 자신의 저서 《도덕철학론Essai de philosophie morale》(1749) 2부에 〈정상적인 삶에서는 악행의 총합이 선행의 그것을 넘어선다Que dans la vie ordinaire, la somme des maux surpasse celle des biens〉라는 제목을 붙인 모페르튀이Pierre Louis Moreau de Maupertuis라고 알려준다. 루소는 모페르튀이의 주장을 자기 나름의 방식으로 빌려 쓰지만, 운명론적 해석에 그치지는 않는다. 이 긴 주석에서 그의 해석은 생리학적 필요와 구분되는 문명인의 욕망에 대한 묘사에 의지한다. 문명인의 불행은 자연이나 운명의 배은망덕에 기인하기보다는, 충족될 수 없는 구조를 가진 욕망의 특성에 기인한다. 루소는 자신의 모든 저서에서 같은 주장을 되풀이한다. 즉 행복의 기술은 자신의 욕망을 그것을 만족시키는 수단에 어떻게 부합시키느냐에 있다는 것이다. 자연인은 이 일을 본능적으로 해내고, 문명인은 보기 드문 지혜를 발휘해야 해낼 수 있다. 이 점에 관해서는 A. M. Melzer, 《루소, 인간의 타고난 선의: 루소의 사유 체계에 관한 시론Rousseau, la bonté naturelle de l'homme: Essai sur le système de penseé de Rousseau》, trad. J. Mouchard, Paris: Belin, 1998, pp. 37~38; F. Guénard, 《루소와 일치의 작업Rousseau et le travail de la convenance》, Paris: Champion, 2004, 특히 pp. 114~130을 참조하라.

루소는 단지 모럴리스트로서만 말하는 게 아니다. 즉 성찰을 통해 사회질서의 조직과 인간의 불행이 서로 연관되어 있다는 사실을 드러내는 것이다(왜냐하면 충족되지 않은 정념은 오직 그 주요한 자양물인 사회적 관계 속에서만 생겨나고 발달하기 때문이다. 그래서 "태어날 때부터 선한" "인간"과 "악한" "인간"이 구별되는 것이다). 비록 인간의 타고난 선의가 돌이킬 수 없을 정도로 파괴된 것은 아니지만, 그 잠재성이 타락한 문명인에게 다시 나타나게 하기 어려운 이유는 풍습과 사회적 관계가 믿을 수 없을 정도로 급격하게 변화했기 때문이다. 이 같은 관점에서 루소는 근대주의자들에 의해 제기되었고, 특히 맨더빌Bernard Mandeville(1670~1733)과 볼테르가 이론화했으며, "사회가 매우 정교하게 조직되었기 때문에, 각 개인은 타인들에게 봉사함으로써 이익을 얻는다"라는 애덤 스미스Adam Smith(1723~1790)의 경제 이론을 강화하는 낙관적 주장이 너무 유치하다며 반박한다. 이 주장에 따르면, 역설적으로 이기적 욕심이 특히 상품 교환 덕분에 질서와 사회성의 요인이 된다는 것이다. 루소는 때때로 다른 사람들에게 그들이 원하는 것을 공급하는 것이 이익이 된다는 사실을 부정하지 않는다. 그러나 문제는 "(각자가) 다른 사람들에게 해를 끼침으로써 더 많은 이득을 얻지 않으면 그야말로 다행이라는 것이다. 정당한 이득이 부당한 방법으로 얻을 수 있는 이득을 능가하는 일은 결코 없다"(본문 193쪽). 이렇게 해서 그는 "다른 사람이 잃어야 내가 딴다"라는 중상주의적 격언을 다시 상기시킨다. 그리고 그는 그렇게 되는 깊은 이유를 제시한다. 즉 문명인의 욕망은 객관적이며 절대적인 안락함으로 충족되는 것이 아니라, 자신의 만족과 타인의 만족을 비교함으로써 충족된다는 것이다. 그 결과 갈등상태가 우발적으로가 아니라 구조적으로 사회적 관계의 핵심으로 자리 잡는다. 이 분석의 결론은 어떤 점에서는 홉스적이지만, 그 원인의 설명은 이 영국 철학자의 자연주의적 인류학에 등을 돌린다.

모든 추론을 문명인에게서 끌어냈기 때문이다. 만일 그가 자연인까지 거슬러 올라갔다면 전혀 다른 결과를 발견했을 것이고, 인간의 해악은 거의 모두 스스로 만들어냈기 때문에 자연은 정당화된다는 사실도 깨달았을 것이다. 우리는 온갖 우여곡절 끝에 이렇게 불행해졌다. 한편으로는 참으로 심오한 학문과 획기적인 기술의 발명, 깊은 구렁을 메우고 산을 깎고 바위를 깨부수고 강에 배가 다니도록 만들고 땅을 개간하고 호수를 파고 늪지를 말리고 땅에 거대한 건물을 올리고 바다가 선박과 선원으로 가득 채워지게 하는 등 엄청난 힘이 필요한 인간의 사업을 생각해보고, 또 한편으로는 이 모든 것이 인류의 행복에 얼마나 유리하게 작용했는지를 조금이라도 연구해본다면, 이것들 사이에 엄청난 불균형이 존재한다는 사실에 놀라고, 근거 없는 교만과 공허한 자기 예찬을 위해 자연이 호의를 발휘하여 막아주었던 온갖 불행을 오히려 열심히 쫓아다니고 있는 인간의 무분별함을 한탄할 수밖에 없다.

인간은 악하다. 슬프고도 지속적인 경험으로 미루어 보자면 그 점을 증명할 필요도 없다. 그러나 인간은 본래 선하며, 나는 그 점을 증명했다고 믿는다.[7] 그렇다면 인간을 이렇게까지 타락시킨 것은 그의 체질에 일어난 변화와 그가 이루어낸 진보, 그리고 그가 획득한 지식이 아니겠는가? 우리는 인간 사회를 원하는 대로 얼마든지 찬양할 수 있다. 하지만 그 사회가 필연적으로 인간으로 하여금 이해관계가 부딪치면서 서로 증오하고, 겉으로는 서로를 도와주는 척하지만 실제로는 상상할 수 있는 모든 나쁜 짓을 하게 만든다는 건 어쨌든 사실이다. 공공

---

7 《학문예술론》에 관해서 보르드Charles Borde(1711~1781)에게 마지막으로 반박할 때 특히 그렇다(*OC*, t. III, p. 71 이하). 루소는 여기서 인간이 상호 간에 종속되고 서로를 증오하도록 강제하는 문명의 부정적 효과에 관한 이 논문과 그 뒤로 이어지는 관찰의 결론을 다시 취한다.

의 이성이 사회라는 집단에게 권장하는 것과는 완전히 반대되는 격률을 각 개인의 이성이 그에게 부추기고, 각자가 타인의 불행 속에서 자신의 이익을 발견하는 관계에 대해 어떻게 생각해야 할까? 어떤 사람에게 돈이 좀 있다고 치자. 그의 탐욕스런 상속자들, 특히 그의 자식들은 그가 얼른 죽기를 마음속으로 바라게 되어 있다. 그리고 바다에서 배가 난파한 일은 어떤 상인들에게는 희소식이다. 또 악의를 품은 채무자 중에 채권자의 집이 모든 서류와 함께 불타버리기를 바라지 않는 이는 한 명도 없을 것이다. 이웃 민족이 재난을 당하는 걸 보고 기뻐하지 않는 민족도 없다. 이렇게 해서 우리는 동포가 손해를 볼 때 이익을 본다. 한쪽의 파멸은 거의 항상 다른 쪽의 번영을 가져오는 것이다. 그러나 훨씬 더 위험한 게 있으니, 그건 많은 사람들이 공공의 재난이 일어나기를 기다리고 바란다는 사실이다. 어떤 이는 병이 퍼져나가기를 원하고, 또 어떤 이는 사람들이 떼로 죽어나가기를 원한다. 전쟁이 일어나기를 원하는 이도 있고, 기근이 나기를 바라는 이도 있다. 나는 풍년이 들 기미가 보이자 낙담하며 우는 무서운 사람들을 본 적이 있다. 런던에 처참한 대화재가 일어나 수많은 사람들이 불행하게도 생명과 재산을 잃었을 때, 아마도 만 명이 넘는 사람들은 오히려 이득을 보았을 것이다. 나는 몽테뉴가 시민들이 죽었을 때 관을 비싸게 팔아서 큰 돈을 번 목수들 중 하나를 처벌한 아테네인 데마데스Demades를 비난한 사실을 알고 있다.[8] 그러나 몽테뉴가 내세우는 논거는 그렇게 한 이들을 모두 처벌해야 한다는 것이다. 그러므로 그의 논거는 나의 논거

8 몽테뉴는 《수상록》(I, XII)에서 세네카의 《은혜에 대해서De Beneficiis》, VI, XXXVIII, 69에 담긴 이 일화를 언급한다.

를 확증한다. 따라서 우리는 경박하게 드러내는 호의를 넘어 마음 깊은 곳에서 무슨 일이 일어나고 있는지를 알아내야 한다. 그리고 모든 인간이 서로 좋아하면서도 죽여야만 하고, 의무 때문에 태어날 때부터 적이 되며, 이익을 보기 위해 사기꾼이 되는 상태가 과연 어떤 것인지를 깊이 생각해보아야 한다. 누군가가 내게 사회가 매우 정교하게 조직되었기 때문에 각 개인은 타인에게 봉사함으로써 이익을 얻는다고 대답하면, 나는 다른 사람들에게 해를 끼침으로써 더 많은 이득을 얻지 않으면 그야말로 다행이라고 반박할 것이다. 정당한 이득이 부당한 방법으로 얻을 수 있는 이득을 능가하는 일은 결코 없으며, 이웃에게 끼치는 손해는 항상 봉사보다 더 이득이 된다. 그러니 이제는 처벌받지 않는 방법을 찾는 것만이 문제가 될 뿐이며, 이를 위해 강자는 가진 모든 힘을 동원하고 약자는 알고 있는 모든 술책을 짜낸다.

미개인은 식사를 하고 나면 자연 전체와 친하게 지내고 모든 동포의 친구가 된다. 가끔 먹을 것 때문에 싸우기도 할까? 상대를 싸워 이기는 데 따르는 어려움과 식량을 다른 데서 찾아내는 어려움을 비교한 다음이 아니면, 절대 주먹다짐을 벌이지 않는다. 교만을 부리느라 싸우는 일은 없으므로, 주먹질 몇 번이면 모든 게 끝난다. 이긴 사람이 먹고 진 사람은 다른 곳으로 먹을 걸 찾아 떠나면, 모든 게 평화로워지는 것이다. 그러나 사회 속 인간의 경우에는 전혀 다른 상황이 펼쳐진다. 그는 우선 꼭 필요한 물품에 이어서, 불요불급한 물품도 공급해야 한다. 그러고 나면 환락, 엄청난 부, 시종, 노예가 그 뒤를 잇는다. 휴식을 취할 시간은 잠시도 없다. 더 이상한 것은 필요가 덜 자연적이고 덜 급할수록 정념은 점점 더 커지고, 더 나쁜 것은 그것을 만족시키기 위해 필요한 힘도 커진다는 사실이다. 그러므로 우리의 주인공은 오랫동안 번영하면서 엄청난 재물을 집어삼키고 수많은 사람들을 괴롭히다가, 결국에는 모든 걸 착취하고 전 세계의 유일한 지배자가 될 것이다. 바로 이것이 인간의 생활까지는 아니더라도, 최소한 문명화된 모든 인간이 마음속에 숨기고 있는 은밀한 의도를 축소시켜 그려낸 심적인 그림이다.

문명인의 상태와 미개인의 상태를 편견 없이 비교해보라. 그리고 할 수 있다면 문명인이 그 사악함과 필요와 비참함 외에도, 고통과 죽음으로 통하는 문을 얼마나 활짝 열어놓았는지를 연구해보라. 우리를 소모시키는 도덕적 고통, 우리를 지치게 만들고 괴롭히는 격렬한 정념, 가난한 사람들에게 지나친 부담을 지우는 과도한 노동, 부자들이 빠져드는 훨씬 더 위험한 무기력을, 그리고 이 모든 것이 어떤 사람들은 그것에 대한 필요로, 또 어떤 사람들은 그것의 과잉으로 죽게 만든다는 사실을 생각해보라. 그리고 음식물의 기이한 혼합, 해로운 양념, 부패한 식료품, 변조된 약품, 그것을 파는 자들의 사기 행위, 그것을 처방하는 자들의 과오, 그것을 조제하기 위해 사용하는 용기에 함유된 독[9]을 생각해보라. 또 해로운 공기에 의해 많이 모인 사람들 사이에 발생하는 전염병에, 그리고 우리 생활 방식의 취약함, 집 안과 밖을 주기적으로 드나들기, 조심성 없이 옷을 입거나 벗는 습관, 우리의 지나친 쾌락을 필수적인 습관으로 바꿔놓아 소홀히 하거나 중단하면 생명이나 건강을 해치는 모든 치료가 유발하는 전염병에 주의를 기울인다면, 또 당신이 만일 도시 전체를 집어삼키거나 뒤집어버림으로써 수많은 주

9 로마인이 만든 용기에는 흔히 납 성분이 들어갔다. 루소는 근세에 사용된 구리도 독성을 함유하고 있다고 믿었다. 그래서 그는 1753년 6월에 발간된 잡지《메르퀴르 드 프랑스Mercure de France》에 〈구리 용기의 위험한 사용에 대해Sur l'usage dangereux des ustensils de cuivre〉라는 글을 실었다.

민을 죽게 만드는 화재나 지진을 생각해본다면, 한마디로 얘기해서 이 모든 원인이 계속해서 증가시키는 위험들을 결합하면, 당신은 우리가 자연의 교훈을 무시한 대가를 얼마나 비싸게 치렀는지 느끼게 될 것이다.

전쟁에 관해서는 이미 다른 곳에서 언급했으므로 여기서는 다시 얘기하지 않으려 한다.[10] 하지만 군대에서 군량이나 군 병원을 담당하는 자들이 얼마나 큰 범죄를 저지르고 있는지는, 교육받은 사람들이 많은 사람들에게 상세히 알려주었으면 한다. 그러면 가장 막강한 군대도 공공연한 비밀로 통하는 그들의 술책에 넘어가 순식간에 와해되어, 적의 칼에 쓰러지는 것보다 더 많은 수가 죽어나갈 것이라는 사실을 알게 되리라. 또 매년 배고픔, 괴혈병, 해적, 화재, 난파로 인해 바다에서 목숨을 잃는 사람들의 수 역시 이에 못지않게 많아 놀랍다. 살인, 독살, 노상강도 등의 범죄는 당연히 사유재산 제도의 탓으로, 따라서 사회의 탓으로 돌려야 한다. 이들 범죄의 처벌 자체는 더 큰 해악을 예방하기 위해 필요하지만, 한 사람의 피살로 인해 두 명 혹은 그 이상이 목숨을 잃게 되므로 사실상 인류는 두 배의 손실을 입게 된다. 얼마나 많은 수치스런 방법이 인간의 탄생을 가로막고 자연을 속이고 있는가? 그것은 자연의 가장 매혹적인 작품을 모독하는 저 노골적이고 타락한 취미에 따라, 미개인이나 동물 들은 결코 알지 못했으며 문명국에서 오직 부패한 상상력으로부터 태어난 취미[11]에 따라 이루어진다. 또는 방종과 불명예의 결과인 비밀스런 낙태에 따라 이루어지기도 한다. 부모의 빈

---

10 루소는《인간 불평등 기원론》2부에서 전쟁의 공포를 언급한다.

11 동성애를 암시한다.

곤이나 어머니가 당하는 야만적 치욕의 희생자인 수많은 아이들이 유기되거나 살해당함으로써 이루어질 수도 있고, 삶의 일부와 후손 전부가 공허한 노래에 희생되거나, 더욱 고약하게는 어떤 사람들의 잔인한 질투에 희생되는 저 불행한 사람들을 거세함으로써 이루어질 수도 있다. 이 마지막 경우의 거세는 그걸 당하는 사람이 받는 대우로 보나 그들이 쓰이게 될 용도로 보나, 이중으로 자연을 모독한다.[12]

만일 내가 그 근원은 물론이고 심지어는 모든 관계 중에서 가장 신성한 결혼에서까지 공격받고 있는 인류의 모습을 보여주려 한다면 어떻게 될 것인가? 그런 상황에서 사람들은 재산에 대해 알아보고 난 뒤에야 자연에 귀를 기울이며, 사회의 무질서로 인해 덕성과 악덕이 혼동되므로 절제는 신중한 범죄로 여겨지고,[13] 동류를 낳기를 거부하는 것[14]이 인도적 행위로 간주되어버린다. 그러나 이처럼 혐오스러운 현실을 가리고 있는 장막을 찢어버리는 대신, 나는 다른 사람들이 치료해야 할 해악을 가리켜 보여주는 것으로 만족하련다.

이 모든 것에 특히 납, 구리, 수은, 코발트, 비소, 계관석 등 여러 금속 및 광물 제조와 광산 작업 같이, 수명을 단축시키거나 체질을 파괴하는 수많은 위험 직업을 추가할 수 있다. 또한 지붕 잇는 일꾼, 목수, 벽돌공, 석공 등 매일같이 목숨을 앗아가는 위험한 직업도 추가할 수 있다. 이 모든 것을 한데 모아보면, 많은 철학자들에 의해 관찰된 종種의 감소 이

12 거세된 남자나 환관을 암시한다.

13 금욕은 옛날에는 도덕적 덕성으로 간주되었으나 차츰차츰 실리적이고 합리적인 행위가 되었다.

14 피임을 암시한다.

유를 사회의 수립과 완성에서 볼 수 있을 것이다.[15]

그들 자신의 편의와 타인의 존경을 애타게 추구하는 사람들이 피할 수 없는 사치는 사회가 낳은 해악을 금세 완성시키기에 이르며, 원래 생기면 안 되는 가난한 사람들을 먹여 살린다는 핑계로 다른 사람들을 가난하게 만들고 얼마 지나지 않아 나라의 인구를 감소시킨다.[16]

사치는 그것이 치유한다고 주장하는 해악보다 훨씬 더 나쁜 치료제다. 아니, 사치는 그 자체가 크든 작든 어느 국가에서나 모든 해악 가운데서 최악이며, 그것이 만들어낸 수많은 종복이나 범죄자 들을 먹여 살리기 위해 농민과 시민 들을 억압하고 파멸시킨다. 그것은 꼭 남쪽에서 불어오는 뜨거운 바람과도 같다. 그 바람은 푸른 초목을 게걸스

---

15 미셸 세넬라르Michel Senellart(리옹 고등사범학교ENS의 정치철학 교수로《통치술Les Arts de gouverner》, 《마키아벨리와 국가이성Machiavélisme et raison d'État》등의 저서가 있다)는 몽테스키외(《법의 정신》; 《페르시아인의 편지Lettres persanes》, 1721〔이수지 옮김,《페르시아인의 편지》, 다른세상, 2002〕)와 흄David Hume(《고대국가의 인구 조밀론Of the Populousness of Ancient Nations》, 1742), 월리스Robert Wallace(《고대와 근대에 나타나는 인구수의 차이에 관해Dissertation on the Numbers of Mankind in Ancient and Modern Times》, 1753) 이후 1760년에서 1789년 사이에 인구와 정치경제의 문제를 다룬 저서가 약 1,900종이나 출판되었다고 지적한다. 루소는 어떤 사회의 질서가 잡혔느냐 아니냐를 구분하는 가장 명확한 기준은 인구의 증가라고 생각했다. 그는 근대적인 대도시들의 인구가 구조적으로 감소하고 있다는 주장을 통계로 증명하려 애썼다. 1758년 파리에서 사망자 수와 세례받은 어린아이의 수를, 또 버려진 아이의 수와 결혼한 사람의 수를 비교한 초고(〈정치에 관한 부분 원고Fragments politiques〉, *OC*, III, p. 528.)는 그 점을 증명해준다.

16 플라톤과 아리스토텔레스에게서 물려받은 오래된 전통과 정반대되는, 인민 전체가 사치로부터 경제적 이익을 얻는다는 논거로 사치를 옹호하는 입장은 특히《꿀벌의 우화The Fable of the Bees》(1714)〔최윤재 옮김,《꿀벌의 우화: 개인의 악덕, 사회의 이익》, 문예출판사, 2010〕에서 맨더빌에 의해, 그리고《사교계 사람의 옹호Le Mondain》(1736)에서 볼테르에 의해 이루어졌다. 루소는 〈스타니스와프 1세에게 보내는 편지〉(*OC*, t. III, pp. 49~50)에서 불평등이 부의 근원이며, 이 부 자체가 사치와 나태를 낳았다고 말한다. 그는 사치가 경제 발전에 유용하다는 논리를 반박한다.

러운 곤충들로 새까맣게 뒤덮으면서 유용한 동물의 먹이를 먹어치워, 지나가는 모든 곳에 기근과 죽음을 초래하는 것이다.

사회와 그것이 발전시킨 사치로부터 자유학예, 수공예, 상업, 문예가 태어난다. 그리고 이 무용지물들은 산업을 꽃피우고 나라를 부유하게 하다가 결국은 망쳐놓는다. 이 멸망의 이유는 매우 간단하다. 농업은 성격상 이 모든 기술 중에 가장 돈벌이가 안 된다는 건 분명해 보인다.[17] 농산품은 모든 사람이 꼭 필요로 하는 생산물이므로, 그 가격을 가장 가난한 사람의 능력에 맞추어야 하기 때문이다. 같은 원칙으로부터 우리는 일반적으로 기술에서 얻어낼 수 있는 이익은 그 유효성에 반비례하므로, 결국은 가장 필요한 것이 외면당하게 된다는 결론을 끌어낼 수 있다. 이 사실을 통해 우리는 산업의 진정한 이익과 그것의 발달이 야기하는 실제 효과에 대해 어떻게 생각해야 하는지 알 수 있다.

바로 이런 것들이 많은 사람들로부터 찬사를 받던 나라들도 사치로 인해 결국은 빠져들고 마는 온갖 불행의 직접적 원인이다. 산업과 기술이 널리 보급되고 번창함에 따라, 무시당하고 사치를 유지하는 데 필요한 세금까지 내가면서 노동과 배고픔 사이에서 평생을 보내야만 하는 농민은 논밭을 버리고 원래는 그들의 공급해야 하는 빵을 구하러 도시로 나간다. 대도시가 인민의 어리석은 눈을 감탄으로 가득 채우면 채울수록, 버려진 논밭과 황폐한 땅, 거지나 도둑이 되어 언젠가는 차

---

17 루소의 〈정치경제Discours sur l'économie politique〉, 1755, in *OC*, t. III, p. 274〔박호성 옮김, 〈정치경제론〉, 《루소 전집 8: 사회계약론 외》, 책세상, 2015〕; 《에밀》, in *OC*, t. IV, pp. 458~460을 참조하라. B. 프리덴Bertil Fridén은 루소가 이들 저서에서 경제학자들이 "킹의 법칙"이라고 명명하는 원칙을 기술한다고 지적한다. 이 "킹의 법칙"은 농산물의 생산량이 증가할 때 농민의 수입이 증가하는 게 아니라 오히려 감소한다는 사실을 생필품 가격의 급격한 가격 변동성에 의해 설명한다.

형車刑을 당하거나 가난 끝에 비참한 인생을 마칠 운명인 불행한 시민으로 넘쳐나는 도로를 보며 한탄하게 될 것이다. 이렇게 해서 국가는 한편으로는 부유해지고 또 한편으로는 약화되어 인구가 감소하게 된다. 가장 강력한 군주국은 많은 일을 벌여 부유하지만 인구가 적은 나라가 되었다가, 결국은 그들을 침략하려는 유혹에 빠진 가난한 나라의 먹이가 되어버린다. 그리고 또 이 가난한 나라는 부유해지고 쇠약해지기를 거듭하다가, 종국에는 다른 나라의 침략을 받아 멸망하고 만다.

누가 몇 세기에 걸쳐 유럽, 아시아, 아프리카에 쏟아져 들어왔던 저 수많은 야만인이 어떻게 생겨났는지 설명해주었으면 좋겠다. 그들의 수가 그처럼 엄청나게 늘어난 것은 그들의 기술과 산업이 발달해서인가, 그들의 법이 지혜로워서인가, 아니면 그들의 통치 방식이 탁월해서인가? 왜 이 사납고 난폭하고 무식하고 자제력 없고 교육받지 못한 자들이 그처럼 인구가 크게 늘어났는데도 불구하고 서로를 죽여가며 목초나 사냥감을 다투지 않았는지, 우리 학자들이 그 이유를 좀 설명해주었으면 한다. 학자들은 어떻게 그렇게 하찮은 자들이 군사적으로 잘 훈련되어 있고 탁월하고 지혜로운 법과 책략을 갖추고 있던 우리 조상들과 대담하게 정면으로 맞설 수 있었는지도 설명해주기 바란다. 마지막으로 북유럽 국가에서 사회가 완성되어 사람들에게 서로에 대한 의무와 평화롭고 즐겁게 다 함께 살아가는 방법을 가르치기 위해 수고를 아끼지 않은 이후로, 어찌하여 우리는 그런 국가에서 볼 수 있었던 이들과 유사한 사람을 더 이상 볼 수 없게 된 것일까? 나는 누군가가 마침내 기술, 과학, 법률 같은 모든 위대한 것들이 인간에 의해 매우 현명하게 발명된 페스트라고, 우리가 살아가야 하는 이 세계가 너무 좁아지지 않을까 두려운 나머지 종의 지나친 번식을 예방하기 위해 발명된 유익한 페스트라고 대답할까 봐 몹시 두렵다.

그렇다면 어찌해야 하는가? 사회를 파괴하고 내 것과 네 것을 모두 없애고 숲으로 돌아가 곰이랑 같이 살아야만 하는가?[18] 이것은 나의 반대자들이 내린 결론으로서, 나는 그들이 이런 결론을 내린 것에 대해 스스로 부끄러워하도록 만드는 한편, 그에 대한 예방책도 마련하려 한다. 오, 여러분, 당신들은 하늘에서 들려오는 목소리를 전혀 듣지 못할 뿐만 아니라, 여러분의 종種을 위해 평화롭게 짧은 인생을 마치는 것 말고 다른 목표는 인정하지 않는다. 여러분은 자신의 해로운 획득물과 불안한 정신, 부패한 가슴, 지나친 욕망을 도시 한가운데에 그냥 내버려둘 수 있다. 할 수 있다면, 아주 멀고 먼 옛날의 무구한 상태로 돌아가 보라. 우리 시대 사람들이 저지르는 범죄를 보지도, 기억하지도 않기 위해 숲속으로 가라. 당신의 동시대인들이 저지르는 악덕을 버리기 위해 여러분이 가진 지식을 버림으로써 당신의 종種의 가치를 떨어뜨리는 것을 조금도 걱정하지 말라. 정념 때문에 원래의 순수성이 영원히 파괴되어버린 우리 같은 인간은 이제 더 이상 풀이나 도토리를 먹으며 살아갈 수도, 법이나 우두머리 없이 살아갈 수도 없다. 최초의 조상으로부터 초자연적인 교훈을 얻는 영광을 누린 사람들, 오랫동안 획득하지 못했던 도덕성을 인간의 행위에 부여하기 위해 그 자체로는 대단치도 않고 전혀 다른 체계에서는 설명할 수도 없는 어떤 계율의 근

18 루소는 자신의 주장이 환원적으로 해석되는 것을 경계한다. 즉 시민사회에 대한 비판이 복구할 수 없을 정도로 사라진 자연적 무구 상태로 돌아가고 싶은 열망으로 이해되어서는 안 된다는 것이다. 이러한 비판은 탈脫자연화된 인간을 특징짓는 도덕적 자유를 가장 잘 이용하라는 명령으로 이해되어야 한다.

거를 찾으려 하는 사람들,[19] 말하자면 신의 목소리가 온 인류에게 천상의 지혜가 발하는 빛과 행복을 불러들일 것이라고 확신하는 사람들은 모두 덕성을 배우고 실천하여 수련하며, 자신이 기대해도 좋을 영원한 상을 탈 자격이 있는 사람이 되도록 노력할 것이다. 그들은 자신이 속한 사회의 신성한 관계를 존중할 것이다. 그들은 동포를 사랑하고 동포를 위해 온 힘을 기울여 봉사할 것이다. 그들은 법과 법을 만든 사람들, 그리고 법을 집행하는 사람들에게 철저히 복종할 것이다. 그들은 언제 우리를 짓누를지 모르는 무수한 폐해와 해악을 예방하고 완화하고 치유할 줄 아는 선하고 현명한 군주들을 존경할 것이다. 그들은 이 위엄 있는 지도자들에게 두려움이나 아첨 없이 그들의 일이 얼마나 위대한지, 그들의 의무가 얼마나 엄정한지 보여줌으로써 그들의 열의를 고무시킬 것이다. 그러나 그들은 세심한 주의를 기울이는데도 불구하고 항상 표면상의 이익보다는 실제적인 재해가 더 많이 일어나기 때문에, 좀처럼 만나기 힘든 훌륭한 사람들의 도움을 받아야만 유지되는 사회구조를 경멸할 것이다.

10) 우리가 직접 알고 있거나 역사가나 여행자를 통해 알고 있는 사람들 중에는 흑인도 있고, 백인도 있고, 황인도 있다.[20] 어떤 사람은 머

---

19 이것은 계시받은 신의 율법을, 특히 선악과를 먹지 말라는 금지를 말한다. 즉 "원죄"(〈창세기〉, 2~3장)의 정의와 처벌을 가능하게 하는 금지인 것이다. 이 금지는 자의적이고 비합리적인 것으로 보여 많은 합리적인 사상가들과 자주 충돌하곤 했다. 그러나 우리는 루소가 그랬던 것처럼 "오랫동안 획득하지 못했던 도덕성을 인간의 행위에 부여"해야 하는 필요성에서, 즉 인간을 최초의 도덕적 의무에 복종시키고자 하는 필요성에서 그것이 필요한 이유를 찾을 수 있다.

20 클로드 레비-스트로스가 경험적이고 인류학적인 새로운 학문의 출현을 루소가 어떤 식

리가 길고, 또 어떤 사람은 양털처럼 곱슬곱슬하다. 어떤 사람은 온몸이 털로 덮여 있는 반면, 어떤 사람은 수염도 없다. 키가 엄청나게 큰 거인족이 있었고, 어쩌면 지금도 있을지 모른다. 그리고 과장에 불과할 수도 있는 피그미족의 이야기는 논외로 하더라도 라플란드인의, 특히 그린란드인의 키가 인간의 평균보다 상당히 작다는 사실은 잘 알려져 있다. 네발짐승처럼 꼬리가 달린 민족이 있다는 주장도 나온다. 헤로도토스나 크테시아스[21]의 견문기를 맹목적으로 믿지 않는다 할지라도, 만일 여러 민족이 지금과는 다른 방식으로 자기들끼리 살아갔던 고대를 잘 관찰할 수 있다면, 신체의 형태와 습관 속에서 훨씬 더 많은 다양성을 발견할 수 있을 것이라는 매우 그럴듯한 결론을 끌어낼 수 있을 것이다. 이론의 여지 없이 명확한 증거를 쉽게 댈 수 있는 이 모든 사실들은, 자기 주변의 사물만을 보는 데 익숙해져 있어서 기후, 공기, 음식, 생활 방식, 일반적인 관습의 다양성이 발휘하는 강력한 효과에 대해서, 특히 동일한 원인이 몇 세대에 걸쳐 오랫동안 계속 작용할 때 나타나는 놀라운 힘에 대해서 모르는 사람들만을 놀라게 할 수 있다. 무역, 여행, 정복이 여러 민족을 더욱더 결합시키고 빈번한 교류를 통해 그들의 생활 방식이 계속하여 비슷해지는 오늘날에는, 각 인민의 차이가 어느 정도 줄어들었다는 사실을 알 수 있다. 예

으로 예고하는지를 강조하기 위해 참조하는 이 주에서는 뷔퐁(《박물지》, Paris, 1749~1804)과 《서한집 Lettres de Mr. de Maupertuis》(1752)에서 몇몇 원숭이가 인간과 매우 가까울 뿐만 아니라 나아가 동류성까지 갖고 있다는 가설을 내놓은 모페르튀이의 영향이 느껴진다.

21 '크테시아스 Ctesias'(기원전 5~4세기)는 페르시아에서 살면서 페르시아와 인도의 역사와 지리에 대해 기술한 역사가다. 그의 저술은 다른 저자들에 의해 단편적으로 알려져 있다. 기원전 5세기에 아테네에 살면서 《역사 historiai》에서 수많은 그리스 민족과 야만 민족에 대해 기술했던 헤로도토스처럼, 그도 전설적인 이야기와 엄밀한 관찰을 뒤섞는다.

를 들어 오늘날의 프랑스인은 라틴 역사가들이 묘사했던 것처럼 흰 피부에 금발인 거구가 더 이상 아니다. 물론 피부색과 체격이 기후의 영향 및 로마인과의 접촉으로 인해 변했다가, 흰 색 피부에 금발이었던 프랑크인과 노르만인과 섞이고 시간이 지나면서 원래대로 회복되긴 했지만 말이다. 수많은 원인으로 인해 인류에게 발생할 수 있고 실제로 발생하기도 했던 다양성에 관한 이 모든 관찰은, 나로 하여금 혹시 여행가들이 충분히 조사하지 않았거나, 외관상으로 보이는 약간의 차이 때문에, 혹은 그냥 인간의 말을 하지 않는다는 이유로 짐승으로 여겨졌던 동물들이 사실은 진짜 미개인이 아니었을까 의심하게 만든다. 그들은 아주 오래전 숲속에 흩어져 살게 되는 바람에 원래 갖고 있던 잠재적 능력을 발전시킬 기회가 없었기 때문에, 전혀 완성되지 못한 채 아직도 원시적인 자연 상태에 있는 것이 아닐까?[22] 내가 얘기하고 싶은 것의 예를 한 가지 들어보자.

《여행의 일반 역사Histoire generale des voyages》의 번역자는 이렇게 말한

---

22 이 구절은 루소가 "자연인"이라는 개념에 부여하는 경험론적 지위에 관해 중요한 증거를 제공해준다. 그는 "자연인"과 문명에 의해 탈자연화된 인간의 질적 차이를 크게 강조한다. 물론 자연인은 "박탈"에 의해 획득된 가설적인 구성물이라고, 즉 "아마도 결코 존재하지 않았던" 존재라고 쓰기는 한다. 하지만 그렇다고 해서 진정한 자연 상태에 머물러 있는 인간이 존재했을 수 있으며, 세계의 어딘가에는 인류에게 내재한 가능성을 현실화하기 위해 필요한 수수께끼 같은 "상황"의 영향을 받지 않은 인간이 보존되어 있을 수 있다는 사실을 부정하지 않는다. 루소가 여기에서 말하는 바는, 종種에 속해 있기 때문에 완전히 인간이라고 볼 수 있기는 하지만 아직 탈자연화되지 않았기 때문에 "거의"의 양태 속에 위치하는 최초 자연 상태의 인간에 대한《인간 불평등 기원론》1부의 기술과 반향한다. 인간이 죽음이나 기술과 맺고 있는 관계에 대한 루소의 지적은 이런 식으로 이해해야 한다. 이 우상파괴적 가설의 관건은 인간이라는 종이 본질적으로 유연하다는 생각을 받아들이고, "인간들은 어디에서나 똑같다"라는 "철학자 나부랭이들"의 편견을 뿌리 뽑는 데 있다.

다. "콩고 왕국에 가면 동인도 사람들이 오랑우탄이라고 부르는 커다란 동물을 많이 볼 수 있는데, 미개인과 개코원숭이의 중간쯤에 해당한다. 바텔[23]에 따르면, 로앙고 왕국[24]의 마욤바 숲에는 두 종류의 괴물이 있는데, 큰 놈은 퐁고라고, 다른 놈은 엔조코라고 부른다. 퐁고는 인간과 꼭 닮았지만 덩치가 훨씬 더 크고 키도 상당히 크며, 얼굴은 인간이지만 눈이 움푹 들어가 있다. 손과 뺨과 귀에는 털이 없지만, 예외적으로 눈썹은 꽤 길다. 몸의 다른 부분도 털로 덮여 있지만, 털이 그다지 무성하지는 않고 갈색이다. 마지막으로 이 괴물을 인간과 구분 짓는 유일한 신체 부위는 장딴지가 없는 다리다. 그들은 손으로 목에 난 털을 잡고 똑바로 걷는다. 그들의 은신처는 숲속이다. 그들은 나무 위에서 잠을 자고, 그곳에 지붕 같은 것을 만들어 비를 피한다. 그들은 과일이나 나무 열매를 먹고, 고기는 입에 대지 않는다. 흔히 흑인들은 숲을 통과할 때 밤새도록 불을 피우는데, 아침에 떠날 때 보면 퐁고들이 그들 대신 불 주위에 자리를 차지하고 앉아 불이 꺼질 때까지 떠나지 않는다. 퐁고는 매우 솜씨가 좋지만, 불을 꺼트리지 않기 위해 나무를 올려놓아야겠다고 생각할 만큼 지능이 높지는 않다.

그들은 이따금 떼를 지어 걷다가 숲을 지나가는 흑인을 죽이기도 한다. 심지어 자기들이 사는 지역으로 와서 풀을 뜯어먹는 코끼리와 마주치면, 주먹이나 몽둥이로 사정없이 후려쳐서 비명을 지르며 도망치

23 '앤드루 바텔Andrew Battel'(1565~1614)은 16세기 말에서 17세기 초에 활동한 영국의 여행가이자 모험가다. 남아메리카와 아프리카 여행을 마치고 영국으로 돌아온 바텔은 이때의 경험을 친구 새뮤얼 퍼처스Samuel Purchas(1577?~1626)에게 들려주었고, 퍼처스는 이 이야기를 《퍼처스와 그의 순례자들Hakluytus Posthumus, or Purchas his Pilgrimes》(1625)에 실었다.

24 '로앙고Loango왕국'은 에티오피아 남쪽에 있는 왕국이었다.

게 만든다. 퐁고는 절대 생포되지 않는다. 몸이 매우 건장하여 남자 열 명이 덤벼들어도 붙잡을 수 없는 것이다. 그러나 흑인들은 우선 어미를 죽인 다음, 그 몸에 악착같이 달라붙어 있는 여러 마리의 새끼들을 잡는다. 만일 이 새끼 중에서 한 마리가 죽으면, 다른 새끼들은 그 시신을 나뭇가지나 잎사귀 더미로 덮어준다. 퍼처스는 바텔과의 대담에서 흑인 아이가 어떤 퐁고에게 납치당하여 퐁고들의 집단에서 한 달을 지냈다는 사실을 알았다고 덧붙여 말한다. 그 흑인 아이의 관찰에 따르면, 이들은 인간과 불시에 마주쳐도 자기들을 똑바로 쳐다보지 않는 한 결코 해치지 않는다. 바텔은 두 번째 괴물 종에 관해서는 전혀 거론하지 않았다.

다페르[25]가 확인한 바에 의하면, 콩고 왕국에는 인도에서 '오랑우탄' 즉 숲의 주민들이라 부르고, 아프리카인은 '쿠오자-모로'라고 부르는 동물이 많이 산다고 한다. 다페르에 따르면 이 동물은 인간이랑 생긴 게 너무 흡사해서, 어떤 여행자들은 여자와 원숭이 사이에서 태어났을지도 모른다고 생각할 정도라 한다. 하지만 흑인들은 이런 터무니없는 생각 자체를 안 한다. 이 동물 한 마리가 콩고에서 네덜란드까지 운반되어 프레데릭 헨드릭 오라녜 공Frederik Hendrik van Oranje에게 바쳐졌다. 이 동물은 세 살짜리 어린아이 키에 살도 별로 찌지 않았지만, 몸매가 균형이 잘 잡혀 있고 매우 날렵하며 활기에 가득 차 있었다. 또한 다리는 살이 올라 튼튼하며, 몸의 앞쪽에는 털이 전혀 없지만 뒤쪽은 검은 털로 뒤덮여 있었다. 언뜻 보면 얼굴이 사람과 흡사하지만, 코가 납

---

25 '올페르트 다페르Olfert Dapper'(1636~1689)는 네덜란드의 의사로서 《아프리카 설명서 Description of Africa》(1668)를 비롯하여 여러 권의 여행서를 펴냈다.

작하고 구부러져 있었다. 귀도 인간처럼 보였다. 암컷이라서 젖가슴은 부풀어 올랐고, 배꼽은 움푹 들어갔으며, 어깨는 매우 좁았고, 손은 엄지손가락과 다른 손가락으로 갈라져 있었으며, 종아리와 발뒤꿈치는 살이 통통했다. 대체로 두 다리로 똑바로 걸었으며, 꽤 무거운 짐을 들어 올려 운반할 수 있었다. 물을 마시고 싶으면 한 손으로는 항아리 뚜껑을 잡고 다른 손으로는 바닥을 받쳤다. 물을 마신 다음에는 우아하게 입을 닦았다. 잠을 자려고 누울 때는 꼭 침대에 눕는 인간처럼 베개 위에 머리를 올려놓은 다음 능란한 동작으로 몸을 덮었다. 흑인들은 이 동물에 대해 이상한 얘기를 한다. 여성과 소녀 들을 강간할 뿐만 아니라 무장한 남자들까지 공격한다는 것이다. 한마디로 이 동물의 생김새는 고대의 사티로스[26] 같아 보였다. 메롤라[27]는 흑인들이 사냥을 하다가 이따금 미개인 남자와 여자 들을 잡기도 한다고 말하는데, 사실은 이 동물을 가리키는 걸로 보인다."

《여행의 일반 역사》 3권에서는 인간의 모습을 한 이 동물들이 베고와 망드릴이라는 이름으로 다시 한 번 얘기된다. 그러나 앞서 보고와 연관시켜 보자면, 우리는 괴물에 대한 이 묘사에서 인간과의 현저한 유사성을 발견할 수 있으며, 그 차이는 인간 간의 차이점보다 작다. 이 구절을 읽어보면 저자들이 약속이라도 한 듯 그 동물을 미개인이라고 부르기를 거부했던 이유를 전혀 알 수 없지만, 그들이 우둔하고 말을 못하기 때문이었다는 것을 쉽게 짐작할 수 있다. 하지만 이건 인간이 발성기관은 타고 났지만 말을 할 수 있는 능력은 타고 나지 못했다

---

26 그리스 신화에서 '사티로스Satyros'는 반은 염소이고 반은 인간으로서, 님프와 젊은 여성들을 쫓아다니는 것으로 유명했다.

27 '메롤라Jerome Merolla'는 이탈리아 선교사로, 《콩고 여행A Voyage to the Congo》(1692)을 썼다.

는 사실을 알고 있으며, 인간의 완성 가능성이 문명인을 그의 원래 상태에서 얼마나 끌어올릴 수 있는지 알고 있는 사람에게는 설득력이 없는 이유다.[28] 이 같은 묘사를 담고 있는 글이 얼마 안 되는 걸로 보아, 우리는 이 동물들이 제대로 관찰되지 않았으며, 사람들이 얼마나 큰 편견을 가지고 그들을 보았는지 알 수 있다. 예를 들어 그 동물은 괴물로 여겨지면서도, 새끼를 낳는 건 인정한다.[29] 바텔은 퐁고가 숲을 지나가는 흑인들을 죽인다고 말하는 반면에, 퍼처스는 퐁고가 설사 흑인들을 습격한다 해도 자기들을 끈질기게 쳐다보지만 않는다면 굳이 해치지는 않는다고 덧붙인다. 퐁고는 흑인들이 불을 피웠다가 물러가면 불 주위에 모여들고, 불이 꺼지면 자기들도 물러난다. 이것은 분명한 사실이다. 이에 대해 관찰자는 이렇게 설명한다. "퐁고는 매우 솜씨가 좋지만, 불을 꺼트리지 않기 위해 나무를 올려놓아야겠다고 생각할 만큼 지능이 높지는 않다." 나는 바텔과 그의 글을 편집한 퍼처스가 퐁고들이 불 주변에서 물러나는 게 그들의 의지가 아니라 그들이 어리석기 때문이라는 사실을 어떻게 알 수 있었는지를 짐작해보려 한다. 로앙고 같은 기후에서는 불이 동물에게 꼭 필요하지는 않은 까닭에, 흑인들이 그걸 피운 건 추위 때문이 아니라 맹수에게 겁을 주기 위해서다. 그래서 퐁고들은 잠시 불을 보며 즐거워하거나 몸을 덥히고 나면 계속 같은 장소에 머무르는 데 싫증을 내며 자연스럽게 풀을 먹으러 가는데,

---

28 루소는 여기서 《인간 불평등 기원론》 1부의 인류학적 지식을 종합한다. 즉 인간은 완성 가능성이나 언어 능력 같은 변별적 자질을 타고나는 것이다. 그러나 이 잠재력이 저절로 발달하지는 않는다. 그것의 실현은 사회적 환경으로의 통합과 교육을 요구하며, 이 교육은 인간을 인류의 위치로 끌어올리고, 인간에게 일정한 문화적 형태와 연관된 특징적 형태를 부여한다.

29 전통 의학에서 '괴물'은 자연의 실수를 저질러 새끼를 못 낳는 것으로 여겨진다.

이는 풀을 먹는 것이 고기를 먹는 것보다 시간이 더 걸리기 때문이다. 그런데 우리는 인간을 포함한 대부분의 동물이 원래 게을러서, 꼭 필요하지 않으면 굳이 무슨 일을 하러 나서지 않는다는 사실을 알고 있다. 마지막으로 재주도 많고 힘도 세며 죽은 퐁고를 땅에 묻을 줄 알고 나뭇가지로 지붕을 엮을 줄도 아는 이 퐁고들이 깜부기불을 불어 불씨를 살릴 줄 모른다는 건 참으로 이상한 일이다. 나는 퐁고들이 해낼 수 없다는 이 일을 한 원숭이가 해내는 것을 본 기억이 있다. 사실 당시에 나는 이 방면으로는 관심이 없었기 때문에, 내가 우리 여행가들에게 비난했던 잘못을 나 자신이 저질렀다. 그 원숭이가 정말로 불을 보존하고 싶었는지, 아니면 내가 믿는 것처럼 그냥 인간의 행동을 모방한 것에 불과했는지를 면밀히 살펴보지 못했던 것이다. 어쨌든 그 원숭이가 인간의 변종이 아니라는 사실은 분명히 입증되었다. 원숭이에게는 언어 능력이 없을 뿐만 아니라, 특히 인류의 특징이랄 수 있는 자기 완성 능력이 전혀 없는 게 확실하기 때문이다. 퐁고와 오랑우탄에 관한 실험은 같은 결론을 끄집어낼 만큼 주의 깊게 이루어진 것 같지 않다. 그렇지만 만일 오랑우탄이나 그 밖의 다른 동물이 인류에 속한다면, 아무리 대충대충인 관찰자라도 이를 명확하게 확인할 수 있는 방법이 있을 것이다. 이 실험을 하는 데 한 세대만으로는 충분하지 않은 데다가, 실행 자체가 아예 불가능하다고 보아야 할 것이다. 왜냐하면 사실을 확인해야 하는 실험이 무구하게 실시되기 전에, 먼저 단지 하나의 가설에 불과한 것이 사실로 증명되어야 하기 때문이다.[30]

---

30 루소가 생각하는 실험은 인간과 오랑우탄의 교잡이다. 같은 종에 속한다는 것은 종간 교배로 정의된다. 그렇지만 이 실험이 "무구하게", 즉 종교적이거나 도덕적인 잘못을 저지르지 않고 이루어지기 위해서는 우선 오랑우탄이 정말 인간인지부터 확인해야 할 것이

식견을 갖춘 이성의 결실이 아닌 성급한 판단은 잘못하면 극단적이 될 수 있다. 우리 여행가들은 이 짐승들을 퐁고, 망드릴, 오랑우탄이라는 이름으로 막 부르며 짐승으로 취급하지만, 고대인은 이 똑같은 존재를 신으로 간주하여 사티로스, 파우누스,[31] 실바누스[32] 같은 이름을 붙여주었다. 아마도 좀 더 정확한 연구를 마치고 나면 그것이 짐승이나 신이 아니라 인간이라는 사실을 알게 될지도 모르겠다. 그때까지는 학식을 갖춘 수도사이자 현장을 직접 목격했으며 순박하면서도 재기 발랄한 메롤라뿐만 아니라, 상인인 바텔, 다페르, 퍼처스, 그 밖의 다른 편집자들에게도 의지할 충분한 이유가 있는 것 같다.

방금 거론한 관찰자들은 내가 앞서 말했던 1694년에 발견된 어린아이, 손과 발을 써서 걸어 다니고 말도 못 하고 인간과는 전혀 다른 소리를 내는 이성을 전혀 갖추지 못한 아이에 대해 어떤 판단을 내렸을 것이라 생각하는가? 이 사실을 나에게 알려준 그 철학자에 의하면, 이 아이는 오랜 시간이 지난 뒤에서야 겨우 몇 마디 말을 할 수 있게 되었으며, 그것도 발음이 많이 부정확했다고 한다. 아이가 말을 할 수 있게 되자 사람들은 즉시 최초의 상태에 대해 물었지만, 우리가 요람 속에서 무슨 일이 있었는지 기억 못하는 것처럼 아이도 그때 무슨 일이 있었는지 아무것도 기억 못했다. 만일 불행하게도 혹은 어쩌면 행복하게도 이 아이가 여행가들에게 붙잡혔더라면, 이들은 이 아이가 말을 못하고 우둔하다는 사실을 알고 틀림없이 숲으로 돌려보내거나 가

다. 인간과 동물의 성관계는 종교적인 동시에 도덕적인 금지의 대상이기 때문이다.

31 '파우누스Faunus'는 그리스 신화의 사티로스에 가까운 로마 신화의 신이다. 자연의 신으로서 목동과 가축을 보호해준다.

32 '실바누스Silvanus'는 숲과 들을 보호해주는 로마 신화의 신이다.

축우리에 가두었을 것이다. 그러고 나서 그들은 그 멋진 보고서에서 유식한 척하며 이 아이가 정말 이상하게도 인간이랑 닮은 짐승이라고 얘기했을 것이다.

유럽인이 세계 곳곳을 돌아다니며 새로운 여행기와 보고서를 계속하여 펴내기 시작한 지 300~400년이 된 지금까지도, 나는 우리가 인간에 대해 알고 있는 건 오직 유럽인에 대해서뿐이라고 확신한다. 다들 인간에 대한 연구라는 그럴듯한 이름을 내걸고는 있지만, 실제로는 문인이라는 사람들조차 우스꽝스런 편견에 사로잡혀 자기 나라 사람들만 연구하는 듯하다. 사람들은 빈번히 왕래하지만 아무 소용 없고, 철학은 아예 여행을 하지 않기 때문에 각 민족의 철학은 다른 민족에게는 적합하지 않은 것 같다.[33] 최소한 멀리 떨어진 나라들의 경우 그 원인은 분

---

33 루소는 인류학적 관찰의 방법론이 제기하는 문제들에 대해 통찰력을 발휘한다. 그는 이 문제를 자신의 저서에서 자주 거론한다(특히 《언어 기원론》, chap. XI, *OC* V, p. 409; 《크리스토프 드 보몽에게 보내는 편지Lettre à Christophe de Beaumont》, *OC* IV, p. 987~988〔김중현 옮김, 〈보몽에게 보내는 편지〉, 《루소 전집 11: 보몽에게 보내는 편지/도덕에 관한 편지/프랑키에르에게 보내는 편지》, 책세상, 2014〕을 참조하라). 여행기의 인식론적 비평에 대해서는 《에밀》, V, *OC* IV, pp. 826~832; 《에밀과 소피, 혹은 고독한 사람들Emile et Sophie, ou les solitaires》, Lettres II, *OC* V, p. 912를 참조하라. 이것은 그 시대에 공통된 비평이었다. M. Duchet, 《계몽시대의 인류학과 역사Anthropologie et histoire au siècle des Lumières》, Paris: F. Maspero, 1971, pp. 87~102를 참조하라.

"철학은 아예 여행을 하지 않"는다는 구절은 두 가지 의미로 해석할 수 있다. 우선은 이어지는 글을 읽어보면 추정할 수 있듯이, 탐욕에 의해 이루어지는 상업이나 정복 이야기를 이해관계를 떠난 호기심의 이야기로 대체하기 위해 철학자들이 더 자주 여행을 해야 한다는 의미로 해석할 수 있다. 그러나 이 문장의 두 번째 부분은 진정한 철학과 진정한 철학이라고 주장하는 것을 구분한다는 조건하에, 첫 번째 부분과 모순되지 않는 또 다른 해석을 허용하는 듯하다. 즉 여행가-학자들이 주장하는 철학은 항상 그것이 태어난 나라에 발을 담그고 있을 것이고, 자기 민족 중심주의적 관점에 뿌리를 내릴 것이며, 거의 대부분의 경우에는 상인의 탐욕, 군인의 야심, 선교사의 포교처럼 전혀 보편적이지 않은 한 민족의 편견을 표현하는 것에 지나지 않을 것이다.

명하다. 긴 여행을 하는 여행자는 선원, 상인, 군인, 선교사의 네 부류뿐이다. 그런데 처음 세 부류에게는 결코 제대로 된 관찰을 기대할 수 없고, 자신을 이끄는 숭고한 사명에 몰두하고 있는 네 번째 부류는 다른 모든 사람들처럼 직업상의 편견에 사로잡히지는 않는다 할지라도, 순수한 호기심에 비롯되고 그들이 계획하고 있는 더 중요한 일에서 벗어나는 연구에 흔쾌히 몰두하지는 않을 것이다. 또한 복음서를 제대로 설교하기 위해서 필요한 건 오직 열정뿐, 나머지는 신께서 알아서 해주신다. 하지만 인간을 연구하려면 신께서 누구에게도 주신다고 약속한 적이 없고, 성자들에게 주어졌다고도 할 수 없는 재능이 필요하다. 어떤 여행기를 펼치더라도 성격이나 풍속에 관한 기술은 반드시 등장한다. 그러나 그토록 많은 것을 기술한 사람들이 이미 알려진 것만을 얘기하고, 세상 다른 쪽 끝에 가서도 자기가 머물던 길거리를 떠나지 않고 자신의 관심사 말고는 알려 하지 않는다는 것에, 여러 민족을 구분하게 해주며 보기 위해 만들어진 눈에 충격을 주는 진정한 특징을 보지 못한다는 것에 놀라지 않을 수 없다. 바로 여기서 경멸스런 철학자 나부랭이들이 입이 닳도록 되풀이해서 떠들어대는 저 그럴듯한 교훈이 등장한 것이다. 즉 인간은 어디를 가나 똑같고, 어디에서나 똑같은 정념과 악덕을 가지고 있으므로, 여러 민족의 특징을 구분 짓는 일은 쓸모없다는 것이다. 이것은 곧 피에르와 자크가 둘 다 코와 입과 눈을 가지고 있으니, 이들을 구별할 수 없다고 말하는 것이나 마찬가지다.

일반인은 철학을 할 생각을 전혀 하지 않았지만, 플라톤이나 탈레스Thales, 피타고라스Pythagoras 같은 철학자들은 앎에 대한 격렬한 욕망에 사로잡혀 오직 배우기 위해 긴 여행을 계획하여, 먼 나라로 가서 민족적 편견의 속박에서 벗어나고, 인간을 유사점과 차이점에 따라 인식하는 법을 배우고, 한 시대나 한 나라에만 국한되는 것이 아니라 모든 시대와 장소에 속해 있기 때문에 현자의 학문이랄 수 있는 보편적인 지식을 얻으려 애썼던, 그 행복했던 시대는 다시 출현하지 않을 것인가?

우리는 큰돈을 들여 학자나 화가와 함께 동양으로 여행하거나 그들을 여행시켜서, 오두막집을 스케치하고 비문을 해독하거나 탁본하는 호기심 많은 사람들의 너그러움에 감탄한다. 그러나 나는 엄청난 지식을 과시하는 이 시대에 왜 돈 많은 사람과 재능 있는 사람이 제대로 결합하지 않는지 이해하기 힘들다. 그런 결합이 이루어지면 명예를 사랑하고 불멸을 열망하는 이 두 사람 중 한 명은 자기 재산 중에서 2만 에퀴를, 또 한 명은 자기 인생의 10년을 바쳐 세계 일주 여행을 떠나서 돌과 풀이 아닌 인간과 풍습을 연구할 것이다. 몇 세기 동안 열심히 집을 측량하고 관찰하다가, 마침내 그 집에 어떤 사람들이 사는지 알아보아야겠다는 생각이 든 것이다.

유럽 북부와 아메리카 남부를 돌아다닌 아카데미 회원들은 철학자보다는 기하학자로서의 목적을 가지고 그 지역들을 방문했다. 그렇지만 그들은 기하학자인 동시에 철학자이기도 했으므로 라 콩다민[34]이나

---

34 '라 콩다민Charles Marie de La Condamine'(1701~1774)은 군사 교육과 과학 교육을 받은 다음 북아프리카와 중동 지방에서 탐험 활동을 하다가, 1735년 과학 아카데미로부터 적도 근처에서 경도 1도 사이의 거리를 측정하라는 임무를 부여받고 페루에 파견되었다. 그는 적도에서 아마존 평원을 내려가다가 카옌Cayenne에 도달했다. 1745년 프랑스로 돌아온 그는 아카데미 회원으로 선출되었고, 여러 권의 여행기를 출판하는 한편 디드로와 달랑베르Jean Le Rond D'Alembert(1717~1783)의 《백과전서Encyclopédie》에 여러 항목을 썼다.

모페르튀이[35] 같은 사람이 보고 묘사했던 지역을 전혀 모른다고 간주할 수는 없다. 플라톤처럼 여행했던 보석상 샤르댕[36]은 페르시아에 대해 단 한마디도 언급하지 않았다. 중국은 예수회 선교사들에 의해 잘 관찰되었다. 캠페르[37]는 일본에서 본 얼마 안 되는 것을 그럭저럭 괜찮게 설명해준다. 이 몇 가지 여행기를 제외하면, 우리는 머리를 채우는 것보다는 지갑을 채우는 데 더 관심이 많았던 유럽인만 드나들었던 동인도의 여러 민족에 대해 아는 게 전혀 없다. 아프리카 전역과 그곳에 사는 수많은 사람들은 피부색뿐만 아니라 성격도 매우 독특하므로 아직 더 관찰해야 할 것이다. 지구 전역은 우리가 이름밖에 모르는 많은 나라들로 덮여 있는데도, 우리는 인류에 대해 판단하겠다고 나선다! 몽테스키외, 뷔퐁, 디드로, 뒤클로Charles Pinot Duclos, 달랑베르, 콩디야크, 혹은 이런 기질을 가진 사람들이 동포를 깨우치기 위해 할 수 있는 대로 터키, 이집트, 바르바리, 모로코 제국, 기니, 카프라리아 지방, 아

35 '모페르튀이Pierre Louis Moreau de Maupertuis'(1698~1759)는 생마클루 출신의 해적이자 상인의 아들로 태어나, 수학 교육을 받고 1723년에 과학 아카데미 회원이 되었다. 과학 아카데미는 1786년 그에게 북극 근처에서 경도 1도 사이의 거리를 측정하라는 임무를 주어 라플란드로 파견했다. 라 콩다민의 페루 탐험과 마찬가지로, 이번에도 지구의 형태에 대한 두 가지 이론(카시니Jacques Cassini로부터 영감을 받은 첫 번째 이론은 지구가 북극과 남극 쪽이 길쭉한 타원체라고 주장했고, 두 번째 이론은 두 극 쪽이 납작한 타원체라고 주장했다) 중 어느 쪽이 옳은지 판명하기 위한 일이었다.

36 '샤르댕Jean Chardin'(1643~1713)은 1665년 다이아몬드 무역을 하기 위해 페르시아와 인도에 갔다. 그는 다시 1671년과 1680년 사이에 터키, 조지아, 페르시아, 인도, 남아프리카를 여행했다. 1686년 《샤르댕 경의 페르시아와 그 밖의 동양 명소 여행기Voyages de monsieur le chevalier Chardin en Perse et autres lieux de l'Orient》 1부를 출판했고, 1711년에 전체를 완성했다.

37 '캠페르Engelbert Kaempfer'(1651~1716)는 네덜란드 동인도회사 소속 의사로서 페르시아와 시암(타이), 중국, 일본을 방문했다. 《일본 제국의 역사Histoire naturelle, civile et ecclésiastique de l'Empire du Japon》(1729년에 프랑스어판 출간)를 출판했다.

프리카 내륙과 동쪽 해안, 말라바르 지방, 무굴, 갠지스 강의 양안, 시암 왕국, 페구 왕국, 아바 왕국, 중국, 타타르, 그리고 특히 일본에 이어, 다른 반구에 있는 멕시코, 페루, 칠레, 마젤란 해협, 진짜 혹은 가짜 파타고니아, 〔아르헨티나의〕 투쿠만 주, 가능하다면 파라과이, 브라질, 마지막으로 카리브와 플로리다, 그리고 모든 미개한 나라를 여행하면서, 할 수 있는 대로 관찰하고 묘사한다고 가정하자. 이것은 모든 여행 중에서 가장 중요하므로 가장 조심스럽게 해야 한다. 이 새로운 헤라클레스들이 이 기념할 만한 여행을 마치고 돌아와, 자기가 본 것의 자연적·도덕적·정치적 역사를 여유 있게 집필한다고 가정해보자.[38] 우리는 그들의 펜 아래에서 새로운 세계가 만들어지는 걸 보게 될 것이며, 이렇게 해서 우리 세계에 대해 아는 법을 배우게 될 것이다. 이 관찰자들이 어떤 동물을 보고 저건 인간이라고 말하고, 또 다른 동물을 보고 저건 짐승이라고 말하면 그렇게 믿어야 할 것이다. 그러나 무지한 여행자들의 말을 믿어버리는 건 너무 순진한 태도라 할 수 있다. 우리는 그런 여행가들에게 그들이 다른 동물들에 대해 풀고자 하는 의문과 똑같은 질문을 던지고 싶어질 것이다.

---

38 "역사"라는 단어는 18세기까지 여전히 남아 있던 의미에서 방법론적이고 경험적인 서술을 뜻한다. 인류의 "자연적·도덕적·정치적" 프로그램은 곧 인류가 처한 상황의 모든 측면을 한정하는 인류학의 프로그램이다. 《인간불평등 기원론》 1부에 서술되어 있는 것처럼, 이 "역사"는 인간의 "육체적인 것"뿐만 아니라 그의 "형이상학적이며 도덕적인 측면"까지도 알아야 한다고 전제하는데, 여기서 루소는 이 관점에 인간이 속해 있는 사회적 환경의 다양함 속에서 인간을 관찰할 필요성을 덧붙인다. 《쥘리, 혹은 신엘로이즈Julie ou la Nouvelle Héloïse》에서 등장인물 생-프뢰는 이렇게 쓴다. "나의 목표는 인간에 대해 아는 것이고, 나의 방법은 인간을 그의 다양한 관계 속에서 연구하는 것이다"(IIe partie, Lettre XVI, *OC* I, p. 242〔김중현 옮김, 《신엘로이즈》 1·2권, 책세상, 2012〕). 《고백록》, IX, *OC* I, p. 413과 《장-자크의 심판자인 루소》, I, *OC* I, p. 728을 참조하라.

11) 내가 볼 때 그것은 정말 명백해 보인다. 그리고 나는 자연인이 품고 있었다고 우리 철학자들이 주장하는 온갖 정념이 어디에서 생겨날 수 있는지 이해할 수가 없다. 자연 자체가 요구하는 유일한 물질적 필요를 제외하면, 우리의 모든 다른 욕구는 오직 습관에 의해서만 혹은 우리의 욕망에 의해서만 욕구가 되었다. 습관 이전의 욕구는 욕구가 아니었던 것이다. 그리고 우리는 우리가 모르는 것은 절대 원하지 않는다. 따라서 미개인은 그가 알고 있는 것만을 원하며, 소유할 힘이 자신에게 있거나 쉽게 획득할 수 있는 것만을 알고 있기 때문에, 그의 영혼만큼 평온하고 그의 정신만큼 한정된 것은 없다.

12) 나는 로크의《통치론》에서 너무도 그럴싸해 보여서 모르는 체하고 무시해버릴 수 없는 반박을 하나 발견했다. 이 철학자는 이렇게 말한다.

"수컷과 암컷이 결합하는 목적은 단지 생식을 하는 것만이 아니라 종을 지속시키는 것이기도 하므로, 그 결합은 생식을 하고 난 후에도 적어도 새끼들을 먹이고 보호하는 데 필요한 기간만큼은, 다시 말해 새끼들이 자기에게 필요한 것을 스스로 마련할 수 있을 때까지는 지속되어야 한다. 우리는 창조주의 무한한 지혜가 자신의 손으로 빚은 작품들에 대해 정한 규칙을 인간보다 열등한 피조물들이 정확하고 변함없이 따르고 있음을 본다. 초식동물의 경우, 암수는 매번 짝짓기 할 때만 결합한다. 왜냐하면 어미의 유방만으로도 새끼가 풀을 뜯어먹을 수 있을 때까지 먹여 살릴 수 있으므로, 수컷은 새끼를 임신시키는 데 그칠 뿐 그 뒤로는 암컷이나 새끼의 생존에 전혀 기여할 수 없기 때문에 더 이상 관여하지 않는다. 그러나 포식 동물의 결합은 더 오래 지속된다. 어미는 자기가 획득한 먹이만으로는 자기도 먹고 동시에 새끼들도 먹일 수가 없으며, 먹이를 구하는 길이 초식의 경우보다 더 힘들고 위험하므로, 그들의 가족 공동체(이런 단어를 써도 될지 모르겠지만)이 유지되려면 수컷의 도움이 반드시 필요하기 때문이다. 또 새끼는 스스로 먹이를 찾으러 갈 수 있을 때까지는 오직 수컷과 암컷이 보살펴주어야만 살아갈 수 있기 때문이다. 먹을 것이 늘 풍부해서 수컷이 새끼를 보살필 필요가 없는 집에서 키우는 몇몇 새를 제외하면, 모든 새에게서도 같은 현상을 볼 수 있다. 우리는 둥지 안의 새끼가 먹이를 필요로 하는 동안, 그 새끼가 날 수 있게 되어 자기 먹이를 스스로 구할 수 있을 때까지 새끼를 낳은 암컷과 수컷이 먹이를 가져다주는 것을 본다.

그리고 내 생각에 인류의 수컷과 암컷이 다른 피조물보다 더 오래 결합해야만 하는 유일하진 않더라도 주요한 이유가 바로 이것인 것 같다. 그 이유란 여성이 임신을 할 수 있다는 것, 그리고 보통은 먼저 낳은 아이가 부모의 도움 없이도 살아가고 자기가 필요한 것을 스스로 구할 수 있게 되기 한참 전에 다시 임신을 하고 새 아이를 낳는다는 것이다. 그리하여 아버지는 자기가 낳은 아이들을 오랫동안 돌보아야만 하기 때문에, 아이를 낳아준 여성과 부부로 결합하여 계속 살면서 다른 피조물보다 훨씬 더 오랫동안 그 결합을 지속시킬 의무를 갖게 된다. 반면에 다른 피조물들은 새로운 새끼가 태어나기 전에 먼저 태어난 새끼들이 스스로 생존할 수 있게 되면 수컷과 암컷의 관계는 저절로 끊어지고, 그것들은 짝짓기를 해야 될 시기가 되어 새로운 상대를 골라야만 할 때까지 완전히 자유로운 상태가 된다. 그러기에 여기서 우리는 인간에게 현재와 미래를 준비하는 데 적합한 자질을 부여하여 인간의 결합이 다른 피조물의 암수 결합보다 훨씬 더 오랫동안 지속되기를 원하도록 만듦으로써, 아이들을 위해 식량을 비축하고 재산을 남겨두기 위해 남자와 여자의 솜씨가 더욱 자극되고 그들의 이해관계가 일치하도록 만든 창조주의 지혜를 아무리 찬미해도 과하지 않을 것이다. 불확실하고 불분명한 결합이나 부부 결합의 쉽고 빈번한 해체보다 아이들에게 더 해로울 수는 없기 때문이다."

나는 나에게 이 반박에 대해 성실히 설명하도록 만든 진리를 사랑하므로 그것에 몇 가지 고찰을 곁들이려 하는데, 그것은 이 반박을 해결하기 위해서가 아니라 최소한 그것을 명확히 하기 위해서다.

1. 먼저 나는 도덕적인 증명은 물리적인 것에 대해 그렇게까지 큰 힘을 발휘하지 못하며, 사실들이 실제 존재하는지 확증하는 데 사용되기보다는 오히려 그것들의 동기를 설명하는 데 사용된다는 사실을 지적할 것이다. 그런데 내가 방금 전에 인용한 단락에서 로크 씨가 사용하고 있는 종류의 증명이 바로 그런 것이다. 왜냐하면 남녀의 결합이 지속적으로 이루어지는 것이 인류에게 유리할 수는 있을지 몰라도, 그것이 자연에 의해 확립됐다고 할 수는 없기 때문이다. 그렇지 않으면 문명사회, 기술, 상업, 그리고 인간에게 유익하다고 주장하는 모든 것도 자연에 의해 확립되었다고 말해야 할 것이다.

2. 나는 로크 씨가 포식 동물들 사이에서 수컷과 암컷의 결합이 초식 동물들 사이에서보다 더 오래 지속된다거나, 수컷이 암컷을 도와 새끼를 먹여 살린다는 사실을 어디에서 발견했는지 모르겠다. 왜냐하면 개, 고양이, 곰, 늑대가 말, 양, 소, 사슴, 그리고 다른 모든 네발짐승들보다 암컷을 더 잘 받아들이는지는 알 수 없기 때문이다. 그 반대로 만일 새끼들을 보호하기 위해 암컷에게 수컷의 도움이 필요한 것은 무엇보다도 초식동물일 것이다. 왜냐하면 어미가 풀을 뜯어 먹기 위해서

는 매우 오랜 시간이 필요하며 그 시간 동안 내내 어미는 자기 새끼를 소홀히 하지 않을 수 없는 반면, 곰이나 늑대의 암컷은 순식간에 먹이를 먹어치우며 어미는 배고픔을 참지 않으면서 더 오랫동안 새끼에게 젖을 먹일 수 있기 때문이다. 이 추론은 내가 주석 8번(본서 188쪽)에서 말했던 것처럼 육식동물과 열매를 먹는 동물을 구별하는 유방과 새끼의 상대적인 수에 대한 관찰에 의해 확인되었다. 만일 그 관찰이 정확하고 보편적인 것이라면, 여자는 유방을 두 개만 가지고 있으며 아이를 한 번에 한 명밖에 낳지 않기 때문에, 그것이야말로 인류가 본래 육식동물이라는 것을 의심하기 위한 또 하나의 강력한 이유다. 그러므로 로크의 결론을 끄집어내기 위해서는 그의 추론을 완전히 뒤집어야 할 것이다. 조류에 적용된 동일한 구별에도 견고함이 없기는 마찬가지다. 누가 독수리와 까마귀의 수컷과 암컷의 결합이 멧비둘기 수컷과 암컷의 결합보다 더 지속적이라고 확신할 수 있겠는가? 집에서 키우는 두 종류의 조류, 즉 집오리와 비둘기는 우리에게 이 저자의 학설에 정반대되는 예를 제공해준다. 곡식만 먹고 사는 비둘기는 암컷과 함께 살면서 둘이서 함께 새끼를 키운다. 탐식으로 유명한 집오리는 자기 암컷과 새끼들도 구별 못하기에 그것들의 생존에 아무 도움도 주지 않고, 마찬가지로 적지 않게 육식을 하는 종인 닭의 경우에도 수탉이 새끼를 돌보는 모습은 전혀 볼 수가 없다. 만일 다른 종들에서 수컷이 새끼를 먹이는 임무를 암컷과 분담한다면, 조류는 처음에는 날 수도 없고 어미가 젖을 줄 수도 없어서, 적어도 일정 기간은 어미의 젖만으로 충분한 네발짐승들에 비해 수컷의 도움 없이는 양육하기가 더 힘들기 때문이다.

3. 로크 씨가 모든 추론의 근거로 사용하는 주요한 사실은 확실하지

않은 부분이 많다. 왜냐하면 그가 주장하는 대로 순수한 자연 상태에서 보통 먼저 낳은 아이가 자기에게 필요한 것을 스스로 구할 수 있게 되기 훨씬 전에 여자가 다시 아이를 임신하고 낳는지를 알려면 실험이 필요한데, 로크는 분명 실험을 하지 않았으며 누구도 이런 실험을 할 능력이 없기 때문이다. 남편과 아내의 지속적인 동거는 너무나 쉽게 새로운 임신에 노출되는 기회이기 때문에, 순수한 자연 상태에서의 우연한 만남이나 단순한 관능적 욕구의 충동이 부부의 결합 상태에서만큼 빈번한 결과를 야기했다고 믿기는 정말 쉽지 않다. 결과가 빈번하지 않기 때문에 아마도 아이들은 더 튼튼해질 것이며, 나아가 젊었을 때 임신 능력을 덜 남용한 여인들은 이 능력을 나이가 더 들 때까지 사용함으로써 보상받을 수 있을 것이다. 아이들에 관해서는, 내가 말하는 원시 상태보다 지금 우리의 상태에서 그들의 힘과 기관이 더 늦게 발달한다고 믿을 만한 이유가 많다. 아이들이 부모의 체질로부터 물려받은 태생적인 나약함, 팔다리를 감싸서 부자유스럽게 만드는 보살핌, 그들이 키워지는 너그러운 분위기, 그리고 아마도 모유가 아닌 다른 젖의 사용 등 모든 것은 아이들의 자연스러운 최초의 발달을 막거나 더디게 할 것이다. 그들이 체력을 단련시키는 것은 일체 막으면서, 계속해서 모든 일에 주의를 기울이며 전념하도록 강제하는 것 역시 그들의 성장에 상당히 방해할 것이다. 그렇기 때문에 만일 그들의 정신에 온갖 방법으로 지나친 부담을 주어 피곤하게 만드는 대신, 그들이 자연의 요구대로 몸을 끊임없이 움직일 수 있게 내버려두면, 그들은 훨씬 일찍 걷거나 행동하거나 그들에게 필요한 것을 스스로 마련할 수 있으리라 생각된다.

4. 마지막으로 로크 씨는 기껏해야 남자에게는 여자가 아이를 가진

동안에 여자에게 계속 결합해 있을 동기가 존재하리라는 사실을 입증할 뿐이다. 그러나 그는 아이를 낳기 전과 임신 9개월 동안에도 남자가 여자와 결합해 있어야 하는 동기는 전혀 입증하지 못한다. 만일 이 여자가 그 9개월 동안 남자에게 무관심하거나, 심지어 남자가 모르는 사람이 되어버린다면, 무슨 이유로 남자가 출산 후에 그녀를 도울 것인가? 무슨 이유로 자기 아이인지 모를 뿐만 아니라 자기가 출생을 결정하거나 예상하지 않은 아이를 키우는 데 도움을 줄 것인가? 분명히 로크 씨는 지금 문제시되는 것을 가정하고 있다. 왜냐하면 왜 남자가 분만 뒤에도 여자와 결합해 있는지가 아니라, 왜 임신을 한 뒤에도 그녀와 결합해 있는지를 아는 것이 문제이기 때문이다. 성욕이 일단 충족되고 나면 남자는 그 여자를 더 이상 필요로 하지 않으며, 여자도 그 남자를 더 이상 필요로 하지 않는다. 남자는 자신의 행위가 어떤 결과를 가져오는지에 대해서는 전혀 신경을 쓰지 않거나, 어쩌면 그 결과 자체에 대해 거의 모를 것이다. 한 사람은 이쪽으로 다른 한 사람은 저쪽으로 멀리 가버림으로써, 9개월 뒤에는 서로 알았다는 기억도 남아 있을 것 같지 않다. 왜냐하면 생식 행위를 위해 한 개인이 특정 개인을 선호함으로써 생겨나는 종류의 기억은, 내가 본문에서 입증하고 있는 것처럼, 여기서 문제되고 있는 동물 상태에서 상정할 수 있는 것 이상으로 인간 오성이 발달하거나 타락할 것을 요구하기 때문이다. 그러므로 또 다른 여자는 한 남자가 이미 알고 있던 여자와 마찬가지로 쉽게 그의 욕망을 만족시킬 수 있으며, 마찬가지로 만일 한 여자가 임신 기간에도 성적 욕망에 시달리고 있다면(이 점에 대해서는 마땅히 의심을 품어볼 수 있다), 다른 남자가 그 여자를 만족시킬 수 있다. 만일 자연 상태에서 여자가 임신을 하고 난 뒤에 사랑의 정념을 더 이상 느끼지 않는다면,

남자와의 결합에 대한 장애는 그로 인해 훨씬 더 커지게 된다. 왜냐하면 그때 여자는 자신을 임신시킨 남자뿐만 아니라 그 외의 남자도 더 이상 필요로 하지 않기 때문이다. 그러므로 남자에게는 같은 여자를 또 찾아야 할 아무런 이유가 없으며, 여자에게도 같은 남자를 또 찾아야 할 이유가 없다. 따라서 로크의 추론은 무너지고, 이 철학자의 일체의 논리는 홉스나 그 밖의 사람들이 범한 잘못으로부터 그를 지켜주지 못한다. 그들은 자연 상태의 한 가지 사실, 즉 인간이 고립되어 살았으며 한 인간이 또 다른 인간 곁에 머물러 있어야 할 아무런 동기도 없었던, 더 나쁘게는 어쩌면 사람들이 서로 함께 모여 살아야 할 아무런 동기도 없었던 상태의 한 가지 사실을 설명해야 했다. 그리고 그들은 오랜 세기 동안 이어져온 사회 저편으로, 즉 인간이 서로 곁에 머물러 있어야 할 이유가 항상 있고 한 남자가 또 다른 남자나 여자 곁에 머물러 있어야 할 이유가 흔히 있는 그런 시대 저편으로 거슬러 올라가 볼 생각을 하지 않았던 것이다.

13) 나는 이렇게 언어가 수립됨으로써 생기는 긍정적인 측면과 부정적인 측면에 관한 철학적 성찰을 하지 않겠다. 일반적인 오류들에 대한 공격은 내가 할 일이 아니며, 게다가 학식 있는 사람들은 자신의 편견에 너무 집착해서 나의 역설이라고 일컬어지는 것을 끈기 있게 참아낼 수 없을 것이다. 그러므로 때로 다수의 의견에 반대하여 감히 이성의 편에 서는 것을 죄악으로 여기지 않았던 사람들의 말이나 들어보자. "사람들이 언어의 다양성으로 인해 생기는 해악과 혼란을 제거함으로써 오직 하나의 언어만 구사할 수 있게 되고 기호와 동작, 몸짓을 통해 모든 것을 표현하는 것이 가능해지면, 그 어느 것도 인류의 행복

을 가로막을 수 없을 것이다. 그러나 현재 상태에서 비교를 해보면 일반적으로 원시적이라고 부르는 짐승의 조건이 이 점에서는 우리의 조건보다 훨씬 나은 것 같다. 짐승들은 아무런 매개물 없이도 자신의 감정과 생각을 인간보다 더 빨리, 그리고 아마도 (생소한 언어를 사용할 때는 특히) 더 효율적으로 알리지 않는가?"(이삭 포시위스,[39] 《시의 가창과 리듬의 힘에 관하여De poematum cantu et viribus rhythmi》, Oxford, 1673, p. 66)

14) 플라톤은 불연속 양과 그것의 관계에 대한 관념이 가장 하찮은 기술에서조차 어떻게 필요한지를 보여주면서, 마치 아가멤논이 그때까지 자기 다리가 몇 개인지 모르고 있었다는 듯 트로이를 포위 공격할 때 팔라메데스가 수를 발명했다고 주장하는 자기 시대의 저자들을 조롱하고 있는데, 이 같은 조롱은 타당하다.[40] 사실 사람들이 수를 사용하고 계산하는 법을 몰랐다면, 사회와 기술이 트로이를 포위 공격할 수준에 도달하지 못했을 것이라고 느껴진다. 하지만 다른 지식을 획득하기 전에는 수에 대해 알아야 할 필요성이 수의 발명을 더 쉽게 상상하도록 해주진 않는다. 일단 수의 명칭들이 알려지면, 그 의미를 설명하고 그것들이 나타내는 관념을 자극하는 것은 쉬운 일이다. 그러나 그 명칭들을 발명해내기 위해서는 그런 관념을 생각해내기 전에, 이를테면 철학적인 명상에 익숙해져야 하고, 존재들을 그것의 유일한 본질에 의해 일체의 다른 지각과는 무관하게 고찰하는 훈련, 아주 힘들고

39 '이삭 포시위스Isaac Vossius'(1618~1689)는 네덜란드의 학자이자 애서가이다.

40 '팔라메데스Palademes'는 그리스 신화 속 인물로서, 반인반마의 켄타우로스족 학자 케이론Cheiron의 제자이자 트로이전쟁 때 그리스군에 속한 영웅이다. 또한 신화에서는 그가 그리스 알파벳 일부와 화폐, 숫자, 주사위 놀이 등을 발명했다고 전한다.

매우 형이상학적인 추상이며 거의 자연스럽지 않지만 그것 없이는 하나의 종에서 다른 종으로 이동하지도 못하고 수가 보편적인 것이 될 수도 없는 그런 관념들을 고찰하는 훈련을 해야만 했다. 미개인은 자기 다리가 두 개라는 생각을 결코 하지 않은 채, 왼쪽 다리와 오른쪽 다리를 따로따로 생각하거나 한 쌍이라는 불가분의 관념에서 그 두 다리를 함께 바라볼 수 있었다. 왜냐하면 우리에게 대상을 묘사하는 표상적인 관념과 그 대상을 측정하는 수적인 관념은 다른 것이기 때문이다. 하물며 그는 다섯까지도 셀 수가 없었으며, 비록 한쪽 손을 다른 쪽 손에 가져다 붙여봄으로써 손가락들이 정확히 일치한다는 사실은 알아차릴 수 있었을지라도 그 수가 똑같다는 생각은 전혀 하지 못했을 것이다. 그는 자신의 머리카락 수를 셀 줄 모르듯 손가락 개수도 셀 줄 몰랐다. 그래서 만일 누군가가 수가 무엇인지를 이해시킨 다음 손가락과 발가락 수가 같다고 말해주었다면, 그는 그것들을 비교해본 다음 그 말이 사실이라는 것을 알고 아마도 무척 놀랐을 것이다.

15) 이기심과 자기애를 혼동해서는 안 된다. 이 두 정념은 성질도 효과도 크게 다르다. 자기애는 모든 동물로 하여금 자기 보존에 신경을 쓰게 하며, 인간을 이성을 통해 인도하고 동정심에 의해 변형되어 인정과 미덕을 불러일으키는 자연적 감정이다. 이기심은 사회 속에서 생긴 상대적이고 인위적인 감정에 불과하며, 각 개인으로 하여금 다른 모든 사람보다 자기 자신을 더 높이 평가하게 하고, 사람들에게 서로 나쁜 짓을 하도록 부추기기도 하며, 명예의 진정한 원천이기도 하다.

이 점이 이해되었으니, 나는 진정한 자연 상태인 우리의 원시 상태에서는 이기심이 존재하지 않는다고 말하겠다. 왜냐하면 각 인간은 특히 자기 자신을 스스로를 관찰하는 유일한 목격자, 세상에서 자기에게 관심을 갖는 유일한 존재, 자기 자신의 장점에 대한 유일한 심판자로 생각하기 때문에, 자기 능력이 미치지 않는 비교에서 비롯되는 감정이 그의 영혼에 싹트기란 불가능하기 때문이다. 같은 이유에서 그 인간은 어떤 모욕을 받았다는 생각에서만 생겨날 수 있는 정념인 증오나 복수욕을 가질 수 없을 것이다. 모욕은 경멸이나 해를 끼치겠다는 의도이지 악행은 아니기 때문에, 서로를 평가하거나 비교할 줄 모르는 사람들은 그것이 자기에게 어떤 이득이 될 때에는 결코 서로를 모욕하지 않고 상당한 폭력을 행사할 수도 있다. 요컨대 각 인간은 마치 다른 종의 동물을 보듯 자기 동족을 보기 때문에, 가장 약한 자에게 먹을 것을 약탈할 수도 있고 가장 강한 자에게 자기 것을 양보할 수도 있지만, 그 약탈을 단순한 자연적 사건으로만 생각할 뿐 오만이나 경멸의 감정을 품지 않고, 성공이냐 아니냐에 따른 기쁨이나 고통 말고 다른 정념도 느끼지 않는다.

16) 여러 해 전부터 유럽인들이 세계 곳곳의 미개인을 자기들의 생활방식으로 이끌려고 했지만 단 한 건도 성공하지 못했다는 점 때문에 고심하고 있으며, 기독교의 도움을 받았어도 어쩔 수 없었다는 것은 매우 주목할 만한 일이다. 왜냐하면 우리의 선교사들은 이따금 그들을 기독교도로는 만들지만, 절대 문명인으로는 만들지 못하기 때문이다. 그들이 우리 풍속을 받아들이고 우리 방식대로 사는 것에 대해 갖는 지독한 혐오감을 극복할 수 있는 건 없다. 만일 사람들 주장대로 그 불쌍한 미개인들이 불행하다면, 도대체 어떤 이해할 수 없는 판단력 저하로 인해 그들은 우리를 모방하여 문명화되거나 우리 사이에서 행

복하게 사는 법을 배우기를 계속 거부하는 것일까? 반면에 그런 민족들 사이로 자발적으로 도피한 몇몇 프랑스인이나 유럽인이 그토록 이상한 생활 방식을 버릴 수 없어서 여생을 그곳에서 보냈다는 이야기를 많은 곳에서 읽고 있지 않은가? 또 분별 있는 선교사들조차 자신이 그토록 멸시받는 그 사람들 사이에서 보냈던 평온하고 순수했던 세월을 감동하며 그리워하지 않는가? 만일 누군가가 그들은 그들의 상태와 우리의 상태를 올바르게 판단할 만큼 지식을 가지고 있지 않다고 대답한다면, 나는 행복에 대한 평가는 이성의 일이라기보다는 감정의 일이라고 반박하겠다. 게다가 그 대답은 우리에 대한 반론으로 역이용되어 더 큰 힘을 발휘할 수 있다. 왜냐하면 우리 정신 상태의 관념과 미개인이 그들의 생활 방식에서 발견하는 취향을 이해하기 위해 필요한 정신 상태의 관념 사이의 간격이, 미개인의 관념과 우리의 생활 방식을 그들에게 이해시킬 수 있는 관념 사이의 간격보다 더 크기 때문이다. 실제로 몇 가지를 관찰해본 뒤에, 그들은 우리의 모든 일이 오직 두 가지 목적, 즉 자기 자신을 위한 생활의 편리함과 타인의 존경을 받는 것으로 향하고 있다는 점을 쉽게 이해한다. 그런데 어떤 미개인이 혼자 숲속에 살거나 낚시를 하며 사는 종류의 즐거움, 혹은 단 하나의 음도 낼 줄 모르지만 그걸 배우려 하지도 않은 채 형편없는 솜씨로 피리를 불면서 느끼는 종류의 즐거움을 우리가 상상할 수 있는가?

사람들은 미개인을 여러 번 파리와 런던, 그리고 다른 도시들로 데려왔다. 그러고는 그들에게 우리의 사치와 부, 가장 유용하고 진기한 모든 기술을 열심히 보여주었다. 그러나 그들은 이 모든 것을 보고 어리둥절해하며 감탄했을 뿐, 그것들을 조금도 선망하지 않았다. 나는 그중에서도 특히 30여 년 전에 영국 궁정으로 데려온 몇 명의 북아메리카인들의 우두머리 이야기를 기억한다. 사람들은 그에게 마음에 드는 선물을 주기 위해 그의 눈앞에 수많은 물건들을 내보였으나, 그는 그 어느 것에도 관심이 없어 보였다. 우리의 무기는 그에게 무겁고 불편해 보였고, 우리의 구두는 그의 발에 상처를 냈으며, 우리의 옷은 그를 거추장스럽게 만들었다. 그는 그것들을 다 거절했다. 마지막으로 사람들은 그가 양털 담요를 집어 들더니 그것으로 어깨를 덮으면서 즐거워하는 것 같다는 사실을 알아차렸다. 그러자 누군가가 즉시 그에게 물었다. "어쨌든 이 살림 도구가 유용하다는 것은 인정하지요?" 그러자 그는 이렇게 대답했다. "예, 짐승 가죽만큼이나 좋네요." 그렇지만 만일 그가 비가 올 때 양털 담요를 어깨에 걸쳤더라면 그렇게 말하지는 않았을 것이다.

어쩌면 미개인들을 자신의 생활 방식에 매어두어 그들이 우리 생활 방식의 좋은 점을 느끼지 못하게 하는 것은 습관 탓이라고 누군가 내게 말하지도 모르겠다. 그렇다면 이 습관이 유럽인이 그들의 행복을 누리도록 하는 것보다 미개인이 자신의 가난에 대한 취향을 계속 가지도록 하는 데 좀 더 큰 힘을 발휘한다는 것은 어쨌든 분명히 매우 이상해 보인다. 그러나 이 마지막 반박에 대해 단 한마디도 다시 반박하지 못할 답변을 하기 위해, 나는 문명화시키려고 해보았지만 아무 소용없었던 모든 어린 미개인을 인용하지 않고서, 또한 덴마크에서 키우고 교육시키려 했지만 슬픔과 절망으로 우울해하다가 죽거나 아니면 헤엄을 쳐서 자기 나라로 건너가려고 하다가 바다에 빠져죽은 그린란드인이나 아이슬란드인에 대해서는 언급하지 않고서, 그저 잘 증명된 예 하나만 인용하는 것에 그치고자 한다. 그리고 그에 대한 검토는 유럽의 질서를 유지하는 기구에 대한 찬미자들에게 맡기겠다.

"희망봉의 네덜란드 선교사들이 온갖 노력을 기울였지만 단 한 명의 호텐토트인도 개종시킬 수 없었다. 케이프타운 총독인 판 데르 스텔Van der Stel은 어린 호텐토트인 한 명을 데려다가 기독교의 원리 및 유럽의 관습에 따라 키웠다. 이 아이는 옷을 화려하게 입고, 여러 언어를 배웠으며, 그의 발전은 그의 교육에 기울인 정성에 아주 잘 부합했다. 총독은 그의 재능에 큰 기대를 걸고 한 감독관과 함께 그를 인도로 보냈으며, 그 감독관은 그의 재능을 동인도회사의 업무에 유용하게 사용했다. 그는 감독관이 죽자 다시 케이프타운으로 돌아왔다. 돌아오고 나서 며칠 뒤 몇몇 호텐토트인 친척들 집에 갔을 때, 그는 유럽식 의복을 모두 벗어 던져 버리고 양가죽을 다시 걸칠 결심을 했다. 옛날에 입었던 옷을 넣은 꾸러미를 들고 새 옷차림으로 요새에 돌아온 그는, 그 옷을 총독에게 꺼내 보이며 이렇게 말했다. '총독님, 제가 이런 외관을 영원히 포기한다는 것에 주의를 기울여주시기 바랍니다. 또한 저는 기독교도 영원히 포기합니다. 저는 저의 선조의 종교, 풍속, 관습에 따라 살다가 죽기로 결심했습니다. 제가 지금 차고 있는 이 목걸이와 단도만은 제가 갖도록 허락해주시기를 부탁드립니다. 이것들을 총독님에 대한 사랑의 증표로 간직하겠습니다.' 이렇게 말하고 난 그는 판 데르 스텔의 답변도 기다리지 않고 즉시 도망쳐 사라져버렸고, 그 뒤로는 케이프타운에서 아무도 그를 보지 못했다"(《여행의 일반 역사》 5권, p. 175).

17) 그런 무질서 상태에서 인간은 끈질기게 서로의 목을 찔러 죽이는 대신 뿔뿔이 흩어졌을 것(만일 그들이 흩어지는 데 아무런 경계가 없었다면)이라고 내게 반박할 수도 있을 것이다. 그러나 처음에 그 경계는 적

어도 세계의 경계였을 것이고, 만일 자연 상태의 결과로 발생한 인구 과잉을 생각해본다면, 이런 상태의 지구는 그렇게 함께 모여 살 수밖에 없는 사람들로 뒤덮이리라고 판단될 것이다. 만일 질병이 빠르게 확산되고 그로 인해 단기간에 엄청난 변화가 일어난다면, 그들은 흩어져 버렸을 것이다. 그러나 그들은 멍에를 지고 태어났다. 그런데 멍에의 무게를 느꼈을 때, 그들은 이미 그것을 지는 습관에 익숙해져 있었다. 그리하여 그들은 그 멍에를 벗어던질 기회를 기다리는 것만으로 만족했다. 결국 인간은 그들을 모여 살게 만든 수많은 편의에 이미 익숙해져 버렸기 때문에, 흩어지는 일은 각자가 오직 자기 자신만을 필요로 해서 다른 사람의 동의를 기다리지 않고 스스로 결정했던 인류 초기의 시절과는 달리 그렇게 쉽지 않았다.

18) 모 원수[41]는 자신의 원정에서 한 군량업자가 너무 지나치다 싶을 정도로 속임수를 쓰는 바람에 군인들이 힘들어하며 불평을 늘어놓자, 그를 심하게 꾸짖으며 교수형에 처하겠다고 위협했다. 그러자 이 사기꾼은 이렇게 대담하게 대꾸했다. "그런 식으로 협박하셔도 상관없습니다. 10만 에퀴를 소유한 사람을 교수형에 처하지는 못할 거라고 기꺼이 말씀드리지요." 그러자 원수는 순진하게 덧붙여 말했다. "어떻게 그럴 수 있는지 모르겠군." 그러나 실제로 백번을 교수형에 처해도 모자랐을 이 사기꾼은 결국 교수형에 처해지지 않았다.

41 J. 스타로뱅스키에 의하면, 프랑스 원수였던 '빌라르 공작 루이 엑토르Claude Louis Hector de Villars'(1653~1734)다.

19) 분배 정의는 시민사회에서는 실행될 수 있다 할지라도, 자연 상태의 이 엄정한 평등에는 대립하기까지 할 것이다. 그리고 국가의 모든 구성원은 자신의 재능과 능력에 따라 국가에 봉사해야 하기 때문에, 시민도 자신의 봉사에 비례하여 구별되고 혜택받아야 한다. 이소크라테스[42]의 문구도 바로 이런 의미로 이해해야 하는데, 여기서 그는 초기 아테네인이 두 가지 종류의 평등, 즉 모든 시민에게 일률적으로 똑같은 이익을 분배하는 평등과 각자의 자질에 따라 이익을 분배하는 평등 중 어느 쪽이 더 유리한지를 잘 구분할 수 있었다며 칭찬한다. 이 웅변가는 다시 이렇게 덧붙인다. 유능한 정치가들은 악인과 선인을 전혀 구별하지 않는 그런 불공정한 평등을 폐지하고, 각자를 그의 자질에 따라 보상하거나 벌주는 평등에 단호하게 열중했다. 그러나 우선 어느 정도 부패한 사회에서는, 악인과 선인을 전혀 구별하지 않는 일은 결코 없었다. 그리고 법이 행정관에게 규칙으로 이용될 만큼 정확한 척도를 정할 수 없는 풍속의 문제에서는, 시민의 운명이나 지위를 행정관의 재량에 맡겨 두지 않기 위해, 법이 행정관에게 인격에 대한 판결을 금지하고 오직 행위만을 판결하도록 한 것은 매우 현명한 처사다. 풍기 단속 감찰관을 견뎌낼 수 있을 만큼 순수한 풍속은 고대 로마의 풍속 말고는 없으며, 그와 같은 법정이 있었다면 얼마 있지 않아서 우리 사이에서 모든 것을 급작스럽게 변화시켰을 것이다. 악인과 선인은 공중의 평가에 의해 구별되어야 한다. 행정관은 엄정한 법의 판결자일 뿐이다. 그러나 인민은 풍속의 진정한 판단자다. 이 점에서 공정하고 교양까지 있는 한 판단자를 때로 속일 수는 있지만 결코 매수할 수는

---

42 이소크라테스 Isocrate (기원전 436-338), 《아레오파고스 재판 Aréopagitique》, VII, § 20.

없다. 그러므로 시민의 지위는 그들의 개인적인 자질에 따라서 정해질 일이 아니라(그럴 경우에 행정관은 법을 자의적으로 적용할 수 있는 수단을 갖게 될 것이다), 그들이 국가에 행하는 실제 봉사에 기초해서 정해져야 보다 정확하게 판단할 수 있다.

부록

요약

루소의 세계

주요 개념

요약

헌사

- 이것은 제네바 시민 전체에게 바치는 경의다. 제네바 공화국은 가능한 가장 훌륭한 정부의 실례다.
- 루소는 이상적인 국가에 대해 기술한다. 그것은
  - 규모가 작고
  - 모든 사람이 법을 지키는 민주적 정부를 갖추고 있으며
  - 모든 시민이 자유에 익숙해져 있을 만큼 오래 되었고
  - 독립적이고 정복의 필요가 없으며
  - 모든 사람이 법을 만들 수 있는 권리를 공유하는 국가다. 선출된 행정관들이 법을 제안하면 시민이 그것을 표결하는 것이다.
- 루소는 그의 동포 시민에게 그들의 공화국을 보존하고 정치적 미덕을 발전시키도록 권고한다.

1. 인간의 연구

- 인간이 불평등해진 기원을 알기 위해서는 우선 인간에 대해 알아야 한다.
    - 자연에서 유래하는 것과 사회에서 유래하는 것을 구분해야 한다.
    - 인간의 진보가 그들을 원래의 자연 상태에서 벗어나게 했기 때문에 이것은 더더욱 어려운 일이다.
- 불평등의 첫 번째 원인은 인류에게 일어난 변화이며, 이 변화는 사회에 의한 것이다.
- 자연인에 관한 지식은 자연법을 정의하는 데 필수적이다.

(증거: 이 지식이 없는 법 이론가들은 서로 모순되는 주장을 하면서 사회인의 특징에 근거한 자연법의 정의를 제안한다.)

2. 자연법

- 자연법에 관한 두 가지 조건
    - 인간의 의지는 자연법을 합당하게 준수할 수 있어야 한다.
    - 자연법은 자연의 목소리로 말해야만 한다.
- 자연법을 정의하기 위한 방법: 펼쳐놓았던 모든 책을 닫고 인간에 대해 깊이 생각해보라.
- 자기애와 연민이라는 두 가지 기본 원칙의 발견: 자연법은 사회성이나 이성이 아니라 오직 이 두 가지 원칙에서만 유래한다.
- 두 원칙의 이점: 인간은 현명해지기 전에 타인에 대한 자신의 의

무를 알 수 있다.

- 결론: 자연인을 연구하면 자연법을 정의할 수 있을 뿐만 아니라, 사회를 비판적으로 연구하고 자연의 성과와 인간의 성과를 구분할 수도 있다.

〈논문〉

서두

- 자연적·신체적 불평등과 도덕적·정치적 불평등이라는 두 가지 불평등이 존재한다. 《인간 불평등 기원론》의 목적은 자연 상태로부터 사회와 정치적 불평등이 등장하는 순간이 언제인지를 알아내는 것이다.
- 이전의 철학자들이 자연 상태에 가지고 있던 여러 가지 개념들에 대해 비판한다.
- 주의점: 자연 상태는 역사적 사실이 아니라 방법론적 가설에 불과하다.
- 결론에서 루소는 인류가 앞으로 타락할 것이라고 예고하면서도, 인간의 본래 타고난 자질이 완전히 소멸된 것은 아니라고 지적한다.

1. 신체적 관점에서의 묘사

- 자연인은 잘 조직된 동물이다. 그는 자기 자신의 본능을 가진다. 그는 문명인보다 더 건장하고 날렵하다.
- 자연인은 불안해하지 않는다. 그는 유아기도 노화도 두려워하지 않으며, 사회생활의 결과인 질병에도 걸리지 않는다.
- 의복이나 주거의 부재는 그에게 결핍이 아니다.
- 그는 혼자이며 아무 일도 하지 않는다. 그의 유일한 관심사는 그 자신의 보존이다.

2. 형이상학적 관점에서의 묘사

- 인간과 동물의 차이는 무엇인가?
  - 자유: 인간은 자유로운 주체인 반면, 동물은 본능에 지배당한다.
  - 완성 가능성: 오직 인간만이 진화하며, 동물은 단번에 완성된다. 이 능력이야말로 인간에게 닥치는 모든 해악의 근원이다.
- 자연 상태에서는 인간의 이성이 아직 발달되지 않는다. 이성의 발달은 필요에서 비롯되는 정념의 발달과 상관있기 때문이다. 그런데 자연 상태에서의 필요는 지속적이고 약하기 때문에 감각에서 이성으로의, 자연 상태에서 사회로의 이행을 이해할 수가 없다.
- 그 예증으로서 언어의 기원 문제: 언어의 발명은 오직 언어에 의해서만 이해될 수 있는 사회와 사고를 전제함으로써만 이해될 수 있다.

- 자연 상태의 인간은 사회성을 받아들일 준비가 거의 되어 있지 않았다.
- 자연 상태의 인간은 불행하지 않다.

3. 도덕적 관점에서의 묘사

- 자연인은 타인과 관계를 맺지 않고 전前 도덕적 무구無垢의 상태에 있다. 즉 그는 선과 악의 개념을 전혀 가지고 있지 않으며, 따라서 선하지도 악하지도 않은 것이다.
- 홉스에 대한 비판: 자연인은 악하지 않다. 자기 보존의 원칙은 정념의 정도가 약하고 연민을 느끼기 때문에 완화된다.
- 이기심은 인간으로 하여금 자신을 고통스럽게 하도록 부추긴다. 하지만 그것은 오직 이성과 함께, 즉 사회와 더불어서 발달한다.
- 사랑에 대해 분석해보면 정념의 평온에 대한 증거를 발견할 수 있다. 즉 자연 상태에서 사랑은 오직 육체적일 뿐이며 성적 욕망과 일치한다. 그것은 독점적이지도 않고, 외양에 대한 관심에 의해 지배당하지도 않는다. 따라서 그것은 해롭지 않다.

4. 결론: 자연 상태는 사회 상태로의 이행을 야기하지 않는다

- 자연 상태에서는 불평등이 심하지 않다. 차이를 만들어내는 것은 교육이다.
- 인간이 독립적이므로 최강자의 법은 효력을 발휘하지 못한다. 노예도 없고 주인도 없다.
- 외부의 요인이 개입하지 않는 한 이성과 사회적 미덕은 결코 발달할 수 없을 것이며, 인간은 영원히 자연 상태로 남아 있을 것이

다. 따라서 자연 상태에서 사회 상태로의 이행은 가설적 역사의 형태로 기술될 것이다.

2부 : "인간의 인간"

1. 역사적 자연 상태

이것은 여전히 자연 상태지만, 역사를 따르는 자연 상태다.

A. 시작

- 소유권의 확립은 자연 상태에서 벗어나고 시민사회가 출현하는 결과를 낳았다. 그러나 사기에 불과한 이 소유권 개념은 이전의 많은 생각에 의해 준비되었다.
- 인간은 자연적 어려움의 영향을 받아 기술적 발명을 이룩하고, 그의 능력은 발달한다. 그는 자신을 동물 종들과 비교하는 법을 배우고, 그 결과 그의 마음속에서는 자존심이 생겨난다.
- 인간은 더 이상 혼자가 아니다. 그는 때때로 현재의 일시적 이익을 위해 자신의 동류들과 결합한다.

B. 시작된 사회

- 이 최초의 진보는 인간으로 하여금 또 다른 진보로 나아가도록 부추긴다. 정신과 기술은 나란히 발달한다.
- 최초의 혁명은 오두막의 건설이다. 이 혁명은 가족의 출현과 사랑의 발달이라는 결과를 낳는다.

- 더 많은 여가 활동과 더불어 더 안락한 생활을 하게 되면서 인간은 편의품을 만들어낸다. 이것은 인간이 처음으로 스스로 받아들인 속박이고, 이렇게 해서 자신을 위해 새로운 필수품을 만들어낸다.
- 태어나기 시작하는 이 사회에서 평판은 어떤 대가를 가져다준다. 즉 이것은 불평등과 악덕을 향한 첫걸음인 것이다.
- 인간관계를 해결하는 데 더 이상 자연적 선의로는 충분하지 않다. 사법에 대한 요구가 생겨난다.
- 이 시기는 인간에게 가장 바람직한 상태다. 그것은 인간이 나태한 자연 상태와 이기심이 지배하는 현 사회 사이의 정확히 중간에 위치하는 시기다. 이후의 모든 진보는 종種의 노쇠와 불평등의 발달이라는 결과를 가져온다.

C. 전쟁 상태

- 인간은 노동이 개인적으로 이루어지는 한 자유로운 상태로 남아 있게 된다. 그러나 야금과 농업이 출현하면서 이루어진 노동 분업은 상호 간의 종속을 야기한다.
- 농업과 더불어 소유권이 출현한다. 새로운 종류의 권리인 소유권이 자리를 잡는다. 이 권리는 자연적 권리가 아니다.
- 이 단계에서 자연적 불평등은 더 이상 자연 상태에서처럼 아무 효과를 미치지 않는 것이 아니라 사회적 불평등을 야기한다.
- 인간은 그의 동류들에게 종속된다. 외관이 존재보다 더 중요해진다.
- 자연적 연민은 억눌려지고 사법 행위는 아직까지는 거의 이루어

지지 않기 때문에, 부자의 횡령과 빈자의 강도질은 전쟁 상태를 야기한다.

2. 사회 상태

A. 결합 계약

- 매우 비참한 상황에 직면하여 부자들은 자신에게 자연법보다 더 유리한 제도를 만들 계획을 구상한다.
- 모든 사람에게 의무를 지우는 이 결합 계약은 하나의 최고 권력을 정착시킨다. 모든 사람이 자신의 자유를 보호해줄 것이라고 생각하고 이 권력을 받아들인다.
- 이 부자들의 계약은 실제로는 자연적 자유를 파괴하고, 소유를 합법화하며, 인간을 노예로 바꾸어놓는다.
- 사회가 증가한다. 사회들은 서로 간에 자연 상태로 머무르며 전쟁을 한다.
- 결합 계약의 기원에 관한 다른 주장들에 대한 비판: 합법적 기원은 정복의 권리, 약자들의 결합, 자발적 노예 상태가 아니라, 그들의 재산을 보호하는 제도를 정착시키는 데 큰 관심이 있는 부자들의 계약에 있다.

B. 정부 계약

- 최초의 정부 형태는 자의적 권력이 될 수 없었다.
  - 왜냐하면 인민은 그들에게 복종하기 위해서가 아니라 자신의 자유를 지키기 위해 우두머리들을 선출했기 때문이다.

- 왜냐하면 정치권력은 부권에서 유래하지 않기 때문이다.
- 왜냐하면 당사자 중 한쪽에게만 의무를 지우는 계약은 유효하지 않기 때문이다.
- 왜냐하면 자유는 자연이 준 선물이기 때문이다.

- 정부의 유일한 합법적 토대는 인민과 우두머리들 간의 계약이다. 인민은 오직 몇몇 조건하에서만 자신의 자연적 자유의 일부를 포기한다.
- 종교는 이 계약에 대해 성스러우면서도 불가침한 특징을 부여한다.
- 현존하는 다양한 정부 형태(군주정치, 귀족정치, 민주정치)는 정부를 선택하는 당시의 부유하고 권력 있는 인간의 수에 따라 결정된다.

C. 정부의 역사

- 사회의 변화에서 우리는 불평등의 세 단계와 일치하는 세 시기를 구분할 수 있다.
  - 법률과 소유권의 제정 = 부유한 자와 가난한 자의 상태.
  - 행정관 제도의 도입 = 강자와 약자의 상태.
  - 자의적 권력 = 주인과 노예의 상태.
- 동일한 악덕은 법률에도 불구하고 여전히 존재하기 때문에, 불평등은 야심에 차 있고 비겁한 사람들의 정신 속으로 쉽게 확산되는 것이다.
- 전제정치는 불평등의 마지막 단계다. 모든 사람이 다시 평등해지는 것이다. 그것은 곧 최강자의 법이 지배하고 정의의 개념 일체가 사라져버린 새로운 자연 상태로 돌아간다는 것을 의미한다.

3. 결론

- 자연인과 사회적 인간의 비교: 인간의 본성은 돌이킬 수 없을 정도로 바뀌었다. 즉 그는 작위적인 인간이 된 것이다.
  - 자연인은 자유롭고 평온하다. 그는 자기 자신을 위해 산다.
  - 사회적 인간은 항상 활동적이다. 그는 세평에 얽매어 사는 노예다.
- 디종 아카데미의 질문에 대한 최종 대답: 신체적 불평등은 오직 사회와 더불어서만 확산된다. 도덕적 불평등은 오직 실정법의 관점에서만(자연법의 관점에서가 아니라) 합법적이며, 오직 그것이 신체적 불평등과 상응할 때만 받아들여질 수 있다.

루소의 세계

1. 루소의 삶에 관해

1712년 6월 28일 스위스 제네바에서 태어나 1778년 7월 2일 프랑스 에름농빌Ermenonville에서 죽은 장-자크 루소는 프랑스어권 출신의 작가이자 철학자, 음악가다. 아주 어렸을 때 고아가 된 그의 삶은 방랑으로 점철된다. 물론 그가 쓴 책과 편지 들은 1749년부터 큰 성공을 거두었다. 하지만 그로 인해 가톨릭교회 및 제네바 정부와 갈등을 일으키고 거주지를 자주 바꾸어야만 하게 되면서, 그는 누군가가 자기를 박해한다는 생각을 평생 버리지 못했다. 죽고 난 뒤 그의 유해는 1794년 파리의 팡테옹Panthéon으로 이장되었다.

문학의 영역에서 장-자크 루소는 서간체 소설인《쥘리, 혹은 신엘로이즈》(1761)〔김중현 옮김,《신엘로이즈》, 1·2권, 책세상, 2012〕를 펴내 18세기에 출판된 책 중에서 가장 많은 판매 부수를 기록할 정도로 엄청난 성공을 거두었다. 이 작품은 사랑의 감정과 자연을 전기前期 낭만주의풍으로 묘사하여 당대의 독자를 매혹시켰다. 《고백록》(1764년에서 1770년 사이에 쓰이고, 그가 죽고 난 뒤인 1782년에서 1789년 사이에 출판)과 《고독한 산책자의 몽상》(1776년에서 1778년 사이에 쓰이고, 1782년에 출판)에서 루소는 자신의 내밀한 감정을 깊이 있게 관찰하는 데 몰두한다. 루소의 우아한 문체는 프랑스 시와 산문을 17세기 후반의 엄격한 규범에서 해방시킴으로써 이 두 장르를 비약적으로 개선했다.

철학의 영역에서는 1749년 디종 아카데미가 내건 현상 공모의 "학예의 부흥은 풍속을 순화시키는 데 기여하는가, 아니면 그것을 타락시키는 데 기여하는가?"라는 제목을 읽는 순간 이른바 "뱅센Vincennes의 계시"[1]라는 것을 받고서 《학문예술론》(1750)을 써서 명성을 얻기 시작했다. 그리고 이후 《인간 불평등 기원론》(1755), 《사회계약론》(1762) 등 인류 사상사에 영원히 남을 역작들을 썼다.

루소의 정치철학은 인간은 본래 선하지만 사회가 타락시켰다는 주장을 중심으로 구축되었다. 루소에 의하면 이 "본래 선하다"라는 말은, 자연 상태의 인간은 욕망을 거의 가지고 있지 않으므로 악하기보다는 야생적이라는 뜻이다. 인간 존재들을 "악하게" 만들어서 불평등이 심화되도록 하는 것은 다른 개인들과의 상호작용이다. 타고난 선의를 되찾기 위해서 인간은 사회계약이라는 수단에 의지해야 하며, 인민이 표현하는 일반의지로부터 유래하는 법률에 의해 통치되어야 한다. 예를 들어 디드로가 생각하는 것과는 반대로 루소에게 일반의지는 보편적인 것이 아니라 오직 하나의 국가, 하나의 특별한 정치체

---

1 1748년 8월 25일, 뱅센 감옥에 갇혀 있던 디드로를 만나러 가던 루소는 이 현상 공모 제목을 읽는 순간 새로운 세계를 보고 새로운 인간이 되었다고 말한다.

에만 고유하다. 루소는 주권을 인민에게 부여한 최초의 인물이다. 그 점에서 우리는 비록 그가 선거로 선출되는 귀족제라고 명명하는 것에 호의적이기는 했지만, 그럼에도 민주주의 사상가 중 한 사람이라고 말할 수 있다.

루소는 홉스와 로크가 발전시킨 정치·철학 사상에 대해 비판적이다. 그는 경제적 상호 의존과 이해관계에 근거한 정치체제가 불평등과 이기주의, 그리고 결국은 부르주아 사회(그는 이 단어를 최초로 사용한 사람 중 하나다)에 이른다고 주장한다. 물론 그는 계몽주의 철학에 대해 비판적이지만, 그것은 내부적 비판이다. 사실 그는 아리스토텔레스나 옛 공화주의 사상, 혹은 기독교적 윤리로 돌아가려 하지 않는다.

루소의 정치철학은 프랑스혁명 당시 그의 《사회계약론》이 재발견되면서 엄청난 영향을 끼쳤다. 보다 장기적으로 보면 루소는 프랑스의 공화주의 운동과 독일 철학에도 깊은 영향을 미쳤다. 예를 들어 칸트의 정언명령에는 루소의 일반의지라는 개념이 배어 있다. 또 20세기 들어서는 루소가 어떤 의미로는 전체주의의 창시자라고 주장하는 사람들과 그 주장에 반대하는 사람들 사이에 논쟁이 벌어지기도 했다.

가족과 어린 시절

장-자크 루소는 1712년 7월 4일 제네바의 생피에르Saint-Pierre 성당에서 세례를 받았다. 그때 그의 아버지 이름인 이작Issac이 들어갈 자리에 실수로 할아버지 이름 다비드David가 기록되었다.

장-자크 루소의 전기를 쓴 레몽 트루송Raymond Trousson은 이 가족이 파리 남부 에탕프Étampes 근처의 몽레리Montlhéry 출신이라고 말한다. 루소의 조상인 디디에 루소Didier Rousseau는 신교도에 대한 종교적 박해를 피해 이 도시를 떠났다. 그는 1549년 제네바에 자리를 잡고 식당 겸 여인숙을 열었다. 그의 손자인 장 루소Jean Rousseau와 장 루소의 아들이자 장-자크 루소의 할아버지인 다비드 루소David Rousseau(1641~1738)는 그 당시 존경도 받고 벌이도 좋았던 시계 수리공으로 일했다.

장-자크 루소는 1712년 6월 28일 제네바의 달동네라고 할 수 있는 그랑뤼Grand-Rue 거리에서 대대로 시계 수리공인 이작 루소Isaac Rousseau(제네바, 1672~니옹Nyon, 1747)와 자크 베르나르Jacques Bernard라는 시계 수리공의 딸인 쉬잔 베르나르Suzanne Bernard(제네바, 1673~제네바, 1712) 사이에서 태어났다. 그의 부모는 모두 시민 자격을 가지고 있었다.

그의 부모는 1704년에 결혼했는데, 쉬잔의 남동생인 가브리엘 베르나르Gabriel Bernard와 이작의 누이동생인 테오도라 루소Théodora Rousseau가 이미 1699년에 결혼을 했으니, 이것은 같은 가족끼리의 두 번째 결합이었다. 큰 아들 프랑수아 루소François Rousseau가 1705년 3월 15일에 태어났고, 이작은 아내와 갓난애를 제네바에 놔두고 시계 수리공 일을 하러 콘스탄티노플로 떠났다. 그는 여기서 6년 동안 머무르다 1711년에 집으로 돌아왔다. 이듬해 1712년 둘째 아이인 장-자크 루소가 태어났으나, 쉬잔은 산욕열로 아이가 태어나고 아흐레 뒤인 1712년 7월 7일 사망했다.

> "그렇잖아도 얼마 안 되는 재산을 열다섯 명이나 되는 자식들이 나눠 가지는 바람에 아버지 몫은 거의 남지 않았다. 그래서 아버지는 시계 수리공으로 일하며 먹고 살아야만 했다. …… 나는 태어날 때부터 허약하고 병치레가 잦았다. 어머니는 그런 나를 낳느라 돌아가시고 말았다."

루소는 그가 태어난 그랑뤼 거리의 집에서 아버지와 고모의 손에 자랐다. 그의 어린 시절은 어머니의 죽음으로 인한 지속적인 슬픔과 아주 일찍부터 아버지와 함께 소설을 읽은 경험에 깊은 영향을 받는다. 이작 루소는 이웃과 말다툼을 벌이다가 사태가 악화되자 사법 당국을 피해 1722년 10월 11일 스위스의 보Vaud 지방에 있는 니옹으로 몸을 피한다. 그는 그 뒤로 다시는 제네바에 돌아오지 못했다. 그러나 두 아들과는 연락을 유지하여, 장-자크 루소는 정기적으로 아버지를 찾아가 책에 대한 열정을 함께 나눈다. 이작은 장-자크를 축성 기술자인 처남 가브리엘 베르나르에게 맡기고, 가브리엘은 다시 그를 제네바 남쪽의 살레브Salève 산기슭에 있는 보세Bossey 마을의 랑베르시에Lambercier 목사에게 기숙생으로 위탁한다. 여기서 장-자크 루소는 사촌 아브라함 베르나르Abraham Bernard와 함께 2년(1722~1724)을 보낸다. 그의 형 프랑수아는 이른 나이에 집을 떠나 독일의 프라이부르크 임 브라이스가우Freiburg im Breisgau 지방으로 가지만, 그 뒤로는 행방을 알 수가 없다. 열 살 때 장-자크 루소는 제네바의 생제르베St. Gervais 구역에 있는 가브리엘 외삼촌 집에서 살기 시작한다.

- 1717~1718년: "난 내가 대여섯 살 때까지 뭘 했는지 모른다. 어떻게 글 읽는 걸 배웠는지도 모르고, 내가 처음에 뭘 읽었는지도 기억이 안 난다."
- 1718년: 루소의 큰형인 프랑수아 루소가 열세 살 때 제네바 소년원에 들어갔다가, 한 시계 수리공 밑으로 들어가 도제 수업을 받았다. "1722년에 형은 완전히 빗나가더니 도망쳐 흔적도 없이 사라지고 말았다."
- 1719년: "소설은 1719년 여름에 다 읽었다. 그다음 해 겨울에는 다른

책들을 읽었다. …… 좋은 책들이 많이 있었다. …… 보쉬에 …… 플루타르코스 …… 오비디우스 …… 퐁트넬Bernard Le Bovier de Fontenelle …… 몰리에르Molière ……"

- 1722년 10월: "아버지가 고티에Gautier라는 사람과 분쟁을 일으켰는데 …… 명예를 더럽히고 자유를 빼앗기느니 차라리 망명하는 쪽을 택했다. 나는 그 당시 제네바 성에서 일하던 삼촌의 후견하에 놓이게 되었다. …… 그분에게는 나랑 동갑인 아이가 한 명 있었다. 우리는 보세에 있는 랑베르시에 목사님 댁에서 함께 하숙했다."
- 1722~1724년: "시골 동네에서 2년을 지내다보니 로마인을 연상시키는 나의 까칠한 성격이 다소 부드러워졌다." 랑베르시에 목사의 누이인 랑베르시에 양은 루소의 엉덩이를 엄청나게 때림으로써 그에게 "고통과 수치심, 그리고 묘한 육체적 쾌감"을 안겨주었다. "여덟 살(사실은 열 살) 때 서른 살 먹은 처녀에게서 받은 체벌이 나의 취향과 욕망, 열정, 그리고 나 자신을 원래 그 뒤에 일어나게 될 것과는 정반대 방향으로 가도록 결정하게 될 줄을 누가 알 수 있었겠는가?" 또 한 번은 베르나르 삼촌에게서 빗을 부러뜨렸다는 이유로 엉덩이를 엄청 두들겨 맞았다. "하늘에 맹세코 나는 결백하다. …… 폭력과 부당함에 대한 이 최초의 감정은 아직까지도 내 영혼 속에 깊이 각인되어 남아 있다." 루소는 아버지가 사는 니옹에서 유치한 사랑을 했다. 열두 살 때 학교 선생님 놀이를 하면서 고통Goton이라는 여자아이에게 엉덩이를 맞은 것이다.
- 1724년: "제네바로 다시 돌아온 나는 삼촌네 집에서 지내면서 사람들이 나를 어떻게 하기로 결정할 것인지를 기다렸다."

가브리엘은 조카를 한 재판소 서기의 견습생으로 보내지만 별다른 열의를 보이지 않자, 다시 판화가 아벨 뒤코묑Abel Ducommun에게 보낸다. 1725년 4월 26일, 장-자크 루소는 5년 기한의 견습 계약서에 서명한다. 그때까지만 해도 행복한 어린 시절을, 아니 그 정도까지는 아니더라도 최소한 평화롭기는 하던 어린 시절을 보내던 루소는 엄격한 규율을 지켜야만 하는 힘든 견습생 생활을 시작하게 된다.

- 1725년: "나는 서기인 마스롱Masseron 씨에게 보내졌다. 그랬다가 이 비열하기 짝이 없는 서기에게서 바보 같다는 이유로 쫓겨났다. 나는 견습을 받으라며 한 판화가에게 다시 보내졌다. 뒤코묑이라고 불리는 이 사람은 거칠고 천박했다. 견습을 받는 동안 나는 영웅적 행위의 숭고함에서 한 무뢰한의 저열함으로 굴러 떨어졌다."
- 1726년 3월: 루소의 아버지가 재혼했다. 루소는 "비록 아버지는 두 번째 아내의 품에 안겨 있었지만 항상 첫 번째 아내의 모습을 마음속 깊은 곳에 간직하고 있었다"고 주장한다.
- 1728년 3월 14일: 제네바 밖으로 나가 산책을 하다 밤늦게 돌아오던 그는 성문이 잠긴 걸 알자, 또 아벨 뒤코묑에게 얻어맞을까 봐 겁이 나서 사촌 아브라함에게 작별 인사도 하지 않은 채 도망치기로 결심한다. 제네바 성 밖으로 나가 산책을 하고 돌아와 보니 "내가 도착하기도 전에 성문이 닫혀 있는 것이었다. …… 바로 거기서 나는 다시는 뒤코묑에게 돌아가지 않겠다고 맹세했다."

바랑 부인과 가톨릭으로의 개종

며칠 동안 여기저기 떠돌아다니던 그는 배가 고파지자 콩피뇽Confignon

의 주임신부인 브누아 드 퐁베르Benoît de Pontverre를 찾아갔다. 이 신부는 그를 원래 발도파 신도였다가 최근에 가톨릭으로 개종하여 자기처럼 개종하려는 사람들을 돌보던 프랑수아즈-루이즈 드 바랑Françoise-Louise de Warens 남작 부인에게 보낸다. 루소는 그녀에게 한눈에 반하고, 그녀는 나중에 그의 후원자 겸 연인이 된다.

- 1728년: "나는 농부들의 집에서 먹고 자며 며칠 동안 제네바 주변을 떠돌아다녔다. …… 제네바에서 20리가량 떨어진 사부와Savoy 지방 콩피뇽까지 갔다. 퐁베르 신부가 제네바의 이단과 성모교회에 대해 내게 얘기하고 저녁식사도 대접했다. …… 그래서 나는 그의 뜻에 따랐다. …… 나는 안시Annecy로 출발했다."
- 3월 21일: 루소는 퐁베르 신부의 추천장을 들고 바랑 부인을 찾아간다. "1728년 부활절 직전의 일요일이었다. …… 그녀를 보았다. …… 나는 독실한 노파를 상상했었다. …… 온화함으로 가득한 아름다운 푸른색 눈, 눈이 부실 정도의 얼굴빛, 황홀한 목선, 그녀의 얼굴은 우아함 그 자체였다. 이 젊은 개종자는 그녀의 어느 것 하나도 놓치지 않았다."

남작 부인은 그를 스피리토 산토Spirito Santo 세례 지망자 무료 숙박소로 보내고, 루소는 1728년 4월 12일에 이곳에 도착한다. 그는《고백록》에서 자기가 가톨릭으로의 개종을 오랫동안 망설였다고 주장하지만, 사실은 금방 순응했던 것으로 보인다(그는 4월 23일에 세례를 받았다). 그는 토리노Torino에서 여기저기 전전하며 하인 겸 비서로도 일하고, 귀족과 신부 들에게 연민을 불러일으켜 생활 보조금도 받고 조언도 들으면서 반半백수처럼 몇 달을 살았다. 베르셀리Vercellis 백작 부인의 집에서 일할 때 좀도둑 사건(루소가 베르셀리 부인의 조카딸이 갖고 있던 분홍색 리본을 훔친 사건)이 일어나는데, 그가 비겁하게도 젊은 여자 요리사에게 죄를 뒤집어씌우는 바람에 이 요리사는 해고당하고 말았다.

- 1728년 3월 24일: 바랑 부인은 걸어서 안시에서 토리노까지 가는 사브랑 부부에게 루소를 맡긴다.
- 4월 12일: 바랑 부인의 추천으로 젊은 신교도나 유대인, 회교도를 개종시키는 일을 하는 토리노의 수도원 부속 숙박소에 들어간다.
- 4월 21일: 루소가 신교를 공식적으로 버린다.
- 4월 23일: 가톨릭 세례를 받는다.
- 6~7월 : 숙박소에서 나와 토리노 시내를 여기저기 돌아다닌다. 장사를 하는 젊은 바질Basile 부인과 플라토닉한 사랑을 나눈다.
- 8~12월: 베르셀리 부인의 집에서 하인으로 일한다. 갬Jean-Claude Gaime 신부를 자주 찾아간다. 리본 하나를 훔쳤다고 일러바쳐서 젊은 여자 요리사가 쫓겨나게 한다. 사실은 루소가 훔친 것이었다.
- 1729년 1월: 다시 토리노 거리를 여기저기 돌아다니며 노출 행위에 몰두한다. 안마당으로 물을 길러 온 처녀들에게 "매혹적이라기보다는 우스꽝스러운 광경"을 보여준다. 이를 보고 쫓아온 남자들에게 "외국의 명문가에서 태어났지만 머리가 홱 돌아버린 도련님"으로 행세한다. 구봉Goubon 백작 집에서 하인으로 일한다. 구봉 백작의 며느리이자 "같은 나이 또래"의 젊은 여성인 브레유Breil 양을 보고 한눈에 반한다. 백작의 아들인 구봉 신부는 그를 비서로 채용하고, 라틴어와 이탈리아어를 가르친다.

- 봄: 제네바 출신의 또 다른 도망자인 바클Bâcle에 이끌려 구봉 씨의 시중드는 일을 그만둔다.

자신이 처한 상황에서 벗어날 수 없어서 절망스러워하던 그는 자기를 보호해준 사람들에게 실망을 안겨주고, 1729년 6월 가벼운 마음으로 샹베리Chambery로 돌아가 바랑 부인과 재회한다.

- 1729년: 바랑 부인은 안시에 돌아온 그를 어머니처럼 다정하게 맞아준다. 푸펜도르프, 생테브르몽Charles de Saint-Évremond, 볼테르, 벨Pierre Bayle의 작품을 읽는다. 바랑 부인이 루소에게 노래와 음악을 가르쳐준다.
- 여름: "바랑 부인이 나를 안시에 있는 성 나자로 수도회 신학교에 보내야겠다는 생각을 했다." 루소는 여기서 클레랑보Louis-Nicolas Clérambault의 〈칸타타〉 악보를 처음 보고 연주한다. 가티에Jean-Baptiste Gâtier 신부의 친구가 된다.
- 10월 24일: "기적"을 목격하다. 코르들리에르Cordelière 수도원에 불이 나자, 베르네Michel Gabriel de Bernex 주교가 기도를 시작하고 루소도 기도를 했다. 그러자 불이 꺼진 것이었다.
- 겨울: 바랑 부인의 친구인 르 메트르le Maître 씨가 운영하는 안시 대성당 성가대원 양성소에서 기숙한다. "늘 노래하며 즐겁게 지내는 성가대원 양성소 생활이 마음에 든다."
- 1730년 2월: 방튀르 드 빌뇌브Venture de Villeneuve라는 무명의 음악가에게 열광한다.

소심하고 예민한 청소년이었던 루소는 여자의 애정을 갈구했고, 그것을 남작 부인에게서 발견한다. 그는 그녀의 "꼬마"였다. 그는 그녀를 "엄마"라고 부르며 그녀의 집사가 되었다. 그가 음악에 흥미를 갖고 있었으므로, 그녀는 1729년 10월에 성가대 지휘자인 르 메트르 옆에서 일을 해보라고 보냈다. 그런데 리옹에 갔을 때 루소는 르 메트르가 간질 발작을 일으키는 걸 보자 겁에 질려서 그를 길 한가운데 내버려둔 채 도망치고 말았다. 그 뒤로 1년 동안 스위스 여기저기를 떠돌아다니던 그는 1730년 11월 뇌샤텔Neuchâtel에서 처음으로 음악 레슨을 한다. 그리고 1731년 4월에는 부드리Boudry에서 가짜 수도원장을 만나 그의 통역으로 일했으나, 이 사기극은 금세 들통이 났다.

- 1730년 4월 : 르 메트르 씨는 안시 대성당 참사회원들과의 의견 차이로 안시를 떠나면서 루소를 데리고 간다. "우리는 벨레Bellay로 부활절 축제를 보러 갔다." "우리가 리옹에 도착하고 나서 르 메트르 씨가 갑자기 간질 발작을 일으켰다." 루소는 "길거리 한가운데서 거품을 뿜는" 그를 내버려두고 자리를 피한다.
- 여름: "다시 안시로 갔다. …… 도착해보니 바랑 부인은 없었다. …… 파리에 올라간 것이었다. …… 그녀의 하녀인 메르스레Merceret는 따라가지 않았다." 메르스레의 친구인 지로Giraud 양이 "내게 온갖 아양을 떨었다. …… 여자들에게 둘러싸여 사니 정말 좋다."
- 7월: 안시 교외로 산책을 나갔다가 알고 지내던 그라펜리에드Graffenried 양과 갈레Galley 양을 만난다. 세 사람은 툰Toune 성에서 식사를 하고 체리를 따러 간다. "우리는 한없이 자유롭게, 그리고 더없이 점잖게 장난을 치면서 하루를 보냈다. …… 그건 덧없는 사랑이었다."

루소는 갈레 양에게 전해달라고 마차 표를 지로 양에게 맡긴다. 지로 양은 질투가 나서 루소가 프리부르Fribourg로 떠나도록 손을 쓴다. 루소는 메르스레를 프리부르로 데려간다. "나는 너무나 어리석었던 나머지 메르스레에게 호감이 안 느껴진 것은 아닌데도 그녀를 유혹해볼 생각이 전혀 나지 않았다." 루소는 혼자 로잔Lausanne으로 가서 작곡가 행세를 한다. 보소르 드 빌뇌브Vaussore de Villeneuve라는 이름으로 음악회 지휘를 했다가 망신만 당한다. 음악 과외를 몇 번 한다.

- 1731년: 부드리에서 예루살렘의 가짜 그리스정교회 수도원장인 그리스의 한 수도사가 루소를 통역으로 고용한다. 그들은 함께 프리부르와 베른Bern, 솔뢰르Soleure에 간다. 솔뢰르 주재 프랑스 대사인 보낙Bonac 후작은 이 수도사를 추방하고 루소는 잡아둔다. 루소는 장-바티스트 루소Jean-Baptiste Rousseau의 시를 낭송하고 보낙 부인을 찬양하는 칸타타를 부른다. 보낙 후작의 추천장을 들고 파리로 출발한다.
- 여름: 파리에서 고다르Godard 대령이 루소를 자기 조카의 가정교사로 채용하나 돈은 주지 않는다. 메르베유de Merveilleux 부인이 그에게 바랑 부인이 사부와 지방이나 토리노로 갔을 것이라고 알려준다. 걸어서 파리를 떠난 루소는 오세르Auxerre에서 풍자시를 고다르 대령에게 보낸다. 한 농부로부터 융숭한 대접을 받는다. 이 농부는 "크기가 너무 작다며 빵을 감추었다. …… 그것은 불쌍한 백성들이 당하는 억압과 억압자들에 대해 내 가슴속에서부터 자라난 억누를 수 없는 증오의 씨앗이었다."

1731년 9월 그는 다시 바랑 부인에게 돌아간다. 그는 그녀의 집에서 클로드 아네Claude Anet를 다시 만나는데, 하인 겸 비서로 일하고 있던 이 인물은 또한 그녀의 애인이기도 했다. 바랑 부인은 처음으로 루소에게 감정 교육과 애정 교육을 실시한 여성이다. 이 삼각관계는 클로드 아네가 1734년 3월 14일 폐렴으로 사망할 때까지 그럭저럭 유지되었다. "엄마"와 루소는 레 샤르메트Les Charmettes에서 여름과 가을을 보낸다. 《고백록》에 의하면 목가적이고 무사태평했던 이 몇 년 동안 루소는 프랑수아-조제프 드 콩지에François-Joseph de Conzié의 서재에서 독서에 몰두하여 "사상의 창고"를 만들게 될 것이다. 잘 걷는 사람이기도 한 그는 자연 속에서 살아가는 행복을, 산책이나 몽상과 연관된 즐거움을 묘사하면서 자신을 "방랑벽이 있는 사람"으로 묘사한다. 그는 사부아 공작령의 토지대장 관련 행정부서에서 일하다가, 다시 샹베리의 부르주아와 귀족계급 출신의 젊은 여성들에게 음악을 가르치는 일을 한다. 그러나 건강이 좋지 못했다. "엄마"는 1737년 9월 피즈Antoine Fizes라는 의사에게 진찰을 받아보라며 그를 몽펠리에Montpellier로 보낸다. 이 여행 중에 그는 라르나주Larnage 부인을 알게 되는데, 그보다 스무 살이 더 많고 자식을 열 명이나 낳은 이 여성은 그에게 육체적 사랑을 가르쳐준다.

- 1731년 가을: 샹베리의 바랑 부인 집으로 돌아간다. 바랑 부인은 루소에게 토지대장과에 일자리를 알아봐준다. 루소는 그녀의 집에서 머무르며 대수학과 기하학을 배운다. 집사이자 바랑 부인의 연인인 클로드 아네는 그에게 식물학을 가르쳐준다. 프랑스 문학과 음악에도 심취한다. 1막짜리 희곡인 〈나르시스, 혹은 그 자신의 연인Narcisse, ou l'amant de lui-même〉을 쓴다.
- 1732년 6월: 토지대장과 일을 그만두고 브장송Besançon을 여행했다가,

다시 샹베리 명문가 출신의 아가씨들에게 음악을 가르친다. 라르Lard 부인이 그에게 접근한다. "엄마(바랑 부인)는 나를 젊은 시절의 위험으로부터 구해내기 위해서는 이제 나를 한 남자로 취급해야 된다고 생각했다." 그녀는 루소를 애인으로 삼으면서도 클로드 아네를 내치지는 않았다. "그리하여 우리 세 사람 사이에는 어쩌면 지구상 그 어디에도 유례가 없을 하나의 사회가 형성되었다."

- 1733년 8월: 어머니의 유산 중 자기 몫을 받기 위해 제네바에 간다. 샹베리에서 다시 음악을 가르친다.
- 1734년 3월: 클로드 아네가 사망한다. 루소는 그를 대신하여 바랑 부인의 집사가 된다.
- 6월: 블랑샤르Blanchard 신부에게 작곡법을 배우기 위해 말을 타고 브장송에 간다. 중간에 안시와 제네바, 니옹(여기서 아버지를 만난다), 레 루스Les Rousses를 지나간다. 라신Jean-Baptiste Racine의 《미트리다트Mithridate》에 대한 얀센주의Jansénisme적 풍자가 담긴 글이 있다는 이유로 가방을 세관에서 압수당한다. 샹베리로 돌아가 다시 음악을 가르친다.
- 1734~1737년: 고프쿠르Jean-Vincent Gauffecourt과 조제프-프랑수아 드 콩지에는 그에게 문학적 취향을 불어넣는다. "우리는 볼테르가 쓴 책을 한 권도 안 빼고 다 읽었다." 사르데냐Sardaigne 왕의 비밀 요원인 바랑 부인의 심부름을 하기 위해 니옹, 제네바, 리옹, 그르노블Grenoble을 여행한다. 라모Jean-Philippe Rameau를 연구하고, 프레보Abbé Prévost 신부의 《클레블랑Le Philosophe anglais ou Histoire de M. Cleveland, fils naturel de Cromwell》을 읽고, 《메르퀴르 드 프랑스Mercure de France》지를 구독한다. "나는 정착을 하기 위해(어디에 정착해야 될지, 그건 나도 알 수가 없었다)

2, 3년 동안 이렇게 음악, 교육, 계획, 여행을 되풀이했다. 하지만 어쨌든 연구를 향해 한 단계 한 단계 이끌려가기는 했다."

- 1735년: 아버지에게 편지를 보내 자신의 계획과 연구에 대해 말한다.
- 1736년 가을: "우리는 샹베리 성문 근처에 있는 콩지에 씨 소유의 땅인 샤르메트에 정착했다. …… 우리는 1736년 말에 이 땅을 소유했다."
- 12월: 도시로 돌아온 루소는 보낙 후작에게 편지를 보내 자신의 "연구 계획"에 대해 설명한다.
- 1737년 6월: 화학 실험을 하다가 폭발을 일으킨다. "6주 이상 앞을 보지 못했다. 이렇게 해서 나는 그 요소들을 모르는 채 실험물리학을 할 생각은 하지 말아야 한다는 사실을 알게 되었다."
- 7월: 자기 몫의 어머니 유산을 받는다.
- 8월: 제네바의 부르주아와 귀족 들이 길거리에서 싸우는 것을 목격한다. "그 끔찍한 장면은 내게 너무나 강렬한 인상을 남겨, 나는 절대 내전에 가담하지 않겠다고 맹세했다."
- 9~12월 : 심장에 종양이 있다고 생각하여 몽펠리에로 가서 의사의 진찰을 받고 의과대학 학생들을 만난다.

샹베리로 돌아온 그는 드 바랑 부인에게 장-사무엘-로돌프 윈첸리드Jean-Samuel-Rodolphe Wintzenried라는 새 애인이 생긴 걸 보고 놀라고, 삼각관계가 다시 시작된다. 1739년 그는《바랑 남작 부인의 과수원Le Verger de Madame la baronne de Warens》이라는 제목으로 시를 여러 편 쓰는데, 이 상투적인 스타일의 시집은 같은 해 출판되었다.

- 1738년 3월: 몽펠리에를 떠나 발랑스Valence와 샤파리앙Chaparillan을

지나 샹베리로 돌아가다. "나는 다른 사람이 내 자리를 차지했다는 걸 알았다." 윈첸리드가 바랑 부인의 새 애인이자 집사가 되어 있었던 것이다. 그렇지만 그녀의 집에 계속 머무른다.

- 1739년: 샤르메트에서 〈샤르메트 과수원Le verger des Charmettes〉이라는 시를 쓴다. "나는 그 전에는 내가 그것의 영혼이었던 이 집에서 혼자 외롭게 고립되어 있다고 느꼈다." 《이피스와 아낙사레테Iphis et Anaxarète》라는 오페라 대본도 쓴다.

프랑스의 계몽주의 세계와 처음으로 접촉하다

1740년 루소는 리옹 지역 대법관인 장 보네 드 마블리Jean Bonnot de Mably의 두 아들을 가르치는 가정교사로 일하게 되면서, 계몽주의 운동의 두 주요 인물 콩디야크와 달랑베르의 영향권 속으로 들어가게 된다. 장 보네 드 마블리는 가브리엘 드 마블리Gabriel Bunnet de Mably와 에티엔 보노 드 콩디야크의 큰 형이며, 이 두 사람은 문학과 관련된 분야에서 이력을 쌓게 될 것이다. 루소는 두 아들 중 동생을 위해 〈생트-마리 씨를 교육시키기 위한 계획Projet pour l'éducation de monsieur de Sainte-Marie〉를 작성한다. 이렇게 해서 리옹 상류사회의 인사들과 교제할 기회를 얻은 그는 거기서 어느 정도의 우정을 쌓았는데, 특히 샤를 보르드Charles Bordes는 그를 파리에 소개시켜준다. 샹베리가 가까웠기 때문에 그는 "엄마"를 이따금 찾아가 만날 수 있었으나, 두 사람의 관계는 이미 느슨해진 상태였다. 어린 제자들과 힘든 1년을 보내고 난 루소는 계약을 종료하기로 마블리 씨와 합의한다. 어느 정도 생각할 시간을 가진 뒤에 그는 파리에서 운을 시험해보기로 결정한다.

- 1740년 4월: "데방Deybens 씨가 마블리 씨의 아이들을 교육해 보라는 제안을 해왔다. 나는 그 제안을 받아들이고 리옹으로 출발했다." 〈생트-마리 씨를 교육시키기 위한 계획〉을 쓴다. "1년 동안 최선을 다해 가르친 끝에 나는 이 교육을 그만두기로 결정했다."
- 1741년: 샹베리의 바랑 부인 집으로 돌아간 루소는 숫자로 악보를 기록해보겠다는 생각을 한다. "이때부터 나는 내가 성공할 것이라고 믿게 되었다. …… 리옹에 잠시 들러 아는 사람들도 만나고, 파리에 가서 쓸 추천장도 몇 통 얻고, 기하학 책도 팔았다." 마블리 가 사람들과 작가 샤를 보르드, 음악가 다비드Jacques David, 의사 파리조Parisot 등을 만난다. 또한 수잔 세르Suzzanne Serre라는 여성을 만나는데, 그에 대한 감정을 다음과 같이 쓴다. "내 심장이 다시 힘차게 뛰기 시작한다. 그것이 나를 거스르지 않았다고 생각해도 될 것 같다. 내 심장은 내게 신뢰를 불러일으키고, 그 같은 신뢰 덕분에 나는 그걸 혹사하고 싶은 유혹을 느끼지 않는다." 〈신세계의 발견La découverte du nouveau monde〉이라는 오페라 대본을 쓴다.
- 1742년: 루소는 몸이 안 좋은 상태로 샤르메트에 돌아가 여러 편의 시와 이후에 《고백록》에 들어간 베르네 주교의 "기적"에 관한 글을 쓴다.
- 7월: 〈파리조에게 보내는 편지Épitre à M. Parisot〉를 운문으로 쓴다. 파리로 떠난다.

파리에서는 보즈Boze 앞으로 된 소개장 덕분에 레오뮈르에게 소개되었고, 레오뮈르René Antoine Ferchault de Réaumur는 그가 그의 기보記譜 이론을 소개하는 논문을 프랑스 과학 아카데미에 제출할 수 있도록 해준다. 그의 이론은 오선보를 없애고, 그것을 숫자로 표시하자고 주장한다. 과학 아카데미 회원들은 이 이론을 수아이티Souhaitti 신부가 이미 창안해냈기 때문에 새로운 것이 아니라고 말하며 별다른 관심을 보이지 않았다. 루소는 고집을 꺾지 않고 자신의 이론을 개선시켜서《현대음악에 관한 논고Dissertation sur la musique moderne》라는 제목으로 자비 출판했지만, 기대했던 성공은 거두지 못했다. 당시에 그는 그와 마찬가지로 알려지지 않았던 드니 디드로와 친구가 되었으며, 카스텔Castel 신부의 조언을 받았다. 그는 브장발Besenval 부인과 뒤팽Dupin 부인의 살롱에 드나들었는데, 뒤팽 부인을 유혹하려고 해봤지만 실패했다. 뒤팽 부인은 1743년에 몇 달 동안 아들 자크-아르망 뒤팽 드 슈농소Jacques-Armand Dupin de Chenonceaux의 교육을 루소에게 맡겼다.

- 1742년 8월: 루소는 레오뮈르의 소개로 과학 아카데미에서 〈음악을 위한 새로운 기호들에 관한 계획Projet concernant de nouveaux signes pour la musique〉을 낭독한다.
- 9월: 과학 아카데미 회원증을 수여받다. 출판할 계획으로《고백록》을 고쳐 쓴다.
- 1743년:《현대음악에 관한 논고》을 출간한다. "경험을 통해 그 증거를 제시하기 위해 나는 데룰렝Desroulins이라는 한 미국 처녀에게 공짜로 음악을 가르쳤다. …… 3개월 만에 그녀는 내 악보를 보고 어떤 음악이든 연주할 수 있을 정도가 되었다." 〈보르드 씨에게 보내는 편지Épitre à M. de Bordes〉를 출판한다. "내가 계속 만나는 사람이라고는 마리보와 마블리 신부, 퐁트넬뿐이다. …… 마리보에게는 내가 쓴 〈나르시스, 혹은 그 자신의 연인〉을 보여주기까지 했다. 그는 내 작품을 마음에 들

어 하면서 그걸 고쳐주기까지 하는 호의를 베풀었다. 디드로는 그들보다 더 젊어 나랑 거의 동갑이다. …… 우리 사이에 형성된 보다 내밀한 관계는 15년 동안 계속되었다." R. P. 카스텔에 의해 브장발 부인과 브로글리Broglie 부인, 뒤팽 부인에게 소개된다. "나는 뒤팽 부인에게 한눈에 반했다. …… 더 이상 침묵할 수가 없었으므로 감히 편지를 썼다. …… 뒤팽 씨의 아들인 프랑쾨유Louis Dupin de Francueil 씨가 말하기를, 뒤팽 부인은 내가 너무 자주 찾아온다고 생각한다는 것이었다. …… 프랑쾨유 씨는 나를 친구로 삼았다. …… 우리는 루엘Guillaume-François Rouelle 씨 집에서 함께 화학 수업을 받았다." 오페라 대본인 《아양 떠는 뮤즈들Les Muses Galantes》과 산문으로 된 1막짜리 희곡 〈전쟁포로들Les Prisonniers de guerre〉을 쓴다.

1743년 7월에 루소는 베네치아 주재 대사로 임명된 피에르-프랑수아 드 몽테규Pierre-François de Montaigu 백작의 비서로 일하게 된다. 이탈리아어를 잘하고 열성적인 루소는 이 무능한 주 베네치아 대사에게는 없어서는 안 될 존재였다. 루소는 공연과 매춘부, 그리고 무엇보다도 이탈리아 음악 등으로 이루어진 활기찬 베네치아 생활을 즐겼다.

- 1743년: 루소는 베네치아 주재 프랑스 대사인 몽테규 백작의 비서로 일하기로 한다.
- 7~8월: 파리를 떠나 샬롱, 리옹, 아비뇽, 마르세유, 툴롱, 제노바, 밀라노, 베로나, 브레시아, 파도바를 거쳐 베네치아에 도착한다.

그러나 그는 자기가 잘난 사람이라고 생각하여 거만해졌고, 몽테규는 1년 만에 그를 해고했다. 그는 1744년 10월에 파리로 돌아온다. 그렇지만 이 짧은 기간의 경험은 그로 하여금 베네치아의 정체政體가 어떻게 기능하는지를 관찰할 수 있게 해주었고, 당시 서른한 살이 된 루소는 본격적으로 정치에 대해 관심을 갖게 되었다. 이때 그는 원래는 "정치제도"라는 제목을 붙이려 했으나 결국은《사회계약론》으로 발간될 역작을 구상한다. 그는 여러 해에 걸쳐 시간 나는 대로 이 책을 집필한다.

- 1744년 8월: 몽테규 백작과 여러 차례 불화를 일으킨 끝에 결국 대사관에서 해고된다. 베네치아를 떠나 베르가모, 코모, 보로메 군도, 생플롱 고개, 시옹, 로잔, 니옹을 거쳐 제네바에 간다.
- 10월: 외무부 장관 대리인 테이유du Theil 씨에게 편지를 써서 몽테규 백작과 자신의 불화에 관해 자신이 결백함을 밝힌다. 리옹을 거쳐 파리로 돌아간다.

1745년 그는 코르디에 거리Rue des Cordiers의 생캉탱St. Quentin 호텔에 묵으면서 호텔에서 세탁물을 관리하는 일을 하던 마리-테레즈 르 바쇠르Marie-Thérèse Le Vasseur와 동거를 시작한다. 이 여성은 루소가 그토록 갈구하던 애정을 그에게 베풀어주었다. 1768년 8월 30일, 그는 부르고앙-잘리외Bourgoin-Jallieu에서 그녀와 종교의식을 치르지 않고 결혼했는데, 그때부터 말이 무척 많은 한 여인뿐만 아니라 그 여인의 가족까지 감당해야 하는 신세가 되었다. 1747~1751년 사이에 다섯 명의 아이가 태어났는데, 아마도 장모의 강권에 따른 듯 루소는 이 아이들을 모두 고아원에 집어넣는다. 그는 처음에는 가족을 부양할 능력이 없어서 그랬던 거라고 설명했다가, 나중에 《고백록》 8권에서는 그것이 시민이자 아버지, 그리고 플라톤의 이상 국가를 예찬하는 사람으로서 아이들을 공교육에 맡겨 협잡꾼이나 재산을 노리고 결혼하려는 사람이 아닌 노동자나 농민으로 키우는 것이 마땅히 해야 할 행동이라 생각해서 아이들을 고아원에 보냈다고 쓴다. 그리고 9권에서는 처가 식구들이 아이들에게 나쁜 영향을 미칠까 봐 고아원에 보냈다고 덧붙인다. 이 같은 결정은 나중에 그가 《에밀》에서 교육자로 자처했을 때 볼테르로부터, 그리고 그가 "돌바크Paul-Henri Thiry d'Holbach 패거리"(돌바크와 그림Friedrich Melchior von Grimm, 디드로 등의 측근들)라고 부른 사람들로부터 비난받는다. 그의 친구들 중 일부(예를 들면 그와 사이가 틀어지기 전의 데피네Louise d'Épinay 부인)는 이 아이들을 양자로 들이겠다고 제안하기도 했다.

1743년 5월, 그는 《아양 떠는 뮤즈들》이라는 오페라를 작곡하기 시작하여, 그 일부분을 1744년 베네치아에서 선보였다. 1745년에 한 징세 청부인의 집에서 이 무도극의 몇몇 부분을 들어본 라모는 "어떤 부분은 초보가 만든 티가 역력하고, 다른 부분은 표절이군"이라고 말했다. 퐁트누아Fontenoy 전투의 승리를 기념하기 위해, 그는 볼테르의 《나바르의 왕녀La princesse de Navarre》에 라모의 곡을 붙인 〈라미르의 축제Les fêtes de Ramire〉라는 코미디-발레comédie-ballet의 초연에 기여했다. 그는 1745~1751년에는 뒤팽 가에서 비서 겸 가정교사로 일하면서 밥벌이를 했다. 이때부터 그는 뒤팽 드 프랑쾨유와 그의 애인 루이즈 데피네, 콩디야크, 달랑베르, 그림, 그리고 특히 드니 디드로를 자주 만난다.

- 1745년 3월: 디드로는 자기가 번역한 섀프츠베리Anthony Ashley-Cooper, 3rd Earl of Shaftesbury의 《미덕과 선행에 대한 탐구Inquiry Concerning Virtue and Merit》을 루소에게 준다.
- 여름: 《아양 떠는 뮤즈들》이 라 포플리니에르Alexandre Jean Joseph Le Riche de La Popelinière 씨 집에 이어 본느발Bonneval 씨 집에서 공연된다.
- 12월: 볼테르가 루소에게 12월 22일에 베르사유에서 공연될 〈라미르의 축제〉에 관한 편지를 보낸다.
- 1746년 4월: 디드로가 《철학 사상Pensées philosophiques》을 쓴다. 이 책은 친구 루소에게 상당한 영향을 미치게 될 것이다. 고등법원은 디드로의 이 저서를 불에 태워 없애라는 판결을 내린다. 루소는 콩디야크가 《인간인식의 기원론Essai sur l'origine des connaissances humaines》을 출판하도록 도와준다.
- 가을: 뒤팽 가족의 비서가 되어 그들과 함께 슈농소 성에 머무르며 운문시 〈실비의 길L'allée de Sylvie〉을 쓴다. "내가 슈농소에서 살이 쪄가는 동안 우리 불쌍한 테레즈는 또 다른 방법으로 파리에서 살이 쪄가고 있었다."
- 겨울: 루소와 테레즈의 첫째 아이가 태어난다. "이 아이는 산파에 의해 일반적 절차대로 고아원에 맡겨졌다." 루소가 데피네 부인을 알게 되다.
- 1747년 가을: 다시 슈농소 성에 머문다. 여기서 3막짜리 희곡 《무모한 약속L'engagement téméraire》을 쓴다.
- 1748년 겨울: 두 번째 아이가 태어난다. 첫 번째 아이처럼 고아원에 맡겨진다.

1749년에 디드로는 《백과전서》 집필이라는 거창한 계획에 참여하도록 루소에게 권유하면서, 음악에 관한 항목을 맡긴다.

- 1749년 1월: "예술과학 대사전(《백과전서》)에 몇 가지 항목(음악에 관한 항목)을 쓰기로 했다." "디드로와 번갈아가면서 정기적으로 《빈정거리는 사람 Le Persifleur》이라는 유인물을 만들기로 계획했다."
- 5월: 루소는 슈농소의 자크-아르망 뒤팽 드 슈농소의 임시 가정교사가 된다.
- 7월: 디드로가 체포당한다. "《철학 사상》 때 좀 고초를 당하기는 했지만 그러고 나서는 괜찮았다. 그렇지만 《맹인에 관한 편지 Lettre sur les aveugles à l'usage de ceux qui voient》 때는 비난받을 만한 게 몇 가지 사적인 표현뿐인데 그것 때문에 뱅센 감옥에 갇혔다. …… 퐁파두르 Jeanne Antoinette de Pompadour 부인에게 편지를 써서 그를 석방시켜주든지, 아니면 나도 같이 갇히게 해달라고 부탁했다."

최초의 역작들

1749년에 디종 아카데미는 "학예의 부흥은 풍속을 순화시키는 데 기여하는가, 아니면 그것을 타락시키는 데 기여하는가?"라는 제목으로 현상 공모를 실시했다. 루소는 디드로의 격려를 받아 현상 공모에 참여한다. 1750년 7월, 문명의 진보는 부패의 동의어라고 주장하는 그의 《학문예술론》(《제1논문》)은 1등 상을 받았다. 이 논문은 다음 해에 출판되었고, 루소는 즉시 국제적인 명성을 얻었다. 이 논문은 수많은 반응을 불러일으켜 2년 만에 최소한 49명으로부터 비판이나 반박을 받았고, 그중에는 샤를 보르드와 레날 Guillaume-Thomas Raynal 신부, 스타니스와프 1세, 프리드리히 2세Friedrich II도 끼어 있었다. 루소는 이 같은 비판이나 반박에 대응하는 과정에서 자신의 논리를 더욱 치밀하게 정립함으로써, 그의 명성도 한층 더 높아져갔다.

- 1749년 10월: "어느 날《메르퀴르 드 프랑스》를 집어 들고 걸으면서 읽다가 디종 아카데미가 내건 그다음 해 상의 주제가 '학예의 부흥은 풍속을 순화시키는 데 기여하는가, 아니면 그것을 타락시키는 데 기여하는가?'라는 사실을 알게 되었다. 그 순간 나는 다른 세계를 보았고 다른 사람이 되었다. 뱅센에 도착한 나는 너무나 흥분해서 어쩔 줄을 몰랐다. 디드로가 그걸 눈치 챘다. …… 그는 내 아이디어를 발전시켜 보라고 권유했다."
- 11월: 디드로가 석방된다. 매주 목요일에 그림이 돌바크의 집에서 저녁식사를 하고, 여기에 디드로와 루소도 다른 백과전서파들과 함께 합류한다. "《학문예술론》을 다 써서 디드로에게 보여주었더니 만족스러워하면서 몇 가지 고칠 것을 얘기해주었다."
- 1750년: "제네바 시민 루소"가 볼테르에게 편지를 보낸다. 루소와 볼테르는 처음이자 마지막으로 만난다.
- 7월: 디종 아카데미가 루소의《학문예술론》에 최고상을 수여한다. "내가 인간의 의무에 관해 철학을 하고 있는 동안 …… 테레즈의 배가 세 번째로 불러왔다. …… 그리하여 내 셋째 아이는 첫째와 둘째처럼 고아원에 맡겨졌고, 그다음에 낳은 두 아이도 그렇게 될 것이다. 내 아이가 모두 다섯 명이었기 때문이다."
- 11월: 디드로가 애써준 덕분에《학문예술론》을 출판한다.

그러자 그는 자기 힘으로 살아가기 위해 비서와 가정교사 일을 그만두고 악보를 베껴 쓰는 일을 시작했다. 그는《학문예술론》에서 전개한 사유와 일치하는 태도를 취하고 옷도 그에 맞게 입는다. 그러나 이 같은 사유는 그를 디드로와 백과전서파 철학자들로부터 점점 더 멀어지게 만들 것이다.

- 1751년 2월: 뒤팽 드 프랑쾨유 씨의 비서와 회계원 일을 그만둔다. "얼마 남지 않은 내 삶은 가난하지만 독립적으로 살기로 했다. …… 한 금융가의 회계원을 그만두고 악보 베끼는 사람이 된 것이다."
- 4월: 프랑쾨유 부인에게 편지를 보낸다. "맞습니다, 부인. 제 아이들을 고아원에 맡겼습니다. …… 내게서 내 아이들의 빵을 훔쳐가는 것이 바로 부자들의 상태이고 바로 부인의 상태입니다. …… 부인은 빈곤의 불명예에 불과한 것을 악덕의 불명예로 간주하는 것입니다."
- 6월: 블랭빌Charles-Henri de Blainville이 만들어낸 새로운 음계에 관해 루소가 레날 신부에게 보낸 편지가 출판된다.《백과전서》1권이 출판된다. 고티에Gautier 신부의《학문예술론》에 대한 반박문과 루소의〈디종 아카데미 논문 공모 대상을 받은《학문예술론》에 대한 폴란드 왕의 견해에 대한 대답Réponse au Discours qui a remporte le prix de l'Académie de Dijon, par le Roi de Pologne〉이 출판된다. "나를 걱정하는 내 친구들은 벌써부터 나를 바스티유 감옥에서 보게 될 거라고 믿고 있었다."
- 11월:〈루소가 그림에게 보낸 편지에 관한 고티에 신부의 관찰Observations de M. Gautier sur la Lettre de M. Rousseau a M. Grimm〉이 출판된다.
- 1752년 2월: 루소가 사망한 도를레앙 공의〈조사Oraison Funebre de S. A. S. Monseigneur le Duc d'Orléans〉를 쓴다. 그림이 오페라극장에서 공

연된 데투슈André Cardinal Destouches의 서정비극tragédie en musique 〈옴팔레Omphale〉에 대해 쓴 〈옴팔레에 관한 편지Lettre de M. Grimm sur Omphale〉를 출판한다.

- 3~4월: 〈옴팔레에 관한 편지〉에 대한 레날의 〈고찰Remarques au sujet de la lettre de M. Grimm sur Omphale〉이 출판된다. 루소는 〈그의 옴팔레에 관한 편지에 덧붙여진 고찰에 대해 그림에게 보내는 편지Lettre à M. Grimm, au sujet des remarques ajoutées à sa lettre sur Omphale〉, 〈보르드 씨에 대한 마지막 대답Dernière réponse, à M. Bordes〉을 출판한다.
- 봄: 〈마을의 점쟁이Le devin du village〉를 구상한다. 〈그 회원 중 한 사람이 했다고 잘못 알려진 반박에 대한 디종 아카데미의 부인Désaveu de l'Académie de Dijon, au sujet de la Réfutation attribuée faussement a l'un de ses membres〉를 출판한다.

1752년 10월 18일, 퐁텐블로Fontainebleau 궁에서 그의 1막짜리 막간극 〈마을의 점쟁이〉가 루이 15세와 퐁파두르 부인이 보는 가운데 공연되었다. 이 막간극은 성공을 거두었으나, 루소는 다음 날로 예정되었던 루이 15세의 알현에 참석하지 않는 바람에 그에게 주어질 수도 있었을 연금을 못 받게 되었다. 그는 마리보가 몇 군데 수정한 작품 〈나르시스, 혹은 그 자신의 연인〉을 같은 해 12월에 공연했다.

1752년에는 뷔퐁 논쟁[2]이 시작되었다. 이 논쟁에서 루소는 〈프랑스 음악에 관한 서한Lettre sur la Musique Françoise〉이라는 글을 써서, 이탈리

---

2 '뷔퐁 논쟁'은 프랑스에서 프랑스 음악과 이탈리아 음악의 우열을 논하며 대립한 논쟁이다. 장-필리프 라모 등 프랑스파는 프랑스 음악이, 루소를 포함한 백과전서파는 이탈리아 음악이 우월하다고 주장했다.

아 음악이 프랑스 음악보다 우월하다고 주장함으로써 장-필리프 라모의 자존심에 상처를 냈다.

- 1753년 1월: 그림은 뷔퐁 논쟁에 참여하면서, 프랑스 음악에 대한 적대와 이탈리아 음악에 대한 호의를 담은 팸플릿 〈보에미슈브로다Boehmischbroda〉를 완성한다. 사람들은 루소가 이 팸플릿을 쓴 것으로 추정한다.
- 3월: 루소가 콜랭 역을 맡아 벨뷔에서 왕을 모시고 〈마을의 점쟁이〉를 공연한 것에 감사하는 뜻으로 퐁파두르 부인이 그에게 50루이를 보낸다.
- 7월: 루소는 〈동으로 만든 물건들의 위험한 사용에 관한 편지Sur l'usage dangereux des ustensils de cuivre〉를 레날에게 보내서 출판한다.
- 11월: 생제르맹에 1주일 동안 가 있으면서《인간 불평등 기원론》을 구상한다. 〈프랑스 음악에 관한 서한〉를 출판한다.

1754년 디종 아카데미는 또 다시 현상 공모를 했고, 루소는《인간 불평등 기원론》(《제2논문》)을 제출함으로써 한층 더 유명해졌다. 이 논문에서 루소는 인간은 선하게 태어났다는 주장을 옹호하고, 사회의 부당함을 고발한다.《학문예술론》이 그랬던 것처럼 이 논문 역시 특히 볼테르와 샤를 보네Charles Bonnet, 카스텔Louis-Bertrand Castel 등으로부터 격렬한 반응을 불러일으켰다. 현상 공모의 결과를 기다리지 않은 채, 그는 고향 제네바를 방문하기로 결심했다. 그는 가는 길에 오랜 친구 바랑 부인을 찾아가 만났고, 바랑 부인은 유명해진 그를 환대했다. 사상의 영역에서 루소는 신 대신 진보를 믿는 백과전서파 철학자들과 멀어져, 자연의 덕성과 사랑을 설파한다. 그는 근본적으로는 신앙인이었지만, 가톨릭을 버리고 신교로 돌아감으로써 다시 제네바 시민이 된다. 그렇지만 그는 제네바에서 겨우 몇 달만 머무르고 10월 15일에 다시 파리로 돌아온다.

- 1754년 6월: 루소와 테레즈는 파리를 떠나 디종Dijon과 리옹을 거쳐 제네바로 간다. 루소와 테레즈는 바랑 부인을 만나러 샹베리에 간다. 그곳에서《인간 불평등 기원론》의 서문을 쓴다.
- 8월: 루소는 제네바 시민의 권리를 되찾는다.
- 10월: 테레즈와 함께 파리로 돌아간다. 루소는 암스테르담의 출판업자인 레이에게《인간 불평등 기원론》 원고를 넘겨준다.
- 12월: 루소는 제네바에 머무는 동안 이후《사회계약론》으로 발간될 "정치제도"라는 책과《발레 지방의 역사Histoire du Valais》를 구상하고, 산문비극인 〈루크레티우스Lucrèce〉를 쓰며, 타키투스의《역사》 1권을 번역한다.
- 1755년 2월: 몽테스키외가 사망한다. "그는 영원히 살면서 국민에게 그들의 권리와 의무에 대해 가르쳐야만 했다. …… 나는 그가 세상을 떠났을 때 시골에 가 있었는데, 파리에 바글바글한 문인들 가운데 오직 디드로만 그의 장례 행렬을 따라갔다는 사실을 알게 되었다." 루소는 1월부터《인간 불평등 기원론》 원고의 교정을 본다.
- 6월:《인간 불평등 기원론》을 출판한다.
- 9월: 볼테르는 그의 8월 30일자 편지를 출판해도 좋다는 허락을 루소에게서 받아낸다.
- 10월: 루소는 〈필로폴리스 씨에게 보내는 편지Lettre de J.J. Rousseau, a

monsieur Philopolis〉를 출판한다. 루소의 〈정치경제〉 항목이 포함된 《백과전서》 2권이 출판되다.

- 1756년 3월: 루소는 《변덕스런 여왕La reine fantasque》을 집필한다.

역작들과 사회에의 통합

1756년 4월, 데피네 부인은 몽모랑시Montmorency 숲 가장자리에 있는 레르미타주L'Ermitage라는 이름의 작은 집을 루소가 쓰도록 내어준다. 그는 부인 테레즈, 장모와 함께 이 집에 살면서 소설《쥘리, 혹은 신엘로이즈》와《음악 사전》을 쓰기 시작한다. 또한 그는 데피네 부인의 요청에 따라 생피에르 신부의 저서들을 편찬하는 일도 시작한다. 1757년 초에 디드로는 그가 쓴《사생아, 혹은 미덕의 시련Le Fils naturel, ou les épreuves de la vertu》라는 희곡을 루소에게 보내는데, 이 작품 속에 "덕을 갖춘 인간은 사회 속에 있고, 오직 덕이 없는 사람만 혼자라네"라는 문장이 등장한다. 루소는 이 대사를 자신에 대한 비난으로 간주했고, 그 결과 두 친구는 처음으로 말다툼을 벌인다.

그해 여름 디드로는《백과전서》를 파리에서 출판하는 데 어려움을 겪는다. 파리 의회가 이 책이 국가 질서를 파괴할 위험이 있다고 판단하여, 루이 15세가 1746년에 이 책의 출판에 부여했던 특권을 폐지하고 이미 출판된 1권과 2권의 판매를 금지시켰기 때문이었다. 그의 친구인 그림과 생랑베르Jean François de Saint-Lambert는 7년 전쟁에 징집되었다. 두 사람은 루소에게 각자 자기 애인인 데피네 부인과 두드토Sophie d'Houdetot 부인을 잘 보살펴달라고 부탁하고 전장으로 떠났다. 루소는 두드토 부인을 보는 순간 한눈에 반해서 그야말로 플라토닉한 순정을 바쳤으나, 서투른 데다가 조심성도 없어서 소문이 순식간에 퍼져나가는 바람에 결국은 생랑베르의 귀에까지 들어가게 되었다. 루소가 일이 이렇게 된 게 디드로와 그림, 데피네 부인 때문이라며 세 친구를 연달아 비난하자, 이들은 루소에게 완전히 등을 돌린다. 데피네 부인이 레르미타주에서 나가달라고 요구하자, 그는 12월에 그곳에서 나온다. 그는 몽모랑시로 가서 집을 한 채 임대하는데, 이 집은 1898년에 루소 박물관이 된다.

- 1756년 5월: 루소는 생피에르 신부에 대한 글인 〈다원합의제에 대한 판단Jugement sur la Polysynodie〉과 〈생피에르 신부의 영구적인 유럽 평화안에 대한 판단Jugement du Projet de paix perpétuelle de Monsieur l'Abbé de Saint-Pierre〉을 쓰기 시작한다. 〈클레르와 마르슬랭의 사랑Les Amours de Claire et de Marcellin〉을 집필한다.
- 8월: 《쥘리, 혹은 신엘로이즈》의 등장인물과 배경을 구상한다.
- 1757년 1월: 루소는 고프쿠르 부인을 보살피기 위해 파리로 돌아온다. 파리에 머무르는 동안에는 데피네 부인 집에서 저녁식사를 하고 디드로 집에서 묵는다. 레르미타주로 돌아가 두드토 부인의 방문을 받는다. "그녀의 방문은 소설 첫 장 같은 분위기를 조금 풍겼다."
- 2~3월: 디드로가 루소에게 《사생아, 혹은 미덕의 시련》을 한 부 보냈는데, "오직 덕이 없는 사람만 혼자라네"라는 문장 때문에 두 사람이 다툼을 벌였다.
- 4월: 루소와 디드로는 화해한다. "《쥘리, 혹은 신엘로이즈》의 마지막 부분을 쓰고 있었다. …… 그런데 두드토 부인이 느닷없이 나를 찾아왔다. …… 이번에 그것은 사랑이었다. …… 두드토 부인이 쥘리가 되어 나타난 것 같았다."

- 8월: 루소는 자기를 이용해서 두드토 부인과 그녀의 애인인 생랑베르를 이간질시키려 했다며 데피네 부인을 비난한다. 다음 날 바로 화해한다.
- 10월:《백과전서》 7권이 출판된다. 여기에는 달랑베르의 〈제네바〉 항목과 루소의 〈천재〉 항목이 들어간다.
- 11월: 그림이 결별을 알리는 편지를 보내온다. 루소는 〈도덕적 편지 Lettres morales〉를 쓴다.
- 12월: 데피네 부인으로부터 자기가 마련해준 집에서 나가라는 내용의 편지를 받는다. 루소는 테레즈와 함께 몽모랑시에 있는 몽루이 Mont-Louis 관에 자리 잡는다.

《달랑베르에게 보내는 연극에 관한 편지》(1758)에서 그는 만일 연극을 공연하는 극장을 지으면 시민들이 시민 생활에 덜 전념하게 될 것이라는 논리를 내세워, 제네바 시가 극장을 건설해야 한다는 달랑베르의 주장에 반대한다.

몽모랑시에 고립된 데다가 결석에 걸린 루소는 퉁명스럽고 염세적인 사람으로 변했다. 하지만 그는 뤽상부르 Luxembourg 원수와 그의 두 번째 아내로부터 환대와 보호를 받았다.

- 1758년 2~3월:《달랑베르에게 보내는 연극에 관한 편지》를 쓴다.
- 5월: 두드토 부인이 루소와 결별한다. 루소는《달랑베르에게 보내는 연극에 관한 편지》 원고를 레이에게 보낸다.
- 6월: 〈변덕스런 여왕〉이 출판된다.
- 9월 :《달랑베르에게 보내는 연극에 관한 편지》가 출판된다. 6부로 되

어 있는《쥘리, 혹은 신엘로이즈》를 탈고한다.

- 1759년 1월: 볼테르가 루소의 〈섭리에 관해 볼테르에게 보내는 편지 Lettre à Voltaire sur la Providence〉(1758)의 간접적인 반박이라고 할 수 있는《캉디드, 혹은 낙관주의》〔이봉지 옮김,《캉디드 혹은 낙관주의》, 열린책들, 2009〕를 출판한다.
- 3월: 루소가 레이에게《쥘리, 혹은 신엘로이즈》를 내보면 어떻겠느냐는 제안을 하다.
- 5월: 레이에게《쥘리, 혹은 신엘로이즈》 앞부분 원고를 보낸다. 뤽상부르 원수의 초대를 받고 몽모랑시 성에 자리를 잡는다.《에밀》을 계속 집필한다.
- 7월 : 뤽상부르 부인을 매일 같이 찾아가《쥘리, 혹은 신엘로이즈》를 읽어준다.
- 1760년 1월:《에밀》과《사회계약론》의 집필을 계속한다.

그러나 그는 꼭 자기 힘으로 살아가고 싶어서 문학 활동에 한층 더 전념한다.《쥘리, 혹은 신엘로이즈》를 출판하여 어마어마한 성공을 거두고,《에밀》과《사회계약론》의 집필을 이어간다.

- 1760년 4월:《쥘리, 혹은 신엘로이즈》 인쇄를 시작한다.
- 12월 :《쥘리, 혹은 신엘로이즈》가 런던에서 판매되기 시작한다.

이 세 작품은 당시 출판사를 운영하고 있던 말제르브Chrétien Guillaume de Lamoignon of Malesherbes의 호의 덕분에 1761년과 1762년에 출판될 수 있었다.《에밀》의 핵심을 이루는 4권《사부아 지방의 부사제가 하는 신앙고백Profession de foi du Vicaire savoyard》에서 루소는 백과전서파 철학자들의 무신론과 물질주의뿐만 아니라 성체회聖體會의 독단론적 불관용까지도 반박한다. 《사회계약론》에서 정치적 사회는 일반의지의 표현이라 할 수 있는 인민의 주권과 시민의 법 앞에서의 평등에 그 토대를 둔다. 이 저작은 전前 혁명적 이념을 고취시킬 것이다. 《에밀》과 《사회계약론》은 루소 사상의 정점을 이루지만, 저자 루소는 그로 인해 고립된다. 실제로 파리 의회와 제네바 당국은 이 두 저서가 종교적으로 이단이라고 판단하고 판매를 금지한다. 1762년 6월 파리 의회 대법정에 의해 체포될 위험에 처하자, 그는 뤽상부르 원수의 도움으로 혼자 프랑스를 떠나야만 했다. 테레즈는 나중에 그와 합류하기로 했다. 그는 제네바로 가지 않고 이베르동Yverdon에 있는 친구 다니엘 로갱Daniël Roguin의 집으로 몸을 피한다. 그가 파리에서 유죄판결을 받은 것은 특히 종교적인 이유에서였지만, 제네바 시가 그에게 반감을 품게 된 것은 《사회계약론》의 정치적 내용 때문이었다. 베른도 제네바의 뒤를 이어 그에게 추방 명령을 내렸다. 루소는 이베르동을 떠나 모티에Môtiers에 사는 부이 드 라 투르Julie-Anne Boy de La Tour 부인을 찾아가야만 했다. 모티에는 프리드리히 2세의 권위 아래 있는 뇌샤텔 공국에 위치해 있었다. 프리드리히 2세는 이 추방자를 환대했다.

- 1761년 2월: 《쥘리, 혹은 신엘로이즈》 복제판화를 준비한다.
- 3월: 〈생피에르 신부의 영구적인 유럽 평화안에 대한 판단〉을 소책자로 발간한다.
- 6월: 《사회계약론》을 정서한다.

- 9월: 말제르브에게《언어기원론》을 보여준다.
- 10월: 파리에서 뒤셴Nicolas-Bonaventure Duchesne이《에밀》을 인쇄하기 시작한다.
- 11월:《사회계약론》원고를 레이에게 보낸다.
- 1762년 1월: 회고록을 쓸까 말까 망설인다.
- 4월:《사회계약론》이 출판된다.
- 5월: 말제르브가《사회계약론》이 프랑스에서 판매되는 것에 반대한다. 파리에서《에밀》이 출판된다.
- 6월: 경찰이《에밀》을 압수한다. 소르본 대학에서《에밀》을 고발한다. 파리고등법원이《에밀》에 대해 유죄선고를 내린다. 루소에 대해 체포 명령이 내려진다. 뤽상부르 가 사람과 친구 들의 간청으로 테레즈를 몽모랑시에 남겨놓은 채 스위스로 도망친다. 제네바 평의회가《에밀》과《사회계약론》의 배포를 금지한다. 루소는 스위스 베른 주에 있는 친구 다니엘 로갱의 집에 머무른다. 제네바 평의회가《에밀》과《사회계약론》을 불태우고 루소를 체포하라고 명령한다. 네덜란드에서《에밀》의 판매 금지 명령을 내려진다.
- 7월: 베른 주에서 루소를 추방한다. 베른 주에서《에밀》의 판매를 금지하고 루소에게 유예기간을 준다. 루소는 뇌샤텔 주의 모티에에 머문다.
- 8월: 소르본 대학에서《에밀》을 금지 처분한다.

종교와 볼테르에게 맞서다

철학자들은 루소가 불행을 겪는 걸 보고도 동정하지 않고 계속 공격했는데, 특히 볼테르와 달랑베르는 그 정도가 심했다. 그 와중에 루소는 결석증으로 인한 통증 때문에 정기적으로 검진을 받아야만 했다. 이때 그는 자신의 병을 숨기기에 적합한 긴 아르메니아풍의 겉옷을 입었다. 그는 다시 멜로드라마풍의 〈피그말리온Pygmalion〉과 《에밀》의 속편인 《에밀과 소피, 혹은 외로운 사람들Émile et Sophie, ou les Solitaires》을 쓰기 시작한다.

《에밀》이 1762년 9월에 불온도서 목록에 포함되었다. 파리의 주교인 크리스토프 드 보몽Christophe de Beaumont은 《사부아 지방의 부사제가 하는 신앙고백》에 표현된 사상에 대해 격렬한 비난을 퍼붓고, 루소는 그 비난에 대해 로마 교회에 대한 비방문인 《크리스토프 드 보몽에게 보내는 편지》(1763년 3월 출판)를 통해 반박한다. 이 편지에서 루소는 일부러 "반反교황파"의 입장을 취했으나 제네바의 프로테스탄트 목사들은 루소의 친구들에게 여전히 적대적이었고, 그 바람에 그를 복권시키려는 그들의 노력은 결국 수포로 돌아갔다. 지칠 대로 지친 루소는 결국 1763년 5월 12일 제네바 시민의 자격을 포기한다. 그동안 그는 식물학에 큰 관심을 보이고, 6년에 걸친 작업의 결실인 《음악 사전》을 출판한다. 제네바 소평의회의 검사장인 장-로베르 트롱생Jean-Robert Tronchin이 《시골에서 보내는 편지Lettres écrites de la campagne》를 출판하여, 프랑스 성직자들과 제네바 당국이 루소에게 취한 일련의 조치가 정당하다고 주장했다. 그에 대한 응답으로 루소는 《산에서 보내는 편지Lettres écrites de la montagne》를 통해 주권을 가진 인민을 대표하고 소평의회가 지닌 거부권에 반대하는 시의회에 호의적인 입장을 취하면서, 갈등은 정치적인 것이 된다. 이 편지들은 1764년 12월에 출판되지만, 헤이그와 파리에서 불태워지고 베른에서는 판매가 금지된다. 볼테르는 이때를 골라 《시민들의 감정Le Sentiment des citoyens》을 무명으로 출판하여, 루소가 자신의 아이들을 버렸다는 사실을 만천하에 폭로한다. 그러자 루소가 도착했을 때 환대했던 모티에의 목사 몽몰랭Montmollin은 "뇌사텔 목사협의회"의 지원하에 그를 파문하려 한다. 하지만 루소는 프리드리히 2세의 답서에 의해 보호받는다. 그렇지만 그는 불온한 인물로 여겨졌으며, 몽몰랭이 끌어 모은 주민들이 너무 위협적이었기 때문에, 루소는 1765년 9월에 비엔Bienne 호수에 있는 생피에르 섬으로 임시로 피신했지만, 베른 정부는 10월 24일 그를 추방한다. 떠나기 전에 루소는 가지고 있던 모든 문서(원고, 초고, 편지, 편지의 복사본)가 들어 있는 가방을 친구 뒤 페루Pierre-Alexandre du Peyrou에게 맡긴다.

- 1763년 1월: 루소가 레이에게 《크리스토프 드 보몽에게 보내는 편지》 원고를 발송한다. 유언장을 작성한다.
- 3월: 《크리스토프 드 보몽에게 보내는 편지》가 출판된다.
- 5월: 루소가 제네바 공화국 최고 감독관에게 편지를 보낸다. "나는 내가 제네바 시와 공화국에서 가지고 있던 부르주아지와 시민으로서의 권리를 영원히 포기합니다."
- 6월: 루소의 저서들에 내려진 유죄 선고의 불법성에 반대하는 제네바 시민 대표단이 결성된다.
- 8월: 같은 문제에 대한 두 번째 시민 대표단이 결성된다. 루소가 〈연극적 모방De l'imitation théatrale〉 원고를 뒤셴에게 보낸다. 이때부터 "대표자들"과 "거부자들"(부르주아와 시민 대표단에 반대하고 자기들의 과두 지배를 유지하려고 하는)이 구별되기 시작했다.
- 9~10월 : 루소는 모티에와 이베르동 사이를 여행한다. "거부자들"의 우

두머리인 장-로베르 트롱생이《시골에서 보내는 편지》를 출판한다.

- 10월: 루소가《시골에서 보내는 편지》에 대한 반박문을 준비하라는 제안을 받아들인다.
- 1764년 1~2월: 〈연극적 모방〉이 출판된다.
- 5월: 루소가 자기 작품을 전부 다 출판해보자고 레이에게 제안하다.
- 6월: 루소가 트롱생의《시골에서 보내는 편지》에 대한 반박문인《산에서 보내는 편지》를 출판하자고 레이에게 제안한다.
- 7월: 쥐라Jura 산맥에서 식물학에 몰두한다.
- 8월: 루소가 제네바의 "대표자들"의 우두머리들과 토농Thonon에서 만난다.
- 11월: 아카데미 프랑세즈의 뒤클로Charles Pinot Duclos가 루소에게 편지를 보낸다. "저는 루소 선생께서 회고록을 쓰기를 늘 바랐는데, 이미 시작하신 것 같군요." 실제로 루소는《고백록》첫 부분을 이미 쓰기 시작했다.
- 12월:《산에서 보내는 편지》가 출판된다. 볼테르는 루소에게 반대하는 팸플릿인《시민들의 감정》을 필명으로 출판한다.
- 1765년 1월: 네덜란드 법정에서《산에서 보내는 편지》를 불태우라고 명령한다.
- 2월: 루소가《음악 사전》원고를 뒤센에게 보낸다.
- 3월: 루소가《고백록》에 대해 레이에게 말하기 시작한다. "그 작품은 이미 쓰기 시작했습니다."《산에서 보내는 편지》가 파리에서 불태워진다. 프러시아의 프리드리히 2세는 루소가 모티에 장로회의에서 재판을 받지 않도록 칙령을 내려 보호한다.
- 5월: 뇌샤텔과 비엔 등지를 여행하며 식물을 채집한다. 이후 모티에로

돌아온다.

- 6~7월: 다시 이베르동Yverdon-les-Bains과 르 로클Le Locle, 라 페리에르La Ferrière, 비오퐁Biaufond 계곡, 퐁 드 티엘Pont de Thielle, 생피에르 섬, 뇌샤텔을 여행하며 식물을 채집한다.
- 8월: 〈예견하는 자라고 일컬어지는 피에르 드 라 몽타뉴의 견해La vision de Pierre de la Montagne dit le Voyant〉을 쓴다.
- 9월: 몽몰랭의 설교를 듣고 흥분한 모티에 주민들이 루소의 집 창문에 돌을 던진다. 루소는 뇌사텔로 떠나, 다시 생피에르 섬으로 간다.
- 10월: 루소는 베른 주 평의회로부터 생루이Saint-Louis 섬에서 나오라는 명령을 받는다. 섬에서 나와 비엔으로 간다. 비엔을 떠나 독일로 간다. 바젤Basel과 브리자크Brisach를 지나간다.
- 11월: 스트라스부르Strasbourg에 도착하여 열렬하게 환영받는다.

방랑의 시절

이때부터 루소는 사람들이 자신을 해치려는 음모를 꾸미고 있다는 강박관념 속에서 살아가게 되며, 자신을 변호하는 자서전을 집필하기 시작한다. 그는 파리로 가서 1765년 11~12월에 탕플에 머무르며 치외법권을 누린다. 그는 또한 콩티Conti 대공의 보호를 받아 저명한 방문객들을 초대할 수 있게 된다. 파리 주재 영국 대사관에서 일하던 데이비드 흄David Hume의 초대를 받아 1766년 1월에 영국에 간다. 테레즈가 나중에 그와 합류할 것이다. 영국에 체류하는 동안 그는 극히 불안정한 상태가 되어 데이비드 흄이 주도하여 자신을 해치려는 음모를 꾸민다고 확신할 지경이 되었다. 이 시기에 파리의 살롱에는 프러시아 왕이 루소에게 보냈다고 하는 가짜 편지가 나돌았다. 잘 다듬어진 문체로 쓰인 이 편지는 루소에 대해 어떤 연민도 표하지 않았다. 이 편지를 쓴 사람은 호러스 월폴Horace Walpole이었지만, 루소는 처음에는 달랑베르가 이걸 썼다고 생각했다가, 다시 흄이 이 음모에 가담했다고 의심했다. 흄은 파리에서 백과전서파 철학자들을 자주 만났기 때문에, 그들이 흄에게 루소를 조심하라고 경고했으리라 생각한 것이다. 극도로 예민하고 의심이 많아진 루소는 자기가 박해받고 있다고 느꼈다. 루소가 런던에 머무른 지 6개월이 지나자 그와 흄은 완전히 결별했고, 각자가 공개적으로 글을 발표하여 자신의 입장을 정당화하면서 유럽의 궁정에 커다란 파문을 불러일으켰다. 볼테르를 선두로 하는 루소의 적들은 환호했고, 그의 운명을 흄에게 맡겼던 친구들은 일이 돌아가는 상황을 지켜보다가 아연실색했다.

런던에 체류할 당시 그는 1766년 3월 22일에서 1767년 5월 1일까지 리처드 데븐포트Richard Davenport의 집에 머물렀는데, 그는 루소가 스태퍼드셔Staffordshire 주에 있는 자기 집 우턴 홀Wootton Hall을 마음대로 쓰도록 내주었다. 바로 여기서 그는《고백록》의 첫 몇 장을 쓴다. 그가 이 작품에서 디드로와 그림에 대해 어떤 식으로 논하는지를 보면 그의 망상증이 얼마나 심각했는지를 알 수 있다.

- 1766년 1월: 루소는 흄, 루즈de Luze와 함께 파리를 떠나 상리스Senlis, 로에Roye, 아라스Arras를 거쳐 영국으로 간다. 테레즈가 뇌샤텔을 떠난다. 세 사람은 도버에 상륙하여, 1월 13일 런던에 도착한다. 루소가 치스윅Chiswick에 정착하고 테레즈도 그와 합류한다.
- 5월: 우턴에 머무르고 있던 리처드 데븐포트와 친분을 맺고, 그에게 자신의 유언장을 맡긴다. 제네바에 사는 디베르누아Jean Antoine

d'Ivernois 씨와 비밀리에 서신을 교환하면서 숫자를 사용한다.

- 6~7월: 루소와 흄은 서로 뜻이 맞지 않아 결별한다. 파리에서 달랑베르, 튀르고Anne Robert Jacques Turgot, 모를레André Morellet, 마르몽텔Jean François Marmontel, 뒤클로Charles Pinot Duclos가 모여 이 일에 대해 토의한 뒤, 흄에게 그 결별과 얽힌 이야기를 책으로 펴내겠다는 약속을 받아낸다.
- 8월:《고백록》의 5부를 쓴다.
- 10월: 흄이 루소와의 불화를 다룬《간략한 보고서Exposé succinct de la contestation qui s'est élevée entre M. Hume et M. Rousseau》를 출판한다.
- 1767년 3월: 조지 3세George III 영국 왕이 루소에게 연금을 하사한다.
- 4월:《고백록》의 앞부분 원고를 뒤 페루에게 주라며 세르자Jean-Francois-Maximilien de Cerjat에게 맡긴다.
- 5월: 여전히 파리 의회가 유죄를 선고하겠다고 위협하는 가운데, 루소는 장-조제프 르누Jean-Joseph Renou (르누는 장모의 결혼 전 성姓)라는 가명으로 프랑스로 돌아간다. 1년 동안 그는 외르Eure 주의 지조르Gisors 근처에 있는 콩티 대공 소유의 티르Trie 성에 묵는다. 정신 상태가 극도로 불안정했던 루소는 마침내 자기를 찾아온 뒤 페루를 비롯한 충실한 친구들까지 의심하기에 이른다.
- 6월: 생드니Saint-Denis에 도착한다. 자크 씨라는 이름을 사용한다. 다음 날 플뢰리-수-뫼동Fleury-sous-Meudon에 있는 미라보Mirabeau 후작의 집에 머문다. 루소는 트리-르-샤토Trie-le-Château에 있는 콩티 대공의 집에 정착한다.
- 9월: 담즙 과잉, 두통, 구토로 고통받는다.
- 10월: 뒤 페루가 루소를 찾아와《고백록》원고를 돌려주고 난 뒤에 병

이 난다.《음악 사전》이 출간된다.

- 1768년 2월: 파리에 사는 루소의 옛 친구들은 루소가《고백록》을 출판하는 것을 두려워한다.
- 4월: 루소는 자기가 성의 수위인 데샹 씨를 독살했다는 비난을 받는다고 생각한다.
- 6월: 그는 14일 티르를 떠나 얼마간 그르노블 주변의 도피네Dauphiné 지방을 여기저기 돌아다닌다. 테레즈가 부르고앙Bourgoin에서 그와 합류한다.
- 8월: 그는 29일 처음으로 이곳 시장에게 그녀를 아내로 소개한다. 그는 다시 본명을 쓰고, 모벡Maubec에 있는 몽캥Montquin 농가에 정착한다.
- 1768년 5월: 루소가《고백록》을 비롯한 여러 편의 원고를 고메-퐁텐Gomer-Fontaine 수녀원 원장인 나다야크Nadaillac 부인에게 맡긴다.
- 6월: 파리에 가서 탕플에 머문다. 테레즈는 티르에 남겨둔 채 리옹으로 가서 부이 드 라 투르를 방문한다.
- 7월: 라 투레트de la Tourette 부인과 로지에François Rozier 수도원장, 그랑주-블랑슈Grange-Blanche 수도원장과 함께 리옹을 떠나, 그랑드 샤르트뢰즈Grande Chartreuse에서 식물채집을 한다. 그런 다음 그르노블로 가서 환영받는다. 그르노블 주변을 돌아다닌다. 샹베리에 가서 콩지에 씨를 방문하고, 바랑 부인의 묘지를 찾은 다음, 그르노블로 돌아간다. 그르노블의 철학반 학생들이 한 사제의 사주를 받고 흥분하여 루소에 반대하는 시위를 벌인다. 루소는 그르노블을 떠나 부르고앙Bourgoin에 자리 잡는다.
- 10월: 루소는 〈영웅들에게 가장 필요한 미덕은 무엇인가, 그리고

이 미덕을 갖추지 못했던 영웅들은 누구인가? Quelle est la Vertu la plus nécessaire aux Héros, & quels sont les Héros à qui cette Vertu a manqué?〉를 출판한다.

- 12월: 위확장으로 고통받는다.
- 1769년 1월: 여전히 아픈 상태로 몽캥의 한 농가에 자리 잡는다.

그는 1770년 4월 10일 도피네 지방을 떠나기로 결심하고, 리옹에 몇 주간 머물렀다가, 1770년 6월 24일 파리에 도착하여 플라트리에르 Plâtrière 거리의 생테스프리 Saint-Esprit 호텔에 머무른다.

- 1769년 4월: 더 이상《고백록》을 쓸 수 없다고 레이에게 알린다.
- 5월: 레이가 루소의 새로운 '전집'을 뒤 페루에게 헌정한다.
- 7월: 느베르 Nevers에 갔다가, 다시 푸그 Pougues로 가서 콩티 대공을 만난다. 다시 몽캥으로 돌아온다.
- 11월: 다시《고백록》뒷부분을 쓰기 시작한다.
- 1770년 1월 : '르누'라는 가명을 더 이상 안 쓰고 다시 '루소'라는 본명을 사용한다.
- 4월: 루소가 몽캥을 떠나 리옹으로 내려간다. 〈피그말리온〉을 크와네 Horace Coignet에게 맡기며 작품을 상연할 때 쓰일 음악을 만들어달라고 부탁한다. 〈서로를 죽인 두 연인의 비문 Épitaphe de deux amants qui se sont tués〉을 쓴다.
- 6월 : 루소는 리옹을 떠나 디종, 몽바르 Montbard, 오세르 Auxerre를 거쳐 파리에 도착한다.

파리에서 그는 악보를 베끼는 일로 먹고 산다. 한편 그가 개인 살롱에서《고백록》1부를 낭독하자, 듣고 있던 사람들은 이 벌거벗은 영혼의 모습에 거북해하면서 침묵을 지켰다. 루소의 옛 친구들이 그의 입에서 무슨 얘기가 나올지 몰라 전전긍긍하자, 데피네 부인은 당시 경찰총장이던 앙투안 드 사르틴Antoine de Sartine을 시켜 이 낭독회를 금지시켰다.

- 1770년 6월: 다시 파리 생활을 시작한다. 도방통Louis Jean-Marie Daubenton과 같이 식물원을 구경하고, 주교와 함께 저녁식사를 한다. 필경사 일을 다시 시작한다. 쥐시외Antoine Laurent de Jussieu와 함께 식물채집을 한다.
- 12월: 루소가 페제이de Pezay 후작의 집에서 큰소리로《고백록》을 낭독한다.
- 1771년 2월: 얼마 뒤 스웨덴 왕으로 취임하게 될 구스타브 3세Gustav III 앞에서《고백록》을 낭독한다. 또 식물채집 중에 라 투레트 앞에서《고백록》을 낭독하고, 데그몽Septimanie d'Egmont 백작 부인의 집에서도 낭독한다. 이틀 뒤, 데피네 부인이 경찰 고위 간부인 사르틴 씨에게 루소가《고백록》을 공개적으로 낭독하지 못하게 막아달라고 요구한다. 사르틴은 그녀의 요구를 따른다. 슈아죌Étienne-François de Choiseul 총리가 루소에게 자신의 동의 없이는 일체 책을 출판하지 말 것을 요구한다.

당시 집필 중이던《폴란드 정부에 대한 고찰Considérations sur le gouvernement de Pologne》에서 루소는 러시아의 폴란드 붕괴 정책을 비난한다. 당시 프랑스 계몽주의 철학자들 대부분이 예카테리나 2세Ekaterina II를 찬양하고 있었으므로, 루소의 이 같은 입장은 그를 한층 더 소외시켰다. 그는 계속해서《고백록》을 집필하고《장-자크의 심판자인 루소Rousseau juge de Jean-Jacques》〔진인혜 옮김,《루소, 장 자크를 심판하다: 대화》, 책세상, 2012〕를 쓰기 시작했다. 이 작품들을 출판하면 또 다시 박해받을지 몰랐기 때문에, 그는 원고를 노트르담 성당의 제단 위에 올려놓으려고 했으나 철문이 닫혀 있어서 접근할 수 없었다. 그는 별 수 없이 자신의 입장을 변호하는 내용의 편지를 지나가는 사람들에게 나눠주었다.

이때 그는 말제르브와 함께 식물채집을 하면서 친해진다. 그는 또 〈식물학에 관한 편지Lettres élémentaires sur la Botanique〉를 써서 들르세르Madeleine-Catherine Delessert 부인의 딸인 마들롱Madelon에게 식물학을 강의하기도 한다. 미완성으로 남아 있는《고독한 산책자의 몽상》은 1776년에서 1778년 사이의 2년 동안에 쓰였다. 이 작품은 그가 죽고 나서야 출판된다. 당시 그는 오페라 작곡가인 글루크Christoph Willibald Gluck와도 편지를 교환했다.

- 1771년 6월:《폴란드 정부에 대한 고찰》을 완성한다.
- 11월: 이탈리아 작가 골도니Carlo Goldoni가 루소를 방문한다.
- 1772년 4월:《폴란드 정부에 대한 고찰》 원고를 비엘호르스키Michał Wielhorski에게 넘겨준다.
- 5~7월: 파리 주변에서 식물채집을 한다. 들르세르 부인에게 〈식물학에 관한 편지〉를 보낸다. 1772년(확실한 날짜는 알려져 있지 않다)에《장-자크의 심판자인 루소》를 쓰기 시작해서 1776년에 완성한다.

- 1773년 4월: 악보 베끼는 일을 계속하면서, 《장-자크의 심판자인 루소》를 쓴다.
- 1774년 4월: 오페라극장에서 공연된 글루크의 〈아울리스의 이피게니아Iphigénie en Aulide〉 초연을 관람한다.
- 5월: 루이 15세가 사망하고, 루이 16세가 왕위에 오른다.
- 6월: 〈다프니스와 클로에Daphnis et Chloé〉(코랑세Olivier de Corancez 대본) 1막의 음악을 작곡한다. 러시아 민요곡을 조사한다.
- 11월: 〈마을의 점쟁이〉에 맞추어 새로 음악을 작곡한다.
- 1775년 4~5월: 빵 값이 폭등하자 디종, 퐁투와즈Pontoise, 베르사유 등지에서 소요가 일어난다. 루소는 계속해서 《장-자크의 심판자인 루소》를 쓴다.
- 1776년 2월: 《장-자크의 심판자인 루소》 원고를 콩디야크에게 맡긴다.
- 9월: 악보 베끼는 일을 그만둔다. 《고독한 산책자의 몽상》을 쓰기 시작한다.
- 10월: 메닐몽탕Ménilmontant에서 산책을 하다가 개에게 받쳐 넘어져 가벼운 부상을 입는다. 그가 죽었다는 소문이 파리에 쫙 퍼져나간다.
- 12월: 시계공인 로밀리Jean Romilly의 집에서 제네바의 축제인 에스칼라드Escalade를 즐긴다.
- 1777년 봄~여름: 《고독한 산책자의 몽상》의 〈세 번째 산책〉부터 〈일곱 번째 산책〉까지를 쓴다.

사망

1778년 지라르댕René de Girardin 후작은 파리 근처의 에름농빌 성 영지에 있는 한 건물에서 루소를 환대한다.

- 1778년 1~2월: 《고독한 산책자의 몽상》의 〈여덟 번째 산책〉을 쓴다.
- 3월: 〈아홉 번째 산책〉을 쓴다.
- 4월 : 〈열 번째 산책〉(미완성)을 쓴다. 루소가 베르나르댕 드 생피에르 Bernardin de Saint Pierre와 함께 몽 발레리앵Mont-Valérien을 산책한다.
- 5월: 루소는 《장-자크의 심판자인 루소》를 비롯한 몇몇 원고를 제네바 사람인 폴 물투Paul Moultou에게 맡긴다. 루소는 파리를 떠나 에름농빌의 지라르댕 후작 집에 머문다. 테레즈가 에름농빌로 루소를 찾아온다.
- 7월 1일: 지라르댕 후작의 둘째 아들과 함께 식물채집을 한다.

1778년 7월 2일 철학자 겸 작가 루소는 이곳에서 급작스레 세상을 떠나는데, 뇌졸중으로 추정된다. 어떤 사람들은 그의 사망 당시 상황에 대해 의문을 품으며, 그가 자살했을 거라는 가설을 제기하기도 한다.

그가 죽은 다음 날, 조각가 장-앙투안 우동Jean-Antoine Houdon은 그의 데스마스크를 만든다. 7월 4일, 지라르댕 후작은 그의 시신을 자기 영지 안에 있는 푀플리에Peupliers 섬에 묻는다. 지라르댕 후작이 조성한 무덤에 있던 루소의 시신은 1794년에 파리의 국립묘지인 팡테옹으로 이장되었으며, 그의 무덤은 위베르 로베르Hubert Robert가 설계하고 르쇠르J.-P. Lesueur가 제작했다. 이 석관의 네 측면에는 젖가슴을 드러낸 채《에밀》을 읽고 있는 여인과 자유, 음악, 웅변, 자연, 진리의 알레고리들을 새긴 여러 개의 부조가 새겨져 있다. 박공에는 "삶을 진리에 바치다vitam impendere vero"라는 루소의 명구가 쓰여 있다. 이 철학자는 얼마 지나지 않아 숭배의 대상이 되었고, 수많은 사람이 그의 무덤을 찾아왔다.

2. 지적 여정

루소의 풍부한 감수성은 그의 작업에 깊은 흔적을 남겼으며, 이 사실은 왜 그의 삶이 불화로 점철되었는지를 부분적으로 설명해준다. 데이비드 흄은 그에 대해 이렇게 말한다. "평생 동안 그는 오직 강렬한 감정만을 느꼈으며, 이 점에서 그의 감수성은 최고의 경지에 도달해 있었다. 그리하여 그는 즐거움보다는 강렬한 고통의 감정을 느꼈다. 그는 마치 자기가 입고 있는 옷뿐만 아니라 살갗까지 벗겨진 인간 같았으며, 이런 상태에서 거칠고 떠들썩한 사람들과 싸워야만 했다." 또 버트런드 러셀Bertrand Russell은 이렇게 덧붙인다. "그의 성격에 이 같은 요약이야말로 진실과 거의 일치한다고 볼 수 있다."

루소 철학과 그 배경

루소는 철학 수업을 들은 적이 없다. 그러나 데카르트와 로크, 말브랑슈, 라이프니츠Gottfried Wilhelm Leibniz, 《포르루아얄 논리학La Logique de Port-Royal》, 자연법 학자 등 앞선 철학자들이 쓴 책을 읽은 덕분에 철학자가 될 수 있었다. 그를 유명하게 만든 첫 번째 저서 《학문예술론》이 출판되었을 때부터 그는 자기가 직업적인 철학자가 아니라고 주장하며, 스스로를 철학자로 일컫는 사람들 중 몇몇에 대해 불신을 나타냈다. 이 점에 대해 그는 이렇게 쓴다.

"어느 시대에나 자기 시대와 자기 나라, 자기 사회의 여론에 지배당하는 사람들이 있을 것이다. 바로 이 같은 이유 때문에 가톨릭 동맹 시대였다면 광신도에 불과했을 자유사상가와 철학자가 오늘날 만들어지는 것이다. 자기 시대를 넘어서 살고 싶다면, 이런 독자들을 위해 글을 써서는 안 된다."

루소 사상의 세 가지 측면

① 루소는 17세기 말부터 전개된 정치·철학 사상에 대한 최초의 위대한 비평가다. 그는 베이컨, 데카르트, 로크, 뉴턴에 대해, 그들이 "진보"라고 명명하는 것이 덕성과 행복의 쇠퇴를 의미하며, 경제적 상호의존과 이해관계에 토대를 둔 홉스와 로크의 정치·사회 체제가 결국은 불평등과 이기주의, 그리고 부르주아 사회(그는 이 단어를 최초로 사용한 사람 중 하나다)에 이른다고 주장한다.

② 만일 루소가 당대의 정치·철학 이론에 대한 비평가라면, 그의 비평은 내부에서 유래한다. 그는 아리스토텔레스로도, 이전의 공화주의로도, 기독교 윤리로도 돌아가려 하지 않았다. 왜냐하면 비록 당대의 개인주의적·경험론적 원칙을 많이 받아들이기는 했지만, 자기 자신에게 다른 질문들을 던짐으로써 다른 결론을 이끌어냈기 때문이다. 예를 들면 그는 이런 질문을 자신에게 던진다. 만인의 만인에 대한 전쟁 상태는 곧 자연 상태인가, 아니면 역사의 한 돌발 사건에 불과한가? 인간의 본성은 민주국가에 도달할 수 있도록 만들어질 수 있는가?

③ 마지막으로 루소는 민주주의가 합법적 국가형태라고 생각한 최초의 인물이다.

그의 정치 관련 저술에서 루소는 "철학적이며 법적인 근대 자연법 이론"의 도움을 받아 보댕을 해석한다. 그는 그로티우스, 푸펜도르프, 로크가 정념은 역사의 산물에 불과한데도 그것이 자연적이라고 생각하는 오류를 저질렀다고 본다. 그는 인간의 역사에 너무나도 큰 영향을 미치는 일차적 필요(먹을 것, 마실 것 등등)의 필수 불가결한 충족이 그들을 고립시키는 경향이 있다고 생각한다. 푸펜도르프의 주장과는 달리 이런 충족이 그들을 접근시키지도 않고, 홉스의 주장과는 달리 그들 간에 불화를 일으키지도 않는다는 것이다.

《사회계약론》에서 루소는 생명이 가장 중요하기 때문에 자유는 상실될 수 있다고 주장하는 그로티우스와 홉스에 반대하면서, 생명과 자유는 동의어이기 때문에 자유는 상실될 수 없다고 주장한다. 또한 홉스는 권력이 인민에게 불러일으키는 공포 덕분에 인민이 조직된다고 주장하는 반면, 루소는 인민의 정치적 통일성에 대한 근거를 제공하는 사회계약 덕분에 인민이 조직된다고 생각한다. 로크와 스피노자 혹은 홉스의 생각과는 달리, 루소는 일단 계약이 이루어지면 인간존재는 일체의 자연권을 잃어버린다고 주장한다. 이 점에서 그는 "정치적 권리를 시민사회가 가진 권리"로서 해석하는 푸펜도르프, 그로티우스, 뷔를라마키, 장 바르베이락 등 자연법 학파와 대립한다. 루소가 추구하는 것은 시민사회의 권리가 아니라 국가의 권리다.

"뱅센의 계시", 최초의 두 논문과 계몽주의

– 뱅센의 계시와 《학문예술론》

1749년 뱅센에 갇혀 있던 디드로를 면회 가던 루소는 《메르퀴르 드 프랑스》에서 디종 아카데미가 "학예의 부흥은 풍속을 순화시키는 데 기여하는가, 아니면 그것을 타락시키는 데 기여하는가?"라는 제목으로 현상 공모를 했다는 기사를 읽게 되었다. 이 기사를 읽은 그는 사람들이 일반적으로 "뱅센의 계시"라고 부르는 것을 느꼈는데, 이것은 그의 삶을 완전히 뒤바꿔놓게 될 사건이었다. 그는 이렇게 쓴다. "나는 문득 나의 정신이 수많은 빛으로 눈부시게 빛나는 것을 느꼈다. 수없이 많은 생각들이 한꺼번에 힘차게 그리고 혼란스럽게 나타나더니, 나를 뭐라 말로 표현할 수 없는 혼돈 속으로 밀어 넣었다."

이 현상 공모를 위해 쓴 글에서 루소는 근대성과 학문 및 예술의 완성을 매우 긍정적이라고 본 몽테스키외와 볼테르와 흄에 반대한다. 이 제네바 시민은 "콘스탄티누스 왕권이 몰락하면서", 즉 "옛 그리스의 잔해를 이탈리아로 가져온" 비잔틴제국이 멸망하면서 예술이 부흥했다고 주장한다. 티투스 리비우스Titus Livius Patavinus나 타키투스, 플루타르코스 같은 고대 고전주의자들의 영향을 받은 루소는 "근대사회와 기교에 반대하는 논문을 작성한다." 고대인 가운데 그의 모델은 "범죄의 무대와 나라의 치욕, 야만인의 노리개"가 되기 전 "덕성의 사원"이었던 시대의 스파르타와 로마공화국이다. 반反모델은 페리클레스 시대의 아테네인데, 루소는 아테네가 지나치게 돈벌이에만 집착하고 너무 문학과 예술에만 치중하여 풍속이 타락했다고 주장한다.

루소의 사상은 그가 유용하다고 혹은 유용하지 않다고 평가하는 학예의 구분, 타고난 재능에 부여하는 중요성, 덕성을 타락시키는 사치에 대한 반대 등 세 가지 축을 중심으로 구성된다.

첫 번째 축에 관해, 루소는 예술과 과학에 대해 매우 부정적인 기원을 부여한다. "천문학은 미신으로부터 태어났고, 웅변은 야망, 증오, 아첨, 거짓으로부터 태어났다. 모든 것이, 심지어는 도덕조차 인간의 자만심으로부터 태어났다. 따라서 과학과 예술은 우리의 악덕에서 유래하는 것이다." 그렇지만 그는 사물을 대상으로 하며 직업 및 육체노동(18세기의 프랑스에서 육체노동은 멸시를 받았다)과 연관이 있는 유용한 학예와, 오직 사교계에서의 성공만을 추구하는 추상적 학예를 구분한다. 루소에게 중요한 것은 "겸허한 영혼의 숭고한 기술"인 덕성으로서, 그 원칙은 "모든 사람의 마음속에 새겨져 있으며", 그 법칙은 "정념의 침묵 속에서 자기 양심의 목소리"에 귀를 기울이며 배운다.

두 번째 축에 관해, 루소는 일반적으로 천재들(베이컨, 데카르트, 뉴턴)이 본질적인 것에 집중할 줄을 알았으며, 인간이 가진 이해력의 향상에 기여했다고 평가한다. "인간의 정신을 찬양하는 기념물을 세울 수 있게 된 것은 이 몇 명 안 되는 천재들 덕분이다."

세 번째 축에 관해, 루소는 그가 상업 및 돈과 결합시키는 사치와 덕성이 일치하지 않는다고 생각한다. "옛날 정치인들은 끊임없이 풍속과 덕성에 대해 얘기한 반면, 우리 정치인들은 오직 상업과 돈에 대해서만 얘기한다." 그는 사치가 불평등의 확대와 풍속의 퇴폐로 이어진다고 말한다. 이 점에서 그는 잉여剩餘를 옹호한 맨더빌이나 볼테르 같은 사람들에 의해, 혹은 사치가 경제활동에 대한 자극제라고 생각하는 중농주의자나 데이비드 흄에 의해 대표되는 당대의 주요한 경향과 대립한다.

–《인간 불평등 기원론》

1755년에 루소는《인간 불평등 기원론》을 출판한다. 루소는 이 작품에서 만일 인간이 선했더라면 인류가 어떻게 될 수 있었을지를 상상한다. 즉 자연 상태는 어쩌면 결코 존재하지 않았을지도 모른다는 것이다. 우리는 이것을 가정에 근거한 추측의 역사라고 부른다. 이 같은 가정을 근거로 하여, 그는 원래 선한 인간이 어떻게 해서 악해졌는지를 설명한다. 그에 의하면 인간은 신이나 본성에 의해 타락한 것이 아니고, 역사적 과정 자체에 의해, 그리고 그 과정이 진행되면서 나타난 정치·경제 제도에 의해 타락한 것이다. 루소에게 해악이란 많은 스토아학파 철학자들이 몰두했던 정신적 고통뿐만 아니라 근대주의자들이 소외라고 이름붙이는, 즉 인간이 타인의 시선에 대해 기울이는 극도의 관심을 가리키기도 한다. 그것은 인간을 그들의 심오한 자아로부터, 그들의 본성으로부터 벗어나게 만드는 관심이다.

루소는 한편으로는 그의 평등에 대한 관점(사회적 신분의 불평등은 재능의 불평등에 비례해야 한다)을 정의하고, 또 한편으로는 인간은 뒤로 돌아갈 수 없으며 자연 상태는 완전히 사라졌다는 사실을 확인하면서 이 논문을 마무리 짓는다.

삶을 바꾸다 (1756 ~ 1759)

이 시기에 루소는 삶을 바꾸어야 될 필요성을, 그가 그 이후로 수많은 저서에서 표명하게 될 원칙("삶을 진리에 바치다 vitam impendere vero")를 따라야 될 필요성을 느낀다. 맨 먼저 그는 옷차림을 바꾼다. "나는 금박 장식과 긴 흰색 양말을 버리고, 둥근 가발을 썼다. 검劍은 내려놓았다. 그리고 '하느님의 은혜로, 이제는 시간이 몇 시나 되었는지 알 필요가 없겠군'이라고 생각하며 시계를 팔았다. 너무나 기뻤다." 또 그는 도시를 떠나 시골에 정착했는데, 처음에는 몽모랑시 숲에 있는 레르미타주였고, 다음에는 몽모랑시에 있는 몽루이 관이었다. 마지막으로 그는 제안받은 지위와 연금을 거절했다. 자유로운 상태로 남아 있기 위해, 그는 악보를 베끼는 일을 해서 생활비를 벌었다. 또한 그는 1742년부터 친하게 지내던 디드로와도 관계를 끊었다.

장 스타로뱅스키는 루소의 자기과시적인 가난함이 두 가지 목적을 갖고 있다고 주장한다. 우선은 의식을 일깨우고 그 당시 매우 광범위하게 확산되어 있던 사회적 불평등을 고발하려는 목적에서, "스토아학파나 견유학파 철학자처럼 덕성을 나타내보여 주기 위한 것"이다. 다른 관점에서 보면 그것은 루소가 자신의 사회적 기원에 충실하다는 사실을 보여주는 것이기도 하다. 스타로뱅스키에 따르면, 루소는 플루타르코스의 원칙을 따랐으며, 겨우 열아홉 살 때 아버지에게 보내는 편지에서 다음과 같이 그 원칙을 요약한다. "저는 찬란한 노예제보다 어두운 자유가 더 낫다고 생각합니다."

《사회계약론》과 《에밀》

《사회계약론》과 《에밀》은 모두 1762년에 출판되었다. 이 두 작품은 출간되자마자 바로 판매 금지된다. 프랑스에서는 의회와 신학대학이 동시에 판매 금지령을 내리고, 제네바에서는 소평의회가 판매를 금지시킨다. 이 판매 금지령은 루소로 하여금 오랫동안 방랑 생활을 하게 만들어서, 그에게 엄청난 영향을 미친다. 프랑스혁명은 결과적으로 루소의 작품 중 《사회계약론》을 프랑스에서 가장 높게 평가받는 작품으로 만든 반면, 독일의 전통은 《사회계약론》보다는 《인간 불평등 기원론》이나 《에밀》을 더 높이 평가한다.

— 《사회계약론》

처음에 루소는 "정치제도"라는 제목의 책을 쓰려고 했다가, 몽테스키외가 이미 이런 시도를 했다는 사실을 알고 포기한다. 그러고 나서 관심사를 달리하여 정치법과 국가의 토대를 동시에 구성하기 위한 책을 쓰려고 시도하는데, 이렇게 해서 탄생한 책이 바로 《사회계약론》이다. 《사회계약론》이 탁월한 작품인 이유는 루소가 플라톤처럼 "단숨에 진실과 자유를 결합시켰기 때문이다."

루소는 베네치아 주재 대사의 비서로 일하던 1743년부터 정치 이론을 체계적으로 연구하면서 정치제도에 관한 탁월한 개론서를 써보겠다는 계획을 마음속에 조금씩 품기 시작했다. 인간의 운명이 두 가지 움직임(문화와 물질적 부를 향해 올라가는 상승, 그리고 불평등과 가난과 노예제를 향해 내려가는 하강)에 의해 완성되는 사회의 역사를 허구로 재구성하여 현존하는 사회들을 묘사하고 가차 없이 비판하는《인간 불평등 기원론》을 발표하고 난 루소가 이제 해야 할 일은, 현존하는 사회들의 긍정적인 부분을 기술하고 합법적인 사회의 토대를 이루는 어떤 원칙들을 발견하는 일이었다.

《사회계약론》의 토대를 이루는 주요한 주장들 중 몇 가지(주권과 통치권의 구분, 법의 강화, 자유의 보존, 조국애를 고양시켜야 할 필요성, 미덕이 없으면 일반의지가 억압당할 것이므로 훌륭한 정부의 목표는 미덕이 지배하도록 만드는 것이라는 주장, 상업과 산업을 최소한으로 줄이는 소규모 농업 사회에 주어지는 우선권, 그 어떤 국가이성보다 우세한 개인 자유의 신성한 특징 등)는 그가《인간 불평등 기원론》을 발표한 뒤에 수립된 것으로 추정되며, 1755년에 출간된《백과전서》에 수록된〈정치경제〉항목에 분명히 나와 있다. 그러나 이 글에서 사회계약은 거의 언급되지 않으며, 그나마 언급하는 부분도 매우 모호하게 기술되어 있다.

이 글을 읽다보면 "사회계약의 토대는 소유권이다"라는 문구가 등장하는데, 이는 소유권의 토대는 사회계약이라고 루소가 주장하는《사회계약론》의 견해와 모순을 이루기까지 한다. 후자의 주장에 따르면 각자가 가지고 있는 소유물은 계약이 이뤄지기 전까지는 매우 불안정한 상태에 있으며, 그것의 소유자에게 어떤 권리도 부여하지 않고 오직 최강자의 뜻에 좌우된다는 것이다.

1756년 봄 루소는 레르미타주의 데피네 부인 집에 정착하여《사회계약론》을 쓰기 시작하지만,《쥘리, 혹은 신엘로이즈》나《에밀》처럼 방대한 저서들을 쓰느라 이 책의 집필은 뒤로 많이 미루어졌다. 루소는 이 두 권의 책을 다 쓰고 난 1759년 몽모랑시에서《사회계약론》의 집필을 본격적으로 시작했다. 그리고 1760년이 끝나가는 12월에 몽모랑시로 그를 만나러 온 출판업자 레이에게《사회계약론》 원고를 넘겨주었다. 19세기에 출간된 제네바 원고[3]는 레이가 볼 수 있었던 원고의 일부분으로 추정된다. 그리고 나머지는 완전한 상태의《사회계약론》 첫 부분과 일치한다(1부, 2부, 3부 앞부분). 여기서는 또 〈시민종교에 관해〉 장章의 최초 판본(원고 뒷면에 갈겨쓴)도 볼 수가 있는데, 본질적인 부분에서는 똑같지만 가톨릭교회를 더 맹렬하게 공격하고 신교를 찬양하는 게 다르다. 나중에 덧붙여진 것으로 보이는 이 장을 제외한 나머지 부분은 결정판과의 차이가 크다.

한 가지 사실은 분명하다. 1761년 12월 23일, 루소는 루스탕에게 이렇게 썼다. "내가 아무에게도 말하지 않고 레이에게 맡긴《사회계약론》은《에밀》보다 출판은 나중에 되겠지만 쓰기 시작한 건 훨씬 오래 되었습니다." 이 말로 미루어 보면, 우리는 루소가《사회계약론》을 1756년부터 쓰기 시작했다는 역사가들의 주장에 동의하게 된다. 그러므로 루소는 1755년《인간 불평등 기원론》을 마치자마자 바로 자신의 계약 이론을 수립했고, 이 이론은 제네바 원고에 완성된 형태로 수록되었다.

---

3 제네바 도서관은 가장 희귀한《사회계약론》 원고를 소장하고 있으며, 이것을 제네바 원고라고 부른다. 이 제네바 원고는 1부, 2부, 3부 앞부분으로 이루어져 있다. 루소는 1775~1776년에 자필로 쓴 이 제네바 원고를 그 뒤로도 계속 수정한다.

레이와의 협상은 오랫동안 계속되었다. 루소는 그동안 원고를 계속 수정했다. 1761년 8월 9일, 그는 출판업자에게 준비가 되었다고 알렸다. 11월에 그는 새로운 원고를 레이에게 넘기고 1,000프랑을 받았다. 12월 29일, 루소는 시민종교를 다루는 장이 덧붙여졌다고 쓴다. 그러므로 《사회계약론》이 완전한 형태를 갖춘 것은 1761년 후반일 것이다. 레이는 이 저서를 4개월 만에 인쇄하여 1762년 4월과 5월에 각각 두 판본을 발간(하나는 8절판이고 또 하나는 12절판인데, 둘 다 2,000부씩 찍었다)했다.

무엇이 정부를 합법적인 것으로 만드는가? 바로 이것이 루소가 제기하는 문제다. 사회계약이 이 문제에 대한 해답을 제공한다. 그런데 이 개념은 새로운 것이 아니다.

플라톤은 이 개념을 《크리톤Kriton》〔이기백 옮김, 《크리톤》, 이제이북스, 2014〕에서 처음으로 사용했다. 사형선고를 받은 소크라테스는 부당한 죽음을 피하기 위해 도망치라고 권유하는 제자들의 애원에 따르기를 거부한다. 도시국가에서 살고 있는 모든 개인은 그 자신이 받아들였으며 그로 하여금 의무적으로 법(비록 그것이 부당한 법이라 해도)을 준수하도록 하는 계약에 묶여 있다는 것이 소크라테스의 생각이었다. 그것은 단지 서로에게 봉사함으로써 도시국가에 결합되는 일체의 시민 생활로부터 유래하는 암묵적인 의무에 불과하다. 그러나 《공화국》에서 플라톤은 도시국가의 형성에 대해 기술하고, 이것을 필요의 상호성에 의해 설명한다. "한 인간은 이러이러한 필요를 충족시키기 위해 다른 한 인간을 취하고, 또 다른 인간은 저러저러한 필요를 충족시키기 위해 또 다른 인간을 취한다. 필요의 다양함은 여러 인간을 같은 주거지 내에 모으고, 이들은 서로 결합하여 서로를 돕는다."

중세의 철학자들은 비록 때로는 기본 계약의 존재를 인정하기는 했지만, 그럼에도 사회계약 이론을 발전시킬 수가 없었다. 그들에게 있어 정치사상은 신학의 노예였던 것이다. 일체의 권력은 신에게서 나온다. 국민은 법적으로도 실제로도 군주가 될 수 없는데, 계약 같은 걸 왜 따른단 말인가?

사회계약 이론이 충실해지기 위해서는 16세기의 신교도 사상가들을 기다려야 했다. 상업 사회가 발달하면서 계약의 사법적 개념이 중요해진 것이다. 이때부터 계약의 개념은 이중의 역할을 하기 시작했다.

첫째로 계약은 시민사회의 기원에 자리 잡고 있다. 인간은 그 이전에는 자연 상태에서 자유롭고 평등하게 살았다. 인간은 자발적인 계약에 의해 사회를 구성한다. 둘째로 정부에 기원에 관한 이론으로서의 사회계약 이론은 국가가 국민과 그들이 우두머리로 선택한 자들 간에 체결된 계약에 의해 형성되었다는 사실을 받아들인다. 취약점에도 불구하고 이 이론은 16세기에 부르주아계급 중에서도 가장 진보적인 인사들이 자유를 얻기 위해 종교개혁을 통해 정치적 투쟁을 벌였을 때 큰 역할을 했다.

사회계약 이론은 17세기의 법학자와 정치 분야의 글을 쓰는 저자들에 의해 또 다시 발전을 거듭한다.

그로티우스는 17세기와 18세기에 가장 많이 읽힌 저자들 중 한 명이다. 그는 인간의 타고난 호의적 성향(백과전서파는 이것을 사회성이라고 부른다)이야말로 국가의 토대라고 주장한다. 자연 상태에서 자유롭고 평등한 인간들은 계약을 맺는데, 이 계약은 시민사회를 형성하는 동시에 국민이 정치적 권위에 복종하도록 한다. 여기서 그로티우스는 계약을 맺는 두 가지 형태를 구분한다. 첫째로 계약은 무력에 의해 강요

될 수 있다. 그것은 정복의 권리다. 백성이 복종을 맹세하면 그것은 사법적 가치를 띤다. 아니면 둘째로 계약이 자발적으로 이루어지기도 한다. 즉 국민은 자신의 자유를 양도할 권리가 있는 것이다. 물론 정치권력은 절대민주정치에서 절대군주정치까지 여러 형태를 가질 수 있다. 그러나 그로티우스는 절대군주정치가 역사적 경험에 근거하고 있으며, 따라서 최선의 체제라고 주장한다. 그렇지만 그로티우스의 이론에서는 주권의 기원이 국민 속에 자리 잡고 있기 때문에(그로티우스는 신교도다) 신권과 대립된다. 그러나 그의 이론은 절대군주정치뿐만 아니라 노예를 둘 권리도 정당화한다. 게다가 그로티우스는 '독재정치에 대한 대책을 강구해야 하는가?'라는 질문 앞에서 망설인다. 국민은 왕이 사회를 파멸 상태에 이르게 하거나, 계약을 할 때 받아들인 기본법들을 위반할 시에는 저항할 권리를 갖고 있다. 그러나 누가 이런 경우를 판단할 것인가? 여기서 그로티우스의 이론은 일관성을 잃는다. 전체적으로 볼 때 그로티우스는 절대군주정치의 옹호자이며, 루소는 그를 왕이 국민을 억압하기 위해 매수한 소피스트로 간주한다.

푸펜도르프는 그로티우스의 이론을 더 정교하게 발전시킨다. 그는 자연 상태에서 인간이 독립은 누렸지만, 불안정한 상황으로 인해 고통받았다는 가정에서 출발한다. 평화와 인간의 안전을 보장하고 자신이 가진 재산을 보호하기 위해서, 그들은 국가를 구성해야 한다. 푸펜도르프는 두 가지 단계를 구별한다.

> ① "시민사회를 구성하기 위해 각자는 우선 다른 모든 사람들과 함께 힘을 합쳐 오직 하나의 집단을 이루고, 그들 공동의 안전과 이익에 관련된 것을 모두의 동의를 통해 해결하겠다고 약속한다."

② "국가를 통치할 수 있는 권력을 부여하게 될 어느 한 사람 혹은 여러 사람을 선택한 뒤에, 또 다른 협정을 통해 이 최고 권력을 가진 사람(들)은 공중의 안전과 이익에 최대한 신경을 쓰겠다고 약속해야 한다. 그리고 그와 동시에 다른 사람들은 충실히 복종할 것을 그들에게 약속한다."

그로티우스와 푸펜도르프는 저명한 법학자들이며, 반면에 홉스는 보다 방대하고 심오한 지식을 갖고 있던 사상가다. 17세기 내내 가장 대담하게 유물론자의 길을 걸었던 사람이 바로 그였다.

홉스에 따르면 자연 상태의 인간은 오직 그들의 필요를 이기적으로 만족시키기 위해서만 행동한다. 그러므로 그들은 죽음을 면하기 위해서는 서로의 의견을 일치시키는 것밖에는 다른 방법이 없다는 사실을 깨달을 때까지 서로 싸운다. 오직 하나의 계약만 존재한다. 즉 다른 모든 사람들도 그렇게 한다는 조건으로, 각자가 자신의 모든 권리를 제3자에게 양도하는 연합 계약만 있는 것이다. 그리하여 모든 사람들은 계약에 의해 구속되는데, 오직 군주만이 그 어느 것에도, 심지어는 자연법에도 구속되지 않는다. 법을 만들고 정당한 것과 부당한 것을 제한하며 종교 교리를 결정하는 것은 군주의 뜻이다. 홉스는 이 무한정한 권력이 가장 무시무시한 독재정치에 이를 수 있다는 사실을 인정하지만, 그에게 있어 이것은 자연 상태에서 벗어날 수 있는 유일한 방식이다.

루소는 이 절대주의자에게 반감을 가지고 있었지만, 그의 학문적 엄격함에는 감탄했다. 그는 홉스가 주권이 분리될 수 없다고 주장한 것에 대해 찬사를 보냈다. 만일《사회계약론》의〈시민종교에 관해〉장이 이전 사상가에게 빚졌다면, 그건 누구보다도 바로 홉스다.

제한적 군주정치 이론가이며 부르주아 자유주의의 조상이라 할 수 있는 로크의 계약 이론은 홉스와 엄격히 대립된다. 자연 상태에서 인간은 서로에 대해 호의를 느끼고 서로를 돕는다. 그들은 자연법에, 즉 신이 모든 인간의 마음속에 맡겨놓았으며 이성에 보편적으로 강제되는 도덕적 규칙 전체에 복종한다. 자연 상태에 있는 인간에 대한 그의 묘사는 매우 낙관적이다. 즉 그는 선과 악을 판단할 줄 알고, 자기가 노동을 통해 획득한 것에 대한 자신의 소유권을 인식하고 있으며, 자유롭게 살고, 자기가 다른 사람들과 동등하다고 간주하는 이성적인 존재다. 그러나 해악이 존재하고 갈등이 생기므로 그들의 안전과 재산은 위험에 처할 수도 있다. 그래서 인간은 정치집단을 구성할 필요를 느끼게 된다. 그리하여 국가의 기능은 경찰과 사법으로 축소된다. 중요한 것은 개인의 자유를 보장하고, 특히 개인의 재산을 보호하는 일이다.

로크는 자기가 연구하는 정치학의 근거를 자연법에 두지만, 정치와 도덕을 엄격히 구분한다. 그가 생각하는 가장 훌륭한 국가는 개인이 자유를 최대한 누리도록 놓아두는 국가다. 개인이 자신의 권리 중 어느 것을 양도할 것인지 자유롭게 판단할 수 있기 때문에, 계약은 매우 다양한 형태를 가질 수 있다. 이것은 새로이 부상하는 부르주아계급의 요구를 완전히 충족시키는 개인주의적 이론이다. 이 이론은 부르주아계급이 봉건주의의 질곡에서 벗어나도록 도와주었고, 또한 노동 착취에 의해 부유해질 수 있는 자유를 이들에게 넘겨주었다.

《사회계약론》에서 루소는 이따금 로크로부터 영감을 얻는데, 절대주의를, 특히 노예를 둘 권리를 반박하는 효율적인 논거를 그에게서 발견할 때가 그런 경우다. 그가 그로티우스에게 드러냈던 적의를 로크에게 드러내는 일은 결코 없다. 그러나 그의 계약 이론은 로크와 정반대 지점에 자리 잡고 있다.

18세기의 사회계약 이론가들 중에서 가장 주목할 만한 인물은 그로티우스와 푸펜도르프의 저서들을 번역하고 주석을 달면서, 그들의 절대주의와 로크의 자유주의를 화해시키려고 했던 바르베이락이다. 비록 바르베이락이 절대주의를 거부하기는 했지만, 그럼에도 루소는 《사회계약론》(2부 2장)에서 그에게 신랄한 공격을 퍼붓는다.

몽테스키외는 사회계약 이론에서 중요한 위치를 차지하고 있지 않다. 18세기에 루소에 앞서 가장 많이 읽히고 가장 큰 권위를 가졌던 이 정치 이론가는 앞서 말한 추상적 이론가들과는 전혀 다른 관점을 가지고 있다. 《사회계약론》을 쓸 때 루소는 자기가 《법의 정신》을 쓴 몽테스키외와는 다른 영역에 접근하고 있다는 사실을 의식하고 있었다. 《에밀》에서 자신의 신봉자들에 대한 정치 교육의 토대로 쓰이게 될 《사회계약론》의 요약본을 소개하는 순간, 루소는 이렇게 외친다. "정치법은 아직 태어나지 않았다."

《법의 정신》과 《사회계약론》이라는 위대한 두 저서를 갈라놓는 간극을 이 이상 분명하게 보여줄 수는 없을 것이다. 루소는 추상적이며 이상적인 국가 속에서 기술하고, 몽테스키외는 사실들을 탐구한다. 근대 정치학이 시작된 것은 바로 몽테스키외에서부터다. 반면에 루소는 아주 어렸을 때 그로티우스의 저서들을 아버지의 책장에서 발견할 수 있었다. 나중에 그는 그의 가장 확실한 스승인 플라톤의 저서들을 읽게 될 것이다. 그가 몽테스키외의 저술들을 읽은 것은 뒤팽 씨 집에서였다고 추정된다. 뒤팽 씨는 《법의 정신》을 반박할 논거를 준비하고 있었고, 뒤팽 부인의 비서였던 장-자크 루소는 이 엄청난 작업을 위한 자료들을 모아야만 했다. 대상과 방법론이 다르기는 하지만, 그럼에도 《사회계약론》보다 먼저 나온 정치학 관련 저서들에 대해 말할 때는 몽테스키외를 제외시킬 수가 없다. 몽테스키외는 그로 하여금 정치학에서 운명론적 결론에 도달하도록 만드는 지리적 요인들(예를 들면 더운 기후는 자유 체제와 반대된다)을 강조하는 반면, 루소는 그의 마지막 정치 관련 저서들에서 국민감정이나 전통 같은 역사적 요인들을 더 강조한다.

프랑스혁명 이후에 위대한 두 저작의 운명은 반대로 전개되었다. 입헌군주정치 이론가 몽테스키외는 특히 1789년에 다양한 혁명적 주장 가운데 가장 보수적이고 온건한 사상에 영감을 준 반면, 민주정치를 옹호하는 자들은 여전히 《사회계약론》에서 논거를 발견해냈던 것이다.

《사회계약론》의 구성은 매우 엄격하며, 상당히 많은 단순한 지도 원칙들을 따른다. 루소는 자신의 견해를 정립하기 전에 우선 반대되는 견해들을 논박한다. 즉 거짓된 것에서 참된 것으로, 추상적인 것에서 구체적인 것으로, 권리에서 사실로, 보편적 법칙에서 구체적인 예들로 진행하는 것이다.

이 저서는 두 개의 커다란 부분으로 구성되어 있다.

① 주권

1권: "기본 원칙: 사회계약"

2권: "주권의 본질과 한계"

② 정부

3권: "정부의 이론적 연구"

4권: "도시국가의 기능에 관한 실제적 연구: 로마의 예"

(시민종교를 다루는 장은 부록이다.)

인간의 본성이 허용하는 것과 각 민족 특유의 구체적 상황을 고려하면서 합법적인, 즉 이성과 도덕의 요구에 일치하는 정치체제의 규칙들을 발견하는 것이 이 저술의 목표다.

인간은 그의 타고난 자유를 사회 안에서 잃어버렸다. 루소는 어떻게 해야 사회 안에서 보다 높은 차원의 자유를 되찾을 수 있는지 알아내고자 한다.

군주정치 이론가들은 왕권과 부권을 동일시함으로써 왕권의 토대를 자연에 둔다. 그런데 만일 가족이 최초의 자연적 사회라면, 당연하게도 그것은 아이들이 더 이상 아버지를 필요로 하지 않을 때는 해체되어야 한다. 만일 가족이 유지된다면, 그것은 오직 계약에 의해서만 가능하다. 노예제도의 존재는 전제주의가 자연권에 토대를 두는 것을 훨씬 덜 허용하는데, 왜냐하면 노예제도는 자연에 반하기 때문이다(1권 2장).

최강자의 권리는 불합리한 표현으로서, 이 표현에서 '권리'라는 단어는 아무 의미도 갖지 않는다. 신학이 옹호해준다고 해도(모든 권력은 신에게서 나온다) 달라지는 건 아무것도 없다. 권력이 군주에게 합법성을 부여하는 것은 아니다(1권 3장).

어떤 인간도 협약에 의해 자신의 자유를 양도할 수는 없으며, 더더구나 자신의 아이들을 양도할 수는 없다. 노예를 부릴 권리는 오직 국가의 파괴만을 노리는 전쟁으로부터도 비롯될 수 없으며, 비非전투원들의 생명에 대한 어떤 권리도 부여하지 않는다. 정복권 역시 아무 근거가 없다. 노예는 그의 주인과 영원한 전쟁 상태에 있다. 그는 가능할 때 저항할 권리를 갖고 있다(1권 4장).

물론 국민은 스스로 왕에게 헌신하겠다고 할 수 있는 권리를 갖고 있기는 하지만, 우선은 왜 자기들이 국민인지, 그리고 왜 소수가 다수의 결정에 따라야 하는지를 설명해야 할 것이다. 이를 위해서는 항상 만장일치로 받아들여져야 하는 최초의 결정으로 돌아가야 한다.

사회계약과 그 방식: 인간이 더 이상 자연 상태에서 살 수 없으면 살아남기 위해 다른 인간들과 연합해야 한다. 그때 각자가 모든 힘으로부터 보호받을 수 있도록 보장해주는 연합 형태를 찾아내야 하는 문제가 제기된다. 각 개인은 여전히 그 전처럼 자유롭기 때문이다. 이 문제에 대한 해결책은 오직 하나뿐이다. 계약 조항은 결코 정식으로 정해지지 않았지만, 어디서나 암묵적으로 받아들여진다. 만일 이 조항들이 위반되면, 인간은 다시 자연 상태로 돌아간다(1권 5장).

연합한 각 개인은 계약을 통해 그의 모든 권리를 공동체에 양도한다. 만일 그것이 모두에게 평등하다면, 그 누구도 다른 사람들에게만 이 조건을 받아들이라고 요구할 수는 없다. 바꿔 말하자면, 자유는 평등에 의해 보장되는 것이다. 각 개인은 모든 사람에게 자신을 주지만, 누구에게도 자신을 주지 않는다. 필요한 계약 조항은 다음과 같다. "우리 각자는 일반의지의 지도에 따라 자신의 인격과 자신의 힘을 공유화한다. 그리고 우리는 각 구성원을 전체의 분할 불가능한 부분으로서 한꺼번에 받아들인다." 그리고 루소는 자기가 사용하는 정치 관련 어휘의 의미를 명확히 밝힌다(1권 6장).

협약으로부터 기인하는 약속의 중요성과 그 유익한 효과: 사회계약은 완전히 개별적인 성격의 계약이다. 즉 각 개인은 자기 자신과 계약을 맺는데, 왜냐하면 그는 그가 계약을 맺는 집단의 일원이기 때문이다. 계약을 맺은 자들의 총합인 주권자나 정치집단은 어떤 의무에 의해서도 결합되지 않으며, 심지어 계약을 무효화시킬 수도 있다. 그렇지만 계약의 폐기가 통고되지 않는 한, 각 개인은 이 최초의 행위에 저촉되는 어떤 의무 조항도 계약할 수 없다. 주권자는 군주와 백성의 결합이 아니라, 인민의 결합으로 형성된다. 여기에 전제군주정치의 기원이 존재하는가? 그렇지 않다. 왜냐하면 주권자는 그것을 구성하는 개인들과 반대되는 이해관계를 가질 수 없기 때문이다. 반대로 각 개인은 그가 시민으로서 갖는 일반의지 외에도, 일반의지를 그 자신 속에서 억누를 수 있는 특별한 이해관계를 갖는다. 그때 주권자는 개인을 속박할 수 있으며, 이렇게 함으로써 각자의 자유를 보장하게 된다. 왜냐하면 개인은 만일 다른 모든 사람이 각 개인의 자유를 억압하려고 한다면, 그들 역시 속박당하리라는 사실을 알기 때문이다(1권 7장).

인간은 그가 오직 시민 상태에 도달할 때에만, 도덕적 규칙에 따라 행동하고 본능이 아니라 이성을 따르는 완전한 하나의 인간이 된다. 그는 어리석고 편협하며 자신의 필요에 얽매인 동물이었지만, 이제는 법에 대한 복종을 의미하는 자유에 접근하는 지적 존재다(1권 8장).

계약은 소유권의 토대를 이룬다: 사회계약을 맺을 때 각 인간은 그가 가지고 있는 모든 재산을 주권자에게 맡기고, 주권자는 그 재산의 사용권을 각 인간에게 보장한다. 인민은 자기가 소유하지 않은 모든 것을 포기한다. 사회계약은 재산에 엄청난 불평등을 야기할 수 없으며, 어쨌든 각 개인이 자신의 재산에 대해 가지고 있는 권리는 공동체가 모든 사람들에 대해 갖고 있는 권리에 종속되어 있다(1권 9장).

모든 정치체는 소멸하게 마련이다: 모든 정부는 쇠퇴한다. 주권을 찬탈하고 사회계약을 파기하는 경향이 있기 때문이다. 모든 정부는 끊임없이 축소된다. 즉 민주정치는 과두제로, 과두제는 군주정치로, 군주정치는 다시 독재정치로 바뀌는 것이다. 일체의 정치체는 소멸되게 마련이다. 좋은 정치체제에 의해 그 소멸을 늦출 수 있을 뿐이다. 이런 죽음은 항상 국민이 더 이상 자신들의 권력을 행사하지 않아 입법권이 소멸하는 것으로부터 기인한다(3권 10~11장).

쇠퇴를 지연시킬 수 있는 방법: 가장 좋은 방법은 설사 정부가 반대하고 나서더라도 주기적으로 국민회의를 개최하는 것이다. 하지만 이것은 큰 나라에서는 쉽지 않은 일이다. 공적 생활보다는 자신의 개인적인 업무에 매달리고 무엇보다도 돈을 벌려고 애쓰는 국민은 자신의 주권을 행사하지 않고 그것을 양도하며, 그러면 자유는 사라진다. 영국이 그 예다. 옛날 사람들은 대표에게 권력을 위임하는 체제를 알지 못했다. 국민은 오직 작은 도시국가에서만 스스로 자신의 주권을 행사할 수 있다(3권 12~15장).

국민과 그들의 정부 사이에는 계약이 없다. 정치체제를 선택함으로써 국민의 의회는 정부의 의회로 바뀐다. 합법적 정부의 기원에는 항상 민주적 의회가 있다. 합법적 정부는 국민에게 봉사하기 위해 존재한다. 정부가 자유를 빼앗아가지 못하도록 하기 위해서는, 국민회의를 자주 열어 정부의 형태와 그 구성원들의 선택을 다시 문제 삼아야만 한다(3권 16~18장).

《사회계약론》만큼 서로 대립되는 해석으로 인해 갈등을 일으킨 책은 없었다. 프랑스혁명 이후, 그리고 19세기 내내 루소는 프랑스혁명의 선동자로, 테러리스트들의 영적 지도자로 여겨졌다. 그로 인하여 루소는 때로는 찬양받았고 또 때로는 비난받았다. 《사회계약론》은 대중 독재와 가장 무시무시한 독재정치의 교과서가 되었다(라 아르프Jean François de La Harpe, 벤자맹 콩스탕Benjamin Constant, 프루동Pierre-Joseph Proudhon, 라마르틴Alphonse de Lamartine, 쥘 르메트르Jules Lemaître 등등). 20세기 들어서는 '전체주의'의 개념이 만들어졌고, 많은 저자들, 특히 미국의 저자들(탤몬Jacob L. Talmon, 레스터 크로커Lester G. Crocker)이 루소를 히틀러와 스탈린과 마오쩌둥의 도덕적 조상으로 간주한다. 이들은 가장 먼저 제시하는 논거는, 루소가 매우 억압적이었던 군사국가인 스파르타와 그 법적 기반을 다진 전설적인 입법자 리쿠르고스에 지나칠 정도로 감탄한다거나, 각 개인이 자신과 자신의 힘을 일반의지에 맡김으로써 집단에게 완전히 종속된다거나, 입법자가 군중을 조작하기 위해 거짓말을 할 가능성이 있다거나, 국가에게 맡겨진 역할이 두려움을 불러일으킨다거나, 시민종교가 모든 사람들에게 강요된다거나 하는 것들이다.

20세기 들어서, 특히 2차 세계대전이 끝난 뒤로 루소 비평은 루소의 정치 관련 저서들에서 개인의 자유를 보장하는 문제가 어떻게 다뤄지는지를 논하는 수준 높은 연구물들을 생산해냈다. 탄탄한 논리를 갖춘 레몽 폴랭Raymond Pulin의 책 《고독의 정치La Politique de la solitude》(Paris: Sirey, 1971)가 그러한 경우다. 개인 자유의 보전이 《사회계약론》에서 가장 중요한 위치를 차지하고 있는 것은 사실이다. 루소가 가장 강력하게 결속되어 있는 공동체에 감탄하고 있는 것 역시 사실이다. 우리는 이데올로기적 관점에서 볼 때 근대 민족주의가 피히테Johann Gottlieb Fichte의 《독일 국민에게 고함Reden an die deutsche Nation》〔박희철 옮김, 《프랑스혁명 성찰/독일 국민에게 고함》, 동서문화사, 2016〕보다 훨씬 이전에 루소에게서 그 뿌리를 발견한다는 주장을 지지할 수 있다.

― 《에밀》

1755년에 쓰기 시작했으며 《사회계약론》과 같은 시기인 1762년에 출판된 이 작품은 가장 중요한 동시에 가장 큰 영향을 미친 교육론으로서, 정치와 교육을 결합하는 플라톤의 《공화국》이나 페늘롱 François Fénelon의 《텔레마코스의 모험 Les Aventures de Télémaque》과 같은 계보에 속하는 작품이다(루소는 특별히 플라톤의 대화편들을 인용하면서, 그것이 제목을 보고 판단해서는 안 될 교육서라고 말한다). 루소로 하여금 교육에 관한 책을 써야겠다는 결심을 하게 만든 동기는 사실 거의 없다. 마블리 대법관(콩디야크과 마블리 신부의 형)의 아이들을 가르치는 가정교사 노릇을 한 적은 있지만, 결과가 썩 좋았던 것 같지는 않다. 게다가 볼테르가 만천하에 공개했던 것처럼, 루소는 다른 사람들에게는 부모가 되라고(여자는 아이를 낳으라고, 남자는 자식의 교육에 관심을 가지라고) 부추겼음에도 불구하고, 정작 자신은 1746~1747년과 1751~1752년에 태어난 다섯 명의 아이들을 고아원에 맡겼다.

이 작품은 인간은 선하게 태어났지만 사회가 그를 타락시켰다는 루소의 기본 개념에 근거해 있다. 루소는 인간존재의 교육을 다섯 단계로 구분한다. 첫 번째 단계(1부)는 신생아를 다루고, 두 번째 단계(2부)는 2세에서 12세의 어린이를 다루며, 세 번째 단계(3부)는 12~15세를 다룬다. 네 번째 단계(4부)는 이성과 정념 간의 갈등이 지배하는 사춘기를 다루는데, 형이상학 혹은 종교의 문제에 접근하는 4부의 일부분은 《사부아 지방의 부사제가 하는 신앙고백》이라는 제목으로 알려져 있으며 별도로 출판되었다. 마지막으로 다섯 번째 단계(5부)는 정치에 입문하는 청장년을 다룬다.

그가 인간에 대해 가지고 있는 개념에 비춰볼 때, 교육은 우선 부정적이어야 한다. 말하자면 가르치는 것부터 시작해서는 안 된다는 것이다. 왜냐하면 그렇게 할 경우 인간의 본성을 타락시킬 위험이 있기 때문이다. "따라서 최초의 교육은 순전히 부정적이어야 한다. 즉 덕성이나 진리를 가르쳐서는 안 되고, 마음을 악덕으로부터 정신을 오류로부터 보호해주어야 하는 것이다." 그는 존 로크가 《교육론 Some Thoughts Concerning Education》(1693)〔박혜원 옮김, 《교육론》, 비봉출판사, 2011〕에서 너무 어린 나이의 아이를 이성적인 존재로 간주해서, 그가 성장하여 자연스럽게 어른이 되기를 기다리는 대신, 그를 인간으로 변화시키기 위해 교육을 이용하려 한다며 비난한다. 루소는 아이가 사춘기가 되었을 때부터 도덕 교육을 시켜서, 이 청소년으로 하여금 사회적 세계에 통합될 수 있도록 해주어야 한다고 주장한다.

루소와 종교

루소와 종교의 관계를 이해하기 위해서는 다음 세 부류의 글들을 고려해야 한다.

① 〈섭리에 관해 볼테르에게 보내는 편지〉, 《사부아 지방의 부사제가 하는 신앙고백》, 마지막 순간에 《사회계약론》의 말미에 첨가된 4권 8장(이 장은 작품 속 장들 중에서 가장 길다), 그리고 마지막으로 《쥘리, 혹은 신엘로이즈》처럼 "이론적"이거나 "교리적"인 글이 있다. 뒤의 세 작품은 같은 시기(1761~1762)에 출판되었다.

② 《크리스토프 드 보몽에게 보내는 편지》, 《산에서 보내는 편지》, 《장-

자크의 심판자인 루소》 등 자기 정당화나 논쟁의 성격을 띤 글이 있다.

③ 사적인 편지, 특히 폴 물투나 1769년에 프랑키에르 Laurent de Franquières에게 보낸 편지들〔김중현 옮김, 〈프랑키에르에게 보내는 편지〉, 《루소 전집 11: 보몽에게 보내는 편지/도덕에 관한 편지/프랑키에르에게 보내는 편지》, 책세상, 2014〕이 있다.

루소의 기독교 신앙은 베르나르 라미Bernard Lamy와 니콜라 말브랑슈를 계승하는 일종의 합리주의적 이신론이다. 즉 자연과 우주가 질서정연하기 때문에 신이 있다는 것이다. 루소는 물질주의자가 아니지만(〈프랑키에르에게 보낸 편지〉), 그렇다고 해서 정통 신교도도 아니고 로마 가톨릭 교도도 아니다. 그렇지만 그는 신앙을 포기하려고 하는 물투에게 보낸 1769년 2월 14일자 편지에서, 자기가 신자라고 말하면서 그에게 유행을 따르지 말라고 권유한다.

특히 루소는 인간의 본성을 탓하는 교리인 원죄를 믿지 않고 오랫동안 반박했다. 이 원죄에 대해 그는 "우리는 우리가 저지르지도 않은 잘못 때문에 벌을 받고 있다"(로랑 가뉴뱅Laurent Gagnebin, 〈인간의 본원적 선의La bonté originelle de l'homme〉, *Bulletins de l'Oratoire*, no 792, septembre 2012)고 반어적으로 말한다. 그가 이 교리를 거부한 것은 신학적 이유 때문이다. 왜냐하면 이 교리가 가져온 결과 속에서 숭고한 존재의 정의와 선의를 흐리게 하는 가혹하고 비인간적인 개념을 보았기 때문이다. 그러나 그것은 또한 그가 자신이 선하다고 느껴서 다른 비밀스런 결함에 의해 영향받는다는 생각은 할 수 없었기 때문이기도 하다. 이 같은 입장은 그로 하여금 모든 역사의 사실들을 배제하기 위해, 비도덕적이고 비역사적인 "자연 상태"의 허구를 만들어내도록 한다.

루소가 보는 루소

루소는 《고백록》, 《장-자크의 심판자인 루소》, 《고독한 산책자의 몽상》(미완성) 등 자전적 성격의 세 작품을 출판했다. 《고백록》은 1764년에서 1770년 사이에 집필되었다. 루소는 이 작품에서 (예를 들면 리본을 훔치고 다른 사람에게 뒤집어씌운 일화처럼) 자신이 과거에 저지른 잘못을 소개하고 있기는 하지만, 이 작품은 사실 아우구스티누스적 의미에서의 고백록이 아니라 일종의 몽테뉴식 자화상이다. 이 책의 목적은 "내 삶의 모든 상황에서 나의 내면을 정확히 알리려는 것이다. 나는 내 영혼의 이야기를 하겠다고 약속했다."

그는 1772년에서 1776년 사이에 《장-자크의 심판자인 루소》를 썼다. 이 작품은 1780년에 일부가 출판되었는데, 여기서 루소가 그림, 볼테르, 달랑베르, 흄이 자신을 해치려는 음모를 꾸몄다며 비난했고, 이들은 상당히 불쾌한 반응을 보였다. 이 작품에서 루소는 그의 적들이 보는 루소를 연상시키는 장-자크와, 여론을 의미하는 "프랑스인"이라는 제3의 인물과 대화한다. 이 프랑스인은 곧 루소를 만나본 적도 없고 그가 쓴 책을 읽어본 적도 없는 누군가이다. 그는 바로 이 사람을 설득하려 한다.

《고독한 산책자의 몽상》은 1776년에서 1778년 사이에 쓰였고 그가 죽은 뒤에 출간됐다. 이 작품에서 삶은 "철학적 대상들로 구성되지만", 시민을 정치생활 속에 통합시키려는 루소의 정치적 계획과 그의 심오한 성향은 명백하게 모순된다. 그는 이렇게 쓴다. "나는 모든 것이 불편과 책임과 의무인 시민사회에 정말 어울리는 사람이 아니었다. …… 그리고 나의 독립적인 본성은 항상 사람들과 함께 살고 싶어 하는 자에게 필요한 복종을 할 수 없도록 만든다."

이 작품들의 위상은 한 가지 문제를 제기한다. 알렉시 필로낭코Alexis Philonenko는 루소의 철학이 "장애물을 만나면 개인적 존재 이론으로 돌아간다"고 주장한다. 반대로 제랄딘 르팡Geraldine Lepan은 이 작품들이 "벵센의 계시에서 비롯된 거대한 체계에 필요한 보완으로 읽힐 수 있다"고 주장한다. 그러므로 목표는 항상 동일하다. 즉 사회적 변형하에서 나를 드러내는 것이다.

3. 루소가 생각하는 인간의 본성과 추측의 역사

추측의 역사

루소에게 역사는 실제적인 예들의 모음인 동시에, 시간의 도전에 따라 변화하는 인간 능력의 연속적 상태다. 이 제네바 시민은 역사가 결코 어떤 출발점이 아니라, 반대로 하나의 전체로 간주되는 인류 고유의 긴장을 확대시키는 수단이라고 생각한다. 철학자는 자료를 그 의미에 대해 묻기 위해 사용하는 것이 아니라, 자기 자신의 확신을 뒷받침하기 위해 사용한다. 《에밀》에서 루소는 과거에 대한 우리의 느낌은 교육적 목적으로 사용되어야지, 신학적 지식을 발달시키기 위해 사용되어서는 안 된다는 생각을 옹호한다. 이 점에서 그는, 역사에 대해 보다 객관적인 관점을 가지고 있었으며 역사는 후세 사람들에게 악덕이나 덕성이 제거된 스펙터클을 보여주어야 한다고 주장한 달랑베르로부터 벗어난다. 루소는 이렇게 쓴다. "나는 역사학자들에게 요구되는 냉정함을 내가 갖추고 있지 못하다는 이유로 누가 나를 비난하든 말든 전혀 관심이 없다. …… 역사의 유용성은 사람들이 선인을 열렬히 사랑하고 악인을 증오하게 만드는 데 있다."

장 스타로뱅스키는 루소의 추측의 역사가 어느 정도는 기독교의 역사에 대한 대체 역사 역할을 해내는 것을 목표로 한다고 주장한다. 스타로뱅스키는 다음과 같이 말한다. "루소는 《제2논문》(《인간 불평등 기원론》)에서 에덴동산이나 원죄, 언어의 혼돈이 모두 존재하는 철학적 '창세기'를 재구성한다. 이것은 기원의 역사를 세속화하고 탈脫신화화하지만, 성서를 대신하여 다른 언어로 반복하는 판본이다." 그렇기 때문에 자연 상태는 《성서》의 〈창세기〉에 등장하는 에덴동산의 신화를 대신하는 상상적 재구성으로 간주될 수 있다. 5세기에 기독교 신학자 아우구스티누스는 선악과나무에 달려 있는 금단의 열매를 먹었다는 이유로 인간이 지상천국에서 쫓겨난 사건으로부터 영감을 얻어 원죄의 교리를 정립했다. 루소는 물론 이 교리를 거부하기는 했지만,《인간 불평등 기원론》의 9번 주석(본서 189쪽)에서 이것을 명시적으로 참조한다.

빅토르 골드슈미트에 의하면, 루소는 그의 동시대인들이 자연 상태가 실제로 존재했다고 간주하던 것을, 추측에 의한 방법론으로 근본적으로 변화시켰다. 그의 주요한 문제는 육체적 추측(건강과 생물학적 평등)과 형이상학적 추측(완성 가능성과 순수하게 잠재적인 자유), 그리고 도덕적인 추측(자기애, 연민, 사랑)을 토대로, 순전히 자연적인 원인들에 의해 자연 상태에서 시민사회로의 이행을 설명하는 것이다.

자연 상태에서 시민사회 혹은 정치사회로

토머스 홉스와 존 로크 혹은 당대의 다른 사상가들처럼, 그리고 플라톤, 아리스토텔레스, 아우구스티누스, 마키아벨리와는 반대로, 루소의 철학이 출발하는 지점은 자연 상태다. 그러나 루소는 당대에 아메리카 대륙에서 야만 부족으로 살아가는 인간이 자연 상태에 있다고 생각하지는 않았다. 그들은 더 진보한 상태에 있다는 것이다. 자연 상태의 인간에 대해 생각하려면 더 멀리 거슬러 올라가서, 어쩌면 결코 존재하지 않았을지도 모르는 무엇인가를 상상해야 한다. 루소는 자기가 "자연 상태에서 빠져나온 그대로의" 인간존재를 고려할 것이라고 말한다. 그리고 그는 이렇게 함으로써 "다른 동물보다 약하고 덜 날렵하지만 모든 걸 고려해볼 때 그 어떤 동물보다 잘 조직된 한 동물을 보게 된다"(본서 59쪽).

빅토르 골드슈미트에 따르면, 우선 자연 상태에서 자연사회로의 이행이 있는데, 그는 이 사회를 오직 "자연 상태의 흔적이 남아 있는 움직임이 그 자체의 속도로 계속되기" 때문에 "외부의 충격"이 없는 "세계의 청춘기"라고 부른다. 반대로 자연사회에서 시민사회로의 이행은 여러 외부의 충격에 의해 설명된다. 우선 농업 기술과 야금 기술의 발달은 소유와 분업을 야기한다. 다른 한편으로 화산 폭발 같은 놀라운 자연현상들은 인간의 신체 환경을 바꿔놓는다. 이 모든 급변은 인간의 정념을 고조시킨다. 그리하여 인간은 최악의 상황이 닥치는 것을 피하기 위해, 비자연적 결정을 내리고 사회계약을 맺어야 한다. 장 스타로뱅스키에 의하면, 자연 상태에서 사회계약 이전의 시민사회로의 이행은 네 단계로 이루어진다.

① 여기저기 흩어져 있는 주거지에서 한가하게 살던 인간이 서서히 결합하여 무리를 이룬다.
② 최초의 격변이 일어난다. 인류는 가부장적 질서 속으로 들어가고, 가족들은 통합된다. 루소는 이 기간이 황금시대라고 생각한다.
③ 가부장적 질서가 막을 내리고, 인간으로 하여금 통일성을 잃게 하는 분업으로 특징지어지는 세계가 시작된다. 가장 폭력적이거나 능숙한 자들이 부자가 되고 다른 자들은 가난해진다.
④ 루소가 홉스식으로 이해하는 만인의 만인에 대한 전쟁이 시작된다.

이 과정이 끝나면 사회계약이 이루어지면서, 인간은 자연 상태에서 나와 불평등으로 특징지어지는 시민사회를 수립할 수 있게 된다. 장

스타로뱅스키는 이 점에 대해 불평등 속에서 약정된 계약은 부자들의 특권을 공고히 하고 불평등에 대해 제도적 가치를 부여하는 결과를 가져올 것이라고 주장한다. 《사회계약론》에서 루소는 "각 개인에게 공동의 힘을 이용하면서도 자연 상태에서처럼 자유로운 상태로 남아 있을 수 있도록 해줄"(크리스토퍼 버트램Christopher Bertram, 〈장 자크 루소Jean Jacques Rousseau〉, *Stanford Encyclopedia of Philosophy*, 2012, p. 13) 일반의지의 개념을 통해 최초의 불평등한 사회계약에서 벗어나려고 애쓴다. 요컨대 루소가 생각하는 국가는 사회가 만들어내는 해악에서 벗어날 수 있도록 해주는 수단이다.

빅토르 골드슈미트는 《인류학과 정치학》에서 루소가 "사회적 속박과 사회적 관계, 사회적 구조의 존속과 독자적 발달, 그것들의 개인들에 대한 독자성, 그리고 이 개인들의 이 같은 구조에 대한 종속"(조제 퐁텐Jose Fontaine, 〈빅토르 골드슈미트의 《인류학과 정치학: 루소 이론의 원칙》 리뷰Victor Goldschmidt, *Anthropologie et politique, Les principes du systeme de Rousseau*〉, Revue Philosophique de Louvain, 1977)을 발견했다고 주장한다.

이기심과 연민, 혹은 원래 선한 인간의 소멸

루소는 인간은 원래 선하게 태어났지만 사회가 그를 타락시켰다는 주장이 자신의 사상을 지배한다고 여러 번 되풀이해서 말한다. 그때 머릿속에 떠오르는 질문은 다음과 같은 것이다. 어떻게 선한 인간들로 이루어진 사회에서 죄악이 생겨날 수 있을까? 존 스코트John Scott에 의하면 인간에게는 "필요 및 정념과 그것들을 만족시킬 수 있는 능력 사이에 균형이 존재하며", 인간으로 하여금 "그 자신에게는 선하고 타인에게는 비종속적이게"(왜냐하면 인간을 악하게 만드는 것이 바로 타인에 대한 종속이므로) 만드는 것은 이 균형이다.

루소는 인간이 종種을 보존하기 위해 자기애와 연민이라는 두 가지 본능을 갖추고 있다고 주장한다. 자기애는 그들이 자신의 생물학적 필요를 만족시킬 수 있도록 해주는 반면, 연민은 그들로 하여금 다른 사람들에게 신경을 써서 배려할 수 있도록 해준다. 연민은 오직 모든 정념의 기원으로 여겨지는 자기애의 연장으로 간주될 뿐이라는 사실에 유의하자.

타락 혹은 해악은 이기심이 출현하면서 인간의 마음속으로 들어가는데, 이것은 상대를 유인하기 위한 성적性的 경쟁과 연관되어 있다. 요컨대 이기심은 인간으로 하여금 서로를 비교하고 다른 사람들보다 우월해지려고 애쓰도록 함으로써 갈등을 불러일으킨다. 그렇지만 루소가《에밀》에서 이기심을 다루는 방식을 검토해보면, 이기심이 인간을 타락시키는 도구인 동시에 구원하는 도구라는 사실을 지적할 수 있다. 사실 이 작품에서 이기심은 사회적 환경 속에서 자기애가 취하는 형태다. 만일 이기심이 위험하다면,《에밀》과《사회계약론》에 각각 설명되어 있는 것처럼 교육과 훌륭한 사회조직을 통해 이 해악을 억제할 수 있다.

비록 이기심의 원인이 성적 경쟁에 있는 것은 사실이지만, 오직 개인들이 사회를 이루어 살아갈 때 발달하는 경제적 상호 의존과 결합될 때에만 그것이 잠재적으로 안고 있는 위험성을 완전히 드러낸다. 실제로 이 경우에 인간존재들은 물질 재산과 인정을 동시에 추구하게 될 것이고, 그러다 보면 일부의 복종과 무슨 수단을 사용해서라도 자신의 목적을 달성하려는 욕망에 의해 특징지어지는 사회적 관계를 유지하게 될 것이다. 그렇기 때문에 인간존재의 자유와 자아 존중감이 동시에 위협받게 된다.

정념, 이성, 그리고 완성 가능성

아리스토텔레스와는 다르지만 토머스 홉스나 존 로크와는 똑같이, 루소는 이성이 정념에, 특히 이기심에 복종한다고 주장한다. 다른 관점에서 보면, 정념과 이성은 변화하면서 그 자체의 역학을 갖는다. 처음 자연 상태에서 인간존재는 약간의 정념과 이성만을 가질 뿐이다. 루소는 자연 상태에 있는 인간(그는 그들을 미개인이라고 부른다)이 "선하다는 게 무엇인지 모른다는 바로 그 이유 때문에 악하지 않다"고 지적한다. "왜냐하면 그가 나쁜 짓을 하지 못하는 것은 지식이 발달하거나 법이 규제해서가 아니라, 정념이 평정을 유지하고 악덕 자체를 모르기 때문이다"(본서 98쪽). 정념과 이성을 진전시키는 그것들의 역학은 다음 구절에서 루소에 의해 설명된다.

"모럴리스트들이 뭐라고 얘기를 하건 간에, 인간의 지성은 정념에 많은 빚을 지고 있으며, 대다수가 인정하듯이 정념 역시 지성에 많은 빚을 지고 있다. 우리의 이성은 이 두 가지가 활동함으로써 완성되는 것이다. 우리가 무엇인가를 알려고 애쓰는 이유는 그것을 즐기고 싶어서이므로, 욕망도 두려움도 못 느끼는 사람이 애써 이치를 따지는(만약 수정이 받아들여지면 '따질'로 가기) 이유를 알아내는 건 불가능한 일이다. 반면에 정념은 우리의 필요에서 비롯되며, 우리의 지식을 통해 커져간다. 왜냐하면 우리는 우리가 그것에 대해 가질 수 있는 관념에 의거해서만, 혹은 자연의 단순한 충동에 의해서만 사물을 욕망하거나 두려워할 수 있기 때문이다. 그런데 미개인은 어떤 종류의 지식도 가지고 있지 못하므로, 이 마지막 종류의 정념밖에 느끼지 못한다"(본서 76~77쪽).

루소는 인간의 가장 중요한 특징이 이성이 아니라 완성 가능성이라고 주장한다. 인간과 동물성의 차이에 대해 말하면서 루소는 이렇게 쓴다. "인간과 동물의 차이에 대해 어느 정도 논의의 여지를 남겨놓는다 할지라도, 양자를 구분지어도 아무도 이의를 제기할 수 없는 매우 특별한 또 다른 성질이 존재하는데, 그것은 바로 스스로를 완성시켜갈 수 있는 능력이다. 환경의 도움을 받아 인간의 다른 모든 능력을 지속적으로 발전시키는 이 능력은 개인의 차원뿐만 아니라 종의 차원에도 존재한다"(본서 74쪽). 루소는 처음으로 완성 가능성이라는 단어를 사용한 사람들 중의 한 명이지만, 그에게 이 단어는 오직 긍정적인 양상만을 가지는 것은 아니다. 반대로 이 완성 가능성이라는 단어는 거의 대부분 부정적인 양상을 가진다. 실제로 루소에게 완성 가능성이란 단지 변화시킬 수 있는 능력, 거의 대부분 부패로 이어지는 능력이다.

덕성과 양심

루소에게 도덕적 진실은 일체의 현실을 통일하는 요소다. 만일 지식이 내적 확실성 속에 뿌리박지 않는다면, 그것은 거짓 양심이자 단순한 이기심의 투사에 불과하다. 반대의 경우에 이성은 정념에 의해 부패되어 이기심을 부추기는 거짓 추론으로 바뀔 수 있다. 만일 이성이 진실에 접근할 수 있다면, 그것은 오직 양심이 미적인 방식으로 도덕성을 사랑하도록 요구할 때 가능하다. 그가 직면한 문제는 너그러운 신이 마련해놓은 질서의 합리적 판단에 토대를 둔 양심이라는 것이, 이기심이 지배하는 세계에서는 매우 드물다는 것이다.

4. 정치철학

루소는 주로《인간 불평등 기원론》,《백과전서》의 〈정치경제〉,《사회계약론》,《폴란드 정부에 대한 고찰》에서 자신의 정치철학을 설명한다. 루소의 정치철학은 17~18세기 영국 철학자들이 주장하는 계약 이론의 관점 속에 위치해 있다. 그의《인간 불평등 기원론》은 때로 토머스 홉스가 쓴 작품과의 대화로 간주된다. 크리스토퍼 버트램에 의하면, 루소가 주장하는 정치적 학설의 핵심은 "하나의 국가는 오직 그것을 구성하는 국민의 일반의지에 의해 인도될 때에만 합법적인 것이 될 수 있다"(크리스토퍼 버트램, 〈장 자크 루소〉, p. 12)는 그의 확언이다.

루소의 정치철학에서 중요한 몇 가지 단어

① **조국애**: 이기심의 힘을 덕성의 아름다움과 결합시키는 부드러우면서도 강렬한 감정이다. 사람들이 일반의지에 따르도록 도와준다.

② **정치체**: 정치체 역시 어떤 의사를 가진 도덕적 존재이며, 이것의 일반의지는 항상 전체와 각 부분의 보존과 평안을 지향한다.

③ **인민과 우두머리들의 부패**: 개개인의 이해가 결합하여 공익에 맞설 때, 악덕을 처벌하기 위한 법보다 공공의 악덕이 법을 무력하게 만들려는 힘이 더 클 때 부패가 일어난다. 그때 의무의 목소리는 마음속에서 더 이상 말을 하지 않는다.

④ **정부**: 정부는 법률의 지배자가 아니라 그것의 보증인으로, 사람들이 법률을 사랑하게 만들 수 있는 수많은 방법을 가지고 있다.

⑤ **입법자**: 그의 첫 번째 의무는 일반의지를 따르는 것이다.

⑥ **법**: 법은 공공의 이성과 동의어이며, 개인의 이익을 추구하는 사

적 이성과 반대된다.

⑦ **주권**: 주권은 입법권이 유래하는 최고의 권위다. 루소와 더불어 주권은, 즉 절대적이며 항구적인 권력은 군주로부터 인민에게 넘어간다.

⑧ **덕성**: 순수한 영혼의 기술인 덕성의 원칙은 모든 사람의 마음속에 새겨져 있다. 그것의 법칙을 배우려면, 자기 자신 속으로 돌아가 정념의 침묵 속에서 양심의 목소리를 들으면 된다. 덕성이란 또한 개별의지와 일반의지를 일치시키는 것이기도 하다.

⑨ **일반의지**: 일반의지는 정치체와 그 부분들의 보존을 지향하며, 항상 공공의 복지를 목표로 한다. 그것은 개인의 이익에 현혹되지 않을 때 인민이 내는 목소리다.

일반의지

– 의지와 일반성

일반의지는 루소 정치철학의 주요한 개념이다. 이 개념은 '의지'와 '일반성'이라는 두 가지 용어로 이루어져 있는데, 루소의 사상을 제대로 이해하려면 그 의미를 명확히 하는 게 좋을 것이다.

아우구스티누스의 《자유의지론De libero arbitrio》〔성염 옮김, 《자유의지론》, 분도출판사, 1998〕 이후에 나타난 모든 "의지주의자들"처럼, 루소도 도덕적 가치를 가지기 위해서는 의지가 자유로워야 한다고 주장한다. 자유는 우선 부권父權이나 최강자의 권력 같은 다른 사람의 권위에 대한 불복종으로 이해된다. 그렇지만 루소는 오직 의지만이 인간을 도덕으로 인도할 수 있다고 믿지는 않는다. 그에 따르면 의지가 자유로운 동시에 도덕적이려면, 인간에게는 모세, 누마 폼필리우스Numa Pompilius(로마), 리쿠르고스(스파르타) 같은 위대한 입법자나 교육자가 필요하다.

루소에게 의지가 일반적이라고 말하는 것은, 곧 그것이 파스칼Blaise Pascal, 말브랑슈, 페늘롱, 벨Pierre Bayle에게서처럼 개별적인 것과 일반적인 것 사이의 어딘가에 위치한다는 것을 의미한다. 패트릭 라일리Patrick Riley에 따르면, 이 일반적인 것의 관점은 "매우 분명하게 프랑스적"(패트릭 레일리Patrick Riley(éd.),《케임브리지 루소의 이해The Cambridge Companion to Rousseau》, Cambridge: Cambridge University Press, 2011, p. 134)이다. 이 점에서 루소는《백과전서》의 〈자연법〉 항목에서 인류의 일반의지와 일반적 도덕이 동시에 존재한다고 주장하는 디드로와 대립한다. 로마와 스파르타, 혹은 제네바를 모델로 내세우는 루소는 그와 반대로 국가 개별주의의 중요성을 강조한다.

루소가 처음으로 "일반적"이라는 단어와 "의지"라는 단어를 나란히 배열하여 "일반의지"라는 표현을 사용한 것은 아니다. 그에 앞서 아르노Antoine Arnauld, 파스칼, 말브랑슈, 페늘롱, 벨, 라이프니츠도 이 표현을 사용했던 것이다. 하지만 이들이 신의 일반의지를 말했던 것과 달리, 루소는 시민의 일반의지를 말한다. 요컨대 그는 이 표현을 세속화·민주화시킨 것이다.

– 일반의지의 해석과 개념

크리스토퍼 버트램은 루소의 일반의지가 두 가지로 해석될 수 있는 애매모호한 개념이라고 말한다. 즉 민주적 개념으로서의 일반의지는 시민이 결정한 것을 뜻하고, 초월적 개념으로서의 일반의지는 개인의 이익을 제외하면 드러나는 시민의 공익을 뜻하는 것이다. 첫 번째 해석은 주로《사회계약론》의 2권 3장에 근거하고 있는데, 여기서 루소는 공익에 도달하기 위해 토의 과정을 거칠 것을 강조한다.

루소는 시민이 충분한 정보를 갖추지 못하면 수사修辭가 효과를 발휘하고 시민들이 단순한 방식으로 소통하기 때문에 그들이 벌이는 토의의 질이 떨어지고, 이는 정치체를 위험하게 한다고 평가한다. 따라서 아테네의 민주주의가 실제로는 "학자와 웅변가 들에 의해 통치되는 매우 독재적인 귀족정치"(크리스토퍼 버트램, 〈장 자크 루소〉, p. 13)였다고 확언한다.

루소가 주장하는 권리와 법

– 법과 자연법

루소는《인간 불평등 기원론》에서 자연법은 매우 상이한 두 가지 방식으로 이해될 수 있다고 주장한다. 로마법 학자들은 자연법이 "자연이 모든 생물의 공동의 보존을 위해 그들 간에 확립하는 일반적 관계"(본서 45쪽)라고 주장한다. 그리고 근대 법학자들에 의하면, 법은 "도덕적인 존재, 즉 지적이고 자유롭고 다른 존재들과의 관계 속에서 고찰되는 존재가 지키도록 규정된 규칙"(본서 45쪽)이며, 그것은 인간이 가진 자연적 목적(루소에 따르면, 그의 동시대 철학자들은 이 목표를 거의 받아들이지 않는다)을 추구한다는 의미에서 자연적이다. 따라서 만일 자연법이 존재한다면 그것은 앞에 등장한 두 가지 정의에 부합해야 하는데, 루소는 이것이 불가능한 일이라고 생각한다. 자연 상태의 인간이 공동의 유용성을 위해 자발적으로 행동한다면, 그것은 더 이상 자연인이 아니다. 그렇기 때문에 구르비치Georg Gurwitsch에 따르면, 루소가 "자연법"이라는 단어를 사용할 때 그는 자기 자신의 관점이 아니라 근대 법학자들의 관점을 참조한다. 자신의 관점을 밝힐 때 루소는 최소한 두 가지 이유에서 "자연법"에 관해 말한다. 즉 법은 일반적으로 우월한 자가 열등한 자에게 내리는 명령의 표현으로 이해되며, 또한 상황에 따라 다르게 적용될 수 있다는 것이다.

루소에게 문제는, 비록 자기애와 연민은 인간 간의 경제적 상호 의존이 발달하면서 인간존재들로 하여금 자연법을 따르도록 하지만, 결국 자기애는 이기심이 되고 인간의 본성을 다루는 법은 더 이상 자연법을 준수하지 않게 된다는 사실이다. 그리하여 루소는 일단 인간이 서로에게 불가역적으로 종속되면, 자연법의 자발적인(자연적인) 준수는 결코 세계적인 규모로는 회복될 수 없다고 주장한다.

– 정치법과 정의

루소는 자연법과 정치법을 구분한다. 정치법은 그가 자주 말하는 "잘 수립된 국가"의 원칙이나 법칙을 참조한다. 정치법은 어떤 국가나 정치체의 범위 내에서 인간이 잘 살도록 해주는 사회를 수립하는 것을 목표로 한다. 자연 상태로 되돌아가는 게 아니라 행복한 삶을 살 수 있어야 한다. 그러기 위해서는 도구적인 이성의 도움을 받는 정치법이 어떤 정의의 형태로 돌아가도록 만들어야 한다. 그래서 루소는 "신의 정의", "보편적 정의", "인간의 정의"라는 세 가지 유형의 정의를 구분한다. 첫 번째 정의는 신으로부터 유래하고, 두 번째 정의는《백과전서》의 〈자연법〉 항목에서 법과 정의를 순수한 이성 행위로 간주하는 디드로를 참조하며, 세 번째 정의는 루소의 것이다. 루소에게 정의의 개념은 정치체를 참조하며, 세계 전체로 확대되지 않는다.

정치체와 시민권

─ 정치사회, 시민사회, 정치법

루소에 따르면 정치사회는 자연적인 것이 아니며, 그에게 인간은 아리스토텔레스와 달리 정치적 동물이 아니다. 구성원의 합의와 동의에서 유래하는 정치체는 자원의 결집 및 사회 구성원의 힘과 자원의 공유를 가능하게 한다.

이 정치체를 지칭하기 위해 루소는 또한 잘 조직된 사회, "인민", 공화국 등의 용어를 사용하기도 한다. 정치체의 목적은 시민사회의 불평등한 사회계약을 "각 구성원의 인신과 재산을 공동의 힘으로 방어하고 보호하며, 그것을 통해서 각자가 모두와 결합했지만 오직 자기 자신에게만 복종하고 또한 전과 똑같이 계속 자유로운 결합 형태"로 바꿀 수 있는 수단을 제안하는 것이다.

─ 인간과 시민의 구분

자연법은 인간에게 좋고, 정치법은 시민에게 좋다. 정치법을 통해 시민은 사회의 개선을 목표로 하는 계획에 착수한다. 루소에 따르면, 진정한 사회계약에 참여한다는 것은 곧 인간과 시민을 구분하는 관점의 변화를 야기한다. 실제로 시민은 자신을 전체의 일부로 간주하고, 의무의 목소리에 귀를 기울이고, "자신의 개인적 성향에 귀 기울이기 전에 자신의 이성에 물음을 던지는" 법을 배워야 한다. 루소는 시민이 하나의 전체를 형성하도록 그들을 결합시키기 위해서는 같은 습관과 믿음과 관행을 가져야 한다고 주장한다. 애국심 역시 시민을 결속시켜 그들이 일반의지를 더 쉽게 받아들이도록 할 수 있는 수단이다. 여기 대해서 그는 이렇게 쓴다. "조국에 대한 사랑은 가장 효과적이다. 내가 이미 말했던 것처럼, 모든 인간은 그의 개별적 의지가 일반의지와 모두 일치할 때 덕성스러우며, 우리는 우리가 사랑하는 사람들이 원하는 것을 기꺼이 원한다"(장-자크 루소,《장-자크 루소: 정치에 관한 글Jean-Jacques Rousseau: Écrits politiques》, Paris: Le Livre de Poche, 2012, p. 176). 루소는 인간이 자기애와 연민이라는 두 원칙에 의해 고무된다고 주장한다. 시민의 경우에는 연민이 상호성으로 바뀌어야 한다. "우리를 사회체와 연결시켜주는 계약은 오직 그것이 상호적이기 때문에 의무적이다"(장-자크 루소,《장-자크 루소: 정치에 관한 글》, p. 96).

– 평등, 정의, 유용성, 그리고 정치체

루소는 정의의 개념이 상호성과 연관되어 있다고 주장한다. 문제는 상호성이 존재하려면 평등이 이루어져야 한다는 사실이다. 그런데 자연 상태가 막을 내리면서 자연적 자유와 평등도 사라졌다. 그러므로 합의에 의한 방식으로 그것들을 복구해야 한다. 평등과 자유를 복구시키려는 계획에서, 루소는 평등을 목적 그 자체로서가 아니라 평등한 사람들 사이에서만 존재할 수 있는 정치적 자유를 안정시키는 수단으로 간주한다. 루소는 인간존재가 기울이는 노력의 산물인 불평등에 반대하는 것이 아니라 자연에 의해 정당화되지 않는 불평등에 반대하지만, 그럼에도 인간은 불평등의 심화를 하나의 위협으로 간주하고 맞서야 한다고 주장한다.

– 인민의 주권

루소에게 정치적 의미로서 시민 전체로 이해된 인민이 주권을 가지고 있다는 말은, 곧 법을 비준하거나 공포하는 것이 인민이라는 의미다. 일반의지는 인민에게서 유래하는 것이다. 인민은 주권을 가지고 있지만, 통치하지 않고 통치할 자격도 가지고 있지 않다.

그렇다면 어떻게 인민의 주권이 행사될 수 있을지 결정해야 한다. 직접민주주의와 대표민주주의라는 두 가지 해결책이 가능하다. 루소는 대표민주주의에 대해서는 그다지 열광하지 않았고, 오히려 고대 모델을 모방한 직접민주주의를 선호한다. 그에 의하면 투표만 하고 마는 것은 곧 주권을 간헐적으로만 행사한다는 의미다. 그는 인민은 투표하는 날만 자유로울 뿐 그들의 대표자들이 선출되자마자 바로 노예가 된다고 주장하면서, 당시 영국에서 시행 중이던 투표 제도를 비웃는다. 그러므로 의지의 대표라는 개념에 대한 그의 비판은 매우 엄격하다. "주권은 양도될 수 없다는 바로 그 이유 때문에 대표될 수 없다. 주권은 기본적으로 일반의지 속에 있으며, 의지는 결코 대표될 수 없다. 의지는 같은 것이든지, 아니면 다른 것이든지, 둘 중에 하나다. 중간은 없다. 그러므로 인민의 대표들은 인민을 대표하지도 않고 대표할 수도 없다. 그들은 인민에게 봉사하는 위원들일 뿐이다."

루소는 이렇게 덧붙인다. "인민이 직접 비준하지 않는 모든 법은 무효다. 즉 그것은 법이 아닌 것이다." 그렇지만 크리스토퍼 버트램에 따르면, 비록 이러한 해석이 가장 널리 퍼져 있지만, 그것이 정확한 해석인지와 루소가 실제로 모든 형태의 대표를 거부하는지는 분명하지 않다.

비록 루소가 주권에 대해 홉스와는 다른 관점을 가지고 있지만, 결국 시민은 서로 연합함으로써 그들의 모든 자연적 권리를 잃어버린다.

정부

– 정부와 주권

주권자(루소의 경우에는 인민)는 일반의지의 표현인 법을 공포한다. 반면에 정부는 국가를 법의 테두리 안에서 다스리는 인간들의 더욱 제한된 단체다. 주권자는 필요할 경우 법의 시행령을 선포할 수 있다.

루소는 정부(행정부)와 입법부를 반드시 분리시켜야 한다고 강조한다. 후자가 일반법들을 선포하면, 전자는 그것을 시행하고 개별적인 사례에 맞춘다. 루소는 행정부와 입법부를 뒤섞음으로써 법의 일반성이 손상될까 봐 두려워한다. 한편 그는 정부가 주권(입법권)을 차지하고 싶은 유혹을 느낀다는 사실을 강조한다. 구르비치는 이 같은 두려움이 "규율을 잘 갖춘 사회에서 법과 인간이 어느 정도까지 서로 양립할 수 있는가?"(빅토르 구르비치Victor Gourevitch, 〈서문Introduction〉, 《장-자크 루소: 사회계약론 및 기타 정치와 관련된 후기 저작물Jean-Jacques Rousseau: The Social Contract and Other Later Political Writings》, Cambridge: Cambridge University Press, 1997)라는 의문을 낳으면서, 루소의 사상을 해결될 수 없는 무엇인가로, 나아가서는 비극적인 무엇인가로 만든다고 말한다.

– 정부의 세 가지 형태

루소는 정부를 직접민주제, 군주제, 귀족제의 세 가지로 분류한다. 귀족제는 천부적 귀족제, 선거 귀족제, 세습 귀족제의 세 가지 형태를 띤다. 직접민주제는 모든 인민의 신분이 평등한 작은 국가에 적합하다. 루소는 유능한 인재들을 배척하고 자신에게 충성하는 자들만 총애하는 군주제의 신봉자가 아니다. 재정의 차원에서 보자면, 직접민주주의는 지나치게 많은 세금을 인민에게 과세하지 않으려고 애쓰는 반면,

군주제는 그렇지 않기 때문에 오직 부유한 국가에만 적합하다. 귀족제의 경우, 그는 세습 귀족제는 배제되어야 한다고 생각한다. 또한 그는 천부적 귀족제는 오직 작은 국가에서만 가능하다고 주장한다. 따라서 그에 따르면 가장 훌륭한 정부 형태는 그가 입헌정부라고도 부르는 선거 군주제다.

— 시민종교

루소는 시민종교를 《사회계약론》 4권 8장에서 다룬다. 그는 최초의 정치체가 그것에 법을 제공한 위대한 인물들과, 그 법에 경건함을 부여하여 유효하게 만든 신에 의해 형성되었다고 주장한다. 그 결과 사회계약은 초월적 차원을 획득하여, 사람들로 하여금 신으로부터 벌을 받을까 봐 두려워 그 계약을 따르도록 한다. 그에 따르면 기독교는 종교와 정치체 간의 관계를 무너뜨렸다. 왜냐하면 이 종교는 시민이 아니라 인간에게 관심을 가졌기 때문이다. 기독교는 하나의 세력이 됨으로써 자연법 개념을 널리 퍼뜨렸지만, 국가의 주권을 분리시켜놓기도 했다. 그렇기 때문에 루소는 그가 "신성한 정치"라고 부르는 것을 기독교 국가들이 실천하지 않는다고 주장한다. 기독교 때문에 잃어버린 일체성을 회복하기 위해, 즉 종교와 정치체 간의 대립을 극복하기 위해, "독수리의 머리 두 개를 결합〔국가의 통일을 상징한다〕시키고, 모든 것을 그것 없이는 국가나 정부가 잘 조직될 수 없는 정치적 통일성으로 이끌어 나가기 위해", 루소는 "강력하고 지적이고 자비로우며, 미래, 의인의 행복, 악인의 징벌, 사회계약과 법의 신성함을 예측하고 준비하는 신" 같은 소수의 실증적 교리에 기초한 시민종교를 창설할 것을 제의한다.

– 국제법

루소에 따르면, 그는 국가법이라고 부르고 우리는 국제법이라고 부르는 것은 하나의 공상에 불과하다. 실제로 그는 주권국가를 "벌하는" 것은 어려운 일이라고 생각한다. 유럽 국가 연맹과 효력을 가지는 전쟁법을 만들기 위한 그의 계획은 단편적인 것으로 남아 있다. 루소는 전쟁을 개인들 간의 대립으로 보지 않고, X라는 국가가 Y라는 국가와 싸우는 도덕적 실체들 간의 싸움이라고 본다. 전쟁의 목적은 국민의 죽음이 아니라 적국의 일반의지를 무력화하는 것이다.

5. 장-자크 루소와 예술

루소와 연극

루소는 직접 쓴 〈나르시스, 혹은 그 자신의 연인〉이라는 희극을 1752년에 코미디프랑세즈에서 공연하여 인기를 끌었지만, 스스로는 이 작품이 걸작이라고는 생각하지 않았다. 왜냐하면 레몽 트루송이 "걸작"은 아니지만 매혹적이며 "그가 쓴《학문예술론》의 연장선상에 있다고 평가한" 〈마을의 점쟁이〉를 발표하여 큰 성공을 거두었기 때문이다. 그렇지만 그가 연극에 관해 쓴 글 중에서 가장 널리 알려진《달랑베르에게 보내는 연극에 관한 편지》는 이 예술 형태에 대해 매우 비판적이다. 이 편지는 우선 달랑베르가《백과전서》의 〈제네바〉 항목에서 연극의 창작을 변호한 데 대한 응답이다. 루소는 자기가 도발당했다고 생각했다. 왜냐하면 달랑베르가 제네바 근처에 살던 볼테르의 영향을 받았다고 믿었기 때문이다. 이처럼 과민한 반응은 무시하고 사실에만 충실하자면, 제네바에 극장을 세운다는 계획을 두고 연극에 호의적인 도시의 신교도 상류층과 루소가 지지하는 서민층 시민이 대립했다. 이 같은 대립의 정치적 의미를 이해하기 위해서, 루소는 연극을 인민을 소외시키는 한편 풍습과 공공의 자유를 파괴하는 사회적 사실로 이해한다.

그리하여《달랑베르에게 보내는 연극에 관한 편지》에서 루소는 키케로, 코르네유Pierre Corneille, 라신, 볼테르, 디드로가 지지하는 주장, 즉 미적 대상은 덕성을 장려하는 동시에 악덕을 혐오하게 한다는 주장에 반대한다. 이와 반대로 그는 플라톤이《공화국》10장에 쓴 것처럼, 예술은 영혼의 비이성적인 부분을 즐겁게 할 뿐 가르치지는 않는다고 주장한다. 실제로 그는 희곡 작품이 우선 보는 사람에게 즐거움을 안겨주고 기분을 맞추어야 한다고 주장하는데, 이것은 모든 교육을 무효화하는 일이다.

그의 연극 비판은 또한 우리가 오늘날 "스펙터클 사회"라고 부르는 것에 대한 비판과 연결된다. 궁정 사회는 최초의 스펙터클 사회로 분석될 수 있다. 루소는 프랑스 연극이 군주제에서 발달했으며, 큰 도시의 작은 도시에 대한 우위와 여가 생활에 몰두하는 귀족계급의 일하는 인민에 대한 우위를 동시에 상징한다고 주장한다. 이 제네바 시민이 볼 때 연극은 인민을 타락시켜서 사악하게 만드는 정치제도다. 일반적으로 루소는 당대의 프랑스 예술이 지나치게 현학적이고 일률적이라고 주장한다. 그에게 문화란 일률적이지 않은 독특한 것이어서, 민족에 따라 다양하게 변한다. 그렇기 때문에 그는 어떤 일이 파리에서는 일어나도 아무 상관없지만, 제네바에서 일어나면 해로운 결과를 낳을 수 있다고 주장한다.

루소는 또 연극배우라는 직업에 대해 부여되는 중요성에 관하여 디드로에게 반대한다. 《연극배우에 관한 역설 Paradoxe sur le comédien》〔주미사 옮김, 《배우에 관한 역설》, 문학과지성사, 2001〕이라는 책에서 디드로는 그들 자신으로 남아 있으면서 어떤 역할을 연기할 수 있는 연극배우의 능력을 높이 평가한다. 그런데 디드로가 배우의 기술과 솜씨의 정점이라 여기는 것을, 반대로 루소는 거짓과 이중성의 극치라고 간주한다. 사실 루소가 볼 때 공화국에서 더 높은 가치를 부여해야 하는 것은 연극이 아니라 축제다.

"뭐라고? 그러니까 공화국에서는 공연이 아예 필요 없다는 건가? 아니다, 반대로 공연은 많이 필요하다. 공연은 공화국에서 태어났다. ……

그런데 이 공연의 목적은 무엇일까? 그것에서 무엇을 보여줄 것인가? 보여줄 건 아무것도 없다. …… 광장 한가운데 꽃다발로 장식된 말뚝을 하나 박고 사람들을 모으라. 그러면 축제가 벌어질 것이다"(장-자크 루소,《전집 V: 음악과 언어, 연극에 관한 글 Œuvres complètes V: Écrits sur la musique, la langue et le théâtre》, Paris: Gallimard, coll. La Pléiade, 1995, p. 115).

루소와 소설:《쥘리, 혹은 신엘로이즈》

《고백록》에서 루소는 자기가 현실에서는 충족시킬 수 없었던 견딜 수 없는 사랑의 욕망을 허구 속에서 충족시키기 위해 소설《쥘리, 혹은 신엘로이즈》을 썼다고 말한다. 어떻게 보면 이 소설은 위안의 가치를 가진 셈이다. 그는 또 자기가 소설 작품을 통해 자신의 사상을 더 폭 넓고 많은 독자들에게 전달할 수 있다고 생각했기 때문에 이 소설을 썼다고 말하기도 했다. 다른 한편으로 그는 그가《달랑베르에게 보내는 연극에 관한 편지》에서 반대했던 연극과는 달리, 소설은 평범한 인물을 등장시키기 때문에 모든 사람이 덕을 갖추도록 만들 수 있다고 생각한다.

이 소설의 줄거리는 다음과 같다. 가정교사 생프뢰는 제자인 쥘리 데탕주를 보고 한눈에 반한다. 두 사람은 서로 사랑하지만, 금전적·사회적 속박이 그들의 결혼을 가로막는다. 생프뢰는 가난하다. 그래서 쥘리는 그녀보다 서른 살 연상의 돈 많은 무신론자 볼마르 씨와 결혼한다. 루소는 이 소설에서 사랑과 결혼을 분리시킨다. 실제로 그는 볼마르 씨와 쥘리 데탕주가 서로 사랑하지는 않지만 결혼해야 한다고 생각한다. 여기 대해서 그는 이렇게 말한다. "부부가 엄숙한 인연으로 결합할 때마다, 이 신성한 결합을 존중하고 자랑으로 삼겠다는 무언의 서약이 동시에 이루어진다"(장-자크 루소, 《전집 II: 신엘로이즈, 희곡, 시, 문학론Œuvres complètes II: La Nouvelle Héloïse, Théâtre, Poésies, Essais Littéraires》, Paris: Gallimard, coll. La Pléiade, 1984(1re éd. 1961), p. 2160). 루소를 숭배했던 톨스토이Lev Nikolayevich Tolstoy가 쓴 작품에서 안나 카레리나는 정념에 자신을 맡기고 남편 곁을 떠나지만, 볼마르 부부는 여전히 함께 있다. 그들은 평온한 즐거움과 절제가 지배하는 클라랑 공동체를 만든다. 그럼에도 마지막에 쥘리는 결혼 생활을 하면서 좀 지루했고 생프뢰를 잊지 않았다고 고백한다. 이 소설은 18~19세기에 걸쳐 엄청난 성공을 거두었다.

언어와 문학

루소의 문체가 갖는 우아함은 프랑스 시와 산문을 크게 변화시켰고, 특히 17세기의 엄격한 규범에서 해방되도록 도와주었다. 루소는 그의 작품에서 아름다운 자연을 다시 묘사하고, 프랑스인이 다시 자연적인 아름다움에 대한 취향을 갖게 했으며, 베르나르댕 드 생피에르, 샤토브리앙François-René de Chateaubriand, 세낭쿠르Étienne Pivert de Senancour, 그리고 특히 그의 열성적인 제자인 조르주 상드George Sand 등 수많은 작가가 그를 이어 자연을 묘사하도록 자극했다. 프랑스 밖의 수많은 작가들도 루소의 영향을 받았다. 러시아에서는 푸시킨Alexander Pushkin과 톨스토이가 그런 경우인데, 톨스토이는 이렇게 쓴다. "열다섯 살 때 나는 목에 십자가 대신 루소의 초상화가 들어 있는 메달을 달고 다녔다"(윌 듀런트Will Durant, 《문명 이야기 10권: 루소와 혁명The Story of Civilization Volume 10: Rousseau and Revolution》, Simon&Schuster, 1967, p. 891). 영국에서는 워즈워드William Wordsworth와 콜리지Samuel Taylor Coleridge, 바이런George Gordon Byron 경, 셸리Percy Bysshe Shelley, 존 키츠John Keats에게, 미국에서는 호손 Nathaniel Hawthorne과 소로Henry David Thoreau에게, 독일에서는 괴테Johann Wolfgang von Goethe, 실러Friedrich Schiller, 헤르더Johann Gottfried von Herder에게 영향을 미쳤다. 헤르더는 루소를 자신의 "안내자"로 여겼고, 괴테는 1787년에《에밀》이 전 세계의 교양인들에게 주목할 만한 영향을 미쳤다는 사실을 깨달았다.

작곡가이자 음악 비평가 루소

루소는 1745년에는 징세 청부인 라 포플리니에르의 집에서 공연되고 1747년에는 오페라극장에서 공연되었으나 성공을 거두지는 못한《아양 떠는 뮤즈들》이라는 오페라발레와, 〈피그말리온〉이라는 멜로드라마를 썼다. 프랑수아-조제프 페티François-Joseph Fétis에 따르면, "루소는 오케스트라가 무대 위에서 그를 동요시킨 감정을 표현하는 등장인물과 대화를 나누는 종류의 작품을 써냈다"(프랑수아-조제프 페티,《음악가 전기, 음악 참고문헌Biographie universelle des musiciens et bibliographie générale de la musique》7권, Paris: Firmin-Didot, 1867, p. 553). 이 철학자이자 작곡가의 작품 목록에는 〈다프니스와 클로에〉라는 발레곡 단장斷章도 포함되어 있다.

음악사가들에 따르면, 목가적 막간극인 〈마을의 점쟁이〉의 곡들은 그걸 작곡한 루소가 음악에 대해 기초 지식만을 갖고 있었기 때문에 매우 단순하다. 폴 피티옹Paul Pittion에 의하면, "〈서곡Prélude〉은 춤곡의 연속에 불과하지만, 콜랭이 부르는 〈나, 이제 내 매혹적인 연인을 만나네Je Vais Revoir Ma Charmante Maîtresse〉라든가 한 절짜리 노래 〈사랑의 기술이 순조롭게 발휘되네L'art à l'amour est favorable〉 같은 몇몇 부분은 나름 듣는 사람을 매료시킨다"(폴 피티옹, 《음악과 음악의 역사 1권: 기원에서 베토벤까지 La musique et son histoire tome I: des origines à Beethoven》, Paris: Éditions Ouvrières, 1960, p. 354). 이 가벼운 오페라는 큰 성공을 거두었다. "젤리요트 Pierre Jélyotte와 펠 Marie Fel 양에서 루이 15세에 이르기까지, 모든 프랑스 사람들이 이 오페라에 등장하는 곡들을 노래했다"(헥토르 베를리오즈 Hector Berlioz, 《회고록 Memoires》, 1권, Paris: Calmann-Lévy, 1870, p. 430). 그러자 루이 15세는 루소에게 연금을 주겠다고 제안했으나, 루소는 다음 날로 예정되었던 루이 15세의 알현에 참석하지 않는 바람에 그에게 주어질 수도 있었을 연금을 못 받게 되었다. 바로 이때 그에게 왕의 제안을 받아들이라고 재촉하는 디드로와의 첫 번째 논쟁이 벌어진다.

프랑스 음악사에서 루소는 라모의 비평가이자 적수로 여겨지며, 라모 역시 루소를 사람들이 생각하는 것처럼 그렇게까지 이상하지는 않은 불쌍한 미치광이로 간주했다. 당시 베르사유의 귀족 정체가 구상하는 스펙터클-오락의 영광스런 표현인 오페라는 몇 차례 논쟁의 대상이 되었는데, 그중 하나가 바로 백과전서파 철학자들이 서로 다른 목표를 추구했던 "뷔퐁 논쟁"이다. "오페라극장의 커튼을 통해 디드로는 베르사유의 정신 자체를 겨냥하고, 그림은 프랑스의 정신 전체를 겨냥하며, 루소는 한 인간을 겨냥한다"(장 말리뇽 Jean Malignon, 《라모 Rameau》, Paris: Éditions du Seuil, coll. Solfèges, 1960, p. 192).

1753년에 출판된 〈프랑스 음악에 관한 서한〉에서 루소는 〈이폴리트와 아리시 Hippolyte et Aricie〉를 작곡한 라모의 화성 이론을 공격한다. "화성이 충실하게 이루어진 모든 음악, 화음이 완벽한 모든 반주는 많은 소리를 내야 하지만 표현력은 거의 가지지 말아야 한다는 것이 바로 자연에 근거한 확실한 원칙이다. 즉 이것이 바로 프랑스 음악의 특징인 것이다"(프랑수아-조제프 페티,《음악가 전기, 음악 참고문헌》, 7권, p. 553).

루소는 이 편지의 결론을 매우 단호하게 내림으로써 큰 파문을 불러일으키는 바람에, 오페라극장의 배우와 음악가 들은 왕립음악아카데미 마당에서 그의 허수아비를 불태웠다.

"내가 보기에, 프랑스 음악에는 박자도 없고 멜로디도 없는 것 같다. 왜냐하면 언어 자체가 그런 것들을 가질 수 없기 때문이다. 그래서 프랑스 노래는 선입관을 갖지 않은 사람의 귀는 도저히 견디기 힘든 지속적인 고함에 불과하다. 그것의 화음은 예술적으로 표현되지 않고 그냥 투박할 뿐이다. 프랑스 곡들은 전혀 곡이라고 볼 수 없고, 서창부도 도저히 서창부라고 볼 수 없다. 그래서 나는 프랑스인은 음악이라는 걸 가지고 있지 않으며, 가질 수도 없다고 결론 내린다. 혹시 그들이 음악을 가지고 있다면, 그건 그들로서는 안된 일이다."

현대 음악학자들에게 라모의 음악에 대한 그림과 루소의 공격은 "어리석은 짓"에 가깝다. 베를리오즈는 글루크가 마리 앙투아네트Marie Antoinette 앞에서 루소의 음악을 찬양한 것을 일종의 익살스런 배신 행위라고 폄하한다. 20세기 초에 클로드 드뷔시Claude Debussy는 장-자크 루소의 유치한 미학과 그가 라모를 비판하며 내세운 (별다른 근거가 없는) 이유를 다시 한 번 비웃는다.

6. 루소의 작품에 대한 현대의 문제 제기

작품의 일관성

루소는 자기 작품의 기본적인 통일성이 '인간은 원래 선하게 태어났지만 사회가 그를 타락시켰다'라는 생각에 기초한다고 주장했다. 하지만 20세기 초까지만 해도 루소는 매우 이분법적인 방식으로 읽혔다. 즉 한편으로는 "언어의 마술사"로 간주되고, 또 한편으로는 거의 병적이라고 할 만큼 모순의 인간으로 간주되었던 것이다. 하지만 이런 평가는 그래도 호의적인 편이었다. 장 스타로뱅스키에 따르면, 그를 비난하는 사람들은 "그를 현대 세계에서 일어난 모든 정치적·도덕적 재난의 책임자"(장 스타로뱅스키, 〈서문 Préface〉, 에른스트 카시러Ernst Cassirer, 《장-자크 루소의 문제Le problème Jean-Jacques Rousseau》, Paris: Hachette Pluriel, 2012)로 지목했다. 결국 20세기 초부터 그의 작품이 완전히 출판되기 시작한 뒤에야 체계적 읽기가 가능해졌다. 물론 귀스타브 랑송Gustave Lanson이 루소 사상의 통일성을 처음으로 강조하기는 했지만, 여러 반박에도 불구하고 그의 작품들이 일관성을 갖추고 있다는 주장이 주조를 이루게 된 것은 에른스트 카시러Ernst Cassirer가 1932년 출판된 《장-자크 루소의 문제Das Problem Jean Jacques Rousseau》에서 그것을 분석하고 나서부터다. 반면에 1932년에 빅토르 바슈Victor Basch는 카시러에 반대하여 루소는 우선적으로 시인이었으며, "그가 시인이자 소설가였던 한에서만 사상가인 동시에 철학자였다"(《프랑스 철학회 회보Le Bulletin de la Société Française de Philosophie》 XXXII, 1932, p. 78에서 발췌한 인용문)고 주장한다. 빅토르 골드슈미트는 《인류학과 정치학: 루소 학설의 원칙》에서 루소의 철학적 사상이 일관성을 갖추고 있다는 점을 강조하면서, 이 같은 일관성은 이 제네바 시민이 여러 학문을 분석하기 위해서는 주로 관찰과 추리에 의지하는 한 가지 방법론만 사용해야 된다고 주장한 데 따른 결과라고 말한다.

21세기 초에 존 스코트 같은 작가는 물론 루소의 작품에 많은 모순이 있는 것은 사실이지만, 그것이 통일성이 존재하지 않는다는 의미는 아니라고 주장한다. 사실 모순이라는 것은 단지 모순의 외관에 불과할 수도 있다는 것이다. 스코트는 루소의 작품들을 인간이 타고난 선의의 분석으로 간주한다. 그렇지만 그에 따르면 "선한"이라는 형용사는 원래 인간은 태어날 때부터 고결하고 자비롭다는 의미가 아니고, 인간 속에는 원래부터 필요 및 정념과 그것들을 충족시키는 능력 간에 균형이 존재한다는 의미이다. 그리고 바로 이 같은 균형이 인간을 타인에게 종속되지 않는 선한 존재로 만들어준다는 것이다. 왜냐하면 타인에 대한 종속이 인간을 나쁘게 만들기 때문이다.

루소와 페미니즘

루소는《에밀》5권에서 이렇게 주장한다. "남자들을 즐겁게 해주고, 그들에게 쓸모 있는 사람이 되고, …… 그들에게 충고하고, 그들을 위안하고, 그들의 생활을 즐겁고 유쾌하게 만들어주는 것, 바로 이것이 모든 시대 여성들의 의무이며, 여성들은 이 같은 의무를 어릴 때부터 배워야 한다."

18세기 말 영국 페미니즘의 선구자인 여성작가 매리 울스턴크래프트Mary Wollstonecraft는 루소가 여성에 대해 가지고 있는 이런 개념이 문화를 자연으로 간주하는 지적 사기 행위라며 비난하는데, 이 같은 생각은 나중에 시몬 드 보부아르Simone de Beauvoir의 "우리는 여성으로 태어나는 게 아니라 여성이 되어간다"라는 유명한 표현으로 발전되어 갈 것이다. 1792년에 발간된《여권의 옹호》〔손영미 옮김,《여권의 옹호》, 연암서가, 2014〕에서 울스턴크래프트는 여성이 교육받을 권리 자체를 부정하는 이 교육 철학자의 여성에 대한 관점을 비판한다. 그녀는 젊은 여성들에게 그들의 아름다움과 외모를 우선시하라고 부추기는 저 유해한 이념이 없으면, 여성들이 훨씬 더 풍요한 방식으로 능력을 발휘할 수 있을 것이라고 주장한다. 아내는 진정한 동반자가 될 수 있을 것이며, 원한다면 직업을 가질 수도 있을 것이다. "여성들은 의술을 공부해서 간호사나 의사가 될 수 있을 것이다. 절제를 갖춘 여성은 산파가 될 수 있을 것이다. …… 또한 정치인이 되어 …… 여러 직무를 맡아 할 수도 있을 것이다."

《달랑베르에게 보내는 연극에 관한 편지》에서 루소는 "자신을 드러내는 모든 여성은 자신의 명예를 실추시키는 것이다"라고 쓴다. 몇몇 여성은 재능을 갖추고 있다는 사실을 인정하지 않을 수 없었던 그는 한 여성이 아니라 여성들이 남성들의 재능을 타고나지 못하는 것이라고 주장한다. 이 같은 주장은 남성 우월주의적인, 나아가서는 여성 혐오주의적인 시각에서 비롯된 것이기는 하지만, 그럼에도 그가 살던 시대의 맥락에서 이해되어야 할 것이다.

루소와 20세기의 전체주의

19세기부터 이미 루소는 비판의 대상이 되었는데, 예를 들면 프루동은 "혁명과 공화국, 그리고 인민은 장-자크 루소보다 더 큰 적을 가져본 적이 결코 없다"라고 주장한다.

버트런드 러셀은《서양철학사A History of Western Philosophy》(1952)〔서

상복 옮김, 《러셀 서양철학사》, 을유문화사, 2009)에서 루소를 "가짜 민주주의 독재를 옹호하는 정치철학의 창시자"로 기술하면서 "히틀러는 그 결과물"이라고 결론짓는다.

물론 루소가 양심과 표현의 자유를 민주주의의 토대로 옹호하면서 자기 시대의 전제정치와 권위적 체제를 여러 차례 비판한 것은 사실이지만, 최소한 마레즈코Jan Marejko와 크로커, 탤몬 등 세 명의 저자들은 그가 전체주의의 출현에 영향을 미쳤다며 비난한다. 우선 얀 마레즈코는 그렇다고 해서 루소의 저술에서 전체주의 체제를 수립하겠다는 단호한 의지를 발견할 수 있는 건 아니라고 주장한다. 한편 미국의 대학교수인 레스터 G. 크로커는 루소 사상의 두 가지 요소가 현대 전체주의에 유리하게 작용했는데, 하나는 루소 사상이 자족적 경향을 보인다는 것이고, 또 하나는 그것이 민족적 단일성의 개념을 강조하고 있다는 것이다. 이스라엘의 역사학자 야코프 탤몬 역시 루소의 일반의지 이론이 그가 "전체주의적 민주주의"라고 부르는 것의 기원을 이룬다고 주장한다.

레오 스트라우스Leo Strauss는 이 같은 해석에 반대한다. 셀린 스펙토르Céline Spector에 따르면, 그는 "자연은 오직 개인의 이익만을 부추기므로, 루소의 사회계약이 개인의 희생을 요구할 수 없다"(셀린 스펙토르, 《루소를 분석하다: 현대의 정치적 사용법Au prisme de Rousseau: usages politiques contemporains》, Oxford, Voltaire Foundation, 2011, p. 84)고 생각하기 때문이다. 스트라우스에 의하면, "루소의 사상에는 현대의 근본적이고 혁신적인 진보주의와, 고대의 신중함과 조심성이 기묘하게 결합되어 있다."

프랑스의 비시 체제에서는 루소에 대한 평가를 두고 양분되었다. 마르셀 데아Marcel Déat는 사회주의적이고 민족주의적이며 "전체주의적인 루소"에게 경의를 표했다. 샤를 모라Charles Maurras를 지지하는 극우파들은 루소를 "떠돌이 유대인"으로 간주했고, 샤를 모라 자신은 루소가 "개인주의적 이기주의자"이며 "가짜 예언자"라고 주장했다. 1943년에 출판된 몽테스키외에 관한 책에서 페탱Philippe Pétain의 "국가혁명"을 지지하는 뒤콩세유M. Duconseil는 이렇게 쓴다. "장-자크 루소는 우리 시대를 지배하는 위대한 유대인이다. …… 루소야말로 현대 민주주의의 아버지인 것이다." 도미니크 소르데Dominique Sordet는 루소와 레옹 블룸Léon Blum을 접근시키고, 이 철학자의 사상이 "모든 위계적 사회질서를, 즉 아리아족의 사회질서를 파괴한다"고 주장한다.

레오 스트라우스에 의한 루소 사상의 해석

루소는 마키아벨리, 홉스, 토크빌Alexis de Tocquevill과 더불어 레오 스트라우스가 좋아하는 작가다. 스트라우스에 따르면, 이 제네바 시민에 의해 두 번째 근대성의 물결이 시작되었다. 첫 번째 물결은 마키아벨리와 홉스와 더불어, 세 번째 물결은 프리드리히 니체와 더불어 시작되었다. 첫 번째 물결은 도덕과 정치를 기술적 문제로 만들어 놓았지만, 반대로 루소는 정치에 비非기술적 위치를 다시 부여하려고 했다. 스트라우스는 일반의지의 개념을 개별의지의 확대이자 칸트의 정언명령의 전조로 해석한다. 그에 따르면 일반의지는 정상적인 사회생활을 하는 데 "필요한 속박"이다. 그는《학문예술론》에서 루소가 계몽철학자들에 의해 종교의 대체물로, 인간을 행복으로 이끌어가야 하는 것으로 간주된 과학의 개념에서 벗어나려 했다고 분석한다. 스트라우스에 따르면, 루소에게 "과학은 절대적으로 나쁜 것이 아니라 오직 인민이나 사회에만 나쁘다. 과학은 루소를 포함한 소수에게만 좋고 또 필요하다."

레오 스트라우스에 의하면, 일반의지에서 비롯된 법은 입법자에게 종속되어 있고 미스터리를 안고 있는 반면, 철학은 이 미스터리를 밝혀내려고, 즉 그것이 그 자체의 효율성을 잃어버리게 하려고 애쓴다.

하버마스가 분석하는 루소

독일 철학자 하버마스Jürgen Habermas는 《공공의 공간: 부르주아 사회를 구성하는 차원으로서의 광고의 고고학L'Espace public: Archéologie de la publicité comme dimension constitutive de la société bourgeoise》에서 루소를 여론의 역할에 대해 생각한 최초의 사상가로 간주한다. 하버마스에 따르면, 루소는 "일반의지를 충동적이고 무의식적인 의견과, 즉 공표되는 그대로의 의견과 일치하는 여론과 결합시킨다." 이 점과 관련하여 그는 루소가 긴 토론을 사회적 관계의 약화로 간주했다고 평가하고, 그에 반대한다. 루소에게 여론은 지침을 정해주는 힘을 어느 정도 발휘한다. 반면에 하버마스는 "일반의지는 …… 공적 토론의 공간 속에서 논증적으로 형성된다"라고 말하며 토의의 측면을 강조함으로써 루소와 구분된다. 하버마스와 루소의 견해가 일치하지 않는 사항이 또 있다. 이 제네바 시민은 조국의 개념을 강조하면서 동일한 미덕과 공동체의 행복에 대한 동일한 개념을 공유하는 매우 동질적인 공동체를 가정하는 반면, 하버마스는 이 같은 조건들이 비동질적인 사회의 범주 속에서는 충족될 수 없다고 생각하고 21세기를 위해 "여론과 의지가 형성되는 절차 조건을 강조하며 정치적 통합 모델"을 제안한다.

7. 루소가 미친 영향

루소의 사상은 프랑스에서 프랑스혁명뿐만 아니라 제3공화국의 공화주의에도 깊은 영향을 미쳤다. 철학적 차원에서 루소는 독일 철학에 큰 영향을 미친 반면, 자유주의자와 일부 마르크스주의자는 반론을 제기했고, 도시 혐오주의자[4]들은 그를 높이 평가한다.

루소, 프랑스혁명, 공화주의 전통

– 프랑스혁명에 미친 영향

왕정주의자인 샤를 모라는 루소가 프랑스혁명의 선동자이며, 프랑스를 불행하게 만드는 모든 해악의 지적 근원이라고 주장한다. "나는 프랑스와 인류에게 해악을 끼치고, 특히 우리나라의 정신, 취향, 이념, 풍습, 정치 등 모든 분야를 무질서하게 만든 루소를 증오한다. 그가 종교까지도 무질서하게 만들었을 거라는 건 쉽게 짐작할 수 있다"(샤를 모라Charles Maurras, 〈"가짜 예언자", 장-자크Jean-Jacques "faux prophète"〉, *Action française*, 1942년 4월 16일).

모라는 에드먼드 버크Edmund Burke와, 사후에 《반反루소Contre Rousseau》라는 제목으로 출판된 《인간 불평등에 관한 루소의 저작에 대한 검토Examen d'un écrit de J.-J. Rousseau sur l'inégalité des conditions parmi les hommes》의 저자 조제프 드 메스트르Joseph de Maistre, 그리고 루이 드 보날드Louis de Bonald에 의해 시작된 반혁명의 전통을 다시 따른다.

대학교수들은 이 문제에서 좀 더 완곡하고 좀 더 많은 참고자료를

---

4 '도시 혐오주의Urbaphobie'란 도시를 싫어하고 거부하는 19세기와 20세기의 이념이다.

인용하여 접근한다. 조지 암스트롱 켈리George Armstrong Kelly는 프랑스 혁명 전에는 루소가 특히 《에밀》과 《학문예술론》의 저자로 알려져 있었다고 말한다. 그의 정치적 저작물들이 시에예스Emmanuel Joseph Sieyès와 마라Jean-Paul Marat, 그리고 다른 인물들에 의해 실제로 발견된 것은 혁명이 시작되고 난 이후의 일이었다. 혁명이 시작될 즈음에 혁명가들에게 영향을 미친 것은, 인간이 자연에서 멀어지면서 노예제도를 비롯한 일련의 사회제도에 이르게 되었다는 루소의 주장이다. 인민이 스파르타나 로마에서처럼 새롭게 태어날 권리를 가지고 있다는 주장 역시 영향을 미쳤다. 이 루소의 시나리오는 특히 로베스피에르Maximilien Robespierre와 생쥐스트Louis Antoine de Saint-Just를 비롯한 산악당 의원들에게 깊은 영향을 미쳤다.

– 루소가 프랑스혁명에 미친 영향에 대한 아렌트의 비판

루소에 대한 한나 아렌트Hannah Arendt의 비판은 두 가지로 나뉜다. 그녀에 따르면 루소는 한편으로는 주권과 권력을 동일시했고, 다른 한편으로는 연민에 대해 정치적 역할을 부여했다는 것이다. 그녀는 후자를 특히 강조한다. 그녀는 프랑스혁명이 일어났을 때 사회적 문제가 우선시되었기 때문에 자유가 정착되지 못했다고 주장한다. 이와 달리 이렇게 연민이라는 감정을 부각시킨 것은 루소였다. 그가 처음으로 이 감정에 중요성을 부여한 것이다. 그녀는 여기에 대해 이렇게 쓴다. "루소는 타인의 고통보다는 자신의 감정에 더 관심이 많았고, 그가 처음으로 발견한 내밀함의 감미로운 희열 속에서 드러나는 감정과 기분에 매혹되었다"(한나 아렌트, 《혁명에 관하여Essais sur la révolution》, Gallimard, 1967, p. 126〔홍원표 옮김, 《혁명론》, 한길사, 2004〕). 한나 아렌트가

생각하는 문제점은 연민이 건설적인 정치적 감정이 아니며, 특히 프랑스혁명을 일으킨 사람들처럼 연민을 하나의 미덕으로 간주하고 심지어 미덕에도 한도라는 것이 있어야 한다고 주장한 몽테스키외의 격언을 믿지 않을 때 더더욱 그렇다는 사실에서 비롯된다. 아렌트에 따르면, 정치학에서 상황을 개선할 수 있도록 해주는 것은 연민이 아니라 이성의 성질을 띤 연대성이다.

– 루소와 프랑스의 공화주의 전통

클로드 니콜레Claude Nicolet는 1980년대 프랑스에서 공화주의 사상이 다시 주목받게 만든 책《프랑스의 공화주의 사상L'idée républicaine en France: Essai d'histoire critique(1789~1924)》(1982)에서, 루소가 프랑스에서 이해되고 있는 바로 그 공화국 개념에 대한 이론적 초석을 놓았다고 주장한다. 그에 따르면 프랑스에서의 공화주의 이념은 이 제네바 시민이 발전시킨 주권 개념과 법 이론의 개념들을 중심으로 구축되었다. 니콜레는 이렇게 쓴다.

"공화주의자들에게 가장 중요한 인물은 물론 루소다. 루소라는 인간과 그의 작품들은 그 자신에 의해 밀접하게 연관되어 있다. 그것들은 겉으로는 모순적이지만 실제로는 긴밀히 결합되어 있어서, 루소가 한 세기 동안(아니, 그보다 더 오랫동안)이나 프랑스 공화주의자들이 반드시 참조해야 하는 준거인 동시에 눈에 가장 잘 띄는 분열의 상징이었다는 것은 놀라운 일이 아니다"(클로드 니콜레, 《프랑스의 공화주의 사상》, p. 70).

일반적으로 루소는 칸트, 실증주의와 함께 프랑스 공화주의의 세 "근원"으로 여겨진다. 그는 공화주의자들이 군주정치주의자와 가톨릭교도 들에 맞서 역사적 합법성을 획득할 수 있도록 해주었다. 그렇지만 이 같은 유산은《사회계약론》을 어떻게 해석할 것인가의 문제를 불러일으키는데, 이 책에서는 귀족 정부에 호의적인 루소와 로베스피에르가 중요시하는 더욱 공화주의적인 루소가 대립하는 것이다. 니콜레는 루소가 스탈Germaine de Staël 부인이나 뱅자맹 콩스탕이 믿었던 것처럼 현대적 의미에서의 민주주의적 작가는 아니라고 주장한다. 왜냐하면 그가 사용하는 공화주의라는 단어에는 아리스토텔레스의 국가에 많은 것을 빚지는, 법에 의해 통치되는 합법적 국가라는 옛 의미가 여전히 담겨 있기 때문이다. 이 같은 해석에 따르면, "루소의 유산은 세 가지다. 이 철학자에 따르면 인민에게 주권이 있고, 법은 일반의지의 표현이다. 또 그는 일반의지의 목표이며 공화주의와 동질적이라고 판단되는 미덕 이론에 영향을 미쳤다"(셀린 스펙토르,《루소를 분석하다: 현대의 정치적 사용법Au prisme de Rousseau: usages politiques contemporains》, Oxford, Voltaire Foundation, 2011, p. 298).

1960년대부터 퀜틴 스키너Quentin Skinner와 존 포콕John G. A. Pocock에 의해 시작된 공화주의 사상의 부흥에 루소의 이름은 부재하다는 사실에 유의해야 한다. 이사야 벌린Isaiah Berlin에 의한 긍정적인 자유와 부정적인 자유의 이원론을 거부하는 이 공화주의의 부흥은, 아리스토텔레스와 마키아벨리의 공화주의 전통보다는 키케로의 자취 속에 더 큰 영향을 받았다. 그들은 개인이 무엇보다도 정치제도에 참여함으로써 자유를 누릴 수 있다고 주장한다.

자유주의에 대한 영향

1788년 스탈 부인은《J.-J. 루소의 작품과 특성에 대해 쓴 편지Lettres sur le caractère et les écrits de J.-J. Rousseau》를 펴내 루소를 비판한다. 뱅자맹

콩스탕은 인민의 주권에 한계를 정하지 않았다며, 루소를 공포정치의 책임자로 간주한다. 헤겔Georg Wilhelm Friedrich Hegel은 다른 전제(일반의지를 신성한 어떤 것을 가지고 있다고 여겨지는 국가에 도움이 되도록 하는 것이 아니라, 시민사회에 도움이 되도록 했다는)에서 출발하기는 하지만, 역시 콩스탕처럼 루소가 공포정치에 책임이 있다는 결론에 도달한다.

19세기 말과 20세기 초에 에밀 파게Emile Faguet나 레옹 뒤귀Léon Duguit 같은 자유주의자들은 국가를 위해 개인을 희생시켰다며 루소를 비난했다. 이미 뒤귀는 루소를 전제정치의 아버지로 지목했다. 뒤귀는《주권과 자유Souveraineté et liberté》(1922)에서 루소가 "1793년의 자코뱅주의에서 1920년의 볼셰비키주의에 이르기까지 모든 독재정치와 전제정치 이론의 주창자"(셀린 스펙토르,《루소를 분석하다: 현대의 정치적 사용법》, p. 56)라고 주장한다. 이 같은 비판은 냉전 당시에도 되풀이되어, 야코프 L. 탤몬 같은 자유주의자는 루소를 전체주의의 아버지로 간주한다.

독일 철학에 대한 영향

루소는 칸트에게도 영향을 미쳤는데, 칸트의 사무실에 있는 유일한 장식품은 바로 루소의 초상화였다. 또 칸트는 이제 막 받은《에밀》을 읽을 때만 유일하게 마치 의식을 치르듯 매일 같이 하는 산보를 하지 않았다고 전해진다. 버트램의 주장에 의하면, 루소의 일반의지 개념은 특히《도덕형이상학 원론Grundlegung zur Metaphysik der Sitten》(1785)〔김석수·김종국 옮김, 〈도덕형이상학 정초〉,《도덕형이상학 정초·실천이성비판》, 2019〕에 나오는 정언명령의 세 번째 정식(《스탠퍼드 철학백과사전, 칸트의 도덕철학Stanford Encyclopedia of Philosophy, Kant's Moral Philosophy》는 네 개의 정식을 구분하며, 이중 세 번째 정식은 자율성에 관한 것이다)에도 깊은 영향을 미쳤다. 그렇지만 루소의 사상은 칸트의 보편적 입법 개념과 대립한다. 실제로 이 저명한 제네바 시민은《사회계약론》의 준비 작업을 할 때 인류의 일반의지라는 개념을 거부했다. 그에게 일반의지는 오직 국가의 범주 속에서만 출현한다. 칸트에 대한 루소의 영향은 그의 도덕심리학에서도, 특히 그가 쓴《단순한 이성의 한계 안에서의 종교Die Religion innerhalb der Grenzen der bloßen Vernunft》(1793)〔백종현 옮김,《이성의 한계 안에서의 종교》개정판, 아카넷, 2015〕에서도 느껴진다.

루소와 헤겔의 관계 역시 복합적이다.《법철학Grundlinien der Philosophie des Rechts》(1820)〔임석진 옮김,《법철학》, 한길사, 2008〕에서 헤겔은 일반의지 개념이 개인들의 우발적 의지를 포함하는 것으로 잘못 이해한다. 마지막으로 루소의 자기애 개념과, 다른 사람들이 자신을 인정하고 존경해주기를 기다리다 보면 그들에게 종속될 수도 있다는 견해를 다시 취한다.

쇼펜하우어Arthur Schopenhauer는 이렇게 말했다. "나의 이론은 근대 모럴리스트들 중에서 가장 위대한 모럴리스트인 루소만큼의 권위를 가지고 있다. 왜냐하면 가장 위대한 모럴리스트라는 호칭이야말로 인간의 마음을 속속들이 잘 알고, 자신의 지혜를 책이 아닌 삶에서 얻었고, 자신의 이론을 교수직이 아닌 인류를 위해 만들어낸 장-자크 루소에게, 듣는 사람을 지겹게 만들지 않고 도덕론을 펴는 재능을 어머니로부터 물려받은 이 편견의 반대자에게, 이 자연의 갓난애에게 가장 잘 어울리기 때문이다. 루소야말로 진리를 알고 사람의 마음을 감동시킬 줄 아는 사람이었다"(아르투어 쇼펜하우어, A. Burdeau 번역,《도덕의 기초Le Fondement de la morale》, Paris: Aubier-Montaigne, 1978, p. 162〔김미영 옮김,《도덕의 기초에 관하여》, 책세상, 2004〕).

칼 마르크스의 경우, 소외와 착취의 개념은 루소의 견해와 상당한 연관관계를 보여주는 것으로 볼 수 있지만, 마르크스의 저서에서 루소를 참조하는 사례는 매우 드문 데다가 별로 중요하지도 않아서 실제로 어떤 결론을 내리는 건 불가능하다.

루소, 사회주의, 마르크스주의

루소의 정치사상은 샤를 10세를 몰아내고 7월 왕정을 세운 1830년 7월 혁명, 7월 왕정을 몰아내고 제1공화국을 세운 1848년 혁명과 블랑키Louis Auguste Blanqui, 1871년 파리코뮌, 그리고 19세기 말의 무정부주의자들에게 영향을 미쳤다.

자유주의 경제학자 프레데리크 바스티아Claude Frédéric Bastiat는 생시몽Henri de Saint-Simon과 샤를 푸리에Charles Fourier, 그리고 이들의 제자들이 "루소의 자식들"(셀린 스펙토르, 《루소를 분석하다: 현재의 정치적 사용법》, p. 25)이라고 생각한다. 마찬가지로 사회주의자인 장 조레스Jean Jaurès에게도 루소는 사회주의의 선구자다. 한편 셀레스탱 부글레Celestin Bouglé는 루소의 법 이론이 "사회주의로 가는 길을 직접 열었다"(셀린 스펙토르, 《루소를 분석하다: 현재의 정치적 사용법》, p. 24)고 평가한다.

루소는 분업과 사유재산권으로 인해 사회적 갈등이 생긴다고 주장했다는 점에서 마르크스주의의 선구자라고 볼 수 있다. 그러나 마르크스는 루소를 거의 인용하지 않는다. 마르크스는 《사회계약론》 2권 7장 부분을 참조하지만, 그것은 그에 의하면 "부르주아지의 공상을 부정적인 방식으로 매우 잘 보여주기 때문"(셀린 스펙토르, 《루소를 분석하다:

현재의 정치적 사용법》, p. 25)이다. 실제로 마르크스는 사회적 관계를 충분히 고려하지 않았다며 루소를 비난한다. 일반적으로 말하자면 마르크스주의자들은 특히 1960년대에 《인간 불평등 기원론》보다는 《사회계약론》을 읽었고, 일반의지의 개념에 매우 비판적이었다. 그들에 따르면 일반의지는 마르크스주의의 계급투쟁과 정치적 갈등이라는 관점과 대비된다.

이탈리아에서 루소는 그람시의 제자인 갈바노 델라 볼페Galvano Della Volpe에 의해 연구되었다. 초기에 해당하는 1945년에 그는 루소가 "플라톤에서 출발하여, 기독교를 통해 세속적 자연법주의와 합류하는"(셀린 스펙토르, 《루소를 분석하다: 현재의 정치적 사용법》, p. 40) 전통의 계승자로서 마르크스주의와 반대된다고 주장한다. 하지만 반대로 1954년에는 로크와 루소에게서 출발하는 두 가지 민주주의 이론이 있는데, "하나는 자유주의적 민주주의 이론을 만들어낸 로크-칸트-콩스탕의 계보이고, 또 하나는 그것이 역사적으로 소비에트식 민주주의(대의민주주의가 아닌 프롤레타리아 민주주의)에서 구현되었다고 보는 루소-마르크스-엥겔스의 계보"(셀린 스펙토르, 《루소를 분석하다: 현재의 정치적 사용법》, p. 41) 라고 말한다. 델라 볼페에 따르면, 이런 측면에서 루소의 사상에는 마르크스주의를 풍요하게 만들 수 있는 요소가 있다.

안토니오 네그리Antonio Negri를 중심으로 발전한 21세기 초의 마르크스주의는 루소가 주권 사상가의 한 명이며(마르크스주의는 주권이 반동적 개념이라고 생각한다), 권력과 사회가 조직화와 관료화의 방향으로 나가도록 장려하는 법적 관점의 주창자라는 이유로 그에 대해 매우 비판적이다.

8. 루소에 대한 경의와 대중문화 속에 나타난 그의 존재

프랑스가 루소에게 바치는 경의: 유해를 팡테옹으로 옮기다

1791년 4월 4일 프랑스 의회는 생트 주느비에브Ste. Genevieve 성당을 위인들의 묘지인 팡테옹으로 바꿨으며, 같은 해 7월 11일 볼테르의 유해를 팡테옹에 이장시켰다. 그리고 프랑스가 루소에게 어떻게 경의를 표할 것인가의 문제가 볼테르의 이장 직후에 제기되었다. 1791년 8월, 신문기자이자 작가인 피에르-루이 갱그네Pierre-Louis Ginguené는 루소의 시신을 팡테옹에 안장시키도록 하자는 연판장을 문인들에게 돌렸다. 300명의 서명을 받은 연판장은 파리 지역과 몽모랑시 지역 국회의원에 의해 제출되었다. 파리 시민은 동상뿐만 아니라 팡테옹으로의 이장까지 요구한 반면, 몽모랑시 주민은 공화주의 기념탑에 가묘를 세워달라고 요구하는 것으로 만족했다.

이 계획은 몇 년 동안 진척되지 않았다. 그러자 1794년 4월 11일에 루소의 부인 테레즈가 국민공회에 나타나 약속한 이장을 강력하게 요구했다. 하지만 공포정치가 시작되면서 결정을 실행에 옮기는 일은 다시 뒤로 미루어졌다. 그러다가 결국 날짜가 1794년 10월 11일로 결정되었다.

팡테옹으로의 이장은 오르간이 연주되는 가운데 엄숙한 분위기에서 진행되었다. 국민공회 의장인 캉바세레Jean Jacques Régis de Cambacérès가 이 위대한 인물을 기리는 추도사를 시작했다.

"통찰력 있는 모럴리스트이자 자유와 평등의 전도자인 장-자크 루소는 우리를 영광과 행복의 길로 데려간 선구자였습니다. …… 우리가 우리의 풍속, 우리의 관습, 우리의 법률, 우리의 정신, 우리의 습관을 크게 변화시켜 이렇게 다시 태어날 수 있게 된 것은 다 장-자크 루소 덕분입니다."

의식은 시인 마리-조제프 셰니에Marie-Joseph Chénier가 고세크François-Joseph Gossec의 음악에 맞추어 〈장-자크 루소에게 바치는 찬가Hymne à Jean-Jacques Rousseau〉를 읊으면서 막을 내렸다. 밤에는 무도회가 열렸다. 게슬레Christian Gottlieb Geissler의 〈장-자크 루소의 부활Résurrection de Jean-Jacques Rousseau〉이라는 판화에는 챙이 없는 아르메니아 모자를 쓴 루소가 마치 예수처럼 무덤에서 걸어 나오는 모습이 조각되어 있다. 달레라크Nicolas Dalayrac가 작곡하고 앙드리유François Andrieux가 각본을 쓴 1막짜리 희가극 〈장-자크 루소의 어린 시절L'enfance de Jean-Jacques Rousseau〉이 1794년 5월 23일에 만들어져 1796년까지 공연되었다.

제네바가 루소에게 바치는 경의

제네바에 있는 루소 섬은 이 도시에서 태어난 철학자에 경의를 표하는 뜻에서 이름 붙여졌다. 이 섬의 원래 이름은 바르크Barques 섬이었으나 1834년에 이 새로운 이름을 갖게 된 것이다. 다음 해인 1835년에 장 자크 프라디에Jean Jacques Pradier가 조각한 루소의 동상이 이 섬에 세워졌다.

루소와 그가 태어난 제네바와의 관계는 파란만장했다. 1762년 6월, 그가 쓴 《사회계약론》과 《인간 불평등 기원론》이 제네바 정부에 의해 불태워졌다. 그렇지만 제네바 시의 인터넷 사이트에 의하면, "제네바 도서관은 현재 이 철학자의 매우 희귀한 원고들을, 특히 제네바 원고라고 불리는 《사회계약론》 저본底本을 비롯한 중요한 기록물을 보유"하고 있다. 제네바 도서관은 뇌샤텔 공공대학 도서관과 더불어 스위스에서 루소의 희귀한 작품을 보유하고 있는 공공기관이다. 이렇게 해서 스위스 제네바 도서관이 소장하고 있는 루소 관련 기록물은 2011년에 유네스코의 "세계의 기억" 문화유산에 포함되었다.

1969년에는 교육에 관한 유명한 작품《에밀》을 쓴 루소에게 경의를 표하는 뜻에서, 제네바의 부셰Bouchet 구역에 콜레주 루소Collège Rousseau라는 이름이 붙은 평생교육원 건물이 문을 열었다.

제네바는 2012년에 루소 탄생 300주년을 기념하여 "2012, 모두를 위한 루소2012 Rousseau for All"라는 행사를 개최했다. 1년 동안 계속된 이 행사는 전시회, 공연, 오페라, 콘서트, 공화주의 연회, 영화, 산책, 출판, 세미나 등의 다양한 분야로 나뉘어 진행되었다. 또 이 해에 제네바에는 만남과 토론의 장소인 "루소와 문학의 집Maison de Rousseau et de la Litterature"이 세워지기도 했다.

뇌샤텔이 루소에게 바치는 경의

루소는 1762년 7월 10일에서 1765년 9월 8일까지 모티에에서 살았다. 그가 죽자 그의 친구인 피에르-알렉상드르 뒤 페루는《고독한 산책자의 몽상》을 포함한 원고들과 그가 보낸 1,000통 이상의 편지, 그가 받은 약 2,500통의 편지를 수집했다. 이 기록물은 현재 뇌샤텔 공공대학 도서관에 보관되어, 장-자크 루소관에 전시되어 있다. 2011년에 뇌샤텔 공공대학 도서관의 수집품은 제네바 도서관의 수집품과 함께 유네스코의 "세계의 기억" 문화유산의 일부가 되었다. 뇌샤텔 시에서는 1956년에 "장-자크 루소 애호협회Association des Amis de Jean-Jacques Rousseau"가 결성되었는데, 이 협회에서는 프랑스어권 스위스에서 루소의 자취를 따라 걷는 "비아 루소Via Rousseau"라는 행사를 개최한다. 모티에의 루소 박물관에는 그가 살았던 방이 있다. 이 마을 위쪽의 숲속에 그가 《고독한 산책자의 몽상》 일부를 쓴 강가에는 그의 이름이 붙여진 폭포가 있다. 생피에르 섬의 식당 2층에 있는 방은 그가 떠날 당시 그대로의 모습으로 남아 있으며 방문이 가능하다.

9. 루소의 주요 작품 목록

1742:《새로운 음악기호와 관련한 계획 Projet concernant de nouveaux signes pour la musique》

1743:《현대음악에 관한 논고 Dissertation sur la musique moderne》

1750:《학문예술론 Discours sur les sciences et les arts》〔김중현 옮김,《학문과 예술에 대하여 외》, 한길사, 2007〕

1751:《영웅의 미덕에 관한 논고 Discours sur la vertu du héros》

1752:〈마을의 점쟁이 Le devin du village〉(1752년 10월 18일 퐁텐블로에서 루이 15세가 보는 가운데 공연하여 큰 성공을 거두었다. 그러나 1753년 3월 1일 오페라극장에서의 공연은 완전한 실패였다)

1752:〈나르시스, 혹은 그 자신의 연인 Narcisse, ou l'amant de lui-même〉(1752년 12월 18일 루이 15세의 전속 배우들에 의해 공연된 희극)

1755:《인간 불평등 기원론 Discours sur l'origine et les fondements de l'inégalité parmi les hommes》

1755:《백과전서》의 〈정치경제 Discours sur l'économie politique〉〔박호성 옮김,〈정치경제론〉,《루소 전집 8: 사회계약론 외》, 책세상, 2015〕

1756:《전쟁법의 원칙 Principes du droit de la guerre》(1756)

1756:《라모 씨가 주장하는 두 가지 원리의 검토 Examen de deux principes avancés par M. Rameau》

1756:〈다원합의제에 대한 판단 Jugement sur la Polysynodie〉(1782년에 초판 발간.)

1758:《은총에 관한 편지 Lettre sur la providence》

1758:《달랑베르에게 보내는 연극에 관한 편지 Lettre a M. D'Alembert

sur les spectacles》

1761: 〈생피에르 신부의 영구적인 유럽 평화안에 대한 판단Jugement du Projet de paix perpétuelle de Monsieur l'Abbé de Saint-Pierre〉

1761: 《쥘리, 혹은 신엘로이즈, 혹은 쥘리, 혹은 신엘로이즈Julie ou la Nouvelle Héloïse》〔김중현 옮김, 《신엘로이즈》 1·2권, 책세상, 2012〕

1762: 〈에프라임의 레위 사람Le Lévite d'Éphraïm〉

1762: 《에밀Émile ou De l'éducation》(4권에 《사부아 지방의 부사제가 하는 신앙고백Profession de foi du Vicaire savoyard》가 수록)〔김중현 옮김, 《에밀》, 한길사, 2003〕

1762: 《사회계약론Du contrat social ou Principes du droit politique》〔김영욱 옮김, 《사회계약론》, 후마니타스, 2018〕

1764: 《산에서 보내는 편지Lettres écrites de la montagne》

1764: 〈코르시카의 입법에 관한 편지Lettres sur la législation de la Corse〉

1767: 《음악 사전Dictionnaire de musique》(1755년부터 쓰이고, 1767년에 파리에서 출간)

1771: 《폴란드 정부에 대한 고찰Considérations sur le gouvernement de Pologne》

1771: 〈피그말리온Pygmalion〉

1777: 《장-자크의 심판자인 루소Rousseau Juge de Jean-Jaques》(1772~1776년에 쓰임)〔진인혜 옮김, 《루소, 장 자크를 심판하다: 대화》, 책세상, 2012〕

1781(사후출간): 《언어 기원론Essai sur l'origine des langues》〔한문희 옮김, 《언어의 기원》, 한국문화사, 2013〕(1755년부터 쓰기 시작, 미완성)

1781(사후출간): 《에밀과 소피, 혹은 외로운 사람들Émile et Sophie, ou

les Solitaires》(《에밀》의 속편으로 미완성, 1762년부터 쓰기 시작)

1782(사후출간):《폴란드 정부에 대한 고찰Considérations sur le gouvernement de Pologne》(1772년~1772년에 쓰임)

1782(사후출간):《고독한 산책자의 몽상Les Rêveries du promeneur solitaire》(1776~1778년에 쓰임)〔문경자 옮김,《고독한 산책자의 몽상》, 문학동네, 2016〕

1782~1789(사후출간):《고백록Les Confessions》(1764~1770년에 쓰임)〔박아르마 옮김,《고백》1·2권, 책세상, 2015〕

1861(사후출간):《코르시카 헌법 구상Projet de constitution pour la Corse》(1768년에 쓰임)

1888(사후출간):《도덕적 편지Lettres morales》(1757년~1758년에 쓰임)

루소의 주요 개념

계약, 합법적 토대

가짜 계약에 대한 비판

자연 상태에서 사회 상태로의 이행에 대해 기술하면서, 루소는 사회를 수립시키는 결합 계약을 소개한다. 이 계약은 부자들을 위해 체결되었다. 그러나 루소는 이렇게 기술하는 것으로 만족하지 않고, 이 계약의 합법성을 검토한다. 인민은 이 계약에 의거하여 최고 권력에 복종하겠다고 약속한다. 그래서 그들은 "그게 자신의 자유를 보장해준다고 믿고 그들의 쇠사슬을 향해 우르르 몰려갔다"(본서 145쪽). 루소는 이 계약이 당사자 중 한쪽은 자신의 자유를 잃는 반면 다른 쪽은 자신의 자유를 온전히 간직하기 때문에, 일종의 속임수라고 주장한다. 즉 이 계약은 당사자 중 한쪽에만 의무를 지우기 때문에 유효하지 않다. 이것은 예속의 계약으로서 수많은 사람들의 권리를 몇 사람에게 양도한다.

루소는 정치적 사회의 기원에 관한 이전의 이론들을 검토함으로써 자신의 비판을 보완한다. 그는 이 이론들이 갖고 있는 이념적 특성과, 그것들이 어떤 정부가 합법적일 수 있는지를 찾는 대신 지배 권력을 옹호한다는 사실을 비판한다. 루소에 따르면 이 이론들은 모두 전제주의를 합법화하는 것을 목적으로 한다. 그는 주권이 정복의 권리에서 비롯되었다고 주장하는 푸펜도르프의 이론, 주권이 예속 계약에 토대를 두고 있다는 홉스의 이론, 부모의 권위에 근거를 두는 램지Andrew Michael Ramsay의 이론을 모두 거부한다. 이 저자들은 모두 회고적 환상에 사로잡혀 있다는 것이다. 루소는 이들이 노예가 되어버린 사회적 인간에서부터 출발했기 때문에, 인간에게는 자유가 그의 생명만큼이나 중요하다는 사실을 깨닫지 못하고 있다고 주장한다. 개인이 그의 자유를 양도할 수 없는 것처럼, 인민도 그의 주권을 양도할 수 없다.

루소의 사회계약 개념

루소는 이 모든 노예계약에 대해 유일하게 사회라는 제도를 합법적으로 만들 수 있는 진짜 계약을 대립시킨다. 비록《인간 불평등 기원론》이 루소의 사회계약 학설을 완전히 정립하는 것은 아니지만, 그것을 수립하기 위한 계획을 예고한다. 진짜 계약은 정부와 맺는 계약이 아니라 구성원들끼리 맺는 계약이다. 정치권력은 인민에게 있으며, 인민은 자신의 주권을 직접 행사해야 한다. 따라서《인간 불평등 기원론》의 대담함은 주권자와 인민이 "같은 사람"이어야 한다는 확언 속에 있다. 헌사에서 루소는 이상적인 국가를 묘사하고 합법적 계약의 요소들을 제공한다. 이 계약을 통하여 모든 사람들(인민과 정부 모두)은 법을 따르게 되고, 입법권은 모든 시민이 가지게 된다. 왜냐하면 "한 사회에서 함께 살아가려면 어떤 조건을 갖추어야 하는지를 그들만큼 잘 아는 사람은 없기" 때문이다(본서 29쪽).

《인간 불평등 기원론》에서 미완성으로 끝난 계약 이론

그렇지만 루소는 이중 계약에 관한 전통적 이론에 여전히 머물러 있다. 즉 인민은 결합 계약에 의해 인민으로 구성되고, 이어서 자기들이 가진 권력의 일부를 몇 가지 조건하에 예속 계약을 통해 결합되는 개인이나 집단에 위임한다. 주권자는 인민의 행복을 보장하고 기본적인 법을 존중해야 한다. 어려움은 만일 이 계약을 보장할 만한 상위 권력이 존재하지 않을 경우에 인민이나 우두머리들에 의해 계약이 철회될 수 있으며, 이 같은 상황은 끝없는 분쟁을 야기할 위험이 있다는 데 있다. 이 같은 문제를 의식한 루소는 권력에 신성한 특징을 부여하는 종교에 의존한다. 그러나 그때 정치권력은 종교권력에 종속된다.

《인간 불평등 기원론》의 마지막 부분을 보면, 계약 이론에 관한 루소의 혁신은 제한적이다. 그것의 긍정적 특징은 명확히 설명되지 않고, 그는 여전히 전통적인 관점을 유지하고 있다. 특히 이 계약은 몇 가지 조건하에서만 실현될 수 있다. 즉 그것은 헌사에 등장하는 제네바 공화국처럼 규모가 작은 국가에서만 가능한 것이다. 마지막으로 루소는 합법적인 계약을 실현하고 정의로운 사회질서를 수립할 수 있는 수단을 검토하지 않는다. 그는 현존 사회질서를 거부하지만, 어떻게 해야 이 질서에서 벗어나서 진정한 계약에 토대를 둔 사회를 수립할 수 있는지에 대해서는 결코 얘기하지 않는다. 따라서《인간 불평등 기원론》은 비관론적인 분위기 속에서 끝이 난다. 유일한 개선 가능성은 돌이킬 수 없이 수립된 사회 상태 내부에 존재하지만, 그 가능성이 어떻게 실현될 수 있는지에 대해서는 그 어디에서도 말하고 있지 않다.

이 문제에 대한 루소의 해결책이 제시되려면 《사회계약론》을 기다려야 하지만, 그 해결책에서도 권리에서 사실로의 이행은 이루어지지 않고 단지 이론적인 차원에 머무르게 될 것이다.

완성 가능성

인간을 동물과 구분 짓는 것은 무엇인가?

신체적 관점에서 볼 때 인간은 동물과 거의 구분되지 않으며, 많은 종들 가운데 하나의 종에 불과하다. "〔인간은〕 다른 동물보다 약하고 덜 날렵하지만 모든 걸 고려해볼 때 그 어떤 동물보다 유리하게 조직"(본서 59쪽)되어 있다. 인간과 동물은 똑같은 필요를 가지고 있으며, 그것을 똑같이 본능적으로 충족시킨다. 유일한 차이점이라면 인간은 고유의 본능을 갖고 있지 않으므로, 각 종種의 본능을 제 것으로 삼을 수 있다.

그러나 비록 인간이 "처음에는 순전히 동물적인 기능부터 행하기 시작"(본서 76쪽)한다 해도(식별하고 느끼기), 그를 동물과 동류로 여길 수는 없다. 형이상학적 관점에서 보면 인간과 동물 사이에는 중요한 차이가 있다. 즉 인간은 자유로운 주체인 반면 동물은 본능의 지배를 받는다.

하지만 비록 자유가 인간의 특별한 자질이라 할지라도, 자유만으로는 (그것이 불러일으키는 철학적 논쟁 때문에) 인간을 동물과 구분 짓기에 충분하지가 않다. 그래서 루소는 차이의 두 번째 기준을 제의하는데, 그것은 '완성 가능성'이다. 이 능력은 인간과 동물 사이의 존재론적 연속성을 거부하기 위한 결정적인 논거다. 인간의 본질은 동물의 본질과는 다른 성격을 가지고 있다. 왜냐하면 인간은 자신의 본성을 바꿀 수 있는 반면, 동물은 본성이 영원히 변하지 않기 때문이다.

완성 가능성, 인간의 특별한 능력

완성 가능성은 "환경의 도움을 받아 인간의 다른 능력을 지속적으로 발전시키는 능력"(본서 74쪽)이다. 이 자연적 능력은 단순한 불확정적 잠재성이며, 그 기능은 자연 상태에서는 잠재적인 다른 능력들, 예를 들면 이성, 언어, 사회성 같은 능력을 발달시키는 것이다. 그것은 적응 능력이다. 동물과는 달리 인간은 자연의 손에서 벗어났다고 완성되는 것이 아니다. 인간의 본성은 변화를 받아들일 수 있으며(종의 수준에서와 마찬가지로 개인의 차원에서도), 인간은 이 같은 변화의 책임자다.

그러나 자신을 완성시켜나가는 능력은 그 자체로는 효과를 발휘하지 못하기 때문에, 그것에 첫 번째 추진력을 부여하기 위한 외부 상황이 필요하다. 자연 상태에서는 완성 가능성이 활동하지 않고 잠재적 상태로 머물러 있다. 인간은 본능의 지배를 받고, 그의 이성은 아직 활동하지 않는다. 왜냐하면 그는 이성을 아직 필요로 하지 않기 때문이다. 자연 상태에서는 인간과 그의 환경 사이에 조화가 존재한다. 토지가 비옥하고 충족시켜야 할 필요가 적기 때문에, 인간은 굳이 애를 많이 쓰지 않아도 자신의 필요를 만족시킬 수 있다. 본능과 체력만 있으면 충분한 것이다.

루소는 자연 상태에서 완성 가능성이 발휘되지 않는 이유를 설명하기 위해 두 번째 논거를 내세운다. 즉 인간은 흩어져 살고 언어가 없기 때문에, 설사 그들 중 한 사람이 완성 가능성을 발견한다 해도 그것을 널리 퍼트릴 수 없다는 것이다. "기술은 그것을 발명해낸 사람과 더불어 소멸되었다. 교육이나 발전도 없이 그냥 세대만 이어질 뿐이었다"(본서 110쪽).

완성 가능성을 실행하기 위한 상황의 필요성

인간은 그들이 가진 능력을 발달시키지 않은 채 영원히 자연 상태에 머물러 있을 수도 있었을 것이다. 그러나 특이하고 우연한 상황이 인간과 자연의 조화를 깨뜨림으로써, 자기 보존을 하나의 문제로 만들고 인간으로 하여금 나태함에서 벗어나도록 강제한다. "얼마 지나지 않아 이런저런 어려움이 나타났고, 인간은 그것을 이겨내는 법을 배워야만 했다"(본서 120쪽). 루소는 이 같은 어려움의 예로 나무의 높이, 동물과의 경쟁, 동물의 사나움, 인구의 증가, 기근 등을 든다. 이런 상황으로 인해 인간은 본능의 단계에서 지성의 단계로 이행한다. 그는 연장을 만드는 법을 배우고, 자신을 더 잘 방어하기 위해 동류들과 결합한다. 그가 가진 필요를 충족시키는 것이 문제가 되지 않는다면, 그는 어린아이로 남아 있을 것이다. "전 세계의 모든 인민에게 정신의 발달은 인민이 자연으로부터 받았거나 상황에 따라 인민에게 강요된 필요에 정확히 비례한다는 사실을, 따라서 그들로 하여금 그러한 필요를 충족시키도록 재촉하는 정념에 정확히 비례한다는 사실을 보여줄 수 있을 것이다"(본서 77쪽). 예를 들어 이집트 사람들이 관개와 제방 시스템을 발명한 것은 나일 강의 수량이 증가해서라는 것이다.

완성 가능성의 도덕적 중립

완성 가능성이 인간의 특수성을 드러내기는 하지만, 그렇다고 해서 루소가 이 능력을 긍정적으로 평가하는 것은 아니다. 완성 가능성은 도덕적 영역이 아니라 심리적 영역에 속해 있다. 그것은 진보의 능력이지만, 이 같은 진보가 반드시 좋은 것은 아니다. 그와는 반대로 "인간과 동물을 구분 짓는 거의 무한한 이 능력이 인간에게 닥치는 모든 불행의 근원"(본서 75쪽)이다. 완성 가능성은 반대급부를 가진다. 루소는 〈미라보에게 보내는 편지 Lettre à M. le Marquis de Mirabeau〉(1767)에서 "한쪽에서 무엇인가를 얻으면 다른 쪽에서 그만큼을 잃지요"라고 말한다. 완성 가능성은 인간의 지성을 발전시키지만, 또한 그의 이기심과 악덕을 발전시키기도 한다. 완성 가능성은 인간이 자연 상태에서 누리던 평온함과 순수함에서 빠져나오도록 만들었다.

완성 가능성은 개인을 완전한 인간으로 만들 수도 있고, 그를 동물보다 낮은 위치로 전락시킬 수도 있다. 모든 것은 완성 가능성을 어떻게 이용하느냐에 달려 있다. 실제로 완성 가능성은 그가 타고난 본성과는 다른 본성을 자신에게 부여할 기회를 인간에게 제공한다. 예를 들면 이성 같은 잠재적 능력을 발달시키면서, 인간은 스스로 변화하는 한편 세계와 자신의 관계를 변화시켜 이 세계를 지배할 수 있게 된다. 이렇게 해서 완성 가능성은 인간의 자유 및 그와 동물과의 근본적 차이를 표현한다.

일반의지

"우리는 저마다 자신의 신체와 모든 힘을 공동의 것으로 만들어 일반의지라는 최고 지휘권 아래 둔다. 그리고 우리 모두는 각 구성원을 전체와 분리 불가능한 부분으로서 받아들인다." 주권은 일반의지이며,

일반의지는 사회계약에 의해 결합된 사회체의 의사다.

일반의지라는 단어는 그로티우스나 푸펜도르프 같은 자연법 이론가들이 이미 사용했는데, 이들은 일반의지를 신민이 갖고 있는 개별의지의 집합이라고 정의했다. 디드로는《백과전서》의 〈자연법〉 항목에서, 자연법이 인류가 가진 의사의 동의어라고 쓴다. "일반의지는 인간이 다른 인간에게 무엇을 요구할 수 있는지, 그리고 다른 인간이 그에게 무엇을 요구할 수 있는 권리를 가졌는지에 관해, 각 개인이 정념의 침묵 속에서 생각해보는 순수한 이해 행위다." 루소의 정의는 이 두 가지 정의와 다르다. 즉 일반의지는 모든 사람의 의사가 아니며, 정치 영역 밖에서는 존재하지 않는 것이다.

만인의 의사와 일반의지

일반의지는 여론이 아니며, 편견의 범주에 속하지도 않는다. 루소가 이 개념에 부여한 의미를 명확히 알기 위해서는 일반의지를 만인의 의사 및 개별의지와 구분해야 한다.

만인의 의사는 "개인의 이익에만 신경을 쓰며, 개별적 의사들의 합合에 불과할 뿐이다." 반대로 일반의지는 "오로지 공통의 이익에만 신경을 쓴다." "이 개별적 의사들 중에서 서로를 상쇄하는 가장 지나친 의사와 가장 부족한 의사를 빼면, 상이한 의견들의 합으로서 일반의지가 남는다." 루소는 무한소 계산의 이미지를 취하여 일반의지를 작은 차이의 합인 적분으로 만드는 반면, 만인의 의사는 단순한 총합에 불과하다. 일반의지는 공공의 이익과 국가의 정상적인 운영을 목표로 하는 반면, 만인의 의사는 가장 많은 수의 이익(개인의 이익)을 목표로 한다.

일반의지는 또한 개인의 사적인 이익을 목표로 하는 개별의지와 구분된다. 루소는 국가의 이익이 아니라 개인의 이익(그들의 이익)을 추구하는 협회나 정당을 예로 든다. 그러므로 일반의지는 시민이 가진 개인 의사들의 총합이 아니며 그 같은 총합을 넘어선다.

일반의지는 합리적인 의사다

일반의지는 그것을 정치에 적용하는 과정에서 이성과 일치한다. 우리는 그것을 칸트가 정의를 내린 실천이성에 비교할 수 있다. 의사는 그것이 합리적일 때 전체적이다. "각 개인은 그가 시민으로서 갖고 있는 일반의지와 다르거나 상반된 인간으로서 개인 의사를 인간으로서 가질 수가 있다." 개인이 자신의 이성에 귀를 기울인다면, 그는 공공의 이익을 원할 수밖에 없다. 그러므로 일반의지가 목표로 하는 공공의 이익은 동시에 각 시민의 의사이기도 하다. "이 의사는 항상 전체와 각 부분의 보존과 이익을 추구하는 경향이 있다"(〈정치경제〉, *OC*, t. 3, p. 245). 만일 개인이 일반의지의 목표에서 아무 이익도 발견하지 않게 되면, 일반의지는 무력해질 것이다. 인간은 그들에게 이익이 되는 것만을 욕망하기 때문이다.

일반의지의 행위는 법이다

"의사라는 것은 항상 원하는 존재의 이익을 추구하고, 개별의지는 항상 사적 이익을 목표로 하며, 일반의지는 공공의 이익을 목표로 하기 때문에, 이 일반의지는 사회체의 유일하게 진정한 동기이고 또 그렇게 되어야 한다"(《제네바 수고Manuscrits de Genève》, 1권 4장, *OC*, t. 3). 일반의지의 목표는 항상 공통의 차원에 속해 있다. 그 목표가 개별적인 것이 되면 그것은 더 이상 일반의지가 아니다. 개인적인 대상에 관심을 갖는 것은 그 본성에 반대된다. 그러므로 일반의지에서 가장 중요한 것은 그 대상의 전체성이다. 의사가 일반적인 것은 그것이 오직 일반적인 것에 대해서만 판단하고, 그렇게 함으로써 행정권이 내리는 결정들의 개별성과 구분되기 때문이다. 그래서 그 표현은 법이며, 이 법은 그것의 일반성으로 특징지어진다. "그러므로 법으로 제정되는 사실은 그것을 제정하는 의사와 마찬가지로 일반적이다. 바로 이 같은 행위를 나는 법이라고 부른다." 일반의지가 내리는 결정들은 모든 시민에게 적용되며, 일부 시민에게만 특혜를 주지 않는다. 모든 시민은 일반의지의 결정 앞에서 평등하다. "개별의지는 본질적으로 편파성을, 일반의지는 평등을 지향하기 때문이다." 그러므로 일반의지가 항상 공정하고 항상 옳은 것은 그것이 개인을 고려하지 않기 때문이다.

그렇지만 루소의 일반의지 개념은 몇 가지 문제를 야기한다. "일반의지는 언제나 옳다. 그러나 그것을 인도하는 판단까지 항상 현명한 것은 아니다"(《사회계약론》, 2권 6장). 그렇기 때문에 법을 주권자에게 제안하는 특별한 인간, 입법자에게 의존하는 것이다.

자연과 문화의 관계

인간과학의 필요성

"나는 인간에 대해서 말해야 한다"(본서 53쪽). 루소는 《인간 불평등 기원론》을 그가 어떤 문화를 가지고 있던 간에 상관없이 모든 인간과 관련되는 인류학적 성찰로 소개한다. 이 연구는 인간 간의 불평등이 어디에서 비롯되었는지의 문제를 밝혀내기 위해 필요하다. 왜냐하면 인간의 개념은 우리가 자연법에 대해 내릴 수 있는 정의의 기초를 이루기 때문이다. 루소의 목표는 인류의 역사를 소개하는 것, 즉 인간의 어느 부분이 자연에 속하고(선천적으로 타고났고), 또 어느 부분이 문화에 속하는지(후천적으로 얻은 것인지)를 구분하는 것이다.

"오, 인간이여, 그대가 어느 나라 사람이든, 어떤 견해를 가지고 있든간에 내 말에 귀를 기울여보라. 자, 이것은 내가 그대의 거짓말쟁이 동포들이 쓴 책이 아니라 절대 거짓말을 하지 않는 자연 속에서 내가 읽었다고 믿는 그대로의 그대의 역사다"(본서 56~57쪽). 루소는 이 같은 시도가 얼마나 어려운지를 잘 알고 있다. 인간은 아주 오래전부터 사회를 이루어 살아왔기 때문에, 그의 어느 부분이 오직 자연에 속하고 또 어느 부분이 교육과 그가 살아가는 사회에 속하는지를 구분해내는 것은 (불가능한 일은 아니지만) 어려운 일이다. "연속되는 시간과 사물이 인간의 최초의 구조 속에서 일으켰음에 틀림없는 모든 변화 속에서, 어떻게 인간은 자연이 만들어놓은 그대로의 자기 모습을 알아볼 수 있을 것인가? 어떻게 상황이나 인간의 진보가 그의 원시 상태에 덧붙이거나 변화시킨 것을 그의 본질과 구분할 수 있을 것인가?"(본서 41~42쪽). 인간의 본성은 가변적이다. 즉 그의 문화적 환경에 쉽게 영향을 받는 것이다. 인간존재는 문화적 요소의 축적으로 이루어진다. 심지어 먹거나 잠을 자는 등의 중요한 행위들조차도 문화에 따라 달라진다. 왜냐하면 인간은 고유의 본능을 가지고 있지 않기 때문이다. 인간은 본래 역사적인 존재이며, 점진적이지만 필연적이지는 않은 변화의 결과물이다.

이 새로운 학문에는 어떤 방법을 사용해야 하는가?

인간의 자연적인 부분과 문화적인 부분을 어떻게 구분해야 하는가? 어떤 방법을 사용해야 하는가? "자연인에 대해 알기 위해서는 어떤 실험이 필요한가? 그리고 사회 내에서 이 실험을 할 수 있는 방법에는 어떤 것들이 있는가?"(본서 44쪽). 루소는 인간이 어느 것을 선천적으로 타고났고 또 어느 것을 후천적으로 얻었는지를 구분하기 위해 실험(예를 들면 "야생아"를 연구하는 것)에 의존하지 않는다. 대신에 루소는 자연인의 원형에 대한 가정을 세워, 이를 그가 살고 있는 사회에서 관찰할 수 있는 사회적 인간과 비교한다. 또한 그는 이 사회적 인간을 여행기를 통해 알게 된 다른 사회 및 문화의 인간과 비교한다.

문화적 다양성의 인정

루소는 자연과 문화를 철저히 구분한다. 문화는 자연에 대해 우리에게 아무것도 말해줄 수 없다. 왜냐하면 문화는 변화하는 반면, 자연에 속하는 것은 그렇지 않기 때문이다. 자연과 문화를 구분하지 못하기 때문에, 우리는 인간이 무엇인가에 대해 잘못되고 부정확한 판단을 내리는 것이다. 이 같은 무지는 우리로 하여금 일부 인간을 동물과 혼동하고 그들의 인간성을 인식하지 못하도록 할 수 있기 때문에 위험하다. 루소는 몇몇 부족이 동물 혹은 인간과 원숭이의 잡종으로 여겨지는 여행기를 여러 편 인용한다. 반대로 루소에 따르면 "사실 사람들을 구분하는 차이 가운데 몇 가지는 자연적인 것으로 여겨지지만, 실제로는 사람들이 사회 속에서 채택하는 여러 생활양식이나 습관의 산물일 뿐이라는 사실을 아는 건 어려운 일이 아니다"(본서 111쪽).

문화적 다양성은 인류의 특징이며, 이 사실을 놀라워해서는 안 된다. 인간은 완성될 수 있는 가능성을 갖고 있기 때문이다. 인간은 다양한 자연환경에 적응할 수 있으며, 예를 들면 추운 나라에 사느냐 더운 나라에 사느냐에 따라 그들의 문화도 달라진다. 문화적 차이는 인간이 다양한 환경에 적응할 수 있는 여러 가능성을 표현한다. 여행자들이 그들의 나라와 그들이 방문한 나라 사이에서 보여주는 육체적·정신적 차이는 주로 인간이 적응했다는 것을 보여주는 결과다.

루소가 인간과 그를 둘러싼 환경 사이의 관계를 필연적인 관계로 보는 것을 거부한다는 사실을 지적해야 한다. 인간과 그의 문화 사이에 결정론은 존재하지 않는다. 인간은 모든 환경과 모든 문화에 적응할 수 있는 것이다.

문화적 차이는 부분적으로 지리적 차이에서 기인한다. "기후, 공기, 음식, 생활 방식, 일반적인 관습의 다양성이 발휘하는 강력한 효과"에서, "특히 동일한 원인이 몇 세대에 걸쳐 오랫동안 계속 작용할 때 나타나는 놀라운 힘"(본서 202쪽)에서 기인하는 것이다. 따라서 서로 다른 문화의 가치에 등급을 매기는 것은 불가능한 일이다. 왜냐하면 그건 곧 서로 다른 기후의 가치에 등급을 매긴다는 얘기가 되기 때문이다. 문화를 구분하는 거리는 수직적인 것이 아니라 수평적인 것이다. 어떤 문화의 우월성 혹은 열등성은 존재하지 않는다. 즉 원시부족은 서양 문명보다 덜 발달하지 않았다는 것이다. 루소는 각 문명이 동일한 발전의 서로 다른 단계를 거치고 있다는 단선적 진화 모델을 일체 거부한다.

자연과 문화의 관계에 대한 성찰에서 루소는 문화가 우리에게 닥치는 불행의 근원이라고 주장하지만, 어떤 문화적 모델이 다른 모델들보다 우월하다고 내세우지는 않는다. 게다가 사회적 인간은 자신의 문화를 억지로 받아들이지 않아도 된다. 자신을 완성시킬 수 있는 능력 덕분에 그는 한 세계에서 다른 세계로 건너갈 수 있고, 여러 문화에 속하여 그것들을 알릴 수 있다. 그는 자신의 환경과 다른 환경에 적응할 수 있는 것이다.

"나는 인간의 모든 지식 중에서 가장 유용하지만 가장 뒤떨어진 것이 인간에 관한 지식이라고 생각한다"(본서 41쪽). 《인간 불평등 기원론》에서 루소는 인류학 발전의 매우 중요한 한 단계를 통과했으며, 레비-스트로스는 그를 인류학의 창시자라고 평가한다.

존재와 외관의 대립, 행복의 장애물

존재와 외관의 대립은 모든 사회생활의 위험이다. 사회에서 결합한 인간은 끊임없이 타인의 시선 속에서 살아간다. 다른 사람의 시선을 받으며 사는 삶은 사회적 인간을 구성하는 요소다. 이 같은 삶은 개인의 자주성을 박탈한다. 왜냐하면 인간이 자신의 본래 모습보다는 외관과 타인의 세평에 더 신경을 쓰게 되기 때문이다. 인간이 모여서 사회를 이루면 어쩔 수 없이 서로를 비교할 수밖에 없다. 따라서 그들이 서로 모른 척하고 그들 간의 차이를 알아차리지 못 한다는 건 어려운 일이다.

서로를 비교하는 것의 위험

《인간 불평등 기원론》에 기술된 최초의 사회 상태(루소는 이 상태를 인류의 가장 행복했던 시기라고 주장한다)에서부터 외관에 대한 걱정이 등장한다. "사람들은 여러 사물들을 관찰하고 비교하는 것에 익숙해진다.

그러다가 자기도 모르는 사이에 가치와 미의 관념을 획득하게 되고, 이 관념은 호오好惡의 감정을 낳는다"(본서 129쪽). 자연인은 혼자 지내기 때문에 오직 자기 자신만 중요해서, 자신을 다른 사람들과 비교할 수도 없고 그들의 세평에 관심을 가질 수도 없다. 반대로 인간은 함께 살게 되자 각자가 다른 사람들의 거울이 되었다. 인간은 타인의 존재와 시선을 통해 자신의 가치를 알게 된다. "각자가 다른 사람들을 주목하고 자신도 다른 사람들에게 주목받기를 원하기 시작하면서, 남들에게 인정받는 것이 어떤 가치를 갖게 되었다"(본서 130쪽). 타인을 바라보면서 나는 그가 나보다 잘생겼다는 사실을, 그리고 그 역시 자기가 나보다 더 잘생겼다고 판단하고 있다는 사실을 확인할 수 있으며, 이로 인해 나는 그를 질투하게 된다. 인간이 자신을 다른 사람들과 비교하기 시작하면서부터, 그는 그 비교에서 우위를 점하고 자신이 선택받기를 원한다.

루소는 외관에 대한 관심이 생기는 것을 설명하기 위해 노래와 춤을 예를 든다. "노래를 가장 잘 부르거나 춤을 가장 잘 추는 사람 …… 이 가장 존경받았는데, 바로 이것이 불평등을 향한 첫걸음인 동시에 악덕을 향한 첫걸음이었다"(본서 130쪽). 모든 사람이 똑같이 노래를 잘하고 춤을 잘 추는 것은 불가능한 일이었으므로, 이 두 가지를 못하는 사람은 다른 사람들을 속이려 할 것이다. 그들은 진짜 자신의 모습보다는 겉으로 보이는 모습에 더 신경을 쓰게 된다. 이렇게 해서 인위적이고 작위적인 것의 지배가 시작된다. 예를 들면 대머리 남성은 자신의 볼품없는 외모를 감추기 위해 가발을 쓸 것이고, 여성은 더 예뻐 보이기 위해 화장을 할 것이다. 외관은 선호를 받도록 해주기 때문에 가장 중요한 것이 된다. 인간은 우위를 점하기 위해 유혹하려고 애쓴다. 즉 그는 자신이 쓸 가면을 만드는 것이다.

사회생활은 인간으로 하여금 가면을 쓰게 만든다

소유권과 노동 분업이 존재하는 사회에서 인간은 물질적으로 서로에게 종속되고, 외관에 대한 관심은 훨씬 더 큰 중요성을 획득하게 된다. 최초의 사회 상태에서는 오직 타인의 평가만이 인간으로 하여금 외관에 신경을 쓰도록 하지만, 두 번째 사회 상태에서는 그것이 살아남기 위한 급선무가 된다. 인간은 이제 자신의 힘만으로는 그의 욕구를 충족시킬 수 없고, 다른 사람들의 도움을 받아야만 한다. "만일 그가 부유하면 그들의 봉사를 필요로 하고, 그가 가난하면 그들의 도움을 필요로 한다. 그리고 그가 부유하지도 가난하지도 않은 중간 정도라 하더라도, 그들 없이는 살아갈 수 없게 되었다. 고로 그는 그들이 자신의 운명에 관심을 갖도록, 그들이 실제로든 표면적으로든 그를 위해 일하는 것이 그들에게 이익이 된다고 생각하게끔 애를 써야만 한다"(본서 139쪽). 각 개인은 가면 쓰는 법을 배워야만 한다. 만일 그가 다른 사람들로부터 높은 평가를 받을 만한 자질을 갖고 있지 않다면, 그는 다른 사람들의 관심을 끌기 위해 그걸 갖고 있는 척해야 한다. 소유의 욕망과 욕구의 증가는 인간으로 하여금 자신의 의견보다는 타인의 의견에 더 신경을 쓰도록 만든다. 그는 유혹하기 위해 술책을 쓴다. "모든 것이 겉모습으로 귀착되면서 명예, 우정, 덕성, 심지어 악덕까지도 자랑거리로 삼을 수 있을 정도로 부자연스럽고 가식적으로 변한다"(본서 175쪽).

외관에 대한 관심 때문에 인간이 불행해진다.

루소는 이 같은 존재와 외관의 분리야말로 인간을 불행하게 만드는 원인 중 하나라고 주장한다. 왜냐하면 행복감은 타인의 세평과 관련되기 때문이다. 자기가 행복한지를 알기 위해서는 타인을 보아야만 하는 것이다. 그런데 각 개인은 항상 자신을 타인보다 더 좋아하기 때문에, 행복에는 접근할 수가 없다. 사회적 인간은 타인의 환심을 사기 위해 애쓰지만 자신의 욕망을 충족시킬 수는 없다. 그가 이런 식으로 행복을 발견하는 건 불가능한 일이다.

인간은 자기 자신 안에서 살면서 오직 자기 자신의 현재 모습만을 욕망해야 진정한 행복에 도달할 수 있다. 루소는 존재와 외관이 다시 일치할 수 있도록 자성自省할 것을 권장한다. 타인에게 종속되어 산다는 것은 행복해질 수 없도록 가로막는 장애물이다. 그러므로 타인의 세평으로부터의 독자성을 되찾아야만 한다. 루소는 자연인의 고독과 물질적 독립을 되찾을 것을 제안하는 것이 아니라, 사회 안에서 잘 살아가는 법을 배울 것을 제안한다. 행복은 사회생활과 양립 불가능하지 않지만, 사회적 인간은 행복해질 수 있도록 살아가는 법을 다시 배워야 한다.

도덕과 정치의 분리 불가능한 관계

도덕과 정치를 함께 연구해야 한다

"인간을 통해서 사회를 연구하고 사회를 통해서 인간을 연구해야 한다. 정치와 도덕을 따로따로 논하려고 하는 사람들은 이 두 가지 중 어느 것도 이해하지 못할 것이다."

도덕과 정치는 상호작용한다. 사회적 인간을 이해하고 판단하려면 그가 살아가는 사회를 연구해야 하고, 정치적 사회를 이해하고 판단하려면 그 사회를 구성하는 인간이 어떤 존재인가를 알아야 한다. 이 같은 생각을 이해하기 위해서는, 루소가 말하는 도덕이란 인간이 가진 정념의 경향을, 사회란 인간 간의 종속 관계 및 권리, 지위, 권력의 구분을 가리킨다는 사실을 잊지 않아야 한다.

루소는 도덕과 정치 간의 왕복을 방법론적 원칙으로 제안한다. 그는 이 원칙을 준수하지 않는 모든 사람을 비판한다. 그래서 루소는 홉스가 결과를 원인으로 착각하는 잘못을 저질렀으며, 이것은 도덕과 정치를 따로 연구했기 때문이라고 말한다. 홉스가 사회의 원인인 정념을 사회의 결과라고 주장한다는 것이다. "그는 사회가 만들어낸 결과물이자 법을 필요하게 만든 수많은 정념을 만족시키고 싶은 필요를 미개인이 자기를 보존하기 위해 기울이는 노력 속에 잘못 집어넣는 바람에, 그것과 정확히 반대되는 말을 하고 있다"(본서 97쪽). 그는 육체적인 것과 정신적인 것을 혼동하며, 자연인을 정의하는 것(자기애와 연민)과 사회에 의해 인위적으로 만들어진 것(이기심)을 혼동한다. 그런데 자기보존과 관련되는 엄밀히 육체적인 욕구는 의존 관계를 만들어내지 않기 때문에 사회의 원인이 될 수 없다. 반대로 돈이나 권력을 갖고 싶은 욕망 같은 우리의 인위적인 욕망은 오직 사회에서만 존재할 수 있으며, 그 욕망을 억제하려면 법이 필요하다.

그러므로 훌륭한 정치를 하기 위해서는 인간에게 존재하는 자연적인 것과 인위적인 것, 육체적인 것과 도덕적인 것을 분명하게 구분하여야만 한다. 왜냐하면 인간은 그들의 정념에 의해 서로 연결되어 있기 때문에 도덕과 정치를 분리시켜서는 안 되는 것이다.

원칙의 정당화

– 자연 상태에서의 도덕성의 부재

자연인의 유일한 욕구는 자기 존재의 보존이다. 혼자 살고 그의 이성이 아직 발달하지 않았기 때문에, 그는 어떤 정념에 의해서도 동요되지 않는다. "우선 이러한 상태에 있는 인간은 서로 간에 어떤 도덕적 관계도, 널리 알려진 의무도 갖고 있지 않기 때문에, 선할 수도 악할 수도 있으며, 악덕도 덕성도 갖고 있지 않은 것처럼 보인다"(본서 94~95쪽). 자연 상태에서는 인간이 서로 독립적이기 때문에, 자신의 동류들에 대해 아무것도 기대하지 않고 그들에게 아무 의무도 지고 있지 않다. 또한 인간에게는 행동 규칙이 필요하지 않다. 본능과 연민만으로도 그들을 충분히 억제할 수 있는 것이다. 아직은 사회가 존재하지 않기 때문에, 인간은 정념을 갖고 있지 않고 도덕도 필요하지 않다.

– 사회가 출현하면서 도덕이 탄생하다

도덕은 정념이 발달하고 사회가 수립되면서 탄생한다. 《인간 불평등 기원론》 2부는 인간의 도덕적 타락과 악덕의 발달, 전제주의를 향한 사회의 변화를 서로 비교해가며 기술한다. 이 두 가지 진전은 내밀하게 관련되어 있다. "왜냐하면 사회제도를 필요하게 만드는 악덕은 필연적으로 그 제도를 남용하게 만드는 바로 그 악덕이기 때문이다"(본서 166쪽). 모여 있다는 사실은 인간으로 하여금 서로 비교하도록 부추기고, 이러다보면 그들의 이기심과 악하고 격렬한 모든 정념이 발달하게 된다. 이 같은 정념은 무질서를 야기하기 때문에 법을 제정해야만 한다. 그러나 "대체로 정념보다 약한 법률은 인간을 억제할 뿐 그들을 변화시킬 수는 없다"(본서 166쪽). 풍속의 타락은 정치적 타락을 동반하고,

반대로 정치적 타락은 풍속의 타락을 동반한다. 그러다가 결국은 미덕도 정치적 자유도 더 이상 존재하지 않게 된다. 시민이 부패한 정부와 권위적 권력을 받아들이는 것은 그들 자신이 이미 타락했기 때문이다. "불평등은 운명의 위험을 무릅쓰고 그것이 자신에게 유리해지느냐 불리해지느냐에 따라 거의 일률적으로 지배하거나 봉사할 준비가 항상 되어 있는 야심차고 비겁한 사람들 사이에서 쉽게 퍼져나간다"(본서 167쪽). 사회는 그것을 구성하는 개인의 생활 습관에 부분적으로 책임이 있으며, 개인들은 그들이 갖춘 덕성의 정도에 따라 이런저런 정부를 선택하거나 받아들인다.

이 같은 이유로 인해 루소는 헌사에서 제네바 시민에게 그들의 정치적 자유와 민주적 정부를 보장할 수 있는 조건인 엄격한 생활 습관을 유지하도록 권유하는 것이다. 그렇지만 우리는 도덕과 정치가 뒤섞일 경우 통치자들이 시민의 생활 습관에 대한 통제권을 찬탈함으로써, 결과적으로는 독재 권력이 수립되는 것은 아닌지 의문을 품어볼 수 있을 것이다.

법

"주권자의 행위는 일반의지의 행위, 즉 법이 될 수밖에 없다"(《에밀》, V, GF-Flammarion, p. 605).

일반의지는 법을 통해 표명된다. 사회계약은 일반의지를 탄생시켰지만, 그것이 표명되는 것은 오직 법을 통해서뿐이다. "법은 정치체의 유일한 동기다. 정치체는 오직 그것을 통해서만 효력을 갖고 감지될 수 있는 것이다. 만일 법이 없으면 세워진 국가는 영혼이 없는 육체에 불과하다. 그것은 존재하기는 하지만 작용을 미칠 수가 없다. 왜냐하면 각자가 일반의지에 따르는 것만으로는 충분하지가 않기 때문이다. 일반의지를 따르기 위해서는 법을 알아야 한다"(《제네바 수고》, *OC*, t. 3, p. 310).

어떤 종류의 법이 일반의지를 표명하는가?

자연법과 국가법을 혼동하지 말아야 한다. 인간은 자연법에 복종하지만 그것을 만들지는 않는다. 반면 국가법은 인간의 질서에 속하며 관습에 의해 형성된다.

루소는 시민법을 대해 매우 명확한 정의를 내린다. "법으로 제정되는 사실은 그것을 제정하는 의사와 마찬가지로 일반적이다. 바로 이 같은 행위를 나는 법이라고 부른다." 그러므로 법이란 주권을 가진 국민이 내리는 결정이며, 그 결정은 신민으로서의 국민과 관련되는 것이다. 국민은 법의 제정자인 동시에 수취인이다. 루소는 사회의 구성원들이 사회생활의 조건들을 결정하며, 그것은 합법적이라고 간주된다. 국민은 법에 복종해야 하기 때문에 가장 나은 법을 선택할 수밖에 없다. "법은 본래 사회적 결합의 조건에 불과할 뿐이다. 법에 복종하는 국민이 그것의 제정자여야 한다. 서로 결합하는 사람들만이 사회의 조건들을 결정할 수 있기 때문이다." 그래서 루소는 개별의지가 법을 만들고 사적 이익이 법의 보호를 받는 전제군주제와 절대왕정을 비판한다.

법과 법령을 혼동해서는 안 된다. 법은 일반의지에 의해 선포되고 전체적인 대상에 영향을 미친다. 반면 법령은 정부에 의해 선포되고 개별적인 대상에 영향을 미친다. 예를 들어보자. 정부의 형태를, 예컨대 군주제를 선포하는 것은 법이지만, 누가 왕인지를 선포하는 것은 법령이다.

법의 특징

법의 첫 번째 특징은 전체성과 관련된다. 법은 전체적인 것이어야 하며, 그렇지 않으면 법이 아니다. 법의 전체성은 이중적이다. 한편으로 법은 일반의지에 의해 만들어지고, 또 한편으로 그것의 대상은 항상 전체적이다. "법은 의사의 전체성과 대상의 전체성을 결합시키기" 때문에 항상 공동체 전체의 이익을 목표로 한다.

법의 두 번째 특징은 그 선의다. 법은 전체적이기 때문에 항상 좋고 부당할 수가 없다. 법은 일부에게 특권을 부여하지 않는다. 법 앞에서는 만인이 평등한 것이다. 법은 재산이나 지위와 상관없이 모든 사람에게 적용된다. 법은 또한 일반의지의 산물이기 때문에 항상 공정하다. 즉 각자가 그것의 제정에 참여하는 것이다. 그러므로 "법이 불공정할 수 있느냐고 물어볼 필요도 없다. 자기 자신에 대해 불공정한 사람은 아무도 없기 때문이다."

마지막으로 법의 세 번째 특징은 폐지 가능성이다. 법은 국민 스스로가 져야 하는 의무이기 때문에, 그것이 더 이상 좋지 않다고 판단되면 폐지할 수 있다. "국민은 설령 자신들의 법이 최상의 것이라 할지라도 그것을 언제라도 바꿀 수 있다." 그러나 오직 일반의지만이 어떤 법을 폐지할 것인지를 결정할 수 있으며, 개인은 어떤 법이 더 이상 유효하지 않으며 그것에 복종하지 않겠다는 것을 자기 권한으로는 결정할 수 없다. "일반의지에 복종하기를 거부하는 자는 누구나 집단 전체에 의해 그것에 따르도록 강요당할 것이라는 약속(오직 이 약속만이 다른 약속들이 효력을 발휘하도록 할 수 있다)을 암묵적으로 내포하고 있다"(《사회계약론》, 1권 7장). 만일 단 한 명의 개인이라도 법을 존중하지 않고 법 위에 선다면, 다른 모든 사람들은 그에게 종속될 것이다. 사법 체계가 사회 구성원들에게 평등을 보장하려면, 모든 사람이 법에 따라야 한다.

법, 자유의 조건

법의 주요한 효과는 그것이 인간으로 하여금 사회를 이루어 살면서도 자유를 누릴 수 있도록 한다는 것이다. 법에 복종한다고 해서 인간에게 복종하는 것은 아니며, 자기 자신에게, 즉 이성의 규범에 복종할 뿐이다. "인간이 정의와 자유를 누릴 수 있는 것은 오직 법 덕분이며, 법 안에서 인간 간의 자연적 평등을 수립하는 것은 만인의 의사라는 이 유익한 수단이다"(〈정치경제〉, 《백과전서》). 법은 그 비인격성과 엄격함을 통해 자연적 질서에 상응하는 것을 제공한다. 법은 사회가 자연의 사물들과 법칙에 대해 갖는 독립성과 동의어라고 할 수 있다. 법에 복종한다고 해서 어떤 사람에게 복종하는 것은 아니다. 따라서 법에 복종한다고 해서 자유가 파괴되는 것은 아니다. 반대로 법에 복종하는 것은 자유로워지는 하나의 수단이다. "자유로운 국민은 복종하지만 섬기지는 않는다. 자유로운 국민은 우두머리를 가질 뿐 지배자를 갖지는 않는다. 자유로운 국민은 법에 복종한다. 오직 법에만 복종한다. 그리고 그가 인간들에게 복종하지 않는 것은 법의 힘에 의해서다"(〈여덟 번째 편지〉, 《산에서 보내는 편지》).

법의 구분

《사회계약론》 2권 12장에서 루소는 네 가지 유형의 법을 구분한다.

① 정치법은 주권자와 국가의 관계에 관련되며, 그 나라의 조직과 일치한다.《사회계약론》에서 루소는 이 유형의 법에 관심을 보이지 않는다.

② 시민법은 시민과 국가의 관계에 관련되며 일상생활을 결정짓는다.

③ 범죄법(혹은 형법)은 시민이 복종하지 않을 경우에 제재를 가한다.

④ 풍속은 법의 네 번째 유형을 구성한다. 풍속은 법보다 더 큰 힘을 가진다. 왜냐하면 더 무의식적이고 더 습관적이기 때문이다. 만일 어느 국민이 나쁜 풍습을 갖고 있다면, 법률은 설사 최상의 것이라 할지라도 결코 존중되지 못할 것이다.

시민

> "자기 나라에 전혀 아무것도 빚지지 않은 선한 인간이 어디 있단 말인가? 그는 인간에게 가장 소중한 것, 그의 행동의 도덕성과 미덕에 대한 사랑을 자기 나라에 빚지고 있다"(《에밀》, V).

루소는 계약 사회의 인간의 모습을 어떻게 그리고 있나?

《인간 불평등 기원론》의 결론 부분에서 루소는 자연적 인간과 사회적 인간을 대립시킨다. 자연적 인간은 자기애의 지배를 받으며 독립적이고 자율적이다. 반대로 사회적 인간은 자존심의 지배를 받으며 타인의 판단에 종속된다.

그렇다면 어떤 부류의 인간이 사회계약을 맺는가? 바로 시민이다.

어떤 사회에 속하는 모든 개인이 곧 시민이라고 믿어서는 안 된다. 반대로 루소에 따르면 현대사회에는 더 이상 시민이 없다. "우리는 물리학자, 기하학자, 화학자, 천문학자, 시인, 음악가, 화가를 갖고 있다. 우리는 더 이상 시민을 갖고 있지 않다"(《학문예술론》, *OC*, t. III, p. 26; GF-Flammarion, p. 50). "이 말의 진정한 의미는 현대인들에게서는 거의 완전히 상실되어버렸다. 대부분의 사람들은 도회지를 도시로, 도회지에 사는 주민을 시민으로 잘못 생각하고 있다"(《사회계약론》, 루소의 주석 4번). 그리고 루소는 사전에서 시민이라는 단어를 삭제하자는 제안까지 한다. 이 단어가 우리에게 더 이상 아무것도 의미하지 않는다는 것이다. "이 조국과 시민이라는 두 단어는 현대 언어에서 지워져야 한다"(《에밀》, I, GF-Flammarion, p. 40).

시민은 현대사회에는 부재하지만 고대사회에는, 예를 들면 스파르타나 로마에는 존재했다. 자신에게 "제네바 시민"이라는 칭호를 자랑스럽게 붙이는 것으로 보아, 루소는 제네바에는 여전히 시민이 존재한다고 생각했던 듯하다. 루소가 로마인은 시민이라고 생각했던 이유는, 로마인이 도시국가 전체의 구성 요소를 이루고, 개인의 자의식이 아닌 도시국가 구성원의 자의식을 지니고 있었기 때문이다. "로마 시민은 카이우스도 아니고 루시우스도 아니었다. 그는 로마인이었다"(《에밀》, I, GF-Flammarion, p. 41).

시민의 정의

시민은 독립적인 개인이 아니다. 그는 주권에 참여하는 한 정치체의 한 부분을 이룬다. 시민은 그의 개별 의사와 일반의지를 동일시한다.

"각 시민은 나머지 다른 사람들의 도움을 받지 않고는 아무것도 될 수 없고 아무것도 할 수 없다"(《사회계약론》, 2권 7장). 시민은 독립적인 존재가 아니고 도시국가 전체에 종속되어 있기 때문에, "각 개인은 더 이상 자기가 하나가 아니라 단위의 부분이라고 믿으며, 이제부터는 오직 전체에 의해서만 민감해진다"(《에밀》, I, GF-Flammarion, p. 39). 루소에 따르면, 이 같은 종속은 시민을 노예 상태로 만드는 것이 아니다. 반대로 시민은 오직 일반의지에만, 즉 일반의지에 참여하는 그 자신에게만 종속된다.

그래서 루소는 개인들의 혼합과 일체를 시민성의 모델로 제안한다. 이 개념은 차이와 개인성에 대한 가치 부여와 반대된다.

시민, 인간이 되기 위한 조건

시민의 자질은 모든 인간 능력의 발달을 가능하게 한다. 정치제도는 인간의 지적 능력과 도덕적 능력이 발달하도록 해줄 것이다. 시민은 "어리석고 편협한 동물"이 아니라 "지적인 존재"다. 개인의 의사가 일반의지와 일치하는 것은, 그가 자기 정념의 목소리가 아닌 자기 이성의 목소리를 따르기 때문이다. 시민은 자존심이나 이기심이 아닌 자기 이성의 지배를 받는다. 그의 지적 발달은 도덕적 발달이라는 결과를 낳는다. 시민은 덕성을 갖춘 도덕적 존재다. 《인간 불평등 기원론》에서 루소는 자연적 인간이 선도 악도 모르기 때문에 선하지도 악하지도 않다는 것을 보여주었다. 그의 행위에는 도덕성이 존재하지 않는 것이다. 자연적 인간은 다른 인간들 덕분에, 그리고 특히 법의 엄격한 규제 덕분에 도덕성에 접근할 수 있다. 일반의지의 결정이기 때문에 항상 정당한 법에 복종함으로써, 시민은 "오직 그것에 의해서만 인간이 참으로 자신의 주인이 될 수 있는 도덕적 자유를 획득한다. 오로지 욕망의 충동에만 따르는 것은 노예나 다름없는 예속 상태이며, 스스로 정한 법을 지키는 것은 자유이기 때문이다"(《사회계약론》, 1권 8장).

시민은 자유로운 존재이며, 도시국가의 다른 구성원들과 동등하다. 그는 사회계약에 의해 시민적 자유를 획득한다. 그는 주권의 구성원 자격으로, 그를 지배하는 법의 제정에 참여한다. 그리고 그는 권리의 평등을 획득한다. 즉 모든 시민은 법에 의해 똑같은 취급을 받으며 특권은 존재하지 않는다. "이 기본적인 계약은 자연적 평등을 파괴하기는커녕 오히려 자연이 인간 사이에 생겨나게 할 수 있었던 육체적 불평등을 도덕적이고 합법적인 평등으로 바꾸어 놓으며 …… 힘이나 타고난 재능에서는 불평등할 수 있지만 모두가 계약에 의해 법적으로 평등해진다"(《사회계약론》, 1권 9장).

시민은 단순한 하나의 단위, 그가 자신의 존재를 이끌어내는 더 큰 전체의 한 부분에 불과하다. 개인성의 이 같은 방기는 과연 보다 높은 인간성의 차원에 접근하기 위한 방법일까? 그러나 시민에게는 어떤 사생활이 남게 될까? 그리고 이런 방법은 개인성을 일체 부인함으로써 개인이 인간이 되는 것을 강제로 억제하는 결과를 낳지 않을까?

입법자

"법을 인간에게 주기 위해서는 신들이 필요할 것이다"(《사회계약론》, 2권 7장). 입법자는 절반은 예언자이고 또 절반은 현인인 예외적 존재다. 루소는 입법자들의 예를 오직 그리스·로마 시대와 제네바에서만 끌어내는데, 스파르타의 리쿠르고스라든지 로마의 누마 폼필리우스, 유대 민족의 모세, 제네바의 칼뱅Jean Calvin 등의 입법자들은 신화와 실재했던 도시국가에 속한 사람들이다.

입법자는 교육자다

입법자의 역할은 일반의지를 인도하고, 어떤 결정을 내려야 하는지를 일반의지에 가르쳐주는 것이다. 과연 "일반의지는 언제나 옳다. 그러나 그것을 인도하는 판단까지 항상 현명한 것은 아니다"(《사회계약론》, 2권 6장). 국민은 공통의 이익을 체험하고, 그것을 개인의 이익과 혼동하지 않는 법을 배워야 한다.

입법자는 법을 시민에게 제안하면서 그들을 교육시킨다. 그는 시민을 전체의 이익이라는 수준으로 올려놓는다. 그는 교육자다. 즉 그는 시민을 양성하고, 그럼으로써 인간을 양성하는 것이다. 왜냐하면 루소가 볼 때 "우리는 엄격히 말해서 시민이 되고 나서야 인간이 되기 시작하기 때문이다"(《제네바 수고》, 1권 2장). 입법자는 인간을 변화시키고 인간이 시민으로서 잘 적응하도록 보장해준다. "국민에게 감히 제도를 만들어주려고 하는 사람은 이를테면 자기가 인간의 본성을 바꾸어놓을 수 있다고, 그 자체로 하나의 완전하고 고립된 전체인, 어떻게 보면 그 개인에게 생명과 존재를 부여하는 보다 큰 전체의 일부인 각 개인을 변화시킬 수 있다고, 인간의 체질을 변화시켜 더 강하게 만들 수 있다고, 우리 모두가 자연으로부터 받은 육체적이고 독립적인 존재를 부분적이고 도덕적인 존재로 바꾸어놓을 수 있다고 느껴야 한다."

입법자가 이 임무를 수행하기 위해서는 인간에 대해서 알되 인간의 결점은 갖고 있지 않아야 한다는 데 어려움이 있다. 인간을 교육시키기 위해서 입법자는 그 자신도 이미 교육을 받았어야 하고, 국민의 이익(국민은 아직 알고 있지 못한)이 무엇인지도 알고 있어야 한다. 입법자의 자질(열정에 대해 알되 그것을 겪지는 말아야 하고, 인간의 본성에 대해 알되 그것을 소유하지는 않는)은《에밀》에 나오는 가정교사의 자질을 연상시킨다. 어떤 실재하는 인간이 이 자질들을 동시에 갖춘다는 것은 매우 힘든 일이다. 그렇지만 루소는 코르시카와 폴란드를 위해 입법자로 일할 계획을 세웠다.

행정관도 아니고 주권자도 아닌 입법자

"국가에서 입법자는 어느 점으로 보나 비범한 인간이다. 그의 재능으로 보아도 비범하지만, 그 못지않게 그가 맡은 직무로 보아도 비범한 것이다"(《사회계약론》, 2권 7장). 입법자는 자신의 계획을 성공시키기 위해 국민의 밖에 있어야 하고, 심지어는 이방인이 될 수도 있다. 그는 행정관도 아니고 주권자도 아니다. 그가 행정관이 아닌 것은 그가 하는 일이 정부를 수립하게 될 법에 앞서기 때문이고, 그가 주권자가 아닌 것은 그의 법안 제의가 그의 개인 의사에서 비롯되기 때문이다. 입법자는 법체계를 제안하는 것으로 만족하지만, 그것을 비준하는 것은 주권자 즉 국민이다. 입법자의 법안에 법의 힘을 부여하는 것은 국민이다. 그러므로 입법자는 국민의 주권을 침해하지 않는다.

종교에 의지해야 할 필요성

입법자는 자신의 법체계를 받아들이도록 할 수 있을 만큼의 권위를 일체 갖고 있지 않다. 게다가 국민은 아직 교육을 받지 않았으므로 그의 법안을 이해하지 못할 위험이, 따라서 그것을 비준할 수 없을 위험이 매우 높다. "입법자는 힘도 쓸 수가 없고 논리도 동원할 수 없기 때문에, 폭력을 쓰지 않고도 이끌어나갈 수 있고 논리를 내세우지 않고도 설득할 수 있는 다른 차원의 권위에 의지해야 한다." 입법자가 사용할 수 있는 유일한 수단은 종교다. 인간의 권위에 의지할 수 없기 때문에, 그는 신의 권위를 이용하여 국민이 자신의 입법을 받아들이도록 하는 것이다.

루소는 마키아벨리의 이 같은 생각을 다시 취했는데, 그 역시 입법자가 공화국의 기원에서 차지하는 중요성에 관해 깊이 생각했다. "다른 식으로는 받아들여질 수 없는 특별법이 받아들여지도록 하려고 신의 중재에 의지했던 입법자는 사실 결코 존재하지 않았다. 실제로 어느 현명한 입법자가 그것이 갖는 일체의 중요성을 알지만, 다른 사람들에게 충격을 줄 수 있을 만큼 명확한 증거를 가지고 있지는 않은 원칙들은 매우 많다"(마키아벨리, 《티투스 리비우스의 로마사 논고Discorsi sopra la prima deca di Tito Livio》, p. 412〔강정인·김경희 옮김, 《로마사 논고》 개정판, 한길사, 2018〕). 그러나 그것이 월권 행위라고 생각하는 루소와는 달리, 마키아벨리는 입법자가 주저하지 말고 자신의 법을 적용시켜야 한다고 생각한다.

법을 선택하기 위한 경험론적 방법의 사용

어떤 법이 국민을 통치해야 될 것인지를 결정하기 위해, 입법자는 어떻게 일을 진행시켜야 할까? 그는 선험적이며 자의적인 방법으로 법을 선택하는 것이 아니라, 국민과 국민의 성숙도에 따라, 그리고 그가 사는 나라의 자연조건(지리나 기후 조건)에 따라 그렇게 한다. "현명한 입법자도 먼저 법의 적용을 받게 될 국민이 그것을 받아들일 수 있는지를 우선 검토하지, 대뜸 그 자체로서 훌륭한 법을 만들지는 않는다"(《사회계약론》, 2권 8장). 입법자는 정의와 현실 사이의 중재자다. 그는 이 둘 사이에서 균형(법이 적용될 수 있는 필수 조건인)을 이루는 법을 수립하려고 애쓴다.

입법자는 무엇보다도 그를 지명한 국민에 대해 잘 알아야 한다. "사람에게 성숙기가 있듯이 국민에게도 성숙기가 있으므로, 이때까지 기다렸다가 그들이 법에 복종하도록 해야 한다." 법을 국민에게 주기에 적당한 순간이 있다. 입법자가 가지고 있는 일체의 기술은 그로 하여금 이 성숙의 순간이 언제인지를 알도록 해주는 그의 경험에 기인한다. 즉 국민은 더 이상 어린이여서도 안 되고, 편견에 사로잡힌 노인이 되어서도 안 되는 것이다. 입법자는 신중을 기해야 하고, 국민을 교육시킬 절호의 순간을 선택해야 한다. 그러나 루소는 법을 제정할 준비가 되어 있는 국민의 존재에 대해 매우 회의적이다.《사회계약론》2권 10장에서 그는 충족되어야 할 요구 사항들을 열거한다. "〔그것은〕 기원과 이해관계 혹은 관습의 일치에 의해 이미 결합되어 있으면서도 아직 법의 참된 속박을 당해보지 않은 국민, 뿌리가 매우 깊은 관습이나 미신에 젖어 있지 않은 국민이다. 그것은 또 느닷없이 침략당해도 고통받는 것을 두려워하지 않고, 인접 국가들끼리의 분쟁에 끼어들지 않으면서도 혼자 힘으로 그들 국가 중 하나와 단독으로 싸울 수 있거나 한 국가의 도움을 받아 다른 한 국가를 격퇴시킬 수 있는 국민, 구성원 각자가 모두에게 알려져 있고 한 사람이 감당할 수 있는 것 이상의 부담을 어떤 사람에게 지울 필요가 없는 국민, 다른 국민들에게 도움을 받거나 도움을 주지 않고도 살아갈 수 있는 국민, 부유하지도 않고 가난하지도 않으며 자급자족할 수 있는 국민, 마지막으로 옛 국민의 응집력과 새로운 국민의 온순함을 함께 갖춘 국민이다." 그리고 루소는 이렇게 결론짓는다. “사실 이 모든 조건이 합쳐진다는 것은 어려운 일이다. 그래서 잘 구성된 국가를 보기가 좀처럼 힘든 것이다.”

입법자는 또한 나라의 크기와 자원을 검토해야 한다. 입법은 그 나라의 지리와 기후 조건에 맞아야 한다. 어떤 입법은 어느 나라에는 좋고 다른 나라에는 안 좋을 수 있는데, 왜냐하면 이 두 나라는 같은 자연조건을 갖고 있지 않기 때문이다. 법체계는 단지 그 자체로만 좋아서는 안 되고, “그것이 적용될 나라”에 가장 좋은 것이어야 한다. 루소는 여기서 몽테스키외로부터 착상을 얻는다. 즉 사태의 본질을 고려해야 한다는 것이다. 루소는 여기서 자신의 방법(권리로부터 출발하는)을 몽테스키외의 방법(사실로부터 출발하는)과 비교하며, 그 나라의 물질적인 조건에 전적인 중요성을 부여한다.

따라서 일체의 입법은 국민의 일체성을 겨냥하여 시민에게 자유와 평등을 보장하려는 목표를 가지지만, 사실 모든 나라에 유효한 모델은 없다. 그러므로 “국가의 구조가 지속적이고 매우 견고해지는 것은, 관습이 철저히 준수되어 자연적 관계와 법이 같은 문제에 대해 항상 일치하고, 법이 이를테면 자연적 관계를 보장하고 그것과 함께하면서 다른 법을 수정할 때다.”

자연법

자연법의 정의

정의를 내리기 전에, 우선 이 “자연법”이라는 단어에 존재하는 모호함부터 제거해야 한다. 우리는 이 단어로 물리적 법칙이나 도덕적 법칙을 의미할 수도 있다. 따라서 따르지 않을 수 없는 자연법칙(예를 들면 중력의 법칙)과 따르지 않는 게 가능한 도덕적 법칙을 구분해야 한다. 물리적 법칙은 "자연이 자기 자신에게 과하는" 법칙이고, 도덕적 법칙은 자연이 인간에게 금지하는 법칙이다. 자연법은 물리적 법칙과는 절대 일치하지 않으며, 오직 도덕적 법칙의 금지 전체와 일치한다. 루소는 자연법의 두 가지 의미를 이렇게 구분함으로써 "인간 사이의 불평등의 기원은 무엇이며, 그것은 자연법에 의해 허용되는가?"라는 디종 아카데미의 현상 공모 제목을 은연중에 비판한다. 즉 이 질문은 자연법의 어떤 의미를 채택해야 하는지를 명확히 하지 않았기 때문에 애매모호하다는 것이다.

이전의 개념들에 대한 비판

"자연에 대해서 아는 바가 거의 없는 데다가 법이라는 단어의 의미에 대해서도 의견 일치를 제대로 보지 못했으므로, 합의를 보아 자연법의 정확한 정의를 내리기는 매우 힘들 것이다"(본서 46쪽). 루소는 먼저 다른 사람들이 자연법에 내린 정의를 비판한다. 그들이 내린 정의는 자의적이고 이해할 수 없으며 모순적이라는 것이다.

루소의 비판은 로마 법학자들과 현대 철학자들에게 적용된다. "로마의 법학자들도 인간과 다른 모든 동물을 구별하지 않고 그냥 같은 자연법에 묶어놓는다"(본서 45쪽). 그들이 내린 정의는 물리적 법칙과 도덕적 법칙을 혼동함으로써 존재들의 특수성을 인식하지 못한다. 인간은 자유로운 주체이기 때문에, 오직 인간만이 법을 따르거나 따르지 않을 수 있고, 의무를 이행하거나 이행하지 않을 수 있다. 동물은 본능의 지배를 받는다. 인간과 동물 모두 자연의 물리적 법칙에 따르지만,

자연의 도덕적 법칙에 복종할 수 있는 것은 오직 인간뿐이다.

현대인들은 이 같은 문제를 피해간다. 왜냐하면 그들은 "도덕적인 존재, 즉 지적이고 자유롭고 다른 존재들과의 관계 속에서 고찰되는 존재가 지키도록 규정된 규칙만을 법으로 인정"(본서 45쪽)했기 때문이다. 그러나 그들의 정의는 또 다른 문제를 안고 있다. 실제로 그들은 자연인이 이미 이성을 갖추고 있으며, "매우 형이상학적"이어서 "심지어 우리 가운데서도 …… 이해할 수 있는 사람조차 거의 없을 정도"(본서 45쪽)인 원칙들에 의거하여 자연법을 수립한다고 가정하는 것이다. 그들의 자연법은 철학자가 아닌 이상 이해하기 힘들다.

자연법에 대한 루소의 개념

따라서 자연법의 정의는 앞으로 완성시켜야 할 일이다. 루소는 자연법의 개념을 거부하지는 않지만, 그것이 자연인에 대한 사전 연구 없이 진술되는 것은 거부한다. 왜냐하면 자연법의 원칙은 자연인으로부터 추론되어야 하기 때문이다. 그래서 "자연인에 대해서 전혀 아는 게 없는 한, 우리가 자연인이 받아들인 법이나 그의 체질에 가장 잘 맞는 법을 결정하려고 해보았자 아무 소용 없다"(본서 46쪽). 자연법에 대해서는 두 가지가 선험적으로 요구된다. 즉 자연법은 그것이 의무를 지우는 사람에게 알려지고 이해될 수 있어야 하며, 즉시 자연의 목소리로 말해야 한다. 그런데 자연인의 이성은 하나의 잠재성이다. 자연인은 아직 사고도 추리도 할 줄 모른다. 그는 감각 능력을 갖추고 나서 이성을 갖추었다. 따라서 자연법은 자유롭고 이성적인 존재가 아니라, 자유롭고 감각적인 존재로서의 인간에게 말해야 한다.

루소는 "이성보다 앞서는 두 가지 원칙"(본서 47쪽), 즉 자기애와 연민으로부터 추론한 자연법의 개념을 제안한다. 연민의 감정이 억눌려진 사회적 인간의 경우, 자연법은 이성을 토대로 수립될 것이다. 그러나 어느 한 시대의 인간에게는 자연스러운 것이 다른 시대의 인간에게는 그렇지 못할 수가 있다. 자연 상태에서의 자연법은 연민에 근거하며 생각되지도 추리되지도 않는다. 반대로 사회 상태에서는 자연법이 인간에게 자연스러운 것이 되어 연민을 대신하는 이성에 근거한다.

루소가 가진 관점의 장점은 "철학자를 한 명의 인간으로 만들기 전에 인간을 한 명의 철학자로 만들 필요는 없다"(본서 47쪽)는 점이다. 자연법은 인간의 이성에게 말하는 것이 아니라, 무엇보다도 그의 의식에, 그의 마음에 말한다.

자연법의 규범은 다음과 같다. "타인을 가능한 한 덜 힘들게 하면서 너 자신을 행복하게 하라"(본서 104쪽). 자연법은 지식이 아니라 감수성에 근거해 있다. 이 법은 단지 지적 엘리트들에게만 말하는 것이 아니라 모든 인간에게 말한다. "만일 내가 나의 동포에게 일체 위해를 가하지 말아야 한다면, 그것은 그가 이성적인 존재여서라기보다는 감성적인 존재이기 때문인 듯하다"(본서 48쪽). 인간은 타인에게 폭력을 행사해서는 안 된다. 왜냐하면 그것은 타인을 육체적으로 고통스럽게 만드는 것이기 때문이다. 인간은 그 자신의 보존이 그것을 요구하는 경우를 제외하고는, 역시 감각을 가진 존재인 동물도 고통스럽게 해서는 안 된다.

마지막 구분은 혼란을 피하기 위해 이루어져야 한다. 즉 자연법은 실정법과 구분되어야 한다는 것이다. 자연법은 자연에 의해 규정되지만, 실정법은 사회에 의해 규정된다. 모든 실정법은 인간적이며 사회적이기 때문에 비판을 받아들여 개정될 수 있다. 루소는 자연법을 실정법의 형이상학적 토대로 만드는 것을 거부한다. 오직 자연법만이 복종을 의무로 바꿔놓을 수 있다. 그러므로 실정법과 자연법은 확실히 구분되면서도 동시에 보완적이다.

자유

자유, 인간의 특수성

루소는 자유가 인간과 동물을 구분 짓는 특별한 차이라고 주장한다. 일반적인 생각과는 달리, 인간을 구별 짓는 것은 이성이 아니라 선택 능력으로 이해되는 자유다. 동물은 본능의 지배를 받지만 인간은 자유로운 주체여서 "자기가 자유롭게 복종하든지 저항하든지 할 수 있다는 사실을 인식한다. 그리고 인간 영혼의 정신성은 이 자유를 인식하는 데서 드러난다"(본서 73쪽). 인간은 자유를 획득할 필요가 없다. 타고났기 때문이다. 인간은 아주 오래전부터, 태어날 때부터 자유를 가지고 있는 것이다.

독자성을 유지할 수 있는 힘으로서의 자연적 자유

이 본원적 자유는 당연히 인간의 독자성이란 결과를 낳는다. 자연 상태에서 인간은 홀로이고, 분산되어 있으며, 많은 걸 필요로 하지 않는다. 타인에 대한 독립과 필요품에 대한 독립은 서로 연관되어 있다. 왜냐하면 자연인은 필요로 하는 게 거의 없어서 자기 혼자 해결할 수 있기 때문이다.

동일한 연관 관계는 종속의 범주에서도 관찰된다. 인간은 더 이상 자급자족하지 못할 때 타인에게 종속되면서 자유를 잃는다. "속박의 굴레는 인간의 상호 의존과 그들을 결합시키는 상호적 필요로 이루어지므로, 인간을 다른 사람 없이는 살아갈 수 없는 상황에 두지 않는 한 그를 예속시킨다는 건 불가능하다는 사실을 알아야 한다. 그를 예속시키는 건 자연 상태에서는 불가능하기 때문에, 모든 사람은 속박에서 벗어나 자유로워지고 최강자의 법칙은 아무 쓸모 없게 된다"(본서 113쪽). 자연 상태에서 사회 상태로의 이행은 자연적 자유를 잃게 되는 결과를 낳는다. 사회는 인간 간의 종속 관계를 확립하고 자연적이지 않은 필요가 생겨나게 하며 타인의 환심을 사려 애쓰도록 만들기 때문에, 노예 상태와 깊이 연관된다. 그리고 문화는 그들의 자유에 대한 욕망을 변질시켰다. 《학문예술론》에서 루소는 이렇게 말한다. "과학과 문예, 예술은 …… 그들을 묶어놓은 쇠사슬 위에 꽃다발을 뿌려놓고, 그들이 그것을 위해 태어난 듯한 이 본원적 자유의 감정을 억누르며, 그들이 자신의 예속 상태를 좋아하게 만든다."

우리는 자신의 자유를 잃을 수 있는가?

루소는 자유를 인간의 본성을 특징짓는 징후로 정의했는데, 도대체 어떻게 인간은 자신의 자유를 잃을 수 있는가? 자유는 생명만큼 중요한 자연의 선물이다. 자신의 자유를 포기한다는 것은 곧 자신이 가진 인간으로서의 자질을 포기하고, "스스로를 본능의 노예인 짐승의 수준으로 떨어뜨리는"(본서 158쪽) 것에 다름 아니다. 그러므로 어떤 자발적 행위도 자신이 가진 자유의 포기를 정당화할 수는 없다. 인간은 자신의 자유를 향유할 권리는 가지고 있지만, 자기 자신이나 자신의 후손들을 위해 그 자유를 포기할 권리는 가지고 있지 않다. 루소는 이 같은 생각을 가지고 있기 때문에, 정부의 기원이 자의적 권력을 수립한 인민의 계약이라고 주장하는 모든 정치 이론을 비판하게 된다. "실제로 억압으로부터 자신을 지켜내고, 요컨대 그들의 존재를 구성하는 요소인 재산과 자유와 생명을 보호하기 위해서가 아니라면, 도대체 무슨 이유로 그들이 자신보다 우월한 사람을 선출했겠는가?"(본서 153쪽)

시민적 자유라는 새로운 자유로의 이행

그렇지만 기본 계약의 본질이 무엇이든지 간에, 사회에서 살아가는 인간은 의존관계를 맺기 때문에 더 이상 자연적 자유를 누릴 수가 없다. 그렇다면 그는 영원히 예속되어야 하는가? 자연 상태에서 사회 상태로 이행하면서 인간은 본성이 바뀌어 자연적 자유를 잃어버렸다. 그러나 그는 새로운 자유를 획득할 수 있다. 루소는 이 새로운 자유를 《사회계약론》에서 소개한다. "사회계약으로 인해 인간이 잃는 것은 그의 타고난 자유와 그가 마음이 끌리면 언제라도 손에 넣을 수 있는 모든 것에 대한 무한한 권리다. 대신 그는 시민으로서의 자유와 그가 갖고 있는 모든 것에 대한 소유권을 얻는다. 그 이해득실에 관해 잘못 생각하지 않으려면, 오직 개인의 힘만을 한계로 갖는 자연적 자유와 전체 의사에 의해 제한되는 시민적 자유를 잘 구분해야 한다. 또한 힘의 결과이거나 최초 점유자의 권리에 불과한 소유와 오로지 실제 명의에만 기초할 수 있는 소유권도 잘 구분할 필요가 있다." 시민적 자유는 주권이 인민에게 주어지고 모든 사람이 법을 따르는 사회에서만 가능하며, 자의적 정부에서는 존재할 수 없다는 사실을 지적해야 한다. 이 같은 이유 때문에 《인간 불평등 기원론》에서 루소는 제네바 공화국에 경의를 보내는 헌사에서만 시민적 자유를 언급한다.

정념: 자기애, 연민, 그리고 이기심

루소가 모든 정념을 다 부정적으로 규정지은 것은 아니다. 그중 일부는 자연적이고 긍정적이다. 루소는 두 가지 유형의 정념을 구분하는데, 자연인의 정념과 사회적 인간의 정념이 그것이다. 자연의 충동에서 비롯되는 자연인의 정념은 종류가 매우 적고, 이로우며, 이성에 앞선다. 반면에 우리 지식의 발달과 사회생활에서 비롯되는 사회적 인간의 정념은 종류가 많고, 격렬하며, 절대적이다.

《인간 불평등 기원론》에서 루소는 세 가지의 기본적인 정념을 소개하는데, 자기애와 연민은 첫 번째 유형에 속하고, 이기심은 두 번째 유형에 속한다.

자기애

"자기애는 모든 동물로 하여금 자신의 보존에 신경을 쓰게" 만드는 "자연적 감정이다"(본서 223쪽). 자기애는 우리로 하여금 우리의 안락에 관심을 갖도록 부추기지만, 그것은 오직 우리의 생명 유지에 필수적인 일정한 수의 필요에 대한 관심이다. 그것은 인간에게 과도함을 부추기지 않는 절제된 정념이다. "야만인은 배고픔을 해결하고 나면 모든 자연과 평화롭게 지내며 자신의 모든 동류들과 친구가 된다." 그것은 다른 사람에게 무관심하고 우리 자신에게로 향하며, 우리의 필요가 채워지면 충족되는 사랑이다. "자기애는 항상 좋으며, 항상 질서와 일치한다." 자신의 생명을 보존하는 것은 감각을 가진 존재의 가장 중요한 의무다. 이 존재가 그 의무에 깊은 주의를 기울이기 위해서는, 다른 무엇보다도 자기 자신을 사랑해야만 한다. 이렇게 해서 자기애는 루소에 의해 "인간과 함께 태어나며 그가 살아 있는 동안은 결코 그를 떠나지 않는 유일하고" 기본적인 정념으로 소개된다.

연민

인간의 두 번째 자연적 정념인 연민은 "모든 감각적 존재가, 특히 우리 같은 인간이 죽거나 고통스러워하는 걸 보면 우리에게 자연스럽게 혐오감을 불러일으킨다"(본서 47쪽). 연민의 자연성을 증명하기 위해, 루소는 동물도 이 감정을 갖고 있다고 주장한다. 연민은 이성에 앞서며, 인간은 감각을 가진 존재로서 이 감정을 느낀다. 연민은 인간의 자기애를 억제하며, "자신의 행복에 대한 열정을 완화"(본서 99쪽)시킨다. "모든 자연법의 규칙"은 자기애와 연민의 결합에서 비롯된다. 연민은 인간의 자연적 선의를 이루며, 이 자연적 선의 위에 도덕성이 구축된다. 이것은 강제력이 아니라 오직 자기애와 대립하지 않을 때만 작용한다. 자연 상태에서 "법과 풍속과 덕성을 대신"(본서 104쪽)하는 것은 바로 연민이다.

따라서 루소가 연민이야말로 모든 사회적 미덕의 근원이라고 주장하는 것은 충분히 이해가 가는 일이다. "사실 자비, 관용, 인정이란 약한 자와 죄지은 자, 혹은 인류 일반에게 적용되는 연민이 아니고 무엇이겠는가?"(본서 102쪽). 자연인은 자신의 동류들에 대해 연민을 느낀다. 왜냐하면 본능적으로 그들의 고통에 동화되기 때문이다. 연민은 어떤 성찰도 필요로 하지 않는다. 반대로 이성의 발달은 "인간으로 하여금 자신을 돌아보게"(본서 103쪽) 하고 연민의 자연스러운 움직임을 억제한다. 그래서 이기심이 발달하면 할수록 연민은 점점 더 약화된다. 즉 사회에서는 연민이 거의 억제되는 것이다.

이기심

루소가《인간 불평등 기원론》에서 소개하는 세 번째 기본적 정념인 이기심은 사회에서 비롯된 정념이다. 이기심을 자기애와 혼동해서는 안 된다. 이기심 역시 개인이 자기 자신에게로 향하는 사랑을 가리키지만, 그것은 "사회 속에서 생긴 상대적이고 인위적인 감정에 불과하며, 각 개인으로 하여금 다른 모든 사람보다 자기 자신을 더 높이 평가하게 하고, 사람들에게 서로 나쁜 짓을 하도록 부추기기도"(본서 223쪽) 한다. 이기심은 자기애의 퇴화이며 배타적 사랑이다. 반대로 자기애는 개인을 이기주의자로 만들지 않고, 그가 자신의 생명이 위험에 처하지 않는 이상 연민에 접근할 수 있도록 내버려둔다. 이기심은 개인들 간의 관계에 좌우되므로 상대적인 감정이다. 성찰을 계속하고 사회생활을 함에 따라, 인간은 자신을 자신의 동류들과 비교하는 법을 배운다. 이렇게 해서 시기심과 최고가 되고 싶은 욕망이 생겨난다. 이 같은 정념은 인간을 불행하게 만들 뿐이다. 인간은 만족할 줄 모르는 그의 이기심을 결코 충족시킬 수 없기 때문에 노예 상태가 되고 만다. 그것은 진정한 인간 본성에 속하지 않는 부자연스러운 감정이다. 그것은 또한 악의의 원칙이다. 왜냐하면 인간이 자기 자신의 행복이 아니라 타인의 불행을 보며 만족스러워하기 때문이다.

루소는 이기심이 사회를 이룬 인간의 생활을 지배하는 원칙이라고 주장한다. 그는 다른 사상가들이 이해타산을 놓는 위치에 이기심을 놓는다. 연민은 이기심에 의해 억제되기 때문에 이 감정을 완화시킬 수 없다. 따라서 이기심을 억제하기 위해서는 정의의 규칙이 필요해진다. 그렇지만 자기애가 사회에서 완전히 사라지지는 않는다는 사실에 유의해야 한다. 각 개인은 처음에 자기애의 감정을 품으며, 그가 자신을 다른 사람들과 비교하고 최고의 위치를 원할 때 비로소 이 사랑은 이기심으로 바뀐다.

정부

정부는 행정권이다

18세기에 법학자들은 정부와 주권을 구분하지 않았다. 대부분의 유럽 국가들이 군주 체제였기 때문이다. 그런데 군주 체제에서 행정권과 입법권은 왕이라는 개인에게 결합되어 있다.

반대로 루소는 정부와 주권을 매우 분명하게 구분한다. 주권은 일반의지에 속하고, 이 일반의지는 전체적 규범인 법을 선포한다. 그러나 이 전체적 규범을 개별적 경우에 적용하려면 중재 기구가, 즉 정부가 필요하다. 정부는 주권자와 신민 간의 중재자이며 행정권을 가지고 있다. "도대체 정부란 무엇인가? 백성과 주권자를 연결하기 위해 설치한 일종의 매개체로, 법 집행과 시민적·정치적 자유를 유지하는 책임을 맡고 있다"(《사회계약론》, 3권 1장).

주권자와 정부의 구분은《사회계약론》이 갖는 주요한 독창성 중 하나다. 정부는 주권의 일부가 아니다. 정부는 주권자에게 속해 있는 행정관들의 집단이며, 주권자에게 봉사한다. 주권자는 자기 마음대로 정부를 해체할 수 있다. 정부는 법을 개인에게 적용할 책임을 갖고 있다. 정부는 주권자의 자유의사에 복종하는 행정권이다.

그러므로 루소가 각각 입법권과 행정권인 주권과 정부를 구분함으로써, 몽테스키외가《법의 정신》에서 그랬던 것처럼 권력을 분산시키려 한 것이 절대 아니다. 사실 행정권은 입법권과 같은 차원에 있지 않다. 행정권은 입법권에 속해 있다. 그러므로 이 둘 사이에는 그들의 권력을 서로 제한하도록 해주는 균형이 존재하지 않는 것이다. 반대로 루소는 주권자의 권력이 절대적이며 정부에 의해 제한될 수 없다.

루소는 주권자와 정부 간의 세력 관계가 어떻게 되어야 하는지를 설명하기 위해 수학적으로 비교한다. 정부는 주권자에게 부여받은 권력만 신민에게 행사할 수 있다. 그리고 활동 중이라고 간주되는 시민의 수가 달라지면 정부의 형태도 달라져야 한다. "이로부터 우리는 유일하고 절대적인 정부는 없으며, 크기가 서로 다른 국가가 있을 수 있는 만큼 본질이 서로 다른 정부도 있을 수 있다는 사실을 알게 된다."

정부의 유형학

루소는 그리스·로마 시대 때부터 내려오는 전통에 따라 정부를 여러 형태로 분류한다. 하지만 루소에게 가장 좋은 정부에 대한 토론은 상대적으로 부차적인데, 그것이 여러 형태의 주권을 구분하는 것은 아니기 때문이다. "그러므로 나는 법에 의해 다스려지는 모든 국가(그것이 어떤 형태의 정부로 다스려지든)를 공화국이라고 부른다. 왜냐하면 오로지 그때에만 공공의 이익이 우선시되고 공적인 일이 중요해지기 때문이다. 모든 합법적인 정부는 공화제다." 주권은 오직 국민에게만 속할 수 있으므로, 중요한 것은 여러 형태의 행정권을 구별하는 일이다. 정부의 여러 형태는 그것들을 구성하는 행정관의 수에 따라 달라진다.

① 민주정치에서 정부는 모든 국민에게, 혹은 국민의 최대다수에게 맡

겨진다.

② 귀족정치에서 정부는 몇몇 사람의 손에 맡겨진다.

③ 군주정치에서는 오직 한 명의 행정관, 즉 왕만 있다.

이 정부들은 나름대로의 단점과 이점을 가지고 있다.

군주정치는 더 많은 힘과 권위를 갖고 있지만, 변질될 가능성이 가장 높은 정부다. 왕이 자신의 개별의지를 일반의지와 혼동할 위험이 있기 때문이다.

민주정치에서는 정부의 의사가 일반의지에 더 가깝다. 그것은 주권자와 정부가 혼합되는 체제다. 따라서 국민이 더 이상 전체적인 것과 개별적인 것을, 주권자의 일과 정부의 일을 구별하지 못한다는 위험이 있다. 법과 법령을 혼동할 위험도 큰데, 국민이 입법자로 행동할 때도 그렇고 통치자로 행동할 때도 그렇다. 루소는 민주주의가 항상 국민이 실제로 통치하므로 아주 작은 규모의 국가를 필요로 하는 직접민주주의를 의미한다고 주장한다. 그것은 설사 그리스·로마 시대의 민주정치라는 예들이 있다 하더라도 실현하기 힘든 체제다. 그러나 스파르타나 아테네에서 민주주의는 시민이 공적인 일을 담당할 시간적 여유를 갖는 데 필요했던 노예제도의 존재에 기반을 두고 있었다. "뭐라고? 자유는 오직 노예제도에 의해서만 유지될 수 있다고?" 민주주의는 대립을 불러일으키기 쉬운 정부이며, 루소는 이렇게 결론짓는다. "만일 신의 국민이 있다면, 그들은 스스로를 민주적으로 다스릴 것이다. 그러나 그토록 완전한 정부는 인간에게는 적합하지 않다."

그러므로 루소가 볼 때 가장 훌륭한 체제는 선거에 의한 귀족정치다. 왜냐하면 "가장 지혜로운 자들이 일반 대중을 다스리는 것이 가장 좋고 자연스러운 일이기 때문이다." 반대로 루소는 세습 귀족정치를 정치체제 중에서 최악의 것으로 간주한다.

그렇지만 루소가 볼 때 이 정부 형태 중에 무조건 하나만 선택해야 하는 것은 아니다. 그 나라의 상황에 어떤 정부가 가장 잘 맞는지에 따라 결정해야 한다. "각각의 정부 형태는 어떤 경우에는 가장 훌륭하지만 다른 경우에는 최악이다"(《에밀》, V, *OC*, p. 847). 루소는 인구, 기후, 토양의 비옥도 등 고려해야 할 조건들을 열거하려고 애쓴다.

정부의 쇠퇴

루소는 힘과 지렛대, 휘어지면 "다시 조립하여 감아주어야 하는" 용수철 등 기계적 모델을 사용한다. 정치법의 추상적인 원칙들과는 다르게, 정치의 원칙들은 분산하는 방향으로 잡아당겨 균형을 잡고 "기계의 마찰"을, 즉 실재의 저항과 개별의지를 고려할 줄 아는 기계공의 기술 영역에 속한다. "일반의지가 모든 사람의 의지인 경우는 거의 없으며, 공중의 힘은 항상 개인의 힘을 합친 것보다 작다. 그렇기 때문에 국가의 용수철에는 기계의 마찰에 상당하는 것이 있으며, 어떤 결과를 얻고자 할 때 사용하는 수단들을 정확히 균형 잡히게 하기 위해서는 가능한 최소한의 양으로 줄이고, 최소한 미리 전체의 힘을 계산하고 감소시켜야 한다"(《제네바 수고》, *OC*, t. III, pp. 296~297).

루소는 항상 정부에 의혹의 눈길을 보내는데(그것이 어떤 형태를 갖고 있건 간에), 정부는 자신의 개별의지를 일반의지인 양 내세움으로써 필연적으로 쇠퇴하는 경향이 있기 때문이다. 그러므로 일체의 정치술은 주권자에 대한 정부의 침해에 맞서 싸우는 데 있다. 그렇지만 이 같은 쇠퇴는 자연적이고 필연적이며, 공화국은 어쩔 수 없이 전제군주제로 변질된다. "스파르타나 로마조차 멸망했는데, 어떻게 국가가 영원히 존속하기를 바랄 수 있겠는가?"(《사회계약론》, 3권 11장). 이 같은 쇠퇴를 늦추는 것은 간단한 일이다. 정치체는 기술의 결과이므로, 그것을 정성스럽게 조직하여 그 수명을 가능한 한 최대로 늘릴 수 있는 것이다. "가장 잘 구성된 국가라 할지라도 언젠가는 종말을 맞게 되겠지만, 어떤 불의의 사고가 그것의 운명을 재촉하지 않는 한은 다른 국가보다 좀 더 오래갈 것이다"(《사회계약론》, 3권 11장).

주권

주권은 일반의지의 실행이다

18세기에는 공공 권력, 절대적 지배권, 최고 권위, 주권이라는 단어가 동의어였다. 루소는 거의 대부분 주권이라는 단어만을 사용하며, 이따금 최고 권위라는 단어를 쓰기도 한다.

주권이란 국가의 최고 권위를 가리키며, 국가가 능동적일 때는 정치체를 가리킨다. 루소는 주권자라는 단어에 제한적인 의미를 부여한다. 즉 그는 법을 만드는 주권자와 법의 시행을 책임지는 정부를 구분하는 것이다. 주권자는 입법권을 가지고 있으며, 정치체의 의지다. 그리고 정부는 행정권을 가지고 있으며, 정치체의 힘이다.

주권을 탄생시키는 것은 바로 사회계약이다. "그 순간 이 결합 행위는 각 계약자의 개인적인 인격 대신 총회의 투표자 수와 똑같은 수의 구성원으로 이루어진 도덕적인 집합체를 만들어내며, 이 단체는 그 같은 결합 행위로부터 자신의 통일성과 공통 자아, 생명, 그리고 의사意

思를 갖게 된다." 계약 이전에는 주권이 존재하지 않는다. 주권의 근원은 국민 속에 있으며, 주권을 행사하는 것 역시 국민이다. 국민은 주권을 버릴 수가 없다. 왜일까? 주권은 정치체의 의사를 가리키기 때문이다. 그런데 "권력은 당연히 이양될 수 있지만, 의사意思는 이양될 수 없다"(《사회계약론》, 2권 1장). 루소는 주권을 일반의지의 실행으로, 즉 집단을 이룬 국민의 의사로 정의한다. "고로 모든 사람의 의사는 질서이자 최고의 규칙입니다. 그리고 의인화된 이 일반적 규칙이 내가 주권자라고 부르는 것입니다"(〈아홉 번째 편지〉, 《산에서 보내는 편지》). 주권은 공공의 힘을 이끌어나가는 일반의지의 실행이다. "그러므로 국가 안에는 그것을 받쳐주는 공통의 힘이, 그리고 이 힘을 이끌어나가는 일반의지가 있으며, 둘 중 하나의 다른 하나에 대한 적용이 주권을 이룬다"(《제네바 수고》, *OC*, 3권, p. 294).

주권의 양도 불가능성

어떤 개별의지가 항상 일반의지와 일치한다고는 결코 확신할 수 없으므로, 주권은 양도할 수도 없고 분할할 수도 없다. 즉 오직 일반의지만이 주권을 행사할 수 있는 것이다. 주권은 양도될 수 없으며, 집단의 손에서 한 개인 혹은 여러 개인들의 손으로 넘어갈 수가 없다. "주권의 참된 특징은 일반의지의 방향과 공공의 힘의 사용 사이에 항상 시간과 장소가 일치한다는 것이다. 그런데 또 다른 의사가 이 힘을 가지는 순간, 더 이상 그 같은 일치를 기대할 수 없게 된다"(《제네바 수고》, *OC*, 3권, p. 294). 주권이 어떤 개별의지에 맡겨질 경우, 그 의사와 그것이 대표하게 될 일반의지가 일치하지 않을 위험이 있다. "주권은 단일한 것이어서 그것을 나누면 파괴된다"(《사회계약론》, 3권 13장). 그래서 루소는 국민이 그들의 주권을, 즉 입법권을 대표자나 의원 들에게 위임할 수 있다는 사실을 인정하지 않는다.

주권의 한계

"사회계약 역시 그 구성원을 절대적으로 지배할 수 있는 힘을 정치체에 부여한다. 그리고 내가 앞에서 말했듯이 일반의지가 이끌어나가는 이 힘을 바로 주권이라고 부른다"(《사회계약론》, 2권 4장). 주권은 절대적이지만 무한정하지는 않다. 그것은 그것에 대립할 수 있는 대항력이 존재하지 않기 때문에 절대적이지만, 그 자체의 본질에 의해 제한적이다. 주권자는 자기가 모든 사람의 이익을 위해 최고의 힘을 갖고 있다는 생각에 반대하지 않은 한, 개인들에게 필요 이상의 책임을 지우지 않는 것이 좋다. "주권자의 권력은 아무리 절대적이고 신성하고 불가침이라 할지라도, 전체적인 계약의 한계를 넘지 못하며 또 넘을 수도 없다"(《사회계약론》, 2권 4장). 주권은 오직 일반적인 규범에 근거해서만 그 힘을 행사하며, 모든 시민과 관련된다. 즉 주권 행위는 법인 것이다.

주권, 도덕적 존재

루소가 주권자를 법인격으로, 인위적 존재로 정의하며, 그렇기 때문에 주권이 양도될 수 없다는 사실에 주목해야 한다. 주권의 존재는 모든 사회 구성원들의 결합 속에 있다. 그래서 그것은 실제로 파괴되지 않고는 제3자에게 맡겨질 수가 없다.

루소는 주권이 일반의지 속에 있다고 생각하기 때문에 이 중요한 개념을 잘 이해해야 한다.

옮긴이 **이재형**

한국외국어대학교 프랑스어과 박사과정을 수료하고 한국외국어대학교, 강원대학교, 상명여대 강사를 지냈다. 지금은 프랑스에 머무르면서 프랑스어 전문 번역가로 일하고 있다.

옮긴 책으로 《그리스인 조르바》(니코스 카잔차키스), 《가벼움의 시대》(질 리포베츠키), 《달빛 미소》(줄리앙 아란다), 《나는 걷는다 끝.》(베르나르 올리비에·베네딕트 플라테), 《하늘의 푸른빛》(조르주 바타유), 《프랑스 유언》(안드레이 마킨), 《세상의 용도》(니콜라 부비에), 《어느 하녀의 일기》(옥타브 미르보), 《시티 오브 조이》(도미니크 라피에르), 《군중심리》(귀스타브 르 봉), 《사회계약론》(장 자크 루소), 《꾸뻬 씨의 행복 여행》(프랑수아 를로르), 《프로이트: 그의 생애와 사상》(마르트 로베르), 《마법의 백과사전》(까트린 끄노), 《지구는 우리의 조국》(에드가 모랭), 《밤의 노예》(미셸 오스트), 《말빌》(로베르 메를르), 《세월의 거품》(보리스 비앙), 《레이스 뜨는 여자》(파스칼 레네), 《눈 이야기》(조르주 바타유) 등이 있다.

인간 불평등 기원론

1판 1쇄 발행 2020년 1월 30일
1판 2쇄 발행 2022년 2월 10일

지은이 장 자크 루소 | 옮긴이 이재형
펴낸곳 (주)문예출판사 | 펴낸이 전준배
출판등록 2004. 02. 12. 제 2013-000360호 (1966. 12. 2. 제 1-134호)
주 소 03992 서울시 마포구 월드컵북로 6길 30
전 화 393-5681 | 팩 스 393-5685
홈페이지 www.moonye.com | 블로그 blog.naver.com/imoonye
페이스북 www.facebook.com/moonyepublishing | 이메일 info@moonye.com

ISBN 978-89-310-2107-3 03300